"*La dieta del Creador* es un refrescan[t]
dietas de moda en los cuales se impu[l]
chocan entre sí. El Dr. Jordan Rubin [c]
pública más antiguo de todos: la Bibl[i]
obtenidas en estudios epidemiológicos
entre los más saludables de la tierra, por lo que se basan en la historia y han sido
probados por la ciencia moderna. Les he enseñado estos principios a pacientes y
estudiantes durante los últimos veinticinco años, y también los he aplicado a mi
propia vida. *La dieta del Creador* puede servir de importante guía a los que quie-
ren restaurar o conservar su salud."

PAUL A. GOLDBERG, M.P.H., D.C., D.A.C.B.N.
DISTINGUIDO PROFESOR ADJUNTO DE GASTROENTEROLOGÍA,
UNIVERSIDAD LIFE Y
DIRECTOR DE LA CLÍNICA GOLDBERG

"El ser humano como raza se va enfermando cada vez más, a pesar del crecimiento
constante de la profesión del cuidado de la salud hasta ser ya una industria de numerosos miles de millones de dólares anuales. Y seguimos buscando cosas nuevas que
nos infundan salud. ¿Qué tal si regresamos a los tiempos en los cuales el hombre
vivía realmente saludable, con una longevidad recogida por escrito que va mucho
más allá de los tiempos modernos, y nos aplicáramos esos principios? Esto, por
medio de una asombrosa experiencia personal y un gran caudal de conocimientos,
es exactamente lo que ha hecho el Dr. Jordan Rubin, y ahora comparte de manera
explícita con usted en *La dieta del Creador*, lectura obligada para todo el que quiera llevar una vida saludable."

MARTY GOLDSTEIN, D.V.M.
DIRECTOR DEL CENTRO VETERINARIO SMITH RIDGE
AUTOR DE *THE NATURE OF ANIMAL HEALING*
[LA NATURALEZA DE LA CURACIÓN ANIMAL]

"La jornada de fe de Jordan desde la cercanía a la muerte hasta una salud vital da testimonio del poder que tiene la comida pura preparada de formas sencillas y tradicionales, que revelen el verdadero espíritu de las experiencias culinarias y de cocina.
Todos los jefes de cocina necesitan sanarse ellos mismos con *La dieta del Creador*."

CHARLES H. HALLIDAY, PRESIDENTE
DEL FLORIDA CULINARY INSTITUTE
[INSTITUTO CULINARIO DE LA FLORIDA]

"*La dieta del Creador* es la respuesta a las numerosas preguntas relacionadas con la
pérdida de peso y la salud. Esta fórmula, antigua pero esencial, para una visa sana y
para la ciencia de la nutrición es lo que el Dr. Jordan Rubin les ha recomendado a miles
de pacientes, con unos resultados increíbles. Las dietas van y vienen, pero este extra-
ordinario programa es imprescindible para todo el que piense con seriedad sobre el
mantenimiento de un peso óptimo, con un enfoque práctico de la salud en general."

TERRY LYLES, PH.D.
PSICÓLOGO ESPECIALISTA EN REALIZACIÓN
AUTOR DE *THE SECRET TO NAVIGATING LIFE'S STORMS*
[EL SECRETO PARA NAVEGAR POR LAS TORMENTAS DE LA VIDA]

"Jordan Rubin es un verdadero doctor: un maestro que nos trae una sabiduría
sobre la salud y la nutrición, descubierta desde la antigüedad. Lea sus libros y ponga
en acción su sabiduría dentro de su propia vida, y va a ser más saludable."

DAVID STEINMAN
EDITOR Y CORRECTOR DE LA REVISTA *HEALTHY LIVING*
AUTOR DE *DIET FOR A POISONED PLANET* [LA DIETA PARA UN MUNDO ENVENENADO]
Y *THE SAFE SHOPPER'S BIBLE* [LA BIBLIA SEGURA DEL COMPRADOR]

"En mi condición de entrenador, comprendo la importancia de una nutrición correcta en la búsqueda de una ejecución óptima. El enfoque de la salud y la nutrición que presenta el Dr. Rubin está lleno de sentido común, aunque es basado en la ciencia, y se encuentra claramente ilustrado en *La dieta del Creador*. Sin embargo, creo la mejor ilustración del poder de la dieta del Creador es su propio triunfo sobre una enfermedad que amenazaba su vida. El Instituto de Ejecución Humana tiene el orgullo de recomendarles La dieta del Creador a todos, desde los atletas profesionales, hasta los pacientes en rehabilitación."

JUAN CARLOS SANTANA, M. ED., CSCS
ENTRENADOR DE FUERZA Y CONDICIONAMIENTO
DIRECTOR DEL *INSTITUTE OF HUMAN PERFORMANCE*
[INSTITUTO DE EJECUCIÓN HUMANA]

"Jordan es un hombre de gran integridad, con una pasión real por ayudar a la gente. No sólo es impresionante su historia, sino que su programa de salud es absolutamente sobresaliente, y ha quedado demostrado con el paso del tiempo. *La dieta del Creador* ha ayudado a transformar mi vida, y así como la de los miembros de mi familia, y muchas personas de mi congregación."

THOMAS D. MULLINS, D.MIN.
PASTOR PRINCIPAL, *PALM BEACH GARDENS CHRIST FELLOWSHIP*

"Dicho en pocas palabras, *La dieta del Creador* ha transformado la salud de mi familia. Los resultados de participar con el Dr. Rubin en este caminar han sido realmente espectaculares. Si usted quiere tener salud y un poder máximo para llevar una vida plena y próspera, la dieta del Creador es para usted."

MICHAEL NEALE
ARTISTA DE MÚSICA CONTEMPORÁNEA

"En *La dieta del Creador*, el Dr. Jordan Rubin combina brillantemente la sabiduría bíblica, los conocimientos científicos, las soluciones prácticas y las experiencias de su propia vida personal, para guiarnos por un sendero que lleva a la buena salud. Este libro es fascinante y fácil de leer. Es lectura obligatoria para todo el que quiera vivir más tiempo y con más salud."

RABINO DR. CHARLES IAN KLUGE
PRESIDENTE DE *MESSIANIC JEWISH ALLIANCE OF AMERICA*
[ALIANZA JUDÍA MESIÁNICA DE AMÉRICA]

"En un mundo de comidas "fáciles" procesadas en exceso, producto de la bioingeniería, y de dietas de moda cargadas de mitos y manipulación, la dieta moderna del estadounidense ha demostrado que va por un camino equivocado. La experiencia de salud de cuarenta días de Jordan Rubin nos lleva brillantemente de vuelta a la dieta original pensada por el Creador para nosotros. Yo estoy dispuesto a poner este libro poderosamente transformador que no pasa de moda en las manos de todos mis conocidos."

GINGER LEA SOUTHALL, D.C.
MÉDICO QUIROPRÁCTICO
PERIODISTA, CORRESPONSAL DE SALUD Y ASUNTOS MÉDICOS PARA LA T.V.

"Quiero saber cuanto pueda para tener más salud y desempeñarme de forma óptima como persona y como profesional. Con todas las dietas que hay en el mercado, y todas las opiniones, las cosas se vuelven realmente confusas. La dieta del Dr. Rubin tiene sentido. Su libro contiene información práctica sobre dieta, ejercicios y todos los aspectos de la salud. *La dieta del Creador* es muy fácil de comprender, y fue escrita por alguien que practica lo que predica. Tengo planes de darles ejemplares de *La dieta del Creador* a todas las personas que conozco."

SCOTT SHARPE
CONDUCTOR PROFESIONAL DE AUTOS EN INDIANÁPOLIS

LA
DIETA
DEL
CREADOR

JORDAN S. RUBIN,
N.M.D., PH.D.

CASA
CREACIÓN
A STRANG COMPANY

La dieta del Creador por Jordan S. Rubin, N.M.D., Ph.D.
Publicado por Casa Creación
Una compañía de Strang Communications
600 Rinehart Road
Lake Mary, Florida 32746
www.casacreacion.com

A menos que se indique lo contrario, todos los textos bíblicos
han sido tomados de la versión Reina-Valera, de la *Santa Biblia*,
revisión 1960. Usado con permiso.

Algunos textos bíblicos han sido tomados
de la *Santa Biblia, Nueva Versión Internacional* (NVI),
© 1999 por la Sociedad Bíblica Internacional. Usado con permiso.

Traducido por Andrés Carrodegüas, Ph.D., D.Min.

Diseño interior por: Grupo Nivel Uno, Inc.

Library of Congress Control Number: 2004112373

ISBN: 1-59185-484-9

Impreso en los Estados Unidos de América
06 07 08 ❖ 9 8 7 6 5 4

DEDICO ESTE LIBRO AL SEÑOR MI DIOS,
QUIEN ES MI DEFENSA, MI TORRE FUERTE, MI ROCA,
MI LIBERTADOR Y EL DIOS QUE SANA. QUIERO PASAR EL
RESTO DE MIS DÍAS AYUDANDO A SUS CRIATURAS
A QUE EXPERIMENTEN UNA SALUD ABUNDANTE.

Reconocimientos

Hay muchos que dicen que escribir un libro es algo muy parecido a tener y criar un bebé. Todo comienza con un concepto, después se convierte en un sueño, y más tarde lo comenzamos a sentir como una tarea. Tiempo después, uno se pregunta cómo es posible que le hayan confiando algo tan grande; tan importante. Pronto se pregunta cómo va a ser cuando se haya terminado. Se pregunta: "¿Cómo voy a lograr enderezar esto? ¿Cómo se me ocurrió meterme?" Cualesquiera que sean los pensamientos que le pasen por la mente durante el proceso, cada vez que lo piensa siente gozo, emoción, asombro y una inmensa sensación de temor y responsabilidad.

Mientras escribo este libro, mi esposa y yo estamos esperando nuestro primer hijo. Una vez más me estoy haciendo algunas de esas mismas preguntas. Algo sí tengo por seguro, y es que cuando Dios hace nacer algo en uno, ya sea una idea, un sueño o incluso un hijo, se hace plenamente responsable de que llegue a ser todo lo que Él quiere que sea, siempre que nosotros lo dejemos actuar.

Son muchas las personas que me han ayudado a dar nacimiento y forma a este libro. En primer lugar le quiero dar las gracias a Nicki, mi bella esposa, que me hizo creer que yo podía hacer lo que fuera con la ayuda de Dios. También les quiero dar las gracias a las siguientes personas:

- Mi madre y mi padre, que me enseñaron los principios de la salud natural y me llevaron a entrar en una relación con Dios
- Mi abuela, que piensa que todo lo que hago se merece un premio Nóbel.
- Mi hermana Jenna, que fue testigo presencial de mi trayectoria desde la enfermedad hasta la salud, y estuvo orando por mí todo el tiempo

- Larry Walker, que me ayudó a convertir esta idea en realidad
- Leslie Caren, que me ayudó a crear una estupenda sección de consulta (del Apéndice B)
- El equipo de Strang Communications y Casa Creación, en especial a Stephen Strang, Dave Welday, Tom Martin y Barbara Dycus, quienes creen con tanta fuerza en este proyecto
- Mi equipo de apoyo de Dieta del Creador, que yo considero llamados por Dios para ayudar a convertir en realidad el sueño de cambiar la salud del mundo: Robert Craven, Dana Burger, Kerry Jacobson, Jason Kombrinck, Sherry Dewberry, Scott Mawdeley, el Dr. Terry Lyles y muchos más
- Dos de mis mejores amigos y colegas, Jason Dewberry y Kenny Duke, quienes me dijeron hace siete años, cuando acababa de salir de mi enfermedad y vivía en un remolque en San Diego junto a la playa, que querían formar parte de mi ministerio, y aquí están
- Mike y Meredith Berkich, que me han animado constantemente a ser todo lo que Dios quiere que sea
- El Dr. Charles Stanley, quien me dijo que Dios tiene grandes planes para mi vida y que este mensaje de salud y esperanza va a cambiar la vida de millones de personas
- Michael Neale, quien me ayudó a convertir en una estupenda canción unas cuantas palabras escritas en un papel
- Sally Fallon, cuya obra pionera va a cambiar la vida de millones de personas, y cuyas recetas ayudan a que este libro sea una obra mejor
- El Dr. Peter Rothschild, quien me ha enseñado muchas cosas acerca de la salud, y fue quien me dio el nombre para este libro
- William "Bud" Keith, quien me llevó al libro de salud más maravilloso de todos los tiempos: la Biblia

Y sobre todo, le quiero dar las gracias a un Dios amoroso y compasivo quien miró desde el cielo, halló un montón de arcilla de 100 libras (45 kilos) de peso, sies pies (un metro ochenta) de alto y le dio la forma que tengo hoy. Quiero servirte por el resto de mis días.

Índice

La fe es un lugar

Un canto de fe y esperanza;
Letra de Michael Neale y Jordan Rubin
(traducida del inglés "Faith Is a Place")

PRIMERA ESTROFA
Esta cáscara en la que he estado viviendo
sólo es una piel temporal.
Aquí hay mucho más
de lo que ven los ojos.
A través de los barrotes de la prisión de mi cuerpo
y más allá de las dolorosas cicatrices,
veo una luz, brillando donde estás.
En mi corazón salgo huyendo,
rompo las cadenas del destino terrenal;
yo sé que algún día volveré a estar sano.

CORO
La fe es un lugar donde puedo ir.
En mi corazón y en mi alma
yo lo creo.
La fe es la roca sobre la cual me pongo de pie.
Cuando no puedo ver tu mano,
sigo creyendo.

SEGUNDA ESTROFA
Con mi exterior quebrantado hasta el polvo,
por dentro yo sé en quién confío.
Sé que irás a mi encuentro cuando corra hacia ti.
La vida es un grandioso diseño tuyo.
Yo sé que aún no has acabado con la mía,
así que voy a seguir corriendo hacia la luz.
Aunque no comprenda
los muchos aspectos de tu plan,
me doy cuenta de que estoy a salvo dentro de tu mano.

CORO
La fe es un lugar donde puedo ir.
En mi corazón y en mi alma
yo lo creo.

La fe es la roca sobre la cual me pongo de pie.
Cuando no puedo ver tu mano,
sigo creyendo.

PUENTE
Yo sé que no me vas a dejar aquí.
Tú conoces mis lágrimas;
estoy seguro de que se acerca un día más brillante.

CORO
La fe es un lugar donde puedo ir.
En mi corazón y en mi alma
yo lo creo.
La fe es la roca sobre la cual me pongo de pie.
Cuando no puedo ver tu mano,
sigo creyendo.

Prólogo

El Dr. Jordan Rubin se encuentra realizando la misión recibida de Dios de cambiar la salud de esta nación. Cuando me presentaron el original de este libro, no pude parar de leerlo. Había estado orando por más de un año para que Dios me guiara a un plan de salud que se basara en la Biblia y hubiera sido probado por la ciencia. Eso es exactamente *La dieta del Creador*.

El recorrido de Jordan desde la enfermedad hasta la salud es un verdadero testamento a favor de la obra de un Dios amoroso y compasivo. Dios fue llevando a Jordan a través del valle, lo liberó y lo puso en la situación de poder impactar vidas en toda la nación. Su idea central y única es la de ayudar a la gente a liberarse de la esclavitud de las enfermedades y dolencias para pasar a la tierra prometida de la salud.

La salud de nuestra nación se encuentra en el peor de sus momentos. Continuamente me piden que ore por personas que pasan terribles sufrimientos por causa del cáncer, las enfermedades del corazón, la diabetes, la artritis y muchas otras enfermedades más. Hay personas a quienes yo amo que han perdido su vida y muchos años de productividad por causa de unas dolencias que los han debilitado. Tal vez, si hubieran seguido los principios delineados en este libro, su situación habría sido distinta.

Personalmente, he estado siguiendo la dieta del Creador, y he notado una mejora inmediata en mi propia salud. Nunca me he sentido mejor en toda mi vida. Para mi sorpresa, la comida es estupenda. De hecho, Jordan, su esposa Nicki y un servidor hemos compartido muchas comidas saludables y deliciosas. Creo que convertir mi salud en una prioridad es algo que me va a permitir el cumplimiento de mi misión de predicar el Evangelio hasta los confines de la tierra.

Una cosa que separa la dieta del Creador de todos los demás programas de salud sobre los cuales he leído, y que he probado, es su enfoque verdaderamente integral de la salud. La dieta del Creador incorpora en sí las cuatro columnas de la salud: la física, la espiritual, la mental y la emocional. En el plan de salud física se incorporan la dieta, la nutrición, el ejercicio, la higiene y unas terapias corporales que destacan lo importante que es vivir en un ambiente saludable. El mensaje de la salud espiritual es muy claro. Cada uno de nosotros necesita hallar su razón de ser en la vida. Todos fuimos creados por una razón. Fuimos creados para realizar grandes cosas. Nuestra conexión con el Creador y sus propósitos supremos para nuestra vida, hace que todos los días sean dignos de ser vividos. Nuestra salud mental tiene vital importancia. La capacidad para controlar nuestra vida mental y centrarnos en las tareas que tenemos por delante, pueden transformar lo que somos. Nuestra salud y nuestra estabilidad emocional se hallan relacionadas con cada una de las otras tres columnas. Todos nos enfrentamos a diario al estrés. Las circunstancias en que vivimos no siempre son las ideales. Pero el estrés y las circunstancias no determinan quiénes somos. Nuestra capacidad para manejar las adversidades es la que nos define. Los principios de salud delineados en *La dieta del Creador* le pueden proporcionar el marco dentro del cual lograr la salud física, espiritual, mental y emocional.

La dieta del Creador, del Dr. Jordan Rubin, ha significado un verdadero cambio de importancia en mi vida. Lo exhorto a prestarles suma atención a los principios que se delinean en este libro, y compartirlos con sus seres amados.

Que Dios lo bendiga a usted, y bendiga a su familia, con una salud increíble.

DR. CHARLES F. STANLEY, PASTOR PRINCIPAL
FIRST BAPTIST CHURCH EN ATLANTA, GEORGIA
FUNDADOR Y PRESIDENTE DE "MINISTERIOS EN CONTACTO"

Introducción

.

Oye el despertador que le rechina en el oído, mientras le echa una mirada al reloj con un solo ojo apenas abierto, y sin ganas. Dos "dormidas" más tarde, lucha para salir de la cama, moviéndose con lentitud y todo adolorido, preguntándose por qué se sentirá como si no hubiera dormido nada.

Mientras se cepilla los dientes, se mira en el espejo y ve que le devuelve la mirada un rostro que no debe ser el suyo. Es un rostro cansado y con unas cuantas arrugas ligeras. El comienzo de una doble barbilla resalta más, a causa de unos ojos enrojecidos en medio de unas negras ojeras lo contemplan desde el espejo.

Se pone el pantalón de talla 16 y se pregunta por qué, si sólo tiene treinta y siete años, pesa treinta libras (quince kilos) más que cuando se casó. Se va a los cuartos de sus hijos, los despierta y los ayuda a vestirse. Se dirige a la cocina para prepararles el desayuno, sintiéndose un poco culpable porque no es demasiado saludable, pero en realidad, ya no está muy segura de lo que es saludable y lo que no. En estos días hay mucha información encontrada con respecto a la salud.

A pesar de que se prometió a sí misma que les comenzaría a dar alimentos saludables a sus hijos, eso aún no ha sucedido. Su hija tiene ya quince libras (siete kilos) de sobrepeso, y su hijo menor tiene DDA y asma. Usted ha mantenido la secreta esperanza de que logren salir de sus problemas de salud, pero sigue esperando sin que haya habido mejoras. Aunque su médico le dice que los problemas de salud de ellos no tienen nada que ver con lo que come, de alguna manera usted sabe que no es así.

Les prepara el almuerzo a sus hijos, asegurándose de que estén bien repletos de carbohidratos "saludables", como pan fortalecido, una galleta dulce sin grasa y un cartón de jugo que dice que es saludable (al lado mismo del lema que dice "10% de jugo").

Su esposo pasa corriendo por la cocina, hablando ya por el celular. Toma un pan dulce y una taza de café, le da un beso en la mejilla y se dirige a la puerta. Al mirarlo, no se siente tan mal por el peso que ha ganado usted. Él le gana por cinco libras (tres kilos).

Apresura a sus hijos para que salgan. Ahora es el momento de desayunar *usted*. Se prepara una gran taza de café con crema sin lactosa y edulcorante artificial, y le unta margarina a un panecillo. Se acuerda de tomar algo de jugo de naranja (hecho de concentrado, por supuesto); la etiqueta dice que contiene tanto calcio como un vaso de leche. Entonces entra una llamada telefónica. Es su mamá, y parece estar molesta. Su artritis está de nuevo en acción, y quiere que usted la lleve otra vez al médico. Ella ha dependido mucho de usted desde que su padre murió el año pasado de un ataque fulminante al corazón. Al parecer, su nueva medicina no está actuando como el médico le dijo que actuaría. Si esta historia se parece mucho a la suya, sepa que *no está sola*.

Al parecer, el estado de salud de nuestra nación es peor que nunca antes. Hoy en día, cerca del sesenta y cinco por ciento de los estadounidenses adultos están pasados de peso, y casi el treinta por ciento son obesos.[1]

Las personas que nacieron a principios del siglo XX, sufren de enfermedades de "ancianos", como la osteoporosis, Alzheimer y demencia senil. Parece pasar muchos años inútiles de su vida bajo cuidados en unas residencias asistidas, con muy poco funcionamiento mental o físico.

Los nacidos en los años cuarenta y cincuenta son, con toda claridad, la generación de la obesidad frecuente, problema de la salud que lleva a la diabetes, el cáncer y las enfermedades del corazón. Al parecer, la principal razón por la cual algunos de los de esta generación no adquieren cáncer es porque un ataque repentino al corazón ha acabado antes con su vida.

Después viene mi generación, a la que se ha llamado afectuosamente "la generación X": la primera generación de jóvenes que sufren en número alarmante de enfermedades crónicas degenerativas y autoinmunes como la esclerosis múltiple, el lupus, el síndrome de fatiga crónica, la enfermedad de Crohn, la diabetes de tipo I e incluso la enfermedad de Parkinson. Los porcentajes de esterilidad son alarmantes, y hacen que cada vez sean más los miembros de la generación X que acudan a especialistas en fertilidad.

Teniendo en cuenta todas estas malas noticias, da la impresión de que nuestra existencia misma como especie está bajo amenaza, si no cambiamos... y rápido.

Escribí este libro porque tengo una buena noticia para usted: *podemos cambiar*. Le podemos dar un nuevo rumbo al destino de nuestra propia salud.

Hace cerca de diez años, yo sufría de una enfermedad incurable. De casi setenta médicos, ninguno daba con un tratamiento eficaz. Sí, sentía que no me quedaban esperanzas. Sí, tenía miedo. Y sí, me sentía abandonado... pero *no estaba solo*. Desde lo más profundo de mi desespero, oí un susurro que me decía: "Todo va a salir bien".

Después de haber visitado a todos los médicos del planeta (al menos así me parecía) y haber probado todos los medicamentos "milagrosos", las dietas "milagrosas" y los suplementos dietéticos "milagrosos", me encontré recorriendo las páginas del libro más antiguo, sagrado y vendido del mundo.

Lo que estaba buscando en la Biblia no era puramente espiritual. *Estaba buscando respuestas para los numerosos problemas de salud que me estaban debilitando.* Lo que hallé fue el primer plan de salud para el hombre, y el único que iba a necesitar para el resto de mi vida. Este antiguo programa de salud transformó literalmente la vida de un joven de veinte años, al parecer sin esperanzas ya, y desde que escribí acerca de él por vez primera, son miles las personas que han usado estos mismos principios para salirse de las garras de la enfermedad y entrar a la tierra prometida de la salud.

Lea este libro si...

Este libro puede significar un cambio y una mejora radicales en su vida si:

- Quiere evitar las enfermedades y vivir con tanta salud como sea posible, con abundante energía y un aspecto físico mejor.
- Está sufriendo de enfermedades, siente que no le quedan esperanzas y duda que algún día se llegue a poner bien, y todos los especialistas a los que ha acudido no parecen ofrecer respuesta alguna.

Aunque no estoy reclamando que le esté ofreciendo una "panacea", sí creo que este libro me lo inspiró Dios, y que el protocolo práctico que contiene puede mejorar grandemente su salud. El Creador me ha dado un programa para llegar a una salud repleta de energía, basado en su Palabra y en la mejor ciencia a nuestro alcance; en ese orden. Los principios de salud en los cuales se basa el programa son esencialmente los mismos ayer, y hoy, y por los siglos (vea Hebreos 13:8). Usted también puede disfrutar de una salud robusta y mantenerse libre de enfermedades, sólo con seguir el plan de salud diseñado por nuestro Creador.

Recuerde: las consecuencias de las decisiones que tome con respecto a su salud afectarán a muchas otras personas; no sólo a usted mismo. Se debe a sí mismo y les debe a todos aquéllos a quienes ama, el regreso a la dieta del Creador.

Capítulo 1

De la tragedia al triunfo: Mi recorrido personal de la enfermedad a la salud

La mayoría de nosotros entramos a este mundo con gran fanfarria, pocos problemas personales y ningún problema serio de salud. Lamentablemente, las enfermedades nos alcanzan más tarde, a lo largo de la vida. Yo no parecía ser un posible candidato para las enfermedades debilitantes. Mi padre es médico naturopático y quiropráctico, e hizo cuanto esfuerzo pudo para ayudar a su familia a llevar el estilo de vida sano por el cual él abogaba en su profesión.

Mi madre me dio a luz en nuestra casa de Portland, Oregon, con la ayuda de cuatro estudiantes de naturopatía, y no me dieron ninguna inmunización potencialmente dañina. Comíamos todos los "alimentos saludables" conocidos en esos tiempos. Uno de mis amigos fue a nuestra casa y dijo que habría querido visitar primero la tienda de la esquina para conseguir alguna comida que él pudiera "reconocer". No estaba demasiado seguro en cuanto a la leche de arroz, el queso de soya o las hamburguesas de tofú.

También crecí con una buena comprensión de la Biblia, gracias a la consagración de mis padres, que asistían a una congregación judía mesiánica (judíos que creen que Jesús es el Mesías) en las afueras de Atlanta, donde se trasladó mi familia después de mi segundo cumpleaños.

A lo largo de la niñez y en la escuela secundaria era muy raro que me enfermara; tomé antibióticos menos de cinco veces. Puesto que no había estado hospitalizado nunca, no tenía idea de lo que era estar en un hospital. Era un buen estudiante, feliz y muy involucrado en los ministerios mesiánicos y en la iglesia local.

A los diecisiete años fui a la Universidad del Estado de la Florida, en Tallahassee, Florida, con una beca académica y atlética. Entre mis actividades fuera del horario escolar estaba el grupo de animadores de la FSU; también ministraba en el recinto universitario, cantaba en un grupo viajero de vocalistas y hacía de capellán de mi fraternidad.

Unos sueños destrozados

La enfermedad puede parar en seco nuestros sueños más preciados, y poner en suspenso nuestra vida, algunas veces de forma permanente. Las primeras señales de que me estaba fallando la salud fueron unas sensaciones periódicas de agotamiento extremo, que se produjeron durante mi labor como consejero de un campamento de verano. Siempre había disfrutado de un nivel de energía abundante, pero llegué a quedar dormido en el autobús donde iba con algunos de mis acampados, que se dedicaron a llamarme diciendo: "¡Jordan! ¡Despierta!" Fue vergonzoso, por decir algo, y pronto se volvió frecuente.

Mi energía nunca volvió, y sin advertencia alguna, me enfrenté a un gran conjunto de problemas de salud más, entre ellos náuseas, calambres estomacales, unas dolorosas llagas en la boca, y una diarrea que no desaparecía. Creyendo que se trataba de unos síntomas temporales, me comprometí a asistir a un campamento *de toda una semana* al aire libre, a cuatro horas de donde vivía.

Un buen conocimiento de unos servicios sanitarios primitivos

La mayoría de las personas saludables consideran difícil acampar a la intemperie en el ardiente calor veraniego de la Florida, y mis náuseas interminables lo hicieron virtualmente imposible. La "comida de acampados" de costumbre no me estaba ayudando. Me tragaba litros enteros de té helado con mucha azúcar, y llegué a conocer muy bien los primitivos servicios sanitarios exteriores del campamento. Literalmente, tenía que correr al servicio entre quince y veinte veces al día; como consecuencia, perdí casi *veinte* libras (*diez* kilos) en *siete* días.

Hasta aquel momento había tenido un estómago "de hierro". Cuando los anuncios de la televisión hablaban de productos digestivos, me solía preguntar cómo se sentiría uno con acidez o con diarrea. De repente "supe cómo era aquello". Los síntomas de enfermedad y fatiga extremas me obligaron al fin a irme repentinamente del campamento. Un amigo me tuvo que llevar a casa, porque estaba demasiado enfermo para conducir yo mismo.

Con el propósito de no dejar que se preocuparan mis padres, hice toda una actuación digna de un premio de la Academia, a fin de esconderles mi enfermedad. No quería que me impidieran el regreso al colegio universitario, que se debía producir diez días después. Mi pensamiento era: Si puedo resistir hasta que comiencen las clases, todo va a ir bien. Sólo necesito regresar a mi rutina de siempre. Visité a un médico de cabecera del lugar y le hablé de mis náuseas, mis diarreas constantes, mi pérdida de peso, mi sensación de tener la boca "llena de algodón" y mi agotamiento. Él me hizo enseguida unas pruebas para detectar virus (entre ellos los del SIDA). Todos los resultados fueron negativos, lo cual tenía lógica, si tenemos en cuenta que nunca había tenido una transfusión de sangre, ni había estado sexualmente activo. Finalmente, el médico me recetó unos antibióticos y me mandó a casa.

Delgado y en pésimas condiciones, pero de vuelta a los estudios

Cuando volví a la Universidad del Estado de la Florida, siguieron los fuertes problemas gastrointestinales, a pesar de que tomé los antibióticos con toda fidelidad. Traté de ignorar lo que le estaba sucediendo a mi cuerpo, pero los síntomas me obligaron a dejar mis actividades fuera de clase. Aún estaba activo en mi ministerio del colegio universitario con mi iglesia local, pero dejé el grupo de animadores y la fraternidad, y dejé de estudiar para mi examen de del Colegio Norteamericano de Medicina Deportiva.

Desde mi peso normal de 180 libras (80 kilos), bajé a 145 libras (65 kilos), y me sentía como si me estuviera cayendo a pedazos. Cada noche tenía fiebre de 104 grados Farenheit (40 grados centígrados) y dormía muy poco entre mis interminables viajes al baño.

Los suplementos dietéticos de mi padre

Cuando exploré por fin la colección de nutrientes que mi padre me había empacado, encontré acidófilos, jugo de áloe, enzimas digestivas, suplementos de fibra y muchos otros productos de hierbas y nutritivos. Me hice creer a mí mismo que aquellos productos me ayudarían a ponerme bien.

Ésa fue mi introducción a lo que suelo llamar "la rueda de hámster de la medicina alterna". A lo largo de los años en que he estado buscando formas de restaurar mi salud, he llegado a creer que, aunque la medicina alterna y los tratamientos a base de dietas algunas veces pueden ser alternativas mejores que ciertos medicamentos, la mayoría de las dietas y los suplementos tienden a "prometer demasiado y dar muy poco".

A pesar de los suplementos naturales que estaba tomando, mis síntomas empeoraron, y estaba continuamente hambriento. Tal parecía como que la comida pasaba por mi organismo sin dejar rastros. Por lo general, me mantenía fiel a mi dieta "saludable" hasta que mi amigo que trabajaba en la cocina de un club estudiantil femenino traía a casa la comida que quedaba. Eso hacía que tirara la dieta por la ventana.

Yo vivía con otros siete estudiantes, y nunca nos perdíamos la oportunidad de molestarnos unos a otros. Teníamos una cartelera central de mensajes, que usábamos para poner chistes, mensajes incómodos, y algunas veces "críticas constructivas y humorísticas" entre nosotros. Uno de mis mejores amigos me escribió un mensaje que reflejaba con precisión el cambio de mi aspecto físico: "Oye, Jordan, Pee Wee Herman te llamó. ¡Quiere que le devuelvas su cuerpo!" Parecerá cruel, pero yo me reí, decidido a mantener mi buen sentido del humor.

Aumenta la preocupación

Luchaba para asistir a las clases, pero evitaba decirles a mis padres lo enfermo que estaba, porque no quería dejar los estudios. Un día, mientras iba caminando hacia mi clase de música, sentí un chasquido en la cadera, como si se hubiera dislocado. Comencé a darme cuenta de que había algo que andaba seriamente mal.

Mis problemas gastrointestinales se habían convertido en "parte del sistema", lo cual significa que el dolor me pasó a las articulaciones y a otras partes del cuerpo. La cadera se me salía constantemente de su articulación. Hasta sufría pequeñas dislocaciones al entrar y salir de los autos.

Probé diferentes dietas, junto con los suplementos nutritivos, después que supe que la sensación de "algodón" en la boca indicaba la presencia de "candidiasis bucal", enfermedad causada por un hongo llamado *Cándida albicans*. Mi padre me puso en la Dieta específica de carbohidratos, para ayudarme a aliviarme de la candidiasis bucal y de la diarrea.[1]

Desesperación y una dieta difícil

Aunque según se afirma, la dieta ha ayudado a algunas personas, aliviando sus síntomas, me era difícil seguirla, sobre todo en el colegio universitario. Lamentablemente, no tenía la disciplina personal necesaria para mantenerme dentro de una dieta tan rigurosa por largo tiempo, y la Dieta específica de carbohidratos no alivió mis síntomas.

Los baños se convirtieron en una obsesión para mí. Cada decisión que tomaba en mi vida giraba alrededor de una pregunta: ¿Dónde está el baño más cercano? Mis amigos dejaron de invitarme a paseos largos en auto, o actividades en lugares aislados. Aunque oraba constantemente y mantenía una actitud tan positiva como podía, los síntomas se negaban a colaborar, y me comenzó a abrumar una incesante aflicción.

Papá me echó un vistazo y...

Finalmente, les tuve que admitir a mis padres lo enfermo que estaba, y ellos arreglaron para que volviera a casa en avión al día siguiente. Cuando entré en la casa, mi padre el doctor me echó un vistazo y entró en acción. Me tomó la temperatura (tenía 105 grados Farenheit [40.5

grados centígrados]) y me puso en una bañera repleta de cubos de hielo. Mientras tiritaba dentro del agua helada, confuso y delirante, no sabía lo que estaba sucediendo, pero recuerdo haber oído que mi padre gritaba: "Dios mío, no quiero que se me muera mi hijo".

A la mañana siguiente hice mi *primera visita de toda la vida* a un hospital, en la esperanza de recibir una receta "curalotodo" para poder volver a mis estudios. Lo que sucedió fue que la "visita" duró dos semanas enteras. Me deprimí allí tirado en la cama mientras me administraban líquidos y antibióticos en ambos brazos por vía intravenosa. No me ayudó para nada que la noticia que estaban presentando constantemente en la televisión fuera la de las explosiones en el Edificio Federal de la ciudad de Oklahoma.

Tenía el cuerpo tan lleno de infección, que estaba inflamado. Los médicos me recetaron dos esteroides intravenosos altamente tóxicos, y me hicieron pasar por todas las pruebas imaginables. Los radiólogos me escudriñaron el tubo digestivo superior y el inferior; me sentía como si se estuvieran dando viajes de lujo en mis intestinos con una cámara de televisión de tamaño normal.

Los resultados no fueron alentadores. El doctor me diagnosticó la enfermedad de Crohn (en realidad, era la colitis de Crohn), una inflamación anormal del intestino delgado y del colon que hace que las paredes intestinales se vuelvan más gruesas. A medida que va progresando esta enfermedad, el canal intestinal termina cerrándose, y queda bloqueado, con lo que pierde su capacidad para absorber sustancias nutritivas.

Uno de los "pocos escogidos"; las víctimas

Para complicar más las cosas, tenía también una marcada duodenitis, una inflamación del duodeno (la primera parte del intestino delgado, que aflige a menos del uno por ciento de los pacientes con la enfermedad de Crohn. Como resultado, *me estaba literalmente muriendo de hambre*, de manera que me pusieron en una "nutrición parenteral total" (NPT), en la cual se ponen las sustancias nutritivas directamente en el torrente sanguíneo.

La infección y el dolor se apoderaron de todo mi cuerpo, mientras un caos emocional se apoderaba de mi mente mientras trataba de enfrentarme a aquel diagnóstico de *incurable* sobre la enfermedad de Crohn. No me imaginaba que mi pesadilla sólo había comenzado.

Mi médico me dijo que podría llevar una "vida normal", con la excepción de que necesitaría medicamentos para el resto de mi vida, y "unas cuantas operaciones". Podría tener hijos, pero sólo si "cambiaba de medicamentos" durante el proceso de concepción.

El enfrentamiento a la realidad

Aunque no estaba familiarizado con la enfermedad de Crohn, pronto supe que, según la forma de comportarse de esa enfermedad, mi futuro parecía sombrío. Las víctimas de la enfermedad de Crohn sufren de unos síntomas progresivos de dolores abdominales, diarreas, una pérdida extrema de peso y tal vez una muerte prematura. Se me dijo que los medicamentos me mantendrían con vida, pero pronto descubrí que sus efectos secundarios eran casi tan malos como la propia enfermedad. La ciencia no le conocía causa ni curación a la enfermedad de Crohn en aquellos momentos, y mi pronóstico era muy pobre.

El Dr. Burrill Crohn descubrió la enfermedad de Crohn a principios del siglo XX; una de las personas más famosas a las cuales se les diagnosticó esta enfermedad, fue el presidente Dwight Eisenhower. Nadie lo sabe con certeza, pero los médicos calculan que entre cuatrocientas mil y un millón de personas sufren de la enfermedad de Crohn, y cada año aparecen veinte mil casos nuevos. Mientras escribo, los diagnósticos de la enfermedad inflamatoria de los intestinos (la enfermedad de Crohn y la colitis ulcerante) han aumentado de manera drástica, menos de una década después de mi diagnóstico. Según algunos escritos, hay un increíble ochenta y cinco por ciento de los estadounidenses que han sufrido de algún tipo de problema digestivo. A unos dos de cada diez estadounidenses se les ha diagnosticado el síndrome de intestinos irritables, las ventas de medicamentos para la acidez están florecientes, y algunos expertos predicen que la enfermedad de Crohn podría terminar superando las úlceras como el mayor problema digestivo en los Estados Unidos.[2]

Avergonzado por mis síntomas, sólo les decía a mis amigos que estaba enfermo, y evitaba los detalles. Esperaba contra toda esperanza que podría regresar a mis estudios. Creía ingenuamente que las recetas "mágicas" del médico me sanarían, pero la curación por medio de medicinas no estaba funcionando. Pasé de la administración de sustancias por vía intravenosa a medicamentos orales como el prednisone, tomados en mi casa. Este esteroide desataba alucinaciones, y yo comenzaba a llorar sin poderme controlar. (También tomé mesalamina para la colitis ulcerante, y los antimicrobios Flagyl y Diflucan para la candidiasis crónica).

Para asegurarse, los médicos también me hicieron tomar ciprofloxacina (Cipro), la sustancia que se escoge para las infecciones bacterianas no específicas. Yo completaba este cóctel de medicinas con dosis regulares de Zantac para la ardiente acidez que me causaban los demás medicamentos.

La pesadilla se convirtió en mi peor pesadilla

No mejoraba a pesar de todas esas medicinas. Seguía corriendo al baño hasta treinta veces al día. La mayoría de lo que expulsaba salía ahora con sangre, y los calambres eran tan fuertes, que me daban ganas de arrancarme el cabello o golpearme la cabeza contra la pared. Pero si los días eran duros, las noches eran peores.

La diarrea nocturna persistente producía una privación crónica del sueño. Continuaba visitando el baño durante todo el día y la noche, cada tres cuartos de hora, o una hora máximo. Sólo muy pocas veces conseguía más de una hora de sueño ininterrumpido por las noches. Durante más de un año viví en un estado de fatiga y agotamiento continuos, y por una buena razón. Tenía un nivel de hierro de cero en el suero, algo casi desconocido, a pesar de las inyecciones diarias de hierro.

El hierro es un componente esencial de la hemoglobina, la proteína portadora de oxígeno de la sangre. Mis niveles bajos de albúmina en el suero indicaban que estaba sufriendo de una grave enfermedad de desgaste (caquexia), además de una inmunidad baja y un rápido deterioro de todos los tejidos del cuerpo. Mi cuerpo no estaba absorbiendo la nutrición, lo cual contribuía a que me estuviera muriendo de hambre.

Más problemas

Mi sistema digestivo no estaba absorbiendo la nutrición, estado llamado "síndrome de absorción pobre". Y fueron tantas las sustancias tóxicas que me recetaron, que sus interacciones químicas creaban más problemas aún que la propia enfermedad. Tomado todo esto en conjunto, era una verdadera sacudida para un joven de diecinueve años que nunca antes había estado hospitalizado.

Como tantos estadounidenses, no comprendía lo importante que es el conducto gastrointestinal para gozar de buena salud. El sistema gastrointestinal es una maravilla de la ingeniería y un prodigio de la creación. Alberga un conjunto de bacterias y otros microorganismos; algunos son buenos para el cuerpo, mientras que otros son patogénicos, o "malos".

La investigación de la ciencia médica ha demostrado que un equilibrio adecuado entre estas bacterias intestinales es clave para tener una salud a largo plazo. Lamentablemente, la dieta actual del estadounidense es literalmente una tienda de dulces para las bacterias malas que viven en el tubo digestivo humano. A esas bacterias malas les gustan los mismos azúcares, carbohidratos altos y comidas refinadas que a nosotros.

El golpe final a mi salud lo causó este desequilibrio bacterial en mi sistema digestivo (*disbiosis*), que produjo el derrumbe de la barrera de inmunidad de mi cuerpo.

Una enciclopedia médica ambulante

Los investigadores médicos más avanzados de la actualidad creen que la vida y la muerte comienzan en el tubo digestivo. Si su sistema digestivo se viene abajo, lo más probable es que aparezcan una serie de enfermedades debilitantes, aunque sin relación aparente entre sí. En el cuadro siguiente he hecho una lista de las enfermedades que estaban trabajando en mi cuerpo, con la esperanza de que si usted se ve a sí mismo, o a un ser amado suyo, dentro de este perfil, se anime, porque su salud puede ser restaurada, como lo ha sido la mía.

MI PERFIL DE ENFERMEDADES PERSONALES

- *Candidiasis crónica* (recubrimiento de hongos): tenía el máximo nivel posible.
- *Entamoeba histolytica*, un parásito que causa la amibiasis disentérica.
- *Criptosporidiosis*, una infección de protozoos que causa una enfermedad intestinal grave.
- *Diabetes incipiente* (con una circulación sumamente pobre): La parte inferior de mis piernas había tomado un color púrpura.
- *Ictericia* (además de otros problemas en el hígado y la vesícula biliar).
- *Insomnio*.
- *Pérdida del cabello*.
- *Endocarditis*, una infección del corazón.
- *Inflamación de los ojos*.
- *Infección de la próstata y la vejiga*.
- *Anemia extrema*: Mi nivel de ferritina [hierro] en el suero fue de cero durante más de doce meses consecutivos.
- *Desequilibrio crónico de los electrolitos* debido a la deshidratación
- *Un nivel elevado de proteína C-reactiva*, que indica una inflamación crónica y una infección bacterial, señalando el aumento de riesgo de ataques al corazón y apoplejía.
- *Anemia*, que indica escasez de glóbulos rojos en el torrente sanguíneo. Sólo los glóbulos rojos son portadores de oxígeno para los tejidos musculares y los órganos.
- *Fatiga crónica*, misteriosa dolencia cuyos síntomas son una fatiga incesante, dolores de cabeza, debilidad, dolores en los músculos y las articulaciones, e incapacidad para concentrarse.
- *Artritis*, marcada por inflamación de las articulaciones, rigidez y dolor. Mi sistema inmune se había equivocado y se estaba atacando a sí mismo. (Algunos piensan que la enfermedad de Crohn tiene origen autoinmune. Tal vez mi propio cuerpo comenzara a atacar a mis articulaciones).
- *Leucocitosis*, un aumento anormal en el número de leucocitos o glóbulos blancos, sobre todo leucocitos inmaduros.
- *Síndrome de mala absorción*: Mi cuerpo era incapaz de absorber la cantidad necesaria de sustancias nutritivas en la comida, así que, por mucho que comiera, seguía muriéndome de hambre.

Las cosas siguieron empeorando, a pesar de los tratamientos que había recibido en el hospital. No podía participar en ninguna actividad normal de la vida. Yo estaba acostumbrado a ser el líder del grupo, que reunía gente a mi alrededor. En lugar de esto, ahora les decía a mis amigos: "No, no puedo ir". "No, la verdad es que no puedo hacer eso". Me sentía mal por mis amigos, que llamaban y me querían visitar. Sentía que los estaba decepcionando a ellos, y también a mis padres, mi hermana y mis abuelos. Todos estaban sufriendo a causa de mi enfermedad, y darme cuenta de aquello me hacía sentir culpable.

LOS MIEMBROS DE LA FAMILIA SUFREN TAMBIÉN

"¿Dónde está mi hermano?"

"Está en la enfermería. No se está sintiendo bien. Lo está molestando el estómago."

El campamento de verano había acabado de comenzar. ¿Cómo era posible que Jordan cayera con un virus del estómago tan rápido? El era consejero en el campamento, y yo apenas estaba entrando en la adolescencia. Lo vi muy pocas veces, porque se pasaba mucho tiempo en la enfermería.

Estaba realmente enfermo. Yo estaba molesta con todo aquello, pero nadie sabía los detalles de sus síntomas. Al final, Jordan se tuvo que ir a casa antes de tiempo, dejándome a mí sola en el campamento.

Al comenzar el campamento, Jordan se veía muy saludable. Aún tenía una buena musculatura, aunque había ganado algún peso de más por las malas comidas de cuando había estado fuera, en el colegio universitario. Cuando terminaron los seis días de campamento, había perdido casi 20 libras (10 kilos). Las cosas se pusieron peores aún después que volvió al colegio universitario para hacer su segundo año. Se puso tan enfermo, que tuvo que volver a casa.

Yo ya estaba pasando por una etapa de rebelión, pero entre mi preocupación por Jordan y el gran *cambio* que se produjo en nuestra vida, despertaron en mí cierta ira escondida. Quería a Jordan y estaba preocupada de veras por su salud, pero llegué a un punto en el que no podía creer que algún día él iba a estar mejor.

Jordan no tuvo intención de hacerlo, pero básicamente, *su enfermedad apartó a mi madre de mí.* Ella estaba siempre con él, tratando de hallar otra cura u otro médico en alguna parte. Todos sentíamos la ira y la frustración de nuestra *impotencia.*

A medida que Jordan se iba enfermando más y poniendo más demacrado, la gente se iba sintiendo más incómoda cerca

LOS MIEMBROS DE LA FAMILIA SUFREN TAMBIÉN

de él. Sin embargo, aun en aquellos momentos difíciles, Jordan seguía siendo mi hermano, y él seguía teniendo la fe de que Dios lo sanaría un día. En cierta forma, también se había convertido en un segundo padre para mí. Cuando yo tenía problemas con amigos o con mis relaciones, Jordan hacía un desesperado esfuerzo por ser mi "hermano mayor", pero no podía hacer nada. Aún recuerdo que me dijo una y otra vez lo inútil que se sentía. Estaba delgado como una vara, y todo el pelo se le estaba cayendo. Para mi joven mente, aquello era horrible.

Algo que recordaré siempre, fue el momento en que Jordan se desmayó en la cocina y cayó de bruces rumbo al piso. Yo me las arreglé para atraparlo pocos centímetros antes de que se abriera la cabeza. Aquello pasó sólo unos meses antes que él decidiera irse a California para trabajar con un hombre que afirmaba que su dieta basada en la Biblia lo ayudaría. En aquellos momentos, estaba confinado a una silla de ruedas.

Después de sólo tres meses de estar en su programa, cuando mamá y yo fuimos en avión a California para verlo, él nos recibió fuera del aeropuerto, de pie por sí solo. Nosotras nos sentimos muy emocionadas. Seguía estando muy delgado, y se veía que su salud no era perfecta, pero estaba mejorando. Aún tenía el cabello escaso y con un aspecto extraño, pero le estaba comenzando a crecer de nuevo.

Hay dos cosas que son las que más recuerdo acerca de aquella reunión. En primer lugar, la actitud de Jordan era realmente positiva (aquello no existía en los meses antes de irse para California). Y en segundo lugar, fue algo que sucedió en la playa, cerca de la casa móvil de Jordan: insistió en levantarme en peso. Entonces, en juego, trató de levantar también a mamá. Tenemos fotos de todo aquello. Fue entonces cuando supe que, decididamente, estaba recuperando su fortaleza. Estaba muy distinto a la última vez que lo habíamos visto, cuando tenía los brazos frágiles y no podía ni hablar. Ahora todos nos sentíamos llenos de gozo.

—JENNA RUBIN

Cuando uno está sufriendo de una enfermedad, le es muy fácil centrarse en sí mismo, pero también me molestaba pensar que estaba defraudando a otros. Trataba de mantener una actitud positiva con mis amigos, pero es difícil manifestar gozo cuando el dolor le atraviesa continuamente a uno el estómago y las articulaciones. Sólo puedo describir mi situación como el dolor que causa un virus estomacal de veinticuatro horas o un caso serio de envenenamiento con la comida, *día y noche* durante *dos años*.

Aunque me sostuve firme en la fe de que Dios me sanaría, estaba lo suficientemente desesperado como para probar lo que fuera. Recogía cuanto escrito o folleto sobre la salud encontrara, "por si acaso" contenía las respuestas a mi problema. Según toda la información que estaba leyendo, la reacción de curación de mi cuerpo había sido "cerrada" o puesta en peligro de alguna forma. Mi esperanza era que tal vez hubiera algún método natural que ayudara a reactivarla.

Una vez dado de alta en el hospital, me uní a mi padre en la búsqueda de caminos naturales a la renovación de la salud. Lo intenté *todo*. Recuperar mi salud se convirtió en nuestra obsesión. Finalmente, nuestra búsqueda me llevó a setenta practicantes de salud de siete países distintos, entre los cuales había médicos, naturópatas, quiroprácticos, inmunólogos, acupunturistas, homeópatas, expertos en hierbas, terapeutas del colon, expertos en nutrición y dietistas.

La localización del posible culpable

Sólo Dios sabe por qué me enfermé, pero he aislado unas cuantas cosas clave que contribuyeron a crear la situación. Como mencioné, tuve la fortuna de no recibir vacunas de niño, puesto que crean riesgos inherentes para la salud. Sin embargo, el distrito escolar local me obligó a recibir la vacuna compuesta para el sarampión, las paperas y la rubéola a los quince años, debido a una supuesta epidemia.

Actualmente se ha visto que esta vacuna se halla implicada en desórdenes digestivos, entre ellos la enfermedad de Crohn, y en desórdenes del desarrollo, como el autismo. Aunque mis síntomas no aparecieron sino hasta casi cuatro años después de la vacuna, *parece* haber una relación de causa y efecto.

Sin embargo, yo creo que la culpa mayor la tiene mi cambio de dieta y estilo de vida en el colegio universitario. Mi vida allí trajo un nuevo nivel de estrés a mi existencia también, gran parte del cual era causado por mi exceso de compromisos en aquellos momentos. Y mi búsqueda de la supremacía en el atletismo. Adopté una dieta muy alta en carbohidratos (mayormente de cereales procesados, productos lácteos y azúcar) y peligrosamente baja en grasas y proteínas. La dura verdad es que mi dieta del colegio universitario estaba hecha a la medida para inducir los síntomas de la mayor parte de las enfermedades; en especial, enfermedades del aparato digestivo.

Un intento más

A pesar de mi desalentadora experiencia con la dieta específica de carbohidratos, seguía creyendo que me ayudaría si yo la *seguía* sin desviarme. Así que la intenté una vez más.

Hasta consultaba a diario por teléfono con Elaine Gottschall, autora de *Breaking the Vicious Cycle* [Rompiendo el ciclo vicioso] (Kirkton Press, 1994). Ella había trabajado con un médico, el Dr. Haas, para curar a su propia hija de colitis ulcerante, una enfermedad muy parecida a la enfermedad de Crohn. Sin embargo, y a pesar de mi fanática fidelidad a la dieta específica de carbohidratos en tres ocasiones distintas de tres a seis meses, no funcionó conmigo.

Esto me llevó a consultas personales con algunos de los principales médicos y expertos en dietas del mundo. (Debo haber probado casi todas las dietas que se han impreso). Fui paciente del fallecido Dr. Robert Atkins, autor de *The Atkins Diet*. También me reuní con Barry Sears, doctor en filosofía, gurú de los "eicosanoides" con base en California y autor de *The Zone* [La zona]. Después consulté a Jeffrey Bland, doctor en filosofía, experto en medicina funcional tenido en alta estima, e hice varias veces su dieta de desintoxicación y eliminación.

Nada funcionaba. Estos profesionales de la salud eran personas sumamente conocedoras, con un alto nivel de estudios y muy sinceras en su deseo de ayudarme. Cada una de sus dietas tiene muchas bases sólidas; sin embargo, siempre faltaba algo que yo necesitaba.

Durante nuestra búsqueda de más de dos años, mi padre gastó alrededor de ciento cincuenta mil dólares en tratamientos naturales de salud, incluyendo treinta fórmulas protóbicas, un número incontable de enzimas, fibra, fórmulas anticándida y antiparásitos y numerosos productos para subir el nivel de inmunidad y desintoxicar el cuerpo.

Dispuesto a probarlo todo

¿Por qué estuve dispuesto a pasar por unos regímenes tan difíciles y costosos? Porque quería mejorar y dejar de sufrir. Alguien decía que mi problema estaba en el hígado, y yo decidía desintoxicarlo. Un "experto en salud" dijo que él había curado a doscientos cincuenta pacientes con la enfermedad de Crohn en Gran Bretaña, así que yo acepté someterme a una terapia celular con células de oveja inyectables tomadas de embriones. Las agujas eran gigantescas, pero como era de suponer, los resultados eran nulos. También probé con enemas de retención, colónicos y más planes de desintoxicación del hígado.

Probé con "glandulares", o extractos glandulares y orgánicos tomados de los tejidos deshidratados de todos los órganos y glándulas animales concebibles. Hasta tomé extracto cortical adrenal, o ECA, un extracto de glándulas suprarrenales de bovino del que se supone que posea los poderes de la hidrocortisona (usada extensamente en medicina en el pasado).

Durante cerca de un año, me estuve inyectando yo mismo vitaminas y minerales inyectables *siete veces al día*, utilizando una pequeña aguja reservada para inyecciones de insulina. Me había demacrado tanto, que cuando me inyectaba en los hombros y en los costados de las caderas, podía sentir que la aguja tocaba el hueso.

¿Tiene jugo de col y cartílago de tiburón?

Leí en alguna parte que el jugo de col era bueno para los intestinos y rico en compuestos orgánicos de sulfuro, así que consumí grandes cantidades de jugo de col. Lo mismo hice con el jugo de hierba de trigo, hierbas chinas y peruanas, kampo japonés, extracto de hoja de olivo y cartílago de tiburón. Probé la dieta macrobiótica, la dieta vegetariana de comida cruda y la soya nitrogenada también.

Mi desesperada caza en busca de una cura me llevó a viajar a clínicas de Europa, América del Sur, México y Canadá, muchas veces en silla de ruedas. Sin excepción, los médicos y profesionales de la salud que me trataban, caracterizaban mi aspecto externo como el de "una víctima de un campo de concentración". A pesar de mi frágil salud, soporté los peligros de los viajes para visitar clínicas de tratamiento alternativo del cáncer en México y Alemania, volviendo en peores condiciones que cuando me iba.

A lo largo de todo aquello, sacaba fuerzas de mi fe en el amor que Dios me tiene. Era difícil vivir así, y algunas veces mi esperanza disminuía, pero Dios se mantuvo fiel. El salmista David expresaba mi dolor y reavivaba mis esperanzas durante mis lecturas diarias del Salmo 31:

"En ti, oh Jehová, he confiado; no sea yo confundido jamás; líbrame en tu justicia. Inclina a mí tu oído, líbrame pronto; sé tú mi roca fuerte, y fortaleza para salvarme… Me gozaré y alegraré en tu misericordia, porque has visto mi aflicción; has conocido mi alma en las angustias… Ten misericordia de mí, oh Jehová, porque *estoy en angustia*; se han consumido de tristeza mis ojos, mi alma también *y mi cuerpo*. Porque mi vida se va gastando de dolor, y mis años de suspirar; *se agotan mis fuerzas* a causa de mi iniquidad, y *mis huesos se han consumido*… He sido *olvidado* de su corazón *como un muerto*; he venido a ser como un vaso quebrado… Mas yo en ti confío, oh Jehová; digo: Tú eres mi Dios. *En tu mano están mis tiempos*; líbrame de la mano de mis enemigos y de mis perseguidores. Haz resplandecer tu rostro sobre tu siervo; sálvame por tu misericordia."
—SALMO 31:1-2, 7, 9-10, 12, 14-16 (CURSIVA DEL AUTOR)

Datos falsos proporcionados por científicos de alquiler

A medida que me fui volviendo cada vez más fanático, fui probando casi quinientos productos "milagrosos" distintos (entre ellos, dos o tres tratamientos que ninguna persona racional intentaría). Yo sé lo que es estar desesperado. Me convertí en víctima —y escojo con cuidado esa palabra— de muchos mercaderes de las redes de televisión y distribuidores masivos de productos de salud que hacen afirmaciones exorbitantes e infundadas con poca base científica, si es que tienen alguna.

Mi padre analizaba las revistas de salud y llamaba a colegas del mudo entero, en busca de clínicas y terapias que me pudieran ayudar. Las numerosas máquinas a las que conecté mi cuerpo podrían llenar toda una novela de ciencia-ficción.

Ciencia extraña procedente de lo más alejado en tratamientos alternativos de salud

Algunos de los expertos que visité me hicieron varias formas de análisis electrodérmico (AED), un método para recabar datos con computadoras, basado en meridianas de física y acupuntura. Un doctor, después de analizarme con su máquina de AED, me dijo que mi enfermedad se debía a los campos electromagnéticos de mi casa. Así que comencé a dormir en una jaula de acero puesta alrededor de mi cama. Me indicó que por las noches debía apagar todos los televisores y relojes; todos los aparatos eléctricos. (No, no funcionó). El siguiente experto en AED me dijo que yo tenía una reacción adversa procedente de un satélite que gira alrededor de la tierra cada siete años. Esto es lo que yo llamo ciencia extraña procedente de lo más alejando en tratamientos alternativos de la salud.

Traté de aplicarme la quinesiología, un tipo de quiropráctica en la cual se hacen distintas pruebas de fortaleza y debilidad muscular en ciertos puntos del cuerpo. Usé también la acupuntura y la homeopatía, sin lograr ningún alivio.

Mi vida consistía en tomar diversas medicinas y suplementos. Cuando no estaba visitando a un médico varias veces por semana, me quedaba en casa en mi sillón y dejaba suelta la imaginación mientras veía programas de cocina. (Sentía una identificación especial con el Chef Emeril).

Todo mi tiempo libre lo usaba tratando de descubrir qué productos usar y qué me podría ayudar, y así devoré más de trescientos libros sobre salud y nutrición. Localizaba a los autores famosos y arreglaba para tener consultas personales con ellos, negándome a reunirse con nadie que no estuviera entre los mejores de todos.

Y allí estabas tú

La mayoría de los médicos y expertos que visitaba decían que me podían curar en poco tiempo. Uno tras otro, me aseguraban que nunca habían dejado ningún paciente sin curar, pero me hacían promesas que después no podían cumplir. Sus afirmaciones en cuanto a las curaciones no eran totalmente infundadas; la mayoría de ellos tenían *evidencias anecdóticas* basadas en los testimonios de sus pacientes.

Como les sucede a tantos otros que se encuentran desesperadamente enfermos, yo estaba dispuesto a creerlos y depositar mi fe en ellos. Mis frecuentes infecciones de la vejiga y de los ojos me hacían incómodos en exceso los viajes, pero viajaba de todas formas, con la esperanza de hallar una cura.

En una ocasión, mientras esperaba a que despegara un avión, me dije con toda tranquilidad a mí mismo: "No estaría tan mal que este avión se cayera". Ése era mi estado mental durante los días más oscuros de mi desesperado peregrinar. No tenía intenciones de suicidarme, pero me sentía totalmente desprovisto de esperanza. Ya no podía más con los dolores. No buscaba la muerte de forma activa, pero razonaba que si me moría, por lo menos me podría unir a mi Creador y estar libre de dolores. De nuevo, fue también en aquel tiempo el salmista quien expresó a la perfección mis sentimientos:

"Estoy encorvado, estoy humillado en gran manera, ando enlutado todo el día. Porque mis lomos están llenos de ardor, y nada hay sano en mi carne. Estoy debilitado y molido en gran manera; gimo a causa de la conmoción de mi corazón... Mi corazón está acongojado, me ha dejado mi vigor, y aun la luz de mis ojos me falta ya... Porque en ti, oh Jehová, he esperado; tú responderás, Jehová Dios mío."
—Salmo 38:6-8, 10, 15

Un último rayo de esperanza me llevó a Alemania para recibir un medicamento en estado experimental hecho con extractos de la planta carnívora llamada "venus". (En aquellos tiempos, la Administración estadounidense de alimentos y drogas no permitía la importación de esta sustancia vegetal).

Mi gigantesca pesadilla alemana

Mi madre me acompañó a Alemania. Fue una pesadilla de veintiocho horas que comprendió numerosos aviones y trenes. Perdimos un tren porque entre los dos no pudimos arrastrar nuestro equipaje con la suficiente rapidez durante un cambio de trenes; tuvimos que esperar seis horas al próximo. (Yo usé el tiempo buscando y visitando con frecuencia los servicios públicos). Poco después de llegar a Alemania se me dijo que dejara de tomar mis medicamentos (incluyendo el prednisone, que había estado tomando por más de un año). Tuve unos síntomas de desintoxicación devastadores, entre ellos el de no poder respirar sin sofocarme durante tres días.

El médico alemán llegó a la conclusión de que mi problema estaba en el sistema inmune; ciertas partes de él estaban demasiado activas, y otras muy poco. Me quedé solo en la clínica durante seis largas semanas, después que las presiones económicas por mis cuentas médicas obligaron a mi madre a volver a su trabajo de maestra de escuela en los Estados Unidos. La terapia no produjo resultados positivos; sólo me dejó en las manos de unos médicos y unas enfermeras tristemente poco considerados.

¿Problema mental o problema de doctores?

Por último, el doctor de aquella clínica anunció con todo egotismo que yo no me mejoraba porque tenía "problemas mentales".

Yo era un joven de diecinueve años que se había visto obligado por la enfermedad a salirse del colegio universitario y abandonar sus sueños. Me separaban de mi familia y amigos miles de kilómetros y todo el océano Atlántico. Estaba atrapado en una clínica de salud alemana donde nadie hablaba inglés; el cielorraso de mi cuarto tenía menos de metro y medio de alto (¡*ay!*), y la mayoría de las personas asignadas a cuidar de mí, parecían considerarme más como un fastidio, que como un paciente. Teniendo en cuenta esta combinación, supongo que esto podría producir algunos problemas mentales en cualquiera.

En un estado lastimoso y con unos dolores constantes, sentía como si estuviera preso dentro de mi propio cuerpo. Me cubría una nube de desesperación. ¿Volvería alguna vez a disfrutar de una vida "normal"? ¿Volvería alguna vez a dormir toda la noche seguida, o a despertarme sin dolor alguno? ¿Volvería alguna vez a estar saludable?

Llegó la hora de volver a casa, pero pronto descubrí que era más fácil hablar de hacer aquel viaje, que hacerlo. Con gran dificultad, hice el viaje solo con mi equipaje en un taxi hasta el aeropuerto.

Desamparado en Alemania

Demasiado débil para caminar solo sin ayuda, tuvieron que meterme al aeropuerto en una silla de ruedas. Ninguno de los empleados de la aerolínea en el mostrador de los pasajes entendía inglés, y no podían hallar registro alguno de mi pasaje. Yo traté de comprar otro pasaje con mi tarjeta de crédito, pero fue rechazada.

Aquello ya fue demasiado. Mi vida pareció girar en espiral fuera de control allí mismo, frente al mostrador de los pasajes, complicada con una dolorosa infección del aparato urinario y una conjuntivitis en ambos ojos, junto con mi problema crónico en los intestinos. Daba la impresión de que nunca llegaría a casa.

En el extremo de mi desesperación, oré diciendo: "Señor, no puedo hacer absolutamente nada. Estoy poniendo mi vida en tus manos. Por favor, sácame de esta situación. Me siento totalmente indefenso". En unos pocos minutos habían encontrado mi pasaje y yo había abordado el avión. Aunque perdí el vuelo de conexión, por fin llegué a casa después de treinta horas de tribulación. No puedo describir el alivio que sentí de estar ya en casa.

Poco después fui hospitalizado por segunda vez, totalmente deshidratado, con 200 a 260 pulsaciones por minuto en estado de descanso. No podía retener ni siquiera el agua, y sólo pesaba 104 libras (47 kilos).

"De la noche no pasa"

Tenía las venas tan secas y tan vacías, que a un equipo de enfermeras y médicos les costó dos horas y media insertarme la conexión intravenosa. Oí que una de las enfermeras decía: "Ese pobre muchacho, de esta noche no pasa".

La desolación inundó mi ser, y todo lo que pude hacer fue orar. En aquellos momentos estaba listo para ir al hogar y estar con mi Creador. Aunque sentía que había tenido una vida increíble para mi corta edad, estaba desilusionado porque nunca me había enamorado y casado. A pesar de mi dolor, le di gracias a mi Creador por una vida maravillosa, me puse en sus manos y me preparé a morir.

Finalmente, terminé en un incómodo sueño, del que desperté para ver a mi abuela inclinada sobre mí, con la mano en mi frente. Varias enfermeras entraron para anunciar que habían podido obtener sangre con el catéter y que me podían conectar a una entrada intravenosa. Gané diez libras (cuatro kilos y medio) de peso en una sola noche por el líquido, y sentí nuevas fuerzas en mi cuerpo. (La mayoría de las personas normales habrían entrado en *shock*).

Quería vivir, y sentí por fin una débil luz de esperanza verdadera… hasta que los médicos me recetaron los mismos medicamentos que me habían dado la primera vez que estuve en el hospital. Me convertí de nuevo en una farmacia ambulante repleta de antibióticos, antihongos, antiparásitos, medicamentos para la acidez y prednisone. Cuando por fin salí del hospital, y los médicos me pasaron de nuevo de los medicamentos administrados por vía intravenosa a los administrados por vía oral, esto hizo una vez más que sufriera de alucinaciones. En palabras del gran beisbolero Yogi Berra, "Fue déjà vu una vez más".

¿Quién querría conmemorar un aspecto tan lastimoso?

A pesar de las alucinaciones, me las arreglé para decirle a mi madre: "Quiero que me tomes una foto". Aquella petición mía tan extraña la dejó totalmente perpleja.

A pesar de todo lo que había pasado, incluyendo los centenares de promesas incumplidas por parte de médicos y expertos en salud, me seguía aferrando a la esperanza de que Dios me liberaría.

Recuerdo la pregunta que me hizo mi madre: "¿Por qué se te ocurre pedirme que te tome una fotografía?" Con todo el valor que pude reunir, le contesté suavemente: "Porque nadie me va a creer cuando me ponga bien. Nadie va a creer jamás que he estado tan enfermo. Yo voy a salir de la cama, y necesito que me tomes esa foto".

Me faltó poco para caerme durante todo el proceso, y necesité ayuda para ponerme de pie, pero sacamos la foto. El día que mi madre la sacó, daba la impresión de que se me habían acabado todas las opciones. En aquellos tiempos tenía barba, sólo porque estaba demasiado débil para rasurarme, y no me podía dar el lujo de cortarme con mi temblorosa mano.

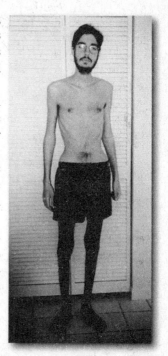

Dos opciones terribles

El día que tomamos esa foto, yo tenía el maravilloso peso de 111 libras (50 kilos y medio), pero mi piel —y también mi futuro— seguía pareciendo muerta. Un médico me dijo que mi única esperanza era ir al hospital Monte Sinaí, en la ciudad de Nueva York, para que me quitaran el intestino grueso y parte del delgado. Fuera de eso sólo me quedaba otra alternativa: el "procedimiento de la bolsa J", que en aquellos tiempos era un procedimiento aún en su etapa experimental para mantener las funciones intestinales después de una colectomía (la extirpación quirúrgica del colon).

Enfrentado con dos opciones terribles que me ponían entre la muerte y toda una vida de dolor incesante, decidí muy a mi pesar junto con mi familia, que iría al Monte Sinaí para que me hicieran la operación que necesitara. Mi médico primario dijo literalmente que mi estado era "el peor caso de enfermedad de Crohn" que él había visto. Dudaba que yo viviera lo suficiente para volver a mi casa.

Esa revelación me obligó a examinar de nuevo mis "opciones". Los numerosos medicamentos que me recetaron sólo me hicieron sentir peor. Sin embargo, había una posibilidad de acabar con su mal efecto. El problema de la cirugía es que se trata de algo *permanente*. Sólo me quedaban unas pocas ganas de luchar, pero supe que no iba a caer debajo de un bisturí.

DE PEE-WEE HERMAN A MEJOR AMIGO

"¡Oye, Jordan, te llamó Pee-wee Herman! ¡Quiere que le devuelvas su cuerpo!"

Cuando escribí aquella agudeza en nuestra "pizarra comunitaria de mensajes", ninguno de los que vivíamos con Jordan sabía lo cerca que él estaría de la muerte durante el año siguiente.

Puesto que Jordan es uno de mis mejores amigos, presencié literalmente desde primera fila su dolorosa destrucción y su milagrosa reconstrucción. Soy uno de los amigos que solíamos registrar desconcertados la cocina de los Rubin, tan correcta desde el punto de vista de la nutrición, y *aún hoy* todavía no sé cómo se saca leche del arroz.

Vi cómo Jordan luchaba con esta misteriosa enfermedad, y vi cómo un hombre tan sumamente activo y atlético comenzaba a desgastarse con un agotamiento inexplicable y a perder su entusiasmo por la vida. Cuando el estado de Jordan comenzó a avanzar más, me sentí especialmente alarmado.

Jordan encarnaba lo que yo pensaba que era lo máximo en salud: una persona consciente con una dieta básicamente saludable, mucho ejercicio, un estilo de vida limpio y una actitud positiva. A lo largo de toda la secundaria y de su breve vida en el colegio universitario, no consumió una sola gota de licor ni droga recreativa alguna, y practicó la abstención sexual, debido a sus creencias espirituales. Fue muy, muy difícil ver cómo se iba desgastando delante de mis propios ojos.

Habíamos participado juntos en actividades de la iglesia, y me convertí en el principal contacto con los amigos para irlos informando sobre el estado de Jordan. Después de un largo período en el que traté de hacerles sentir esperanzas, me comenzó a parecer muy duro darles alguna buena noticia, porque en realidad, no había ninguna.

Mi mejor amigo se iba desgastando y muriendo, y nadie podía hacer nada por evitarlo. Algunos días me despertaba llorando, y pensando: *Llegó el día. Voy a perder a mi mejor amigo.*

En una fiesta del día de Acción de Gracias, en medio de los tiempos más tenebrosos para Jordan, tomé la decisión de leer en la iglesia una carta que él me había escrito, y en la cual proclamaba *por fe* su curación. Me citaba un poderoso versículo bíblico tomado de Hebreos 11:1: "Es, pues, la fe la certeza de lo que se espera, la convicción de lo que no se ve". Jordan creía que la fe auténtica sólo se podía proclamar en medio de la tormenta, y no después de pasadas las cosas.

**DE
PEE-WEE
HERMAN
A MEJOR
AMIGO**

Después de leer la carta, canté una canción de Steven Curtis Chapman, uno de los artistas favoritos de Jordan. Sentía que Dios me había usado de verdad para comunicarle un mensaje a la gente sobre la fe y la amistad.

Las cosas se pusieron tan mal, que en una ocasión en que entré en su casa y lo vi tan demacrado, me faltó poco para vomitar, no sólo por asco, sino por *temor*. "¿Cómo es posible que esta persona aún esté viva?", me preguntaba. "¡Si sus piernas son más delgadas que mis muñecas!"

Sentía un intenso temor apasionante, lleno de emociones, por el hecho de que aquella persona que tenía tanto que dar, cuyo amor era tan contagioso, estaba sentada frente a mí, con el mismo aspecto que si la acabaran de libertar de un campo de concentración.

Aunque me era difícil estar cerca de él, por el dolor que sentía, no me apartaba de él. Hobo ocasiones en las cuales Jordan me preguntaba los porqués, pero el noventa por ciento del tiempo me estaba diciendo: "Voy a mantener viva mi e. Cuando pase todo esto, cuando Dios me sane, me va a usar para realizar grandes cosas. Sé que Él tiene un plan para mi vida". Uno de los versículos bíblicos favoritos de Jordan era Jeremías 29:11: "Porque yo sé los pensamientos que tengo acerca de vosotros, dice Jehová, pensamientos de paz, y no de mal, para daros el fin que esperáis".

Sencillamente, no lo podía comprender. Había cerrado el círculo y presenciado todo lo sucedido en la vida de Jordan, para ver que él tenía razón. Tenía una visión de Dios genuina, y sabía que un día se hallaría frente a la gente, contando su historia.

Cuando Jordan fue a California, me pidió que fuera a ayudarlo. La foto de Jordan "después", que ya han visto millones de personas, fue tomada en Pacific Beach, en San Diego, frente al Crystal Pier. Todas las mañanas, después de ir en auto a Boney's (una tienda de comida para la salud) para comprar quefir natural y quesos naturales, estacionamos nuestro carromato a sólo cincuenta metros de Crystal Pier. Íbamos a desayunar con hamburguesas; claro, eran hamburguesas de queso *orgánicas*, con panecillos de pan integral. Él estaba emocionado porque había recuperado algo parecido a lo que había sido su vida, y yo estaba emocionado de haber recuperado a mi amigo de siempre.

Yo estaba con él la noche que le propuso matrimonio a Nicki, la que sería su esposa, y en su boda, sería su Mejor

DE PEE-WEE HERMAN A MEJOR AMIGO

amigo. Ahora tengo la oportunidad de estar asociado con él para compartir el mensaje de esperanza a quienes lo necesitan. He presenciado con mis propios ojos lo que Dios puede hacer en la vida de un ser humano cuando se entrega a su voluntad.
—Jason Dewberry

Por fin un rayo de esperanza

Mi padre me dio un último rayo de esperanza después que salí del hospital en silla de ruedas a principios de 1996. Hizo contacto con un excéntrico experto en nutrición y decidió investigar personalmente el programa de aquel hombre para evitar que yo sintiera esperanza de una forma demasiado prematura.

Aquel nutricionista le dijo que él creía que yo estaba enfermo por no estar comiendo *la dieta de la Biblia*. Fundamentaba el fracaso de los médicos que me habían tratado en el hecho de que éstos no habían basado sus tratamientos en principios bíblicos.

Esto me hizo sentir curiosidad, y acepté intentar su dieta. Después de un día en el programa, me pareció sonreír por vez primera en cerca de dos años, y dije: "Mamá, me voy a poner bien". Había decidido abandonar la idea de la operación quirúrgica y probar la dieta de la Biblia. ¿Qué podría perder?

Fue como comenzarlo todo de nuevo. Dejé de tomar todos aquellos productos para la nutrición. En lugar de esto, comencé a estudiar la Biblia para ver qué comía la gente hace miles de años. Mis estudios descubrieron un detalle interesante: las culturas del mundo en las que más tiempo se vivía tenían unas pocas cosas en común: consumían alimentos "vivos" en los que *abundaban los nutrientes, las enzimas y los microorganismos beneficiosos*. Y consumían alimentos animales sanos que eran ricos en nutrientes. Evitaban los alimentos procesados, repletos de calorías "vacías" que le robaban nutrientes al cuerpo.

Varias semanas más tarde volé al sur de California (todavía en silla de ruedas) para vivir más cerca del hombre que me enseñaría a comer "al estilo de Dios". Por vez primera en mi larga batalla, vi alguna mejora en mi salud después de integrar el programa de este experto en nutrición con lo que yo mismo había ido descubriendo en la Biblia acerca de la nutrición y la salud.

"MAMÁ, ME VOY A PONER BIEN"

Ninguna madre debería pasar por la situación de ver a su hijo atlético y lleno de energía en plena edad de colegio universitario confinado a una silla de ruedas, *pero yo pasé por ella*. Jordan, con 6 pies 1 pulgada (1.85 metros) de estatura y

"MAMÁ, ME VOY A PONER BIEN"

180 libras (82 kilos) de peso, Jordan tenía un aspecto físico increíble y estaba en fuego para Dios. Se sentía lleno de energía y amaba la vida; y entonces, se puso gravemente enfermo. Después de una serie de antibióticos, volvió al colegio universitario pesando 150 libras (68 kilos). No había pasado mucho tiempo cuando se nos presentó a la puerta de la casa pesando sólo 135 libras (61 kilos) y con una fiebre de 105 grados Farenheit (40.5 grados centígrados).

Mi esposo y yo lo miramos y pensamos: ¡Dios mío! ¿Qué le pasa a nuestro hijo? No era la misma persona. Apenas podía caminar, y muchas veces se desmayaba sólo por ir al baño. Nadie le pudo diagnosticar hasta que encontramos a un médico que estaba familiarizado con sus síntomas. Lo miró y enseguida nos dijo: "Su hijo tiene la enfermedad de Crohn".

A partir de entonces, la salud de Jordan se vino cuesta abajo. Cada vez estaba más enfermo y perdía más peso, y se le comenzó a caer el cabello. Era la peor pesadilla de una madre. Habíamos intentado con muchos médicos, medicinas y terapias naturales; nada parecía funcionar. Recuerdo la vez que tuvo su primera serie de exámenes en la parte superior del aparato gastrointestinal. Mientras entraba en el cuarto de rayos X con el aspecto de un anciano muy enfermo, se desmayó y se fue al suelo.

Más tarde, hacia el final, cuando realmente pensábamos que lo podríamos perder, Jordan me pidió que le tomara una foto. Era difícil hasta mirarlo; mucho más tomarle una foto. Yo quise decirle: "No te pongas pantalones cortos". Me dolía verlo con sus huesudas piernas y sus articulaciones; no era más que era piel y huesos. Unos pocos de mis amigos me decían: "Tienen que dejarlo en las manos de Dios".

No soy una persona negativa, pero era difícil ver cómo algo le iba extrayendo la vida a mi hijo, de natural tan efervescente. Me limitaba a llorar hasta el agotamiento y seguir orando para pedir un milagro. Recuerdo haber estado llorando durante todo el viaje de regreso desde Alemania, mientras oraba: "Señor, cuida a mi hijo; está en tus manos. Te lo entrego. No tengo otra opción". Es una de las cosas más difíciles y magníficas que he hecho jamás.

Sólo unos pocos meses más tarde, Jordan intentó durante una semana una versión primitiva de lo que ahora llama *La dieta del Creador*. Nunca se me olvidará el día en que me

"MAMÁ, ME VOY A PONER BIEN"

sonrió y me dijo: "Mamá, me voy a poner bien". Aquella era la primera vez que recordaba verlo sonreír en más de un año. En aquel venturoso día, Jordan estaba en lo cierto, y Dios fue fiel.

—PHYLLIS RUBIN

Una bolsa con un polvo negro

Diez meses después de haber dejado de tomar todos los suplementos, mi padre decidió enviarme una bolsa plástica con un polvo de color negro dentro. (Aunque me había prometido no enviarme ningún otro producto de nutrición, no se pudo contener). Me dijo que era un tipo especial de probiótico o bacteria amistosa. Lamentablemente, ya yo había probado treinta variedades distintas de probióticos, sin éxito alguno. ¿Qué iba a tener éste de diferente?

¿Cómo podía esperar mi padre que me comiera aquello? ¡Si parecía tierra! Papá me llamó para darme ánimo y me dijo: "Aunque parezca tierra, no lo es. Contiene unos compuestos saludables sacados del suelo".

Un artículo que venía dentro del paquete explicaba que aquellos nutrientes no estaban presentes en los suelos actuales de hoy, esterilizados con pesticidas. Afirmaba que el contenido de la bolsa comprendía mucho más que pequeñas cantidades de minerales; contenía *organismos* vitales (llamados más tarde *organismos homeostáticos del suelo,* o bien OHSS).

Estos microorganismos favorables habían sido eliminados mayormente por los pesticidas, herbicidas, fungicidas y fertilizantes sintéticos usados en las granjas de Estados Unidos; por la pasteurización y por el desdén del hombre moderno ante todos los microorganismos (incluso esos "animalitos" que sostienen la vida, unos organismos microscópicos que nuestro cuerpo necesita para tener el máximo de salud). Después de haber probado mucho más de trescientos productos nutritivos "milagrosos" distintos, es comprensible que me sintiera agotado. Pero, por alguna razón, aquel "polvo" negro era distinto. Todas las investigaciones sobre salud que había leído hasta el momento le daban validez al hecho de que nuestros suelos son sumamente deficientes. Los suelos deficientes llevan a unos cuerpos también deficientes.

Le añadí el polvo negro a mi dieta

Como no tenía nada que perder, decidí incluir en mi dieta diaria aquel polvo de extraño aspecto lleno de organismos. Mi dieta "bíblica" estaba formada por quefir, "leche fermentada de forma natural", tomada de leche natural de cabra o de vaca; carnes de animales criados de manera orgánica con alimentación libre o de pasto, y huevos y carne de pollos sanos. También comprendía peces capturados en el océano y panes naturales de brotes o de masa agria hechos con cereales integrales sin levadura, así como frutos secos crudos y semillas, frutas y vegetales orgánicos, chucrut crudo y jugos de zanahoria y de otros vegetales. Estos alimentos "vivos" estaban repletos de enzimas beneficiosas, vitaminas, minerales y microorganismos favorables.

Mi salud no reapareció en un solo día, como por arte de magia; hace falta tiempo para superar años de enfermedad. De hecho, me sentí un poco peor durante los treinta primeros días, mientras mi cuerpo se purificaba de las toxinas. Las náuseas aumentaron ligeramente, mi digestión se hizo un poco peor, y mis niveles de energía descendieron por debajo de lo acostumbrado.

Estaba pasando por lo que se llama una reacción de Herxheimer, o efecto de "eliminación" por el que pasa mucha gente cuando mejora de forma drástica su dieta y su estilo de vida. Es una respuesta alérgica a los productos secundarios tóxicos que se producen cuando mejora el nivel de pH del organismo, causando que un gran número de organismos patológicos, como las bacterias dañinas y los organismos de la levadura mueran y sean eliminados del cuerpo.

El efecto colectivo de esta reacción es un empeoramiento temporal de los síntomas. En realidad, esto indica que usted está reaccionando de manera positiva al tratamiento. Después de esta reacción inicial de desintoxicación, debe producirse una mejora significativa.

Desde los tiempos de Hipócrates se ha entendido que los *síntomas* de la mayoría de las enfermedades representan los esfuerzos del cuerpo por eliminar las toxinas. En mi caso, fue surgiendo gradualmente una nueva energía, y empecé a visitar el baño con menos frecuencia. Un mes después de añadir el "polvo negro" a mi dieta, observé una marcada mejora en mi estado general de salud.

Me volví una especie de vagabundo de playa

Mi padre me compró un carromato usado para que pudiera permanecer cerca de la playa y respirar el aire del océano. Me convertí en una especie de vagabundo de playa durante cuarenta días con sus noches, mientras trataba de hallar lugares para estacionarme durante la noche, y donde no me arrestaran o multaran. Era una experiencia poco acostumbrada para un joven procedente de los barrios residenciales.

Distintas personas me venían a ayudar, y me pasaba los días orando, escuchando música y planificando la preparación de mis alimentos "medicinales" diarios. Asombrosamente, después de mis dos años tan brutales de sufrimiento, recuperé 29 libras (13 kilos) en aquellos cuarenta días, alcanzando el increíble peso (para mí) de 151 libras (68 kilos y medio).

El día que cumplí veintiún años, tomamos una foto de "después" en la playa, cuatro meses después de haber llegado a California. En aquellos momentos no estaba totalmente bien, pero iba camino de una recuperación total. Pesaba 170 libras (67 kilos) y me sentía como el hombre más feliz del mundo.

El Salmo 30, con el cual había orado durante tanto tiempo, se estaba convirtiendo en realidad. Lo animo a leer todo el Salmo, pero incluyo aquí algunos versículos de importancia:

"Te glorificaré, oh Jehová, porque me has exaltado, y no permitiste que mis enemigos se alegraran de mí. Jehová Dios mío, a ti clamé, y me sanaste. Oh Jehová, hiciste subir mi alma del Seol; me diste vida, para que no descendiese a la sepultura... Has cambiado mi lamento en baile; desataste mi cilicio, y me ceñiste de alegría. Por tanto, a ti cantaré, gloria mía, y no estaré callado. Jehová Dios mío, te alabaré para siempre."
—SALMO 30:1-3, 11-12

Dios había obrado un milagro en mi vida. La combinación de la dieta bíblica y los OHSS me había restaurado la salud. Gané más de 50 libras (23 kilos) en tres meses. En diciembre de 1996, después de dos años de sufrir sin esperanza, estaba de vuelta en la Florida, plenamente restaurado y listo para comenzar de nuevo mi vida. ¡Alabado sea Dios!

Por la gracia de Dios, había hecho lo que millones de víctimas de las enfermedades esperan lograr contra toda esperanza: *Había vencido a la enfermedad y recuperado mi salud.*

Algunos médicos estaban entusiasmados, pero la mayoría se sentían escépticos

De inmediato les hablé a muchos de los médicos que me habían tratado acerca de mi drástica recuperación por medio de la dieta del Creador y esos organismos del suelo tan únicos que yo llamé OHSS.

Hasta les envié por correo las fotos de "antes" y "después", plenamente seguro de que todos estarían deseosos de conocer el régimen que me había curado. Algunos de ellos se sintieron entusiasmados, pero la mayoría lo que sintieron fue escepticismo.

El Dr. Morton Walker, periodista médico que me había proporcionado información acerca de algunas de las clínicas que yo visité, me preguntó si él podría escribir un artículo en el cual esbozara mi sorprendente historia. Publicó el artículo en la *Townsend Letter for Doctors and Patients*, una prestigiosa publicación sobre la salud que se centra en la medicina y los tratamientos alternos.[3] El artículo causó más dedos mil llamadas telefónicas de médicos y personas particulares que querían probar la dieta del Creador junto con los OHSS. De la noche a la mañana, me vi obligado a hallar una forma de distribuir los OHSS que me habían ayudado a curarme, lo cual precipitó el nacimiento de Garden of Life, una compañía dedicada a la salud y el bienestar físico que proporciona educación sobre la salud y fabrica novedosos productos basados en los principios dietéticos que me ayudaron a mí. Después me dediqué a obtener títulos avanzados en nutrición y medicina deportiva, y seguí mis estudios para los doctorados en naturopatía y nutrición.

El descubrimiento de un destino divino

Desde mi recuperación, mi misión en la vida consiste en ayudar a la gente enferma para que recupere su salud, y a la gente sana para que esa salud florezca aun más. Me parece obvio que soporté mis tribulaciones por una razón: descubrir una parte importante del destino de Dios sobre mi vida.

Puedo hablar con autoridad sobre nutrición, enfermedades y salud, no porque haya "pagado lo que debo" en el sentido académico (aunque lo he hecho), sino porque he sobrevivido personalmente al tortuoso camino a través del valle de la enfermedad y la muerte, para surgir triunfante al otro lado.

En el momento de escribir estas líneas, he estado disfrutando de buena salud por casi ocho años, y he estado libre de los síntomas y de los medicamentos por casi nueve. Supuestamente, la enfermedad de Crohn es incurable. A causa de mi experiencia, puedo confirmar que no hay enfermedad incurable.

Aunque el proceso de la enfermedad pueda estar demasiado avanzado en algunas personas para que tengan una recuperación total, estoy convencido de que el estado de salud de todas las personas puede *mejorar* grandemente. A base de seguir unos principios de salud probados bíblica e históricamente, la persona puede volver a una dieta y un estilo de vida que la lleven a la regeneración de todo el cuerpo, la mente, el alma y el espíritu.

Recuerdo que durante mi enfermedad me decía a mí mismo que si podía ayudar aunque fuera a una sola persona que estuviera sufriendo para que se recuperara de su enfermedad, todo aquello bien habría valido la pena. Ahora he dedicado mi vida a enseñarles a los demás la forma de alcanzar un nivel de salud y de bienestar en el que sólo pueden soñar.

Mis estudios también me han enseñado una verdad muy importante: *La mejor forma de "curar" las enfermedades es no llegar a caer nunca en ellas.* Creo que todos, estén sanos o enfermos en la actualidad, se pueden beneficiar de la incorporación a su vida de los principios contenidos en *La dieta del Creador.*

Este programa es para usted, tanto si quiere evitar las enfermedades, como si quiere disfrutar de una vida larga y saludable, superar los dolorosos síntomas de las enfermedades, perder 20 libras (10 kilos) o evitar una enfermedad corriente en su familia.

El hecho de que me atacara esta grave enfermedad me ha convertido en una persona más fuerte. Me puedo identificar con Job, el personaje de la Biblia que sufrió serias pérdidas y una enfermedad extrema antes que Dios le restaurara la salud y aumentara su fortuna. El Señor me ha restaurado a mí lo que me había sido quitado, y lo ha multiplicado más de lo que jamás habría podido pedir o imaginar.

Muchos dirán que mi curación y mi restauración comenzaron cuando descubrí la dieta y los secretos de salud del Médico más grande del mundo, tal como los seguía el pueblo más sano del mundo. Creo que la chispa que encendió la llama de la salud en mi vida fue la fe en que Dios estaba permitiendo mi enfermedad por una razón, y que si yo confiaba en Él, restauraría mi salud y dirigiría mi camino.

Hoy en día me encuentro cumpliendo la misión que me ha dado Dios de cambiar la vida de la gente y darle un mensaje de esperanza y de salud. Y me pasaré el resto de la vida diciéndole al mundo la verdad que lo hará libre.

"Pacientemente esperé a Jehová, y se inclinó a mí, y oyó mi clamor. Y me hizo sacar del pozo de la desesperación, del lodo cenagoso; puso mis pies sobre peña, y enderezó mis pasos. Puso luego en mi boca cántico nuevo, alabanza a nuestro Dios. Verán esto muchos, y temerán, y confiarán en Jehová."

—SALMO 40:1-3

Capítulo 2

La gente más saludable del mundo

Muchos estadounidenses dan por sentado que Estados Unidos es la nación más saludable del mundo. Lamentablemente, las estadísticas indican que no somos tan saludables como creemos. Es *cierto* que disfrutamos de uno de los niveles de vida más altos del mundo, con una tecnología médica de emergencia y una atención a los traumas que son extraordinarias. El estadounidense promedio tiene acceso de primera a los cuidados de emergencia de la salud, pero esa realidad no nos hace *saludables*. La mayoría de las personas que terminan en las ambulancias y las salas de urgencia llegan allí porque han tenido un accidente o *una crisis de salud*. Y el cuidado de emergencia que reciben muchas veces es para salvarles la vida.

Eso es muy distinto a la evaluación del estilo de vida de nuestra nación como una manera sana de vivir que *evita* las enfermedades. El concepto de medicina preventiva sólo ha comenzado a captar la atención de los medios en estos últimos tiempos.

La mayoría de los estadounidenses comen grandes cantidades de alimentos y con gran frecuencia, basados en su comodidad. De hecho, las industrias de las comidas rápidas y las cenas para la televisión han florecido todas a causa del rápido ritmo de nuestro estilo de vida, que exige que comamos alimentos "cómodos"

Lamentablemente, el Creador no diseñó nuestro cuerpo para que operara en su nivel óptimo a base de comidas de poco valor alimenticio, comidas rápidas o comidas ya empacadas que se preparan en los hornos de microondas. Sus leyes, que gobiernan toda nuestra naturaleza humana, y dentro de ella nuestra salud, traen sus consecuencias cuando se las viola, tanto si aceptamos la realidad de que siguen vigente, como si no la aceptamos. Elmer A. Josephson, pionero que se atrevió a desafiar la corriente de tendencias populares en las dietas, dijo:

> No hay ninguna parte de los mandamientos de Dios en general, o del código mosaico en particular, que no se base en una comprensión científica de la ley fundamental. Las leyes de Dios se cumplen, y son tan ciertas como la ley de la gravedad.[1]

Todas las leyes de Dios son como la ley de la gravedad: *no es posible cambiarlas*. Nuestro Creador nos diseñó concretamente para que funcionáramos de la mejor manera posible a base de la Dieta del Creador. Para poder beneficiarnos con su plan, debemos examinar con precisión qué comidas son "bíblicas" y qué comidas son impuras, nada saludables o inaceptables, tanto según Dios como según la ciencia (en ese orden).

La historia revela que la gente más sana del mundo era en general también la gente más primitiva. Raramente, nuestros antepasados morían de las enfermedades relacionadas con la dieta y el estilo de vida que matan a la mayoría de la gente moderna antes que le llegue su momento, mayormente porque comían de una manera más saludable y tenían un estilo de vida más activo. Se nutrían con fuentes de alimento del "primer nivel", como los animales que cazaban, el pescado acabado de pescar en el mar o en el agua dulce, bayas silvestres, nueces y alimentos sacados de las plantas.

Bajo condiciones primitivas, el alimento es vital para la supervivencia; la gente primitiva "comía para vivir". En nuestra era, hemos permitido que la comida se convierta en nuestro ídolo. Son demasiadas las personas que admiten que "viven para comer". La mayoría de los hombres y mujeres actuales se han alejando mucho de los alimentos del Creador, esos mismos alimentos que alimentaron tradicionalmente a la gente más saludable del mundo. En nuestra promiscua sociedad, decimos que sí por lo general a todos los caprichos y deseos de nuestro paladar, lo cual se ha convertido en el dilema nacional de una población obesa, sedentaria y cada vez más enferma.

Las diez primeras (enfermedades)

Las diez causas principales de hospitalización y de reclamaciones de seguros en los Estados Unidos en el año 1990 eran la obesidad, la diabetes, las hemorroides (o las venas varicosas), los ataques al corazón, las diverticulosis y diverticulitis, el cáncer, las úlceras pépticas, la hernia del hiato, la apendicitis y las piedras en la vesícula.[2]

Estas cosas representan enfermedades relacionadas con el estilo de vida, en las cuales se revelan los peligrosos efectos de la civilización, que se van extendiendo a medida que se extienden más la industrialización y la modernización a más naciones y grupos culturales del mundo. Estas enfermedades son aún raras entre los grupos primitivos de seres humanos de la actualidad, y la historia indica que eran virtualmente desconocidas entre las civilizaciones primitivas más antiguas.

Las evidencias indican que la mayor parte de los pueblos "primitivos" antiguos consumían una dieta muy similar a la dieta de la Biblia y a la que era intención original de nuestro Creador. Por supuesto, hay otros factores que figuran también en nuestro cuadro de salud —la genética, las toxinas del ambiente, el estilo de vida que se escoja, los factores emocionales y mentales y las tendencias culturales que afectan a la salud— pero la dieta sigue siendo *el factor más influyente de todos en la salud humana en general.*

Vamos a volcar algunos estereotipos

Por si usted, sólo con ver el título de este libro, lo ha clasificado y me ha clasificado a mí como "otro quejicoso gurú vegetariano de la salud", permítame volcar algunos estereotipos para usted.

1. Yo estoy *a favor* de que se coman carne de res, de cordero y otras carnes rojas "saludables".
2. Se *debe* pasar tiempo bajo los rayos directos del sol.
3. Asegúrese de sacar a sus hijos a *jugar en la tierra.*
4. Va a ser más saludable si consume *grasa saturada* todos los días.

Aunque admito ya de entrada que no nos es posible regresar por completo a las viejas formas de nuestros antepasados primitivos, sí podemos aprender de su sabiduría con el fin de *vencer* o *evitar* las enfermedades modernas de la civilización. Podemos hacer que nuestro cuerpo sea más fuerte y *más resistente a las enfermedades,* si damos los pasos necesarios para hacerlo.

La sabiduría máxima en cuanto a salud que tenemos a nuestro alcance es una dieta basada en unos principios de salud que están claramente descritos en la Biblia, y a los que les he dado el nombre de "dieta del Creador". Está notablemente bien equilibrada y es sumamente saludable. El regreso a la dieta del Creador como la mejor dieta primitiva, basada en las indicaciones dadas por el propio Creador, contribuye de manera segura a una salud mejor para todos los que decidan hacerlo.

Emboscados por nuestra propia tecnología

Nuestra propia tecnología y nuestros adelantos en los conocimientos nos han emboscado porque nuestras capacidades tecnológicas y de mercadeo han avanzado mucho más rápido que nuestro tubo digestivo.

Procesamos los alimentos para que duren décadas en los estantes de una tienda. (Se puede comprar un tomate irradiado de dos meses, o un pastel empacado hace veinticinco años).

Los científicos injertan los genes de una especie en otra para "diseñar a la medida" un producto final que han escogido. Son incontables las formas de granos y frutos sometidos a la bioingeniería que se les ofrecen a unos consumidores confiados en las mayores tiendas de víveres de los Estados Unidos, generalmente sin aviso ni explicación de ningún tipo.

Tal vez le parezca bien, pero piénselo un poco. Estamos en el siglo XXI, con todos sus adelantos tecnológicos tan increíbles; sin embargo, nuestro cuerpo sigue "genéticamente conectado" para funcionar mejor con las comidas que preferían nuestros antepasados.

¿Quiere tener mejor salud que sus vecinos?

Hay un grupo humano que se destaca entre las numerosas culturas primitivas estudiadas por los antropólogos, los expertos de la salud y los historiadores de la nutrición. Ese grupo humano restringía con cuidado la presencia de animales de rapiña (carnes inmundas) en su dieta, consumía alimentos ricos en nutrientes y llevaba un estilo de vida que lo mantuvo libre de enfermedades y de plagas a lo largo de toda su historia, tal como estaba prometido en Éxodo 15:26. Ese grupo era la nación de Israel, el pueblo escogido de Dios.

Los israelitas de la antigüedad seguían una dieta establecida por Dios y constantemente se veía que eran más saludables que todos sus vecinos. Cualquiera que sea su preferencia religiosa, todo el que estudie las Escrituras con sinceridad tiene que admitir que la sabiduría de la Biblia se extiende mucho más allá de las cuestiones espirituales para abarcar todos los aspectos de la vida, entre ellos los lineamientos en cuanto a dieta, higiene y moral.

Peter Rothschild, M.D., Ph.D., escribió un libro no publicado, llamado *The Art of Health* [El arte de la salud]. En un capítulo llamado "Por favor, no te comas el envoltorio", escribe:

> De repente nos dimos cuenta de que Dios, el mayor maestro de nutrición de todos los tiempos, nos dio una dieta para todas las ocasiones hace ya más de tres mil años...
>
> Hay abundantes evidencias históricas que revelan el israelita promedio, hasta fines del siglo pasado [siglo XIX] vivía mucho más que el gentil promedio. Quisiéramos insistir en que nos estamos refiriendo a los israelitas hasta fines del siglo pasado, porque hasta esa época, la inmensa mayoría de los judíos obedecían en general las leyes de Dios.
>
> Sin embargo, a partir de la Primera Guerra Mundial, tanto la dieta como la higiene comenzaron a aflojar entre los hijos de Israel de todo el planeta, hasta que hoy sólo una pequeña fracción de ellos permanece fiel a las tradiciones bíblicas... las estadísticas a nivel mundial dan testimonio de este cambio en los hábitos de alimentación que han realizado. La tendencia a la longevidad se está extinguiendo gradualmente entre los no observantes. Al parecer, Dios sabía de veras qué tipo de nutrición recomendar.[3]

En el primero de los capítulos de la Biblia, Dios dice: "He aquí que os he dado toda planta que da semilla, que está sobre toda la tierra, y todo árbol en que hay fruto y que da semilla; os serán para comer" (Génesis 1:29).

Esta provisión bíblica de alimentos, tal como ha sido incorporada en la Dieta del Cristo, proporciona una gran cantidad de vitaminas, minerales, proteínas, grasas saludables y "fitoquímicos" (las sustancias naturales de considerable valor presentes en las plantas que no son vitaminas ni minerales). Hay toda una riqueza de nutrición a la espera de unos cuerpos adoloridos a los que se les dan abundantes dosis de fruta, vegetales, hierbas, lentejas y granos integrales debidamente preparados (junto con la carne, el pescado y los productos lácteos introducidos más tarde por el Creador).

Con la excepción de la harina de trigo sin fibra, blanqueada, químicamente despojada de sustancias y "enriquecida" que usamos para añadirle grasa a la "cintura" de Estados Unidos, estas "plantas de semilla" bíblicas son escasas en las dietas modernas. Eso es lamentable.

Un legalismo pasado de moda

En un extraño giro de su lógica, muchos estadounidenses religiosos desechan las leyes dietéticas judías como un legalismo pasado de moda, que no es válido para la era actual. Sin embargo, aceptan las verdades fundamentales de los Diez Mandamientos como universales y eternas. ¿No deberíamos *pensar* al menos en las directrices dietéticas del Creador de la misma forma?

Dios les dio al mismo tiempo sus *leyes morales* y sus *directrices dietéticas* a los judíos. Las directrices morales mantenían la pureza espiritual, el orden social, la estabilidad familiar y la prosperidad comunitaria. Esas "leyes" probadas fueron usadas por los fundadores de la nación estadounidense, quienes fundamentaron la Constitución sobre unos principios probados, tomados de los mandamientos que Dios les dio a los israelitas hace miles de años.

De la misma forma que las directrices morales mantuvieron la cultura de Israel, también las directrices dietéticas mantuvieron su salud física. Las directrices dietéticas de Dios no son una especie de ejército religioso de mente estrecha, destinado a apartar a cierto pueblo de sus vecinos. Fueron dadas por un Dios amoroso con el fin de salvar a su pueblo de la devastación física mucho antes que se comprendieran los principios científicos de la higiene, la transmisión por vía viral, las infecciones bacterianas o la fisiología molecular de las células.

Una revisión divina de la dieta

Muchos hemos oído el razonamiento que apoya a la "Dieta del Génesis", defendida por muchos expertos en salud sinceros e inteligentes. Esta dieta se basa en Génesis 1:29, donde Dios les dio a Adán y Eva indicaciones de que comieran sin reparos de los alimentos vegetales de los cuales Él los había provisto en abundancia dentro del huerto del Edén.

En cambio, *después* del éxodo de la humanidad del huerto del Edén, las proteínas exclusivas de los alimentos animales se fueron haciendo cada vez más importantes para una raza que ahora dependía del trabajo fuerte, la velocidad y la fuerza física para sobrevivir. Dios codificó cuáles eran las fuentes de proteína animal aprobada, tal como aparece escrito en el Antiguo Testamento (Levítico 11; Deuteronomio 14). He resumido esta revisión de la dieta hecha por Dios en el cuadro que aparece a continuación.

La Biblia llega incluso a describir los insectos comestibles y no comestibles en Levítico 11:10-23 (alimentos que no se suelen consumir normalmente en Estados Unidos). También se da en los versículos 29-31 de "animales que se mueven sobre la tierra" y se deben evitar, como lagartos, erizos, ratones, camaleones y cocodrilos.

Elmer Josephson, a quien ya cité anteriormente, era pastor, misionero y superviviente de cáncer. En su importante obra *God's Key to Health and Happiness* [La clave divina para la salud y la felicidad], escribió:

> Hay quienes preguntan por qué hizo el Señor a los animales inmundos. Los creó como animales de rapiña. Lo normal es que sean animales comedores de carne que arrasan con todo lo que queda muerto en los campos, etc. Pero los animales de rapiña no fueron creados para el consumo humano. La carne del cerdo, según numerosas autoridades, es la principal causa de la mala salud de los estadounidenses. Causa enfermedades de la sangre, debilidades estomacales, problemas del hígado, eczemas, tisis, tumores, cáncer, etc.
>
> Los peces sin escamas y todos los crustáceos, incluyendo la ostra, la almeja, la langosta, el camarón y demás, la ciencia moderna ha descubierto que no son más que masas de suciedad sin vida y productoras de enfermedades, a causa de una excreción inadecuada. Son los basureros, los depósitos de inmundicia de las aguas y de los mares.[5]

Los productos de carne de cerdo en particular se encuentran en primer lugar dentro de la lista de comidas favoritas de muchos estadounidenses. Algunos ni siquiera se dan cuenta de que sus bocadillos o alimentos

RESUMEN DE LA DIETA DEL CREADOR

1. Los alimentos aprobados por Dios, tal como aparecen en Levítico 11 y Deuteronomio 14 reemplazaron a la "Dieta del Génesis" que aparece en el primer capítulo de la Biblia. Dios proclamó: "Estos son los animales que comeréis de entre todos los animales que hay sobre la tierra" (Levítico 11:2). Abraham, Moisés, Jacob y Jesús comieron carnes bíblicamente limpias. Ya no estamos en el huerto del Edén, así que todos necesitamos proteínas animales. La Biblia habla concretamente del tipo:

a. Se puede comer la carne de los animales que tienen la pezuña hendida y también rumian (Levítico 11:3). Esto incluye el ganado vacuno, las cabras, ovejas, ciervos, búfalos y demás.

b. Se deben evitar los animales como el camello, que rumian pero no tienen la pezuña hendida (Levítico 11:4). Esto incluye el caballo, la rata, el zorrillo, el perro, el gato, la ardilla y la zarigüeya, entre otros.

c. No coma cerdo. El cerdo tiene pezuña hendida, pero no rumia. Es un animal inmundo (Levítico 11:7-8). De hecho, el cerdo es tan inmundo, que Dios no quiere ni que toquemos el cuerpo, la carne o el cadáver de un cerdo. Las palabras hebreas usadas para describir las "carnes inmundas" se puede traducir como "asquerosas, contaminadas y podridas".[4] Los mismos términos se usaban para describir el "excremento humano" y otras sustancias repugnantes.

2. Coma cualquier pez con aletas y escamas, pero evite los peces o criaturas acuáticas que *no* las tengan (Levítico 11:9-10). Entre los que debemos evitar se incluyen las especies de piel lisa, como el bagre, la anguila y los crustáceos con caparazón, como el cangrejo, la langosta o la ostra.

3. Las aves que viven primariamente de comer insectos, larvas o granos, son consideradas limpias, pero se deben evitar las aves que comen carne (ya sea capturada viva, o carroña). Son inmundas. (Vea una extensa lista en Levítico 11:13-19).

favoritos proceden del cerdo. Este animal quedó fuera de la lista de animales "limpios" que hizo el Creador, por una buena razón. Los animales limpios que rumian tienen un canal alimenticio y un receptáculo secundario para el bolo alimenticio. Esencialmente, tienen tres estómagos destinados a procesar y refinar su comida limpia basada en la vegetación para convertirla en "carne" con un proceso que por lo general tarda más de veinticuatro horas.

En cambio, el cerdo nunca limita su dieta a la vegetación. Se come todo lo que puede encontrar, incluyendo sus propias crías, y los cerdos enfermos o muertos de su misma cochiquera.

Josephson afirma que la distribución interna del cerdo con un solo estómago es muy sencilla en su diseño y función, y que está combinada con un sistema limitado de órganos excretores: "*Cuatro horas* después que el cerdo ha comido los desperdicios contaminados y otras cosas pútridas y repugnantes, el hombre puede comer eso mismo [los desperdicios] de segunda mano, al comerse las costillas del cerdo".[6]

En cuanto a los basureros del mar, vemos en los medios masivos advertencias acerca de cangrejos, almejas y ostras tóxicas en la costa del este todas las primaveras y los veranos. ¿Por qué? Porque los científicos miden literalmente los niveles de contaminación de nuestros océanos, bahías, ríos y lagos, midiendo los niveles de mercurio y de toxinas biológicas presentes en la carne de los cangrejos, las almejas, las ostras y las langostas.

Piense en la explicación que da el Dr. Rothschild sobre los efectos tóxicos de los alimentos que la Biblia llama "inmundos":

> No consuma la carne de ningún tipo de animal de rapiña, incluyendo el cerdo, todos los crustáceos, los peces de piel lisa sin escamas ni aletas, las aves de rapiña, las serpientes y la mayoría de los reptiles. La razón de esta prohibición [bíblica] es doble.
>
> La primera razón consiste en que la carne de estos animales es unas diez veces más perecedera, difícil de conservar, que la de los animales permitidos. Muchas veces, la gente no se da cuenta de que un trozo de carne se halla envenenado y echado a perder hasta que siente los síntomas tóxicos... [y ya la ha] ingerido.
>
> La segunda razón consiste en el aterrador hecho de que... los productos secundarios que se originan al digerir la carne de estos animales de rapiña son altamente venenosos. Nos estamos refiriendo concretamente a las llamadas enzimas muertas, como la cadaverina, la putrescina... estas enzimas muertas son extraordinariamente útiles en la naturaleza. Sin su ayuda, ninguna carne volvería al polvo... Son sumamente útiles en la descomposición de un cadáver, pero terriblemente inoportunas en un cuerpo humano vivo.[8]

Los alimentos refinados y procesados

Los lineamientos dietéticos de Dios no contienen carbohidratos refinados o procesados, y sólo una cantidad muy pequeña de edulcorantes sanos. La dieta estadounidense típica es lo diametralmente opuesto. Nos alejamos mucho del diseño de Dios con una gran variedad de "tecnoalimentos" ricos en calorías vacías, llenos de carbohidratos refinados y lamentablemente inadecuados para la nutrición. En cambio, la dieta del Creador, totalmente natural, nos satisface con unos alimentos sin procesar, cosechados directamente de la abundante provisión del Creador. Se producen incontables milagros de curación de manera natural cuando nuestro cuerpo procesa y usa estos alimentos con gran facilidad.

Unas claras normas de higiene acompañan también a las indicaciones del Creador. Por generaciones, las familias judías siguieron estas indicaciones y disfrutaron de una notable resistencia ante las enfermedades y las lagas que devastaban a los grupos humanos vecinos, que carecían de esas normas.

Michael D. Jacobson, D.O., quien fuera cirujano de vuelo del ejército de los Estados Unidos y médico de cabecera, hace la observación de que, a mediados del siglo XIV, la peste bubónica barrió con la cuarta parte de la población de Europa en sólo un año. Siguió volviendo repetidamente durante los doscientos cincuenta años siguientes, matando a casi la cuarta parte de la población de Londres en 1603. Inglaterra perdió casi la mitad de toda su población por causa de esta plaga. Lea lo que dice la historia sobre cómo le fue al pueblo judío en medio de toda esta situación:

> Cuando la plaga continuó azotando, se hizo evidente que de alguna forma, los judíos estaban escapando a sus mortales garras. Esto llevó a muchos a perseguirlos. La gente llegaba a la conclusión de que los judíos eran los causantes de la plaga, puesto que ellos eran los únicos que no estaban muriendo.
> Lo cierto es que, centenares de años antes del descubrimiento de las bacterias, los judíos se estaban protegiendo del mortal microbio Yersinia pestis con la práctica de la limpieza y de una buena higiene... Más de tres mil años antes que el hombre descubriera las bacterias, el Creador había dado unas detalladas indicaciones que, de seguirlas, evitarían la dispersión de una enfermedad mortal contagiosa como ésa.[9]

Los miembros de mi familia judía han seguido las normas dietéticas *kosher* durante generaciones, con pocas excepciones. Mi abuela siempre le servía comidas kosher a su familia en la casa, pero proclamaba con orgullo: "El único lugar donde comemos *traife* (la palabra *yiddish* para los alimentos bíblicamente inmundos, como el cerdo y el camarón) es en un restaurante chino". Abuela sabía que el cerdo y el camarón eran comidas bíblicamente inmundas, pero consideraba aceptable que se las comiera, siempre que no fuera en su casa. No obstante, esa "lógica" no cambiaba para nada los efectos potencialmente dañinos de esas carnes.

Escoger un camino mejor

Hay quienes comprueban con toda diligencia las afirmaciones sobre la comida empacada que nos aseguran que está "enriquecida con doce vitaminas", o que es "cien por cien natural".

La lamentable verdad es que la mayoría de los productos empacados y de comida rápida recargan nuestro cuerpo con grasas adulteradas y azúcares refinados como los que se encuentran en los caramelos, los alimentos horneados y los cereales refinados (esto incluye los inofensivos panecillos de hamburguesa y el "pan sano" que contiene nuestras pechugas de pollo a la parrilla "bajas en grasa").

¿Tenemos que abandonar todo eso y limitarnos a comer ramitas, hojas y bayas por el resto de nuestra vida? No; no tenemos que ser tan extremistas. Hay un camino mejor.

La dieta del Creador es un amplio plan para el estilo de vida que lo ayudará a escoger un camino mejor. A manera de introducción de algunos lineamientos generales en este punto, usted puede escoger carne de animales cazados en lugar de tajadas de la carne de las reses engordadas artificialmente y aumentadas con estrógenos que se crían en las parcelas de alimentación. Busque los productos lácteos crudos fermentados de manera natural, en lugar de esos otros productos lácteos pasteurizados y homogeneizados repletos de antibióticos, aumentados con hormonas y arruinados con pesticidas.

Escoja pescado con aletas y escamas obtenido en sitios abiertos, en lugar de los pescados criados en granjas, que han recibido dosis de antibióticos. Busque un pan nutritivo integral fermentado o con brotes (hablaré más sobre esta agradable alternativa posteriormente) en lugar del pan blanco producido comercialmente, que no puede sostener ni siquiera la vida de los insectos. Anime su vida con unas salsas y condimentos naturalmente fermentados, en lugar de usar los sustitutos azucarados de las salsas.

Los sencillos principios bíblicos que he incorporado en *la dieta del Creador* le podrían ahorrar sufrimientos, o ayudarlo a recuperarse de enfermedades y crisis de salud debilitantes modernas, como la artritis, el cáncer, la obesidad, la diabetes, los ataques al corazón y las apoplejías.

Deseche los mitos acerca de la gente primitiva

La sociedad moderna está repleta de mitos acerca de que la gente primitiva era brutal, salvaje y de baja inteligencia. De esos mitos están llenos nuestros escritos y medios masivos, pero siguen siendo hechos del material de los mitos. Podríamos aprender mucho de nuestros antepasados, si dejáramos de lado algunos de nuestros conceptos erróneos acerca de la nutrición.

La mayor parte de nosotros tenemos del estilo de vida primitivo de nuestros antepasados una imagen que los describe como mal nutridos, casi animales, sucios y virtualmente semihumanos, plagados de enfermedades y de ignorancia. En realidad, muchos de nuestros antepasados gozaron de una robusta salud hasta la hora de la muerte.

Aunque un alto porcentaje de la gente moría en las sociedades primitivas durante la infancia, o incluso siendo aún joven, se debía mayormente a que no estaban disponibles nuestros beneficios tecnológicos modernos, como por ejemplo, los cuidados en las crisis, y en especial nuestro conocimiento acerca del saneamiento básico. (Una vez más, el pueblo judío de la Biblia fue la significativa excepción, a causa de las directrices ultramodernas de saneamiento dadas por Dios).

¿Qué es un asilo de ancianos?

Es probable que sus tatarabuelos no comprendieran expresiones como *jubilación*, o *asilo de ancianos*. La mayoría de las personas de su generación llevaban un vigoroso estilo de vida repleto de ejercicio, y consumían una dieta que se adecuaba a su cuerpo. Esta combinación tendía a mantenerlos más fuertes y saludables hasta bien entrados los ochenta años, y más.

Aunque en el pasado más antiguo alguna gente no vivía lo suficiente para adquirir enfermedades cardiovasculares o cáncer (dos de los principales motivos de muerte hoy en los Estados Unidos y en Europa), los que *sí* tenían una larga vida *raras veces* contraían estas enfermedades asesinas.

Las enfermedades cardiovasculares no existían

Las enfermedades del corazón (y también el cáncer) son aún raras entre los grupos primitivos aislados de la actualidad que comen una dieta ancestral más primitiva. Un estudio clínico examinó la incidencia de enfermedades cardiovasculares y los factores de riesgo relacionados entre dos mil trescientos "horticultores de subsistencia" (personas que sobreviven con lo que cultivan, recogen o cosechan) de Kitava, una isla tropical cercana a Papúa Nueva Guinea. El título del estudio lo dice todo: "Evidente ausencia de apoplejía y de enfermedad isquémica del corazón".[10] ¿Cuál era su secreto?

Hasta 1994, estos investigadores habían determinado que los síntomas de enfermedades modernas como la muerte cardíaca súbita, la apoplejía y los dolores de pecho relacionados con el esfuerzo excesivo eran aún desconocidos o sumamente raros en los habitantes de Kitava. Al parecer, las causas de muerte más comunes eran las infecciones, los accidentes, las complicaciones del embarazo y la senectud (*ancianidad*).[11]

Todos los adultos tenían baja la presión arterial diastólica (todos por debajo de noventa) y eran muy delgados. (En realidad, su peso promedio *disminuía* después de los treinta años). ¿Qué comían la mayor parte del tiempo? Vivían de lo que producía la isla de Kitava en cuanto a tubérculos, pescado y coco, con muy poca sal y virtualmente sin acceso alguno a los alimentos o el alcohol de los occidentales. Aunque parezca extraño, el ochenta por ciento de los habitantes (de ambos sexos) fumaban a diario, lo cual apoyaba la idea de que fumar solamente no es suficiente para causar una enfermedad cardiovascular. Sin duda, el tabaco que fumaban aquellos nativos era cultivado sin el uso de pesticidas y herbicidas tóxicos, y lo fumaban en una pipa de madera o enrollado a mano en papel fino, libre de filtros y de pegamento con tratamientos químicos. O sea, que la gente moderna hasta ha hallado la forma de hacer algo *menos* saludable aún de la costumbre de fumar.

Uno de los residentes era una especie de inmigrante. Era un negociante urbanizado de cuarenta y cuatro años de edad; había crecido en Kitava, pero vivía en otro lugar. Visitó el lugar durante la encuesta y aceptó participar de todas formas. Comparado con los adultos que vivían en Kitava, aquel hombre tenían la presión arterial diastólica más alta, el índice de masa corporal más elevado y la proporción mayor entre la cintura y las caderas.

Este fuerte contraste indica que ni los habitantes de Kitava, ni tampoco ninguna otra cultura nativa, se hallan *genéticamente* protegidos de la hipertensión ni de la obesidad abdominal. Con mayor seguridad, su buena salud se hallaba *directamente relacionada* con su saludable dieta y su estilo de vida.

El precio escondido de una modernidad total

Michael Murray, N.D., ha escrito extensamente acerca de la ausencia de enfermedades modernas en las culturas primitivas. Descubrió una serie de sociedades primitivas aborígenes de Australia, África y América del Sur había pasado con éxito al siglo XX y disfrutaba de unas proporciones notablemente bajas de cáncer, artritis reumatoide, obesidad, diabetes, osteoporosis, enfermedades del corazón y otras afecciones "modernas"... *hasta que cambiaban a las dietas del hombre moderno.*[12]

La civilización moderna se las ha arreglado para infiltrarse en la cultura de muchas de estas sociedades antes aisladas. Pocas de ellas consumen aún las dietas sencillas y primitivas de sus antepasados. Con frecuencia, los viajeros estadounidenses se sorprenden al hallar que actualmente se consumen el estilo occidental de comida enlatada, azúcar refinada y productos de harina blanqueada casi en cualquier lugar del planeta. Como sería de esperar, esta transición de las dietas primitivas a las modernas ha traído *mortales consecuencias.*

Explique "esta ausencia de cáncer"

El aprecio por las virtudes de una dieta primitiva será controvertido, pero no es nuevo. En 1913, Albert Schweitzer, médico y misionero ganador del premio Nóbel, visitó el Gabón, en África:

> Me quedé perplejo al no hallar casos de cáncer. No vi uno solo entre los nativos a más de trescientos kilómetros de la costa... Por supuesto, no puedo decir de manera positiva que no hubiera cáncer alguno, pero, como otros médicos de frontera, sólo puedo decir que, si existía algún caso, debe haber sido muy raro. Esta ausencia de cáncer parecía deberse a la nutrición de los nativos, diferente a la de los europeos.[13]

Vilhjalmur Stefansson, explorador y antropólogo, buscó en vano casos de cáncer entre los pueblos *inuit* mientras exploraba el Ártico. Las meticulosas anotaciones diarias de sus experiencias y observaciones aparecen dispersas por todo su libro *Cancer: Disease of Civilization.* Stefansson dice que el médico de un barco ballenero, llamado George B. Leavitt, sólo halló *un caso de cáncer en cuarenta y nueve años* entre los *inuit* de Alaska y Canadá.[14]

Ya en la década de los setenta, los tumores malignos cancerosos de pecho aparecían con frecuencia entre las mujeres inuit *después que comenzaron a consumir una dieta moderna.* Las sustancias químicas tóxicas procedentes de nuestros alimentos e industrias modernos han contribuido a esta situación.[15]

La diabetes era rara entre los aborígenes nativos de Australia, pero ahora esta enfermedad moderna aparece con una frecuencia diez veces superior entre los aborígenes que entre los inmigrantes europeos. Kerin O'Dea, profesor de la Universidad de Monash, en Clayton, Victoria, en Australia, les atribuye el aumento de la diabetes a los cambios en la dieta. Invariablemente, los defectos de nuestra dieta moderna producen enfermedades modernas y una disminución en la calidad de vida.[16]

Lo irónico es que los aborígenes australianos solían comer grandes cantidades de batata fermentada (una fuente natural de probióticos y fibra soluble que literalmente alimenta a las bacterias "buenas" del tubo gastrointestinal). La batata tiene un sabor dulce natural, pero cuando se come sin echarle nada, o en la forma fermentada, parece reducir notablemente el riesgo de desequilibrios en el azúcar de la sangre.[17] Lamentablemente, es raro que la batata en cualquiera de sus formas llegue a formar parte de nuestra lista de alimentos favoritos.

Los sorprendentes descubrimientos del Dr. Weston Price

El Dr. Weston A. Price era dentista; había estudiado en Harvard y poseía una mente curiosa, decidida a hallar las raíces de las cosas. Muchos lo llaman "el Alberto Einstein de la nutrición". Yo lo considero el mayor nutricionista que haya vivido jamás. Se lanzó a investigar sobre la nutrición después que se sintió alarmado por la cantidad de caries, dientes torcidos y arcos dentales deformes que tenían sus pacientes jóvenes.

Price creía que la salud dental era una buena indicación de la salud física, y por eso se preguntaba si aquella epidemia de anormalidades dentales era causada por deficiencias en la nutrición. Notó en sus pacientes jóvenes señales de degeneración física y una vulnerabilidad creciente a enfermedades como los ataques al corazón y el cáncer.

La búsqueda de respuestas del Dr. Price durante los años treinta lo llevó a alejarse de sus tubos de ensayo y microscopios para lanzarse a una expedición de seis años por cinco continentes a fin de estudiar las sociedades primitivas. Acompañado por su esposa Florence, comenzó el estudio en el mismo momento en que muchas de esas sociedades estaban adoptando dietas modernas como consecuencia de su contacto con la "gente de fuera". Los esposos Price acumularon incontables fotos y datos de valor incalculable sobre el estado dental, los hábitos dietéticos y el estilo de vida de miles de personas en muchas sociedades primitivas.

Esto le dio al Dr. Price la oportunidad única de comparar a la gente que había crecido con la dieta primitiva, con aquellos miembros de esa cultura que habían pasado a consumir dietas modernas. (Algunas veces, estas personas vivían en la misma familia o en la misma casa).

Price viajó por todo el planeta en busca de estos grupos humanos aislados. Estudió a los habitantes de los poblados escondidos de Suiza, las comunidades gaélicas de las Hébridas exteriores, los pueblos inuit o esquimales del Canadá y de Alaska, los indios americanos nativos de América del Norte, los isleños de la Melanesia y de la Polinesia, en el mar del Sur, tribus africanas, aborígenes australianos, maoríes de Nueva Zelanda e indios de América del Sur.

Las dietas primitivas producen dientes hermosos y cuerpos fuertes

El Dr. Price encontró que la gente primitiva que consumía su dieta tradicional exclusivamente, solía disfrutar de unos dientes hermosos y derechos libres de caries, y de un cuerpo fuerte que manifestaba una notable resistencia ante las enfermedades.

Él estaba decidido a hallar los factores responsables de estos atributos entre estos llamados "primitivos". Llegó a la conclusión de que la caries dental (la destrucción progresiva de los dientes) y la deformación de los arcos dentales que producía unos dientes demasiado juntos y torcidos y un aspecto poco atractivo, sólo eran una señal de degeneración física. Tal como él había sospechado originalmente, las deficiencias en la nutrición parecían ser la causa primaria de esa degeneración física.

El Dr. Price informó sobre sus hallazgos en el libro *Nutrition and Physical Degeneration* [Nutrición y degeneración física].[18] La sorprendente colección de fotos de los esposos Price apoya su hallazgo de que la gente primitiva alejada de las dietas modernas por lo general tenía unos dientes perfectamente formados y unas mandíbulas con muy pocas caries. Había un fuerte contraste entre la cara ancha, los dientes perfectos y los arcos dentales perfectamente formados de las familias aún vivían dentro de una dieta primitiva, y la cara estrecha, las mandíbulas deformadas y los dientes torcidos de otros miembros de la misma familia que consumían dietas modernas.

Las dietas modernas producen degeneración física

El Dr. Price llegó a la conclusión de que la *dieta* era el único factor que podía explicar una buena salud física tan universal entre la gente primitiva. Los que comían una dieta moderna sufrían de degeneración física, mientras que aquéllos que tenían una dieta primitiva no sufrían de ella. Así sugirió que las deficiencias en la dieta también contribuían a un mal desarrollo del cerebro y a desórdenes sociales asociados a éste, como la delincuencia juvenil y las altas proporciones de crímenes.

Price se atrevió a sugerir que los humanos modernos aprendieran de los primitivos (en una época en la cual estaba de moda menospreciar a los grupos humanos primitivos y burlarse de ellos), y exhortó fuertemente a regresar a la dieta primitiva que había hecho tan saludables a nuestros antepasados.

> No hay época en el largo caminar de la humanidad que revele en los restos óseos una degeneración tan terrible de los dientes y los huesos, como los registrados en este breve período moderno. ¿Tendrá la Naturaleza que rechazar nuestra tan alardeada cultura para llamar de vuelta a los primitivos, más obedientes?[19]

Cuando Price analizó las comidas de los pueblos primitivos aislados, descubrió que proporcionaban por lo menos cuatro veces las cantidades de vitaminas solubles en agua, calcio y otros minerales, y por lo menos diez veces las de vitaminas solubles en grasas, como la A, la E y la D, comparadas con las dietas modernas. Las dietas primitivas derivaban esos nutrientes de *alimentos animales*, como la mantequilla, el pescado graso, la caza y la carne de los órganos.

Muchos "primitivos" practicaban la nutrición prematrimonial

Durante muchos años, los expertos en salud (y la mayoría de la gente con un poco de sentido común) han comprendido lo importante que es que las madres tengan una buena nutrición durante el embarazo. Las investigaciones del Dr. Price revelaron que los miembros de las culturas primitivas han comprendido y practicado por largo tiempo unos "programas de nutrición previa a la concepción" para *ambos* posibles padres.

No obstante, Price supo también que muchas tribus exigían un período de nutrición previa al matrimonio también para los jóvenes que estaban haciendo planes de casarse. Con frecuencia, se les daban alimentos especiales a los jovencitos y jovencitas que estaban madurando, como preparación a su paternidad futura, así como a las mujeres embarazadas y lactantes. El Dr. Price halló que estas comidas eran muy ricas en vitaminas A y D, solubles en grasas, nutrientes que sólo se hallan en las *grasas animales*.

Una vez casados, las parejas parecían espacial la venida de los hijos para permitir que la madre se mantuviera en plena salud y fortaleza y para asegurar la seguridad y la perfección física de los siguientes hijos. Los cuerpos saludables, la reproducción homogénea, la estabilidad emocional y la libertad de enfermedades degenerativas de que disfrutaban estas sociedades primitivas marcan un fuerte contraste con los individuos modernos que existen a base de los alimentos empobrecidos de la civilización: el azúcar, la harina blanca, la leche pasteurizada y todas esas comidas cómodas repletas de conservantes y aditivos químicos.

El Dr. Price comparó la toma de nutrición de los grupos primitivos, con su resistencia a la caries dental y su libertad de los procesos degenerativos, con las dietas de los grupos modernizados que habían adoptado las comidas modernas, consistentes en su mayoría en productos de harina blanca, azúcar, arroz blanco, jaleas, comidas enlatadas y aceites vegetales.

Prácticamente sin excepción, Price descubrió que cuando se las comparaba con las dietas modernas, las dietas primitivas proporcionaban unos niveles excepcionalmente altos de calcio, fósforo, hierro, magnesio, vitaminas solubles en grasa (A, D, E, K), vitaminas del complejo B solubles en agua (foliato, ácido pantoténico, tiamina, riboflavina, niacina, B_6, B_{12}) y vitamina C.

Las agudas observaciones del Dr. Price fueron publicadas por vez primera en 1939 en *Nutrition and Physical Degeneration* [Nutrición y Degeneración Física]. Sólo he resumido unos pocos ejemplos:[20]

- Suiza: "Los grupos aislados que dependen de alimentos naturales producidos en su localidad tienen una inmunidad natural casi completa a la caries dental, y la *sustitución* de esos alimentos naturales primitivos *por dietas modernas* destruye esa inmunidad".

- Islas Hébrides exteriores: "Se me indicó que en los últimos cincuenta años, la altura promedio de los escoceses había disminuido en algunas partes diez centímetros, y que esto había coincidido con el cambio general de una alta inmunidad ante las caries dentales a una pérdida de la inmunidad en una gran parte de este distrito general. Un estudio de las plazas de mercado revelaba que *una gran parte de la alimentación era embarcada hasta el distrito bajo la forma de harinas refinadas, alimentos enlatados y azúcar*".

- Alaska: "No vimos ni supimos de un solo caso (de artritis) en los grupos aislados. En cambio, en *el punto de contacto con los alimentos de la civilización moderna* se encontraron muchos casos, incluyendo diez lisiados en cama en una serie de unos veinte hogares indios. Algunas otras dolencias hicieron allí su aparición, en particular la tuberculosis, que se está cobrando un alto precio en los niños nacidos en el centro".

- Etiopía: "En una de las escuelas misioneras organizadas con mayor eficiencia que hallamos en el África, el director me pidió que los ayudara a resolver un serio problema: el de la razón por la cual las familias que han crecido en las escuelas de la misión o del gobierno no eran tan físicamente fuertes como las que nunca habían estado en contacto con las escuelas de la misión o del gobierno".

La investigación pionera del Dr. Price proporcionó sólidas evidencias empíricas de que los pueblos primitivos estudiados por él no sufrían de obesidad, enfermedades del corazón, problemas digestivos o cáncer en las proporciones en que los sufrimos nosotros. Gracias en gran parte a su dieta primitiva, estos grupos humanos disfrutaban de unos niveles de salud llena de energía que se han perdido virtualmente en la civilización moderna.

La salud declinó con el cambio a la agricultura

El análisis científico de los restos óseos y dentales de las sociedades primitivas del pasado sugiere los humanos, antes de la llegada de la agricultura moderna, eran más fuertes, más altos y más saludables que los que vivieron después de ese cambio en la sociedad.

En general, la salud de nuestros antepasados primitivos declinaba cada vez que pasaban a la agricultura como fuente primaria de alimentos. Esto quedó abundantemente claro en un sitio norteamericano investigado en el valle de Illinois, uno de los pocos sitios de los Estados Unidos que contienen un registro mortuorio intacto que se remonta a cuando los seres humanos comenzaron a poblar esa zona.[21]

Los investigadores descubrieron también una gran cantidad de evidencias dietéticas arqueológicas. Esto nos permite sacar unas cuantas conclusiones sólidas acerca de la salud y las enfermedades en los habitantes de esa región.

Un sitio, Dickson Mounds, en Illinois, proporciona la suficiente información para establecer una correlación entre el aumento de la producción de alimentos primarios y los cambios en el nivel general de salud. Los investigadores estudiaron datos procedentes de tres períodos: El período tardío de Woodland (950 a 1100 d.C.), el período misisipiano aculturado /Woodland tardío (1100 a 1200 d.C.) y el período misisipiano medio (1200 a 1300 a.C.).

El componente del Woodland tardío se asocia con la generalización de la caza y una economía colectora. En comparación con el aspecto de estos primeros habitantes de Dickson Mounds, hay un aumento general en el uso del maíz como cosecha primaria de alimentos. El número de esqueletos con *infecciones* no específicas en ellos *aumenta* grandemente *a medida que aumenta también la dependencia del maíz.*

Al llegar el período misisipiano medio, la proporción de infecciones era más del doble que antes. Al parecer, la dieta exclusivamente basada en el maíz producía una fuerte anemia por deficiencia de hierro en la población general. Esto a su vez hizo disminuir la inmunidad y permitió el gran aumento en la proporción de infecciones.[22]

En lo que es hoy el este de Georgia, el cultivo del maíz entre los "primeros pueblos" o norteamericanos nativos sólo se vino a producir después del 1150 d.C. Antes de ese período, las sociedades colectoras se iban moviendo con su "caza" o primera fuente de carne, o se esparcían lo suficiente para vivir de la tierra sin agotar sus recursos. Una vez que comenzaron a sembrar y cultivar el maíz, se agruparon más y comenzaron a vivir de sus cosechas.

Las infecciones de los huesos aumentaron con las dietas basadas en la agricultura

Aunque esas dietas tempranas eran mejores que nuestros alimentos químicamente "mejorados" de hoy, no podían igualarse tampoco a los saludables modelos primitivos de dieta basados en la caza y en la colección de alimentos. Antes de la llegada de la agricultura moderna, la dieta humana de estos pueblos primitivos estaba formada mayormente por fruta, vegetales, cereales y semillas silvestres, pescado y carne de animales salvajes. Nuestro cuerpo *aún ansía* estos alimentos ancestrales, por mucho que "progresemos" tecnológicamente.

Los investigadores encontraron claras evidencias de un aumento en las infecciones óseas entre los nuevos grupos de pueblos "basados en la agricultura", junto con una disminución general en el tamaño de los huesos, la estatura y el vigor.

No todas las dietas primitivas son saludables

Sin embargo, no todas las dietas primitivas son iguales. Muchas de las culturas que rodeaban a los israelitas eran "primitivas", pero estaban plagadas de enfermedades provocadas por su dieta y su estilo de vida destructor. Según se afirma, China posee una de las culturas continuamente sostenidas más antiguas de la tierra. No obstante, muchas de las culturas representadas en la China moderna comen alimentos muy alejados de las normas bíblicas. Un titular del Palm Beach Post decía en grandes letras negras: "El gusto de los chinos por las criaturas raras puede haber ayudado al SRAG", refiriéndose al síndrome respiratorio agudo grave, la mortal epidemia semejante a la influenza que apareció allí por vez primera. El artículo afirma:

> El posible origen de la epidemia de SRAG/SARS, que ha reclamado ya cerca de seiscientas vidas, infectado a siete mil quinientas personas y convertido en zonas sin vuelos de avión durante los dos meses pasados a lugares tan diversos como China, Taiwán, Hong Kong, Singapur y Toronto, ha sido seguido de manera tentativa hasta el animalito llamado "civeta", bocado delicado en el omnívoro sureste de China.
>
> Así como es posible que el SIDA haya saltado a los seres humanos procedente de los monos y el virus del ebola desde las ratas, el SRAG puede haber hallado un nuevo huésped en los hambrientos seres humanos.[23]

Según el autor del artículo, la civeta es pariente de la mangosta. Está claro que es un animal inmundo y que no está destinado al consumo humano. No pude menos que hacer una conexión mental entre la corriente virtualmente continua de influenza de Hong Kong e influenza asiática hasta nuestras costas, procedente del Lejano Oriente. El autor del artículo añadía: "Los cantoneses tienen un dicho: 'Si vuela en el aire y no es un avión; si nada en el mar y no es un submarino; si tiene cuatro patas y no es una mesa, *cómetelo*".[24]

La sabiduría del Creador

Nuestro Creador estableció nuestras necesidades genéticas y nutritivas hace mucho tiempo. Hizo que nuestros antepasados se adaptaran a los tipos de alimentos que podían recoger, y no hay evidencias que sugieran que los seres humanos modernos seamos diferentes a ellos. A pesar de nuestros avances tecnológicos, nuestro cuerpo físico sigue estando diseñado para consumir y aprovechar los mismos alimentos que comían nuestros antepasados primitivos hace miles de años, y en las mismas proporciones.

La sabiduría que hay en nuestra fisiología y bioquímica claman por una dieta bíblica primitiva con grandes cantidades de carne sana, pescado, fruta, vegetales, productos lácteos, cereales, nueces y semillas. Nos hemos alejado tanto de la sabiduría de nuestros antepasados, que al menos el cincuenta y cinco por ciento de la dieta del estadounidense es "comida nueva", que no fue diseñada por el Creador ni la comieron nuestros antepasados.

Si tenemos la esperanza de que nos cuenten alguna vez entre la gente más saludable del mundo, debemos dejar atrás nuestras dietas y nuestro estilo de vida, productores ambos de enfermedades, para volver a las directrices alimenticias de nuestro Creador, tal como están incorporadas en la dieta del Creador.

Capítulo 3

La vida y la muerte en un largo tubo hueco: La importancia del canal gastrointestinal

L os estadounidenses parecen aceptar la mala salud como consecuencia normal del envejecimiento, aunque son muchos los que sufren de mala salud siendo aún jóvenes. Mientras tanto, los investigadores siguen reuniendo evidencias que afirman lo importante que es el tubo digestivo para la salud general de la persona.

Cada vez son más los profesionales de la salud que creen que hay vida y muerte en ese largo tubo hueco llamado "canal gastrointestinal". El Dr. C. Everett Koop, quien fuera Jefe Médico de los Estados Unidos, indicó que dos de cada tres estadounidenses sufren problemas de salud mortales a causa de la mala dieta que habían escogido. Eso significa que sus problemas se centran en su digestión:

> Lo que comemos puede afectar a nuestro riesgo en cuanto a varias de las principales causas de fallecimiento para los estadounidenses, en especial las enfermedades cardíacas de coronarias, la apoplejía, la aterosclerosis, la diabetes y algunos tipos de cáncer. Estos desórdenes juntos son los causantes de más de las dos terceras partes de las muertes en los Estados Unidos.[1]

Los estadounidenses hemos descuidado la salud gastrointestinal por demasiado tiempo. La mayoría de las naciones y las civilizaciones parecen comprender lo que nosotros olvidamos hace largo tiempo con respecto al papel crítico que desempeña la salud digestiva.

Según las Escrituras comunes a la tradición judeocristiana, las "entrañas" o el "vientre" son descritos como el asiento de las emociones. Por ejemplo, en el Cantar de los Cantares, la sulamita dice de su prometido (Salomón):

> "Mi amado pasó la mano por la abertura del cerrojo; ¡se *estremecieron* mis *entrañas* [lit., mis *intestinos*] al sentirlo!"
> —Cantar de los Cantares 5:4 NVI [énfasis añadido]

51

¿Qué escritor moderno pensaría siquiera en usar la palabra "intestinos" en una prosa romántica? Aún hoy, la palabra *entrañas* refleja un concepto muy preciso acerca del tubo intestinal. Las entrañas son "la parte emocional básica de la persona, el canal de la alimentación y sus partes esenciales".

Hay varios factores relacionados con la civilización moderna que amenazan su salud interna, entre ellos las vacunas que no son seguras, las toxinas del ambiente, los contaminantes, el uso excesivo de antibióticos (todas las comidas que contaminan) e incluso el agua con cloruros y fluoruros. Añada a la lista el floreciente consumo de alcohol y drogas (por receta y por diversión) y las malas dietas, y tendrá sólo unos cuantos entre los enemigos del día de hoy que ponen en peligro su salud gastrointestinal.

¿Qué es esa "sensación interna"?

Desde pequeños se nos enseña a creer que el cerebro es esencialmente el "jefe" del cuerpo. Aunque es cierto que el cerebro es la pieza central de nuestra capacidad mental y de nuestro sistema nervioso, también es una realidad que hay cerca de cien millones de células nerviosas sólo en los intestinos; más o menos la misma cantidad que en la espina dorsal.

O sea, que la mitad de sus células nerviosas se hallan localizadas en los intestinos. Por eso, su capacidad para sentir y para expresar emociones depende primariamente de ellos (y sólo en una proporción menor, de su cerebro). Y si sumamos el número de células nerviosas del esófago, el estómago y ambos intestinos, delgado y grueso, vemos que hay más células nerviosas en el sistema digestivo que en el sistema nervioso periférico.

La mayoría de las personas dirían que el cerebro determina si uno está alegre o triste, pero tienen los datos torcidos. Al parecer, los intestinos son más responsables de lo que nos habríamos imaginado jamás, por nuestro bienestar mental y por la forma en que nos *sentimos*.

Usted tiene dos cerebros

Sandra Blakeslee, laureada escritora de temas científicos, se especializa en "neurociencia cognoscitiva". Capta perfectamente el enlace existente entre nuestros intestinos y nuestro cerebro en esta cita tomada de uno de sus numerosos artículos en el New York Times:

> ¿Se ha preguntado por qué la gente tiene una sensación rara en el estómago antes de subir a escena? ¿O por qué la cercanía de una entrevista de trabajo puede causar un ataque de espasmos intestinales? ¿Y por qué los antidepresivos que van dirigidos al cerebro les causan náuseas o malestar abdominal a millones de personas que toman esas drogas? La razón de esas experiencias

tan comunes es que, en realidad, cada uno de nosotros tiene *dos* cerebros: el que todos conocemos, encerrado en nuestro cráneo, y uno menos conocido pero de vital importancia, que se encuentra en el intestino humano. Como hermanos siameses, los dos cerebros se hallan conectados entre sí; cuando uno se siente incómodo, el otro también.[1]

Este "segundo cerebro" de los intestinos es llamado "sistema nervioso entérico" (SNE). Ese "sistema nervioso intestinal" consta de neuronas, neurotransmisores y proteínas mensajeras incrustadas en las capas o cubiertas de tejido que forran el esófago, el estómago, el intestino delgado y el colon. (La palabra *entérico* procede del griego, y se refiere a los intestinos).

El sistema nervioso entérico posee un complejo conjunto de circuitos neurales. Este "segundo cerebro" que se halla en su sistema digestivo puede *actuar independientemente* del primer cerebro de su cuerpo. Literalmente, aprende con las experiencias, recuerda acciones y sucesos del pasado y produce toda una gama de "sensaciones" que pueden influir sobre sus acciones.

¿Recuerda esa sensación a la que algunos llaman "mariposas en el estómago"? ¿Le ha aconsejado alguien alguna vez que "siga sus instintos"? Oímos continuamente que alguien dice que su indigestión estomacal le produjo pesadillas, y con frecuencia los pacientes le dicen a su médico que los antidepresivos que toman para los cambios de humor también han mejorado sus síntomas gastrointestinales. *Ahora sabe por qué.*

Durante el desarrollo del feto se forman dos sistemas nerviosos

Temprano dentro de nuestra embriogénesis, aparece una colección de tejidos llamada "cresta neural", que se divide durante el desarrollo del feto. Una parte se convierte en el sistema nervioso *central*, y la otra emigra para convertirse en el sistema nervioso *entérico*. Ambas "máquinas pensantes" se forman de manera simultánea e independientemente una de otra, hasta una etapa posterior del desarrollo.

Entonces, los dos sistemas nerviosos se enlazan por medio de un cable neural llamado "nervio vago", el más largo de todos los nervios craneales. (Su nombre procede de la palabra latina que significa "el que vaga"). El nervio vago "vaga" desde el pedúnculo cerebral, a través de diversos órganos del cuello y el tórax para terminar en el abdomen. Ésta es su conexión vital entre el cerebro y los intestinos.

He ideado el término *gastroneuroinmunología* para describir la profunda influencia y la importancia de este enlace entre nuestros dos cerebros, y su efecto en las funciones inmunes humanas.

Nunca subestime a su segundo cerebro

La masa de materia gris que usted tiene entre los oídos es inmensamente importante para su bienestar, pero nunca deje a un lado la vital importancia de su "segundo cerebro": los intestinos.

El Dr. Michael Gershon, profesor de anatomía y biología celular en el Centro Médico Presbiteriano de Columbia, en la ciudad de Nueva York, describe el segundo sistema nervioso del cuerpo en su libro *The Second Brain* [El segundo cerebro]:

> El cerebro no es el único lugar del cuerpo que está lleno de neurotransmisores. Hay cien millones de neurotransmisores a todo lo largo de los intestinos; aproximadamente el mismo número que se encuentra en el cerebro... *El cerebro de lo intestinos tiene que funcionar bien; de lo contrario, nadie se podría dar jamás el lujo de poder pensar.*[3]

Alrededor de 1899, dos fisiólogos ingleses del University College de Londres, Willam M. Bayliss y Ernest H. Starling, descubrieron y describieron la interacción de las hormonas bajo las órdenes de las células nerviosas (ganglios) en el tubo digestivo. Anestesiaron perros y le aplicaron presión a la cavidad interior de los intestinos. La presión causaba una contracción y una relajación seguidas por una onda de propulsión. Esta onda de propulsión o "reflejo peristáltico" llegó a ser llamada "la ley de los intestinos". Describe la forma en que los intestinos mueven la comida a lo largo del tubo digestivo.

Los estudios experimentales demostraron que "la ley de los intestinos" operaba y la digestión continuaba aun después de cortados todos los nervios que conectaban los intestinos con el cerebro. Esto convenció a los científicos de que el sistema nervioso entérico (SNE) era *independiente* del sistema nervioso central.

Un científico alemán llamado Paul Trendelenburg confirmó la obra de Bayliss y Starling dieciocho años más tarde, pero la comunidad científica enfocó de nuevo su interés en los descubrimientos más "emocionantes" del momento: los neurotransmisores químicos, como la epinefrina y la acetilcolina.

Los científicos olvidaron el segundo cerebro durante todo un siglo

Después de un conflicto de tipo político dentro de la comunidad científica, unos científicos resentidos de la Sociedad Fisiológica clasificaron de nuevo arbitrariamente los nervios entéricos sólo como parte del "sistema nervioso parasimpático" y esencialmente, cancelaron el descubrimiento de este "segundo cerebro" durante más de un siglo.

El interés en el SNE renació entre 1965 y 1967, cuando el Dr. Michael Gershon propuso la existencia de un tercer neurotransmisor, la serotonina (5-hidroxitriptamina o 5-HT), era producida en el sistema nervioso entérico y funcionaba en él. La proposición del Dr. Gershon fue confirmada, y ahora sabemos que este neurotransmisor también se encuentra en el sistema nervioso central. La serotonina lo hace sentir bien a uno. Tiene una importancia básica para la salud y el equilibrio emocional, y afecta de forma directa al bienestar y el funcionamiento del sistema digestivo.

Aún estamos descubriendo las formas en que el sistema nervioso entérico se asemeja al sistema nervioso central. Casi todas las sustancias que ayudan al funcionamiento y control del cerebro han sido halladas también en los intestinos. Los principales neurotransmisores asociados con el cerebro —la serotonina, la dopamina, el glutamato, la norepinefrina y el óxido nítrico— también se encuentran en abundantes cantidades en los intestinos.

Los intestinos fabrican opiáceos y controladores del humor

Unas veinticuatro pequeñas proteínas cerebrales llamadas "neuropéptidos" aparecen también en cantidades relativamente grandes en los intestinos, y también en las células principales del sistema inmune. Los investigadores han hallado incluso abundantes cantidades de encefalinas en el intestino. Éstas son una clase de opiáceos naturales del cuerpo. Los intestinos son también una rica fuente de benzodiazepinas, sustancias químicas psicoactivas entre las que se incluyen las sustancias populares en el control del humor que se venden bajo los nombres de Válium y Xanax.

Karl Lashley, a quien muchos consideran el fundador de la neuropsicología, dijo en 1951: "Cada vez me siento más convencido de que los rudimentos de todo mecanismo de conducta humano se hallan representados incluso en las actividades más primitivas del sistema nervioso".[4] Este enlace entre el cerebro y los intestinos están ayudando a los investigadores a comprender por qué la gente actúa y siente como lo hace.

La importancia del sueño

Las perturbaciones del sueño establecen círculos viciosos de dolor, fatiga y tensión emocional que hacen más improbable aún que durmamos bien. Las cosas no mejoran mucho durante las horas en que se está despierto para la gente que no duerme bien. Un sueño inadecuado aumenta la sensibilidad ante los estímulos de los intestinos, la piel y los músculos, produciendo así más dolor y tensión. Sé por experiencia personal que cuando no duermo lo suficiente, mi digestión sufre los resultados.

El cerebro y los intestinos son muy parecidos. Ambos tienen ciclos naturales de noventa minutos. El sueño de onda lenta del cerebro es interrumpido por períodos de "movimiento rápido de los ojos" o sueño MRO/REM, durante los cuales la persona sueña. Los pacientes con problemas intestinales también tienden a tener un sueño MRO/REM anormal, y muchos pacientes con síndrome de intestinos irritables (SII) y dispepsia no ulcerante ("acidez estomacal"), si no la mayoría, afirman estar durmiendo mal.

Con frecuencia, los médicos tratan las anormalidades en el sueño MRO/REM a base de antidepresivos suaves, lo cual también puede ser eficaz en el tratamiento del SII y la dispepsia no ulcerante. Sin embargo, hay algunos antidepresivos más fuertes que empeoran los problemas digestivos. Esto señala una vez más a la existencia de un enlace entre los problemas en el sueño y los problemas estomacales. ¿Influyen los dos cerebros el uno en el otro? Es probable.

Es muy posible que el sueño sea el factor más importante de todos en la salud digestiva. Y es importante dormir lo suficiente, y en el momento debido. Algunos investigadores piensan que cada minuto que uno duerme antes de la medianoche equivale a *cuatro* minutos de sueño después de ella. El sueño descansado hace maravillas en la digestión y en la salud general de la persona.

Las cosas van mal cuando se les roba la serotonina a los intestinos

Muchas medicinas recetadas que afectan al cerebro también afectan a los intestinos. Hay quienes toman Prozac o algún antidepresivo parecido y experimentan problemas gastrointestinales como náuseas, diarrea y estreñimiento. Estas drogas "desvían" la serotonina del cuerpo al cerebro. Lamentablemente, esto deja menos serotonina para las células del tubo gastrointestinal.

Normalmente, los intestinos producen más serotonina que ninguna otra parte del cuerpo. Esto es importante, porque la serotonina está conectada con la iniciación de los movimientos peristálticos (el movimiento rítmico de los alimentos por el tubo digestivo). Cuando se reduce o detiene del todo ese suministro de serotonina, todo lo relacionado con la digestión de la comida comienza a ir mal.

Con frecuencia se usan pequeñas dosis de Prozac para tratar el estreñimiento crónico. No obstante, si bien un poco de Prozac *cura* el estreñimiento, una gran cantidad lo *causa*.

Los opiáceos también tienen un poderoso efecto en el tubo digestivo, porque los intestinos tienen receptores de opiáceos, como los tiene el cerebro. El Dr. Michael Loes, especialista en el control del dolor y autor de *The Healing Response* [La respuesta curativa], escribe: "No es de sorprenderse que drogas como la morfina y la heroína, de las cuales se piensa que actúan en el sistema nervioso central, también se fijen a los receptores de opiáceos de los intestinos, produciendo estreñimiento. Ambos cerebros se pueden volver adictos a los opiáceos".[6] Muchos pacientes de las enfermedades de Alzheimer y de Parkinson sufren de estreñimiento porque esas enfermedades causan un impacto en el "segundo" cerebro de los intestinos, además de causarlo en el "primer" cerebro y en el sistema nervioso central.

¿Ansioso? Siga sus sensaciones

Por fortuna, el Creador equipó a los intestinos del ser humano con sus propias formas de combatir el dolor y la tensión. Como ya mencioné, los intestinos producen benzodiazepinas, las mismas sustancias químicas que alivian el dolor que hallamos en drogas contra la ansiedad, como el Válium. Al parecer, los intestinos están equipados para ser los encargados de aliviar la ansiedad y el dolor de su cuerpo.

Si usted come en exceso porque siente ansiedad, es posible que su cuerpo esté tratando de usar la comida sobrante para producir más benzodiazepinas. No estamos seguros sobre si los intestinos sintetizan la benzodiazepina a partir de sustancias químicas presentes en nuestros alimentos, a partir de acciones de las bacterias, o a partir de ambas cosas. Lo que *sí* sabemos es que el dolor extremo parece poner los intestinos en acción para enviarle benzodiazepina directamente al cerebro con el fin de manejar de inmediato ese dolor.

Es evidente que si usted cuida de sus intestinos, ellos cuidarán de usted. Ahora bien, ¿qué sucede si usted *no* cuida de sus intestinos? Piense de nuevo lo que dice el Dr. C.Everett Koop en *The Surgeon General's Report on Nutrition and Health* [El informe del Cirujano General para la nutrición y la salud] de 1988:

> Los alimentos nos sostienen, pueden ser fuente de considerable placer, son reflejo de nuestra rica urdimbre social y nuestra herencia cultural y le añaden unas valiosas dimensiones a nuestra vida. Sin embargo, lo que comemos puede afectar a nuestro nivel de riesgo en cuanto a varias de las principales causas de muerte para los estadounidenses, en especial las enfermedades cardíacas de coronarias, la apoplejía, la aterosclerosis, la diabetes y algunas formas de cáncer. Estos desórdenes reunidos son responsables en estos momentos de más de las dos terceras partes de las muertes en los Estados Unidos.[7]

"¡Doctor, algo anda mal en mis intestinos!"

Las molestias en el aparato digestivo, que van desde las hemorroides hasta las úlceras del duodeno, tienen por consecuencia una pérdida mayor de tiempo en el trabajo, la escuela y la diversión, que ningún otro problema relacionado con la salud.[8] Lo interesante de todo esto, según la investigación epidemiológica hecha por los doctores Price, Schweitzer y otros, muchos de esos problemas digestivos eran muy raros, o no existían hace menos de un siglo.

¿Qué sabían o hacían nuestros antepasados que nosotros no sabemos o hacemos? ¿Cómo podemos recuperar la salud de la que disfrutaban los antiguos? Una de las cosas era que comían una dieta parecida a la dieta del Creador y mantenían un estilo de vida físicamente vigoroso.

En cambio, nosotros tendemos a despreocuparnos de nuestros intestinos, y eso nos está haciendo pagar un gran precio. Continuamente comemos lo que no debemos, y es raro que lo podamos digerir adecuadamente. Los productos secundarios de las digestiones incompletas atascan los intestinos con los desechos que se acumulan en ellos. Esta capa de desechos se convierte en un perfecto criadero para formas peligrosas de bacterias y de otros microorganismos.

Una buena noticia. Hay algunas cosas muy positivas que podemos hacer para reparar el daño que ya haya sido hecho. Después que la enfermedad de Crohn casi acaba con el sistema digestivo de mi cuerpo. La limpieza intestinal o "desintoxicación" fue una de las claves para poder superar mi enfermedad.

Aunque "visité el baño" cerca de diez mil veces durante los dos años que estuve enfermo, *aún necesitaba purificarme.* Pasé por un proceso de desintoxicación natural al introducir en mi cuerpo unos microorganismos beneficiosos que me ayudaron a recuperar el equilibrio natural de la microflora en mis intestinos.

Hace un par de años, mientras aparecía en una serie de programas de televisión dedicados a cuestiones de salud, recibí llamadas de los televidentes interesados en el tema. Uno de ellos me envió un libro de medicina escrito en 1896, en el cual se examinaban los problemas asociados con la "autointoxicación".

Es sorprendente que la autointoxicación, o "autoenvenenamiento" producido desde los intestinos, fuera reconocida como causa de enfermedad ya a principios del siglo XX. El Dr. H. H. Boeker afirmaba en 1928: "En estos momentos se acepta de manera general que la autointoxicación es la causa subyacente de un grupo excepcionalmente grande de complejos sintomáticos". Las investigaciones recientes parecen apoyar esas conclusiones anteriores acerca de la toxemia intestinal. Sin embargo, muchos de los que practican la medicina moderna o investigan sobre ella desechan la toxemia intestinal como un concepto que es "antiguo y pasado de moda".

El sistema digestivo va desde la boca hasta el "otro extremo". Aunque trabaja por su propia cuenta, es intrincadamente dependiente de todos los demás grandes sistemas del cuerpo, con los que se encuentra interrelacionado. Cada vez es más claro que todo lo que uno consuma, o que ejerza de alguna otra forma una influencia sobre el cuerpo —como es bañarse o ducharse en agua con cloro, tragar dentífrico con fluoruro, usar ropa sintética o incluso limpiar la casa con sustancias químicas fuertes— puede afectar directa o indirectamente al sistema digestivo y por tanto, a la salud.

De hecho, prácticamente todos los estados de salud son afectados por el tubo gastrointestinal. Hasta cuando una persona se rompe un hueso o se somete a una operación, el tiempo que necesita para sanarse es afectado de forma directa por lo bien que el sistema digestivo puede procesar los nutrientes y desintoxicar toxinas.

Y aunque usted sea la persona más inteligente del mundo, si no alimenta su cuerpo de la manera correcta, su brillante intelecto va a quedar opacado, o se va a apagar, a causa de la mala nutrición y de sus malas decisiones en cuanto a su estilo de vida.

La digestión: la ley del tubo digestivo

Podemos decir sin temor a equivocarnos que el proceso digestivo está gobernado por la "ley del tubo digestivo". Definida en términos sencillos, la digestión es:

- Un proceso de descomposición realizado de una manera cuidadosa.
- Realizada por un sistema nervioso entérico independiente.
- Apoyada por un intrincado conjunto de *enzimas interactivas*.

La comida que usted come sólo rinde una pequeña proporción de sustancias que su cuerpo puede usar. El resto es eliminado como dos clases de desperdicios fundamentales: los desperdicios metabólicos y los desperdicios digestivos. Los desperdicios metabólicos representan el conjunto celular de desperdicios y la descomposición de las células muertas y desechadas que se están reemplazando continuamente en el cuerpo. Se elimina en su mayor parte por los riñones. (Menos del cuatro por ciento salen del cuerpo a través de los intestinos). El desperdicio digestivo comprende toda la materia descompuesta producto del proceso digestivo que no es absorbida.

Si no se eliminan regularmente estos productos de desperdicio, comienzan a envenenar el cuerpo y la sangre. Esta autointoxicación, si no se controla, puede terminar llevando a la enfermedad, e incluso a la muerte.

A lo largo de toda la historia, prácticamente todos los pueblos de la tierra han conservado en su folclore una comprensión instintiva de lo importante que es la eliminación constante bajo la forma de unos movimientos intestinales diarios y sosegados. Mi abuela judía me contaba que su madre solía usar una vieja expresión yiddish para describir su salud digestiva de día en día. Esta expresión describe perfectamente esa comprensión universal acerca de la digestión.

Si alguien le preguntaba: "Mamá, ¿tienes hambre?", ella contestaba: "*No; dis béjele tiit vey*". (He escrito la frase tal como suena). La traducción es: "No; no tengo el estómago limpio. Mi bisabuela se solía negar a comer hasta haber tenido movimiento intestinal aquel día; sabía lo importante que era desintoxicar el cuerpo y limpiar el colon.

La mayoría de los estadounidenses actuales no siguen sus criterios; continúan comiendo grandes cantidades de comidas dañinas y, si tienen estreñimiento, se limitan a tomar un laxante tóxico y basado en sustancias químicas, o acuden al médico. Lamentablemente, es posible que nos visiten las enfermedades mientras banqueteamos y vivimos de forma absurda.

Me preocupa el hecho de que parecemos estar implantando en nuestra nación unas normas nada saludables en cuanto a la digestión y la eliminación desde muy temprana edad. Hay niños de escuela primaria a los cuales se les enseña que dos movimientos intestinales por semana se deben considerar algo normal.

El Dr. H. H. Boeker creía que el noventa por ciento de las enfermedades son causadas o complicadas por toxinas que crean en los intestinos unas comidas dañinas que no han sido debidamente eliminadas.[10] La autointoxicación se produce cuando, a causa de una mala eliminación, ciertas toxinas se escapan de los intestinos y pasan a la corriente sanguínea, envenenando al cuerpo, y causando una forma silenciosa de autoenvenenamiento.

Dos claves para una salud óptima

Las directrices para una salud y una nutrición óptimas se pueden reducir a dos claves vitales:

1. Mejore al máximo la nutrición que entra en su cuerpo.
2. Reduzca las toxinas que hay en su cuerpo.

Prácticamente todas las enfermedades se relacionan con estas dos directrices de alguna forma, y todo comienza en el intestino delgado y el grueso.

El cuidado del colon

El colon es el principal almacén de estrés oxidante del cuerpo. En los medios oímos hablar mucho acerca de los antioxidantes y del peligro de los radicales libres, pero muy pocos nos damos cuenta de que la mayor parte del daño que hacen los radicales libres o los oxidantes comienza en el colon durante las etapas finales del proceso digestivo. Esto explica por qué es bueno eliminar los desperdicios a diario, en lugar de que languidezcan durante días en el tubo digestivo, al mismo tiempo que generan toxinas potencialmente dañinas.

Las enzimas necesarias

Las enzimas también desempeñan un papel clave en un tubo digestivo sano. Nuestros antepasados disfrutaban de una salud excepcional porque consumían constantemente alimentos ricos en enzimas y probióticos, nutrientes vitales que siguen siendo un misterio para la mayoría de los estadounidenses.

Las enzimas digestivas nos ayudan a descomponer las proteínas, las grasas, los azúcares, los almidones y otros carbohidratos. Su cuerpo necesita un aprovisionamiento continuo de enzimas para digerir adecuadamente la comida y mantenerse saludable. En la naturaleza existen miles de enzimas distintas, pero se pueden dividir en dos categorías básicas.

En la primera categoría están las *enzimas líticas*, diseñadas y programadas para descomponer sólo ciertas sustancias *concretas*. Por ejemplo, las enzimas *proteo*líticas descomponen sólo *proteínas*, sin afectar a las grasas o los azúcares. En la segunda categoría de enzimas, las *sintéticas*, éstas se dedican de forma exclusiva al proceso de *síntesis* del cuerpo y están equipadas de forma exclusiva para ayudar a crear sustancias o estructuras nuevas, como moléculas y tejidos.

El cuerpo humano produce la mayoría de las encimas que necesita, pero ciertas enzimas clave, como la celulasa (una enzima que descompone la fibra que contienen los alimentos vegetales), se deben obtener en los vegetales y las frutas crudas que entran al sistema digestivo.

Estas enzimas y los complejos procesos del tubo digestivo se hallan vitalmente relacionados con su salud. Si usted no come lo que debe, o si abusa de su cuerpo con unas decisiones peligrosas sobre su dieta, sustancias químicas de fabricación humana, o un estilo de vida agotador, podría perder algo más que su "aspecto juvenil". La deficiencia de enzimas también puede deteriorar su función inmune, dando por consecuencia enfermedades o dolencias.

Los estilos de vida excesivamente agitados y los hábitos de alimentación tóxicos nos privan de las enzimas que tanto necesitamos. Peor aún;

deterioran los órganos que producen muchas de las enzimas más necesitadas en el cuerpo. Ese agotamiento progresivo y general de las enzimas conduce a una difícil situación en la cual no podemos ni digerir el alimento que comemos, ni sintetizar los materiales necesarios para la reparación y el mantenimiento de las células.

Hasta una deficiencia parcial de encimas puede llevar al comienzo de las enfermedades. A medida que empeoran nuestras deficiencias de enzimas, se le va haciendo cada vez más difícil al cuerpo digerir proteínas, grasas, azúcares, almidones y otros carbohidratos. La mala digestión resultante puede abrir la puerta a una gran variedad de problemas de salud.

Entra en juego el sistema linfático

El sistema linfático es *la línea frontal de defensa* de nuestro cuerpo contra las infecciones y las enfermedades. Su tarea primaria consiste en defender al cuerpo de las invasiones extrañas por parte de agentes causantes de enfermedades, como los virus, las bacterias y los hongos.

El sistema linfático contiene una red de vasos que ayudan a circular y filtrar los líquidos del cuerpo. Esparcidos por esta red se encuentran los nódulos, o glándulas linfáticas. Éstas son lugares de encuentro para las células del sistema inmune que nos defienden contra los invasores. También producen la linfa, un líquido pálido parecido al plasma de la sangre, que contiene glóbulos blancos. (*Linfa* es un término griego que significa "una corriente clara, pura").

Los líquidos linfáticos bañan los tejidos del cuerpo y son recogidos por los vasos linfáticos para descargarlos en el torrente sanguíneo. Surgen serios problemas cuando las glándulas linfáticas quedan bloqueadas y se elimina este vital servicio a las células del cuerpo. La *congestión linfática* es considerada como uno de los principales factores que desatan una gran variedad de enfermedades graves.

Su TLAI

Entre el sesenta y el ochenta por ciento del sistema linfático se encuentra en el intestino delgado. Llamado *tejido linfático asociado con los intestinos* (TLAI/GALT), es casi sinónimo con el nombre de *sistema inmune*. La gigantesca tarea de su TLAI consiste en discriminar entre los componentes nutritivos y los posibles antígenos que pasen por los intestinos.

Puesto que los antígenos señalan la presencia de algo que amenaza a las células y los sistemas saludables del cuerpo, su TLAI alerta al sistema inmune para que responda de manera adecuada. Cuando su TLAI no funciona como es debido, su salud inmune queda comprometida, y se pueden escapar toxinas peligrosas del colon al torrente sanguíneo. Se podrían liberar numerosas enfermedades para atacar virtualmente a cualquier tejido u órgano, e incluso a todo su cuerpo. Por eso los linfomas (cáncer del sistema linfático) se extienden con tanta rapidez. El sistema linfático recorre por completo todo su cuerpo. Se ha dicho que la muerte comienza en el colon. Lo mismo podemos decir de la vida.

Los órganos linfoides

Aunque su TLAI/GALT es el más importante de todos los sistemas linfáticos, los órganos linfoides u órganos del sistema inmune se hallan colocados a lo largo de todo el cuerpo. Entre ellos se encuentra el bazo, situado en la parte superior izquierda del abdomen, que es también un lugar de actuación donde las células del sistema inmune se enfrentan a los microbios extraños. En muchos otros lugares de todo el cuerpo aparecen también reductos de tejido linfoide, como en la médula ósea, el timo, las amígdalas, las adenoides, las placas de Peyer y el apéndice.

Esta breve descripción del sistema de defensa de su cuerpo lo puede ayudar a comprender lo importante que es para usted cuidar de su colon proporcionándole a su cuerpo la nutrición debida. Evite este mortal escenario de un sistema inmune comprometido, vitando los alimentos procesados y desvitalizados, los antibióticos, la cafeína, el alcohol, el cloro y otras toxinas.

Mantenga un sistema digestivo saludable, un sistema linfático que fluya sin dificultades y unas funciones inmunes saludables, siguiendo un programa diario de salud. Incluya en él abundantes alimentos naturales de la dieta del Creador, que son ricos en enzimas, junto con probióticos y un estilo de vida que incluya movimiento y ejercicio.

Como tal vez sepa, su salud se halla vitalmente conectada con un vasto universo de organismos microscópicos que prosperan en todos los seres vivos. Hay una amplia variedad de antibióticos que se han desatado para matar y destruir virtualmente todos los microorganismos. Ahora, está a punto de aprender más acerca de la crítica necesidad de evitar esta "micromutilación". Muchos de esos diminutos microorganismos, las "bacterias buenas", es posible que sean los amigos mejores y más pequeños de todos los que usted tendrá jamás.

Capítulo 4

La higiene: Una espada de dos filos

U na oscura raza de seres humanos que estaba tratando de cruzar la península del Sinaí hace unos tres mil quinientos años, recibió un sistema altamente avanzado de prevención de enfermedades e higiene médica. Aquel pueblo siguió esas instrucciones y de alguna manera fue escapando a las enfermedades contagiosas y a los males sociales que devastaban a otras civilizaciones a lo largo de los milenios, según se le había prometido:

> "Si oyeres atentamente la voz de Jehová tu Dios, e hicieres lo recto delante de sus ojos, y dieres oído a sus mandamientos, y guardares todos sus estatutos, ninguna enfermedad de las que envié a los egipcios te enviaré a ti; porque yo soy Jehová tu sanador."
>
> —Éxodo 15:26

¿Cuál era su secreto?

Con toda seguridad, no tenía nada que ver con la sabiduría predominante en sus tiempos. Moisés, su líder, quien recibió de Dios el sistema dietético y de higiene, había sido educado como príncipe de Egipto, el sistema médico más "avanzado" de su época.

Con todo, Moisés no había abogado en Israel por el uso de la receta egipcia segura para evitar las epidemias. No aceptaron las "dos plumas de buitre" de Egipto, ni las promesas de un dios llamado "Llama en su rostro", pensando que los fueran a salvar "de toda enfermedad". La historia afirma que los egipcios trataban la conjuntivitis con "la orina de una esposa fiel" y favorecían otros tratamientos, como el de "sangre de gusano" y un saludable emplaste hecho con lo último en mezclas a base de estiércol.[1]

Los exámenes forenses hechos en egipcios momificados indican que los egipcios de clase alta no recibían mucho beneficio de lo mejor que les podían ofrecer sus médicos. Sufrían de muchas de *las mismas enfermedades* que nos aquejan a nosotros hoy. (Les encantaban las comidas poco saludables y tenían la higiene en franco descuido).

La práctica de una higiene avanzada

En contraste con todo esto, los israelitas seguían unas prácticas de higiene avanzadas, según las indicaciones dadas por Dios a Moisés. Y disfrutaban de una extraordinaria resistencia ante las enfermedades y las dolencias. Es asombroso lo moderno que es el sistema de higiene ordenado por Dios. De hecho, en la actualidad los hospitales siguen en todas partes casi todas las directrices originales expuestas por Dios en la Biblia.

Por ejemplo, el régimen bíblico de higiene recogido en Números 19:11-22 exigía una estricta separación entre los vivos y los cadáveres de los muertos. Cuando una persona moría, los que estaban presentes y todos los que preparaban el cuerpo para su sepelio (que estaba ordenado realizar antes de la caída del sol) eran considerados *inmundos* durante siete días.

Estas personas se tenían que lavar las manos, la ropa y los utensilios *con agua corriente*, frotarse extensamente y usar un astringente suave. Se trataba el agua con ceniza —que ha sido un componente clave del jabón durante milenios— y se administraba con hisopo, planta que contenía el antiséptico llamado timol (el ingrediente activo en el enjuague bucal llamado Listerine).[2] Además de todo lo anterior, este sistema bíblico de higiene exigía que las personas se lavaran las manos antes de comer y en otros momentos clave para asegurar que estaban limpias.

La Biblia ordena también el uso de ciertas técnicas concretas para la purificación de la ropa y los instrumentos o utensilios clave, al mismo tiempo que una seguridad en la eliminación de los desperdicios, unos métodos de enterramiento adecuados, unos procedimientos en cuanto al parto, una higiene sexual, normas para la higiene femenina (en la menstruación) y más.

Levítico 13 da unas instrucciones detalladas para el diagnóstico de la enfermedad llamada lepra, con directrices estrictas para la purificación de las telas contaminadas con ella. También exige que se ponga en cuarentena a las personas que tengan alguna enfermedad altamente contagiosa.

El propósito de una higiene avanzada

La higiene correcta es tan esencial como la dieta y el ejercicio para tener un excelente estado de salud. De esta forma se pueden reducir de manera significativa las infecciones, los ataques de alergia y otras situaciones de salud negativas a base de purificar el cuerpo de toxinas, contaminantes, alérgenos y gérmenes que causen enfermedades. La relación directa entre la buena salud y una buena higiene ha sido conocida desde hace mucho tiempo. De hecho, *la primera cura que hubo para el cáncer* se basaba en una higiene adecuada. En el siglo XVIII, los deshollinadores de Londres tenían una proporción extraordinariamente alta de cáncer en el escroto, hasta que se supo que aquéllos que tenían la costumbre de *lavarse* el hollín carcinogénico que les caía en la piel no contraían la enfermedad.[3]

La avanzada de la higiene moderna

Cien años más tarde, estaban muriendo centenares de miles de mujeres europeas con fiebres puerperales, hasta que un obstetra vienés de apellido Semmelweis redescubrió la higiene bíblica. Sus estudiantes de medicina tenían la costumbre de hacer sin guantes la disección de cadáveres en una habitación, y después entrar a la habitación contigua para realizar exámenes de pelvis o ayudar a dar a luz... *sin lavarse las manos*. Las proporciones de muertes se acercaron con frecuencia al nivel del cincuenta por ciento.

El Dr. Semmelweis fue contra la corriente de la práctica médica establecida, y les pidió a todos los médicos y estudiantes de medicina que se lavaran las manos entre un parto y otro (y entre autopsias). Cuando lo hicieron, la proporción de muertes bajó en un noventa por ciento. A pesar de esto, el Dr. Semmelweis fue ridiculizado por sus prácticas higiénicas e insistieron en volver a la manera antigua de hacer las cosas.[4] Se calcula que incluso en fechas tan tardías como los tiempos de la Segunda Guerra Mundial, la escasa higiene causaba tres veces más muertes que las heridas recibidas en el campo de batalla.[5]

Los gérmenes no vuelan, sino que cabalgan

Hemos progresado mucho desde entonces. Ahora sabemos que el sistema inmune del cuerpo es una función autónoma o "automática". El cuerpo reacciona de manera automática cuando siente que lo han invadido bacterias, hongos, virus y alérgenos causantes de enfermedades, de los que nos rodean en nuestros hogares, lugares de trabajo o patios. Normalmente, el sistema inmune del ser humano lucha con eficacia hasta eliminar esas enfermedades, pero en el mundo tóxico de hoy es fácil que termine recargándose. Para empeorar las cosas, nuestros viajes alrededor del planeta transportan con rapidez enfermedades nuevas por el mundo entero en un solo día.

También comprendemos hoy que los gérmenes no vuelan, sino que *cabalgan*. Por lo general, viajan por medio del contacto entre las manos, o la transferencia de una mano a una superficie, y de ésta a otra mano. Sus manos entran en contacto con los principales agentes de las infecciones todos los días en centenares de superficies, entre ellas otras manos (y cuanto *ellas* hayan tocado). Más del noventa por ciento que usted tiene en las manos residen debajo de las uñas. Lo mismo es cierto en cuanto a los alérgenos y los contaminantes ambientales.

Lamentablemente, es difícil alcanzar estos lugares por medio de las técnicas normales al lavarse las manos. Y esos gérmenes entran al cuerpo con facilidad por medio de los conductos nasales o los conductos lacrimales cuando los tocamos, cosa que hacemos por lo menos veinte veces al día. Lo típico es que las yemas de los dedos entren en contacto con los ojos y la nariz más de doce mil quinientas veces al año. Cada vez que usted hace esto, hay la posibilidad de que *se inocule a sí mismo* gérmenes, alérgenos, toxinas ambientales y virus.

La autoinoculación de los ojos y la nariz con las yemas contaminadas de los dedos es especialmente peligrosa, porque tanto los ojos como la nariz constituyen un camino directo a la parte superior del sistema respiratorio. (Algunas enfermedades entran al cuerpo por medio de la boca, pero los líquidos que hay en ella y en el estómago combaten los patógenos con gran eficacia). Los problemas de la parte superior del sistema respiratorio, entre ellos los problemas de los senos nasales, acaparan ocho de cada diez visitas a las clínicas médicas. El adulto promedio combate cuatro catarros al año (en el caso de los niños, son seis), y cerca de una persona de cada tres tiene alergias.

Como sucede con la mayoría de las formas instintivas de conducta humana, la autoinoculación también tiene un propósito positivo de importancia. Cuando un bebé se toca por vez primera los ojos y la nariz con las yemas de los dedos, está poniendo en contacto su sistema inmune con el mudo exterior, iniciando la producción de unos antibióticos clave que lo van a proteger de las infecciones y van a mantenerlo saludable. Este proceso natural continúa a lo largo de toda la vida, manteniendo el sistema inmune "sintonizado" con los cambios en el mundo exterior.

La reducción del estrés de su sistema inmune

Lo bueno de todo esto está en que es posible evitar por completo el proceso potencialmente mortal de la autoinoculación. Hace varios años, fundé un sistema moderno de higiene llamado *clenzología*, científicamente diseñado para quitar del sistema inmune la sobrecarga de gérmenes.

Este programa de higiene avanzada representa el primer adelanto real en nuestra forma de lavarnos, desde la invención del jabón sólido hace unos ciento cincuenta años, permitiendo que el cuerpo se defienda y proteja contra la invasión de las enfermedades con mayor eficacia. Tiene que ver con una limpieza adecuada de las zonas situadas debajo de las uñas de las manos y las membranas que rodean a los ojos y a la nariz. Estas zonas de actuación de los gérmenes están prácticamente descuidadas en otros métodos populares de higiene.

La clenzología mantiene el *equilibrio* entre la función correcta de autoinoculación para levantar las capacidades naturales de defensa del cuerpo, y su papel negativo en la producción de infecciones por medio de una contaminación masiva a través de los ojos y la nariz. Cuando se limpia con cuidado debajo de las uñas de las manos y las membranas que rodean a los ojos y la nariz por medio de las técnicas de la clenzología, se reduce el estrés al que está sometido el sistema inmune y se ayuda a reducir la aparición de enfermedades infecciosas y alergias. Una vez eliminada la sobrecarga del sistema inmune, éste puede dedicar sus energías a la eliminación de otras infecciones que se hallen presentes en el cuerpo, como la bronquitis o la sinusitis crónicas.

Personalmente, he estado usando este sencillo programa de higiene con toda fidelidad mañana y tarde durante varios años, y me ha mantenido virtualmente libre de todas las enfermedades respiratorias y las infecciones de los senos nasales. Con la frecuencia de mis viajes por Estados Unidos y el extranjero, me tranquiliza saber que me estoy proporcionando a mí mismo una medida diaria de protección personal.

La represión de las alergias

Las técnicas de la clenzología *purifican* por completo o lavan los contaminantes, pero no *esterilizan* las uñas de los dedos ni las membranas corporales que rodean a los ojos y los conductos nasales. La esterilización por medio del uso de sustancias antimicrobiales hace más daño que bien, puesto que impide que el sistema inmune se adapte al ambiente exterior; esto es especialmente importante cuando se trata de alergias.

Más de cincuenta millones de personas sufren de alergias, y este problema continúa aun después que muchos han visitado alergistas, se han hecho exámenes, han tratado con inyecciones e ingerido las sustancias que les han recomendado. Las alergias son causadas por unas *reacciones equivocadas del sistema inmune* ante unas sustancias inofensivas, como el polen, el pelo de gato o los ácaros del polvo. Estas reacciones producen síntomas de defensa del sistema inmune, como las secreciones nasales y el lagrimeo en los ojos.

La industria de las alergias las trata por medio del uso exclusivo de unas drogas que *desensibilizan* el sistema inmune en cuanto a los alérgenos posibles, o *suprimen* por completo su sistema natural de reacción. La mayoría de esas drogas tienen numerosos efectos secundarios y sólo son marginalmente eficaces. Aunque no podemos pasar por alto el sufrimiento, sí podemos enfocar el problema de una forma más sencilla, nacida del sentido común.

Los conceptos de la higiene avanzada ofrecen unas técnicas de purificación mejores que mantienen fuera del cuerpo las sustancias ofensivas (e incluso pueden llegar a evitar por completo la activación de una reacción por parte del sistema inmune).

Me sorprende que este sencillo concepto de mantener los alérgenos alejados del cuerpo no esté más extendido. El hecho de que los tratamientos farmacéuticos tradicionales de las alergias (píldoras, rociadores e inyecciones) no hayan logrado aliviar realmente los síntomas de las alergias es el que ha provocado el resurgimiento del interés por unos métodos de tratamiento alternos. Si usted o su familia sufren de catarros y ataques de gripe frecuentes, alergias persistentes, problemas en la parte superior del sistema respiratorio, una inmunidad debilitada u otros problemas crónicos de salud, lo animo a probar este método de higiene avanzada que ha quedado probado con el tiempo. Si quiere más información sobre la clenzología, visite la página en inglés www.makersdiet.com.

El resto de la historia de los microbios

La forma corriente de enfocar la higiene ha clasificado como "malos" a todos los gérmenes (microbios). En realidad, el Creador diseñó nuestro cuerpo para que hiciéramos el mayor uso posible de las sustancias que se presentan de manera natural en nuestro ambiente, entre ellas los microbios o "gérmenes".

Cada día hay científicos que se dispersan por el mundo entero con cucharas y bolsas plásticas en las manos, en busca de nuevas fuentes de microorganismos del suelo en cuevas de murciélagos, claros de la selva, turberas, fuentes termales, volcanes en el fondo de los mares e incluso momias. Cada uno de estos exóticos lugares puede dar de sí un descubrimiento de gérmenes totalmente nuevos; una mina de oro de ganancias farmacéuticas en potencia. Algunos de los principales funcionarios del gobierno y científicos de los Estados Unidos sospechan que los organismos presentes en nuestro suelo podrían proporcionar nuevos y poderosos tratamientos para el SIDA, el cáncer y otras enfermedades mortales. Hasta el Instituto Nacional del Cáncer está patrocinando la investigación de los organismos presentes en el suelo.

Sólo hemos comenzado a cosechar los vastos recursos de las "alimañas" biológicas, y la búsqueda de nuevos "superantibióticos" se está haciendo cada vez más intensa. Con todo, da la impresión de que el conjunto de fórmulas antibióticas conocidas se está haciendo cada vez menos eficaz ante unas "superalimañas" y enfermedades infecciosas en continua mutación.

¿Por qué toda esa agitación de los científicos con respecto a la tierra? No hay nada que impulse tanto una caza así a nivel mundial, como la posibilidad de *hallar un tesoro*. En este caso, ese tesoro está constituido por unos microbios recién descubiertos, distintos a cuantos han sido usados hasta el presente para crear antibióticos. Muchos de los antibióticos actuales *proceden de microbios existentes en el suelo*, como la estreptomicina, el primer tratamiento que hubo contra la tuberculosis, y la vancomicina, que es actualmente el último recurso en los casos más tenaces de infección.[6] A continuación, algunos ejemplos de cazadores de tesoros que han descubierto microbios valiosos:

- Un empleado de Sandoz Pharmaceutical se fue de vacaciones a Noruega, y allí recogió una muestra de tierra en la cual había un moho que más tarde llevó al desarrollo de la ciclosporina, la celebrada droga contra rechazos que se usa en los trasplantes.
- Un científico descubrió en el piso de un templo indonesio unos microbios pueden convertir el almidón en azúcar.
- Un investigador del Japón recogió en un campo de golf un terrón que produjo una droga usada actualmente para curar las infecciones de origen parasitario que afectan al ganado.

¿Se tomó ya su paquete de diez mil especies?

¿Le parece aburrido el tema del suelo? ¿Sabía que un gramo de tierra —la suficiente para llenar uno de esos paquetitos de azúcar que dan en los cafés— contiene hasta diez mil especies de microbios desconocidas para la ciencia, según Jo Handelsman, profesora de patología vegetal en la Universidad de Wisconsin?[7]

La revista *Business Week* observa: "Ahora, por vez primera, [Handelsman] y sus colegas... están aprendiendo a extraerles el ADN a esas misteriosas criaturas para clonarlas. Están hallando que los microbios son tan profundamente distintos a las bacterias conocidas, que podrían representar unos reinos de vida totalmente nuevos, tan distintos de las demás bacterias como lo son los animales de las plantas. Eso significa que las proteínas producidas por estas criaturas podrían tener unas propiedades diferentes a las de todas las demás sustancias conocidas". Handelsman afirma que se han identificado varios antibióticos nuevos a partir de estos microbios presentes en el suelo.[8]

Hace falta una "comunidad" sana para mantenernos sanos

Este mismo artículo explica los principios con los que funcionan los microbios de la tierra (llamados también organismos homeostáticos del suelo, o bien OHSs) que ayudaron a resolver mis problemas personales de salud, y ayuda a entender por qué cuantos tengan la enfermedad de Crohn, o cualquier otra, se pueden beneficiar de ellos:

> Hasta en los intestinos humanos —un ambiente que la mayoría de la gente considera muy familiar— viven unas diez mil clases de microbios... Ciertamente, una de las sorpresas producidas al descifrar el genoma humano, es que contiene más de doscientos genes procedentes de bacterias. Los microbios no sólo nos mantienen vivos, sino que, aunque sea en una parte pequeña, estamos hechos de ellos.
>
> [Los investigadores están] mirando ahora la forma en que estos microbios desconocidos en su mayor parte podrían desempeñar un papel en la enfermedad de Crohn, una inflamación del intestino delgado. [Han] hallado que la composición de la "comunidad" mezclada de microbios que hay en los intestinos cambia en la gente que tiene esta enfermedad. Algo parecido podría suceder con la tuberculosis... llevando [a los investigadores] a preguntarse si no será que algunas enfermedades no son causadas por un solo microbio peligroso, sino por un cambio en la comunidad microbiana; un desequilibrio ecológico en el interior del cuerpo humano.[9]

Son incontables los microorganismos que viven en el suelo, en las plantas y en su superficie, y en el tubo digestivo del ser humano. Por dentro y por fuera, somos uno con la tierra (o deberíamos serlo). Es muy profunda la incomprensible sabiduría que hay en la proclamación bíblica de Génesis 2:7: "Entonces Jehová Dios formó al hombre del polvo de la tierra, y sopló en su nariz aliento de vida, y fue el hombre un ser viviente".

Hágale un favor a todo el mundo: vuelva "lleno de tierra" a casa

A lo largo de los siglos, nuestra sociedad ha pasado de vivir con demasiado poca higiene (ignorante del potencial mortal de los gérmenes) a vivir en un ambiente que es demasiado limpio.

En 1989, el Dr. David Strachan, respetado epidemiólogo de la Escuela de higiene y Medicina Tropical de Londres, lanzó una oleada de debates con un complejo teorema de desarrollo de la inmunología humana y el control de las enfermedades, diciendo: *"Necesitamos tierra"*. El Dr. Strachan propuso que la creciente separación de la sociedad de la tierra y los gérmenes, bien podría ser la causa de los sistemas inmunes más débiles que producen a su vez la incidencia creciente de una amplia gama de enfermedades.[10] Presentó su "teoría de la superlimpieza" después de observar que los niños de las familias grandes estaban menos propensos a desarrollar asma, fiebre del heno o eczemas. Su teoría es que los hijos mayores, al regresar a casa sucios, con todo tipo de microorganismos residentes en la tierra, en realidad estaban protegiendo a sus hermanos menores al poner su sistema inmune en contacto con los microbios y hacer que crearan anticuerpos. Es posible que haya encontrado algo importante.

Unas oleadas casi epidémicas de enfermedades poco menos que desconocidas en las generaciones pasadas, están azotando a las sociedades modernas del mundo entero. (Aún son virtualmente desconocidas en las sociedades primitivas de la actualidad). ¿Cuántas personas conoce *usted* que sufran de asma, alergias de toda clase, síndrome de irritación intestinal, artritis reumatoide, lupus, enfermedad de Crohn, síndrome de fatiga crónica o desórdenes inmunes de algún tipo? La lista parece interminable.

Si el Dr. Strachan tiene razón (y va en aumento el número de científicos e investigadores de la medicina que así lo creen), entonces la tierra —o más concretamente, los microbios que hay en la tierra de este planeta— podría hallarse entre nuestros mejores amigos. Un informe reciente publicado en *New Scientist* afirma que los investigadores han descubierto que los microorganismos que se hallan en la tierra influyen sobre la maduración del sistema inmune, de tal forma que deciden si funciona correctamente, o no.[11]

Mucho antes de las fábricas de la Era industrial, y de la existencia de las tiendas de víveres modernas, la gente tendía a llenarse de tierra sólo con recoger o cosechar sus alimentos. La gente que más vivía estaba en contacto con toda clase de organismos microscópicos que vivían en el suelo. La vida en la Era preindustrial dependía de lo que crecía y vivía dentro de la tierra y sobre ella; las palabras "tierra" y "suelo" no eran conceptos negativos en la mente de nuestros antepasados primitivos.

Se ofrece una recompensa: Mis microorganismos perdidos

La tecnología se estará expandiendo en progresión geométrica, pero la naturaleza no. Formamos parte de la creación *natural* de Dios, y por eso la mayoría de nosotros nos beneficiaríamos si recuperáramos los microorganismos procedentes de la tierra que le faltan a nuestro cuerpo.

Unos padres supuestamente "bien informados" hacen cuanto pueden hoy por impedir que sus hijos "se llenen de tierra". La triste verdad es que nuestro ambiente resulta demasiado limpio. Las células inmunes que no tienen un contacto adecuado con los microbios de la tierra tienden a reaccionar de manera excesiva cuando por fin entran en contacto con ellos. Son demasiados los adultos y los niños a los cuales se les ha negado este contacto tan necesario con los microorganismos de la tierra. El sistema inmune de los niños, e incluso de los adultos, reacciona de manera exagerada, porque ya no se le "educa" de la manera debida en el "terreno de juegos" biológico de la vida.

Para empeorar las cosas, lo esterilizamos todo en exceso con líquido desinfectante para lavar platos, pastillas de jabón y jabones líquidos para la ducha; lociones desinfectantes para el cuerpo y barras de jabón para la piel, y "jabones desodorantes" recargados de desinfectantes antibióticos como el triclosán. Y esterilizamos nuestra tierra, utilizando pesticidas y herbicidas que destruyen por igual a los microbios dañinos y a los beneficiosos. Estos agentes dañan hasta el sistema inmune natural de las mismas plantas a las cuales trataos de "ayudar" con los adelantos de la técnica.

Después de años de investigación médica y nutricional, estoy personalmente convencido de que nuestro sistema inmune necesita un contacto constante con los organismos que se presentan de manera natural en el suelo para que podamos tener una larga salud. El sistema inmune de un niño que ha sido privado de un contacto temprano con los organismos del suelo puede reaccionar de manera excesiva y grave cuando se lo pone en contacto con diversos intrusos benignos más adelante en la vida. Al parecer, es consecuencia de nuestra pérdida de conexión con la tierra el que tanto niños como adultos desarrollen alergias, enfermedades autoinmunes y ciertas formas de asma.

Las células T: Equipadas para defender y servir

Hay un corpus creciente de evidencias que indica que el sistema inmune nunca podrá alcanzar su capacidad máxima de defensa contra los organismos extraños y las toxinas químicas, mientras no restablezcamos esta conexión perdida con el suelo.

El contacto con estos microorganismos "condiciona" el sistema inmune del ser humano de manera que sepa por intuición cuándo necesita producir y activar las llamadas células indiferenciadas T auxiliares (células T), las cuales son producidas mayormente por la glándula llamada timo. Estas células T controlan el inicio o la supresión de las reacciones inmunes del cuerpo, y también regulan muchas otras células inmunes. Con frecuencia se miden la calidad y la fortaleza del sistema inmune con un método de clasificación llamado "equilibrio T1/T2".

Las células T1 favorecen una inmunidad *especializada*, mediada por las células (dentro de ellas). Son las "fuerzas especiales" por excelencia, que defienden con eficacia al cuerpo. Sólo producen tantos anticuerpos destructores de gérmenes como sean necesarios para detener la invasión. Tienen una *reacción con objetivo* y hay una economía en su actuación.

En cambio, las células T2 producen una *reacción masiva* a las infecciones, bajo la forma de unas proteínas especializadas, llamadas *anticuerpos*, segregadas para que las derramen en los líquidos del cuerpo las células "B" (o B-linfocitos). Las células T2 son el ejército y la marina; los defensores de su cuerpo con una "respuesta total".

Estas dos fuerzas que combaten las infecciones existen una junto a otra. La fuerza celular de inmunidad T1 ataca a las células y los microorganismos anormales en el lugar de la infección; *dentro* de cada célula. Las células T2 desatan la producción en masa de anticuerpos a fin de neutralizar a los invasores y sustancias· extrañas; *fuera* de las células.

Cuando un sistema inmune es saludable, tiene equilibro entre la actividad T1 y la T2, y puede pasar de una a otra según lo necesite para erradicar con rapidez una amenaza. Las enfermedades son producidas por una respuesta demasiado pobre o demasiado fuerte del sistema inmune. Por ejemplo, la abundancia excesiva de anticuerpos T2 se halla implicada en una amplia variedad de enfermedades crónicas, entre ellas el SIDA, el síndrome de fatiga crónica, la candidiasis, las alergias crónicas, las sensibilidades químicas múltiples (SQM/MCS), la hepatitis viral, el síndrome de la Guerra del Golfo, el cáncer, el lupus y muchas otras enfermedades.

"Los organismos somos nosotros"

La tierra del continente norteamericano fue abundantemente rica en bacterias y otros organismos durante miles de años, y todas las civilizaciones que sostenía disfrutaban de lo producía. Sin embargo, después de la Segunda Guerra Mundial, esos organismos naturales del suelo fueron desplazados como consecuencia de la agricultura química y el uso de pesticidas en la agricultura comercial.

Hace años, la comida que cosechábamos en los campos estaba cubierta de microorganismos beneficiosos que "se convertían en parte de nosotros" cuando comíamos los vegetales. Hoy en día, el suelo de Estados Unidos es esencialmente estéril. Se piensa que los pesticidas y los herbicidas son la "solución total" en el mundo natural. Matan prácticamente cuanto microorganismo tocan, de manera parecida a como nuestro uso excesivo de antibióticos médicos ha reducido el sistema digestivo del ser humano a un campo minado y arrasado, destruyendo a los elementos buenos junto con los malos.

Como ha hemos dicho, la mayoría de la gente no está en contacto diario con una cantidad suficiente de microorganismos procedentes del suelo, el polvo, el aire, el agua y los alimentos, para alcanzar una salud óptima. La excepción podría ser los veterinarios especializados en tratar animales grandes. Se calcula que estos profesionales reciben grandes cantidades de microorganismos y estiércol animal involuntariamente (en especial a través de los pulmones) cuando están en contacto con grandes manadas de ganado.

Un veterinario del Oeste medio del país se pasa la mayor parte del tiempo atendiendo a grandes rebaños de ganado en sus mismos lugares: los graneros, los pesebres y los campos. Sus ayudantes han notado que es virtualmente insensible a los ataques usuales de *E coli* y otros contaminantes que se hallan en la comida vieja, e incluso a los "accidentes químicos" del refrigerador de la clínica. Su sistema inmune es fuerte como el hierro, y es muy raro que padezca de algún catarro, o de las quejas respiratorias de costumbres. Es de suponer que esto se deba a su contacto con una amplia variedad de microorganismos.

Sin embargo, en muchos de nosotros, nuestro ambiente excesivamente estéril, que ha cortado virtualmente nuestra saludable relación con la tierra, está debilitando de manera seria nuestro sistema inmune. Y la esterilidad de nuestros alimentos tampoco está ayudando a nuestro sistema inmune. Hemos aprendido a aumentar el "tiempo de conservación" de los productos a base de irradiar o tratar con química los vegetales y las comidas preparadas a fin de matar los microorganismos. Esos métodos de procesamiento modernos, producto de una avanzada técnica, usados por los fabricantes de alimentos, quitan y destruyen muchos de los nutrientes más importantes de nuestra comida, que nos darían vida.

La ingestión de un asesino indiscriminado

El agua que se tomaba de los pozos y los ríos solía estar repleta de micobacterias, entre ellas algunos patógenos que eran francamente mortales. El cloro y otras sustancias desinfectantes han ayudado a hacer que nuestra provisión pública de agua sea mucho más sana que hace un siglo, y sin duda, eso es importante para la salud de la población. Lo lamentable es que la mayoría de los sistemas de purificación del agua no tienen el cuidado de *quitar* el cloro después que ha hecho su labor en el agua.

Eso significa que ese cloro sigue matando *todas* las bacterias; incluso las buenas que tenemos en el cuerpo. Estamos bebiendo un asesino indiscriminado, con la bendición del gobierno. La población de los países donde hay unos índices bajos de asma sigue bebiendo un agua que tiene miles de millones de micobacterias por litro. Aunque nunca abogaría por el uso de agua impura para reconstruir la flora bacteriana de nuestro cuerpo, sí recomiendo que filtre el agua de su casa con un sistema de purificación de alta calidad (para quitarle el cloro).

¿Ya tuvo hoy su CDR/RDA de antibióticos?

Hemos hablado del problema de tratar con antibióticos los síntomas de las enfermedades, porque éstos matan todas las bacterias, tanto buenas como malas. Aunque no tome los antibióticos usted, lo más seguro es que los consuma en los productos animales. Las firmas farmacéuticas de los Estados Unidos producen más de 35 millones de libras (16 millones de kilos) de antibióticos al año, y la gran mayoría de ellos la reciben los animales. Los criadores tienen la costumbre de darles grandes dosis de antibióticos al ganado vacuno, los cerdos y las aves para impedir que se esparzan las infecciones en los lugares tensos y atestados en que habitan. Esto se ha puesto tan mal, que el Mercado Común Europeo se niega a importar ganado vivo de las granjas estadounidenses.

Los investigadores calculan que basta que usted consuma un solo vaso de leche procesada y empacada comercialmente, tomada de los estantes de su supermercado local, para estar ingiriendo los residuos de cerca de cien antibióticos distintos.[12] (Tal vez se los debería incluir en la lista oficial de RDA, "Cantidades Diarias Recomendadas" del gobierno). Este contacto continuo con bajas dosis de antibióticos es una de las razones del aumento de *bacterias resistentes a los antibióticos*.

Lo intestinos de un niño o adulto sanos contienen normalmente millones de bacterias y otros microorganismos, hasta de diez mil especies distintas. Idealmente, las *bacterias* beneficiosas o benignas de su cuerpo deberían superar en número a las *células* del cuerpo en una proporción aproximada de cien a una. Un beneficio adicional de estas bacterias beneficiosas es que también aumentan los niveles de interferona del cuerpo, y ésta es una poderosa sustancia química que fortalece la inmunidad. Esas bacterias beneficiosas son sus mejores amigas.

El manejo de la espada de dos filos

Las bacterias *beneficiosas* que hay en el ambiente y en sus intestinos sirven como primera línea de defensa inmune contra las bacterias *hostiles* y los hongos de fuera y de dentro. En esto consiste la "espada de dos filos" de la higiene: en impedir que su sistema inmune se sobrecargue de sustancias dañinas, y con todo, esté en contacto con el ambiente lo suficiente para "establecer" y programar adecuadamente sus respuestas inmunes para que haya un máximo de eficacia.

Tanto adultos como niños se enfrentan a más problemas aún en nuestro mundo tan tóxico cuando el estrés, los medicamentos y una dieta pobre se combinan para reducir las bacterias *amistosas* a tal punto, que las *hostiles* comienzan a prosperar. Eso es exactamente lo que sucede cuando unas grandes dosis de antibióticos barren con todas las bacterias que hay en su sistema digestivo.

Una vez que sucede esto, comienza una carrera para ver si son los "buenos" o los "malos" los que lo vuelven a colonizar y se establecen en la propiedad vacía que constituye un sistema digestivo esterilizado. Lamentablemente, si las bacterias dañinas son las que ganan (y por lo general lo hacen, puesto que prosperan bien en la dieta azucarada y alta en carbohidratos típica de los estadounidenses), muy pronto tendremos mala salud.

Consiga el equilibrio en su tubo digestivo y póngase bien

La mejor forma de volverse a llenar de bacterias amistosas y estabilizarlas en el tubo gastrointestinal, y de desarrollar un sistema inmune equilibrado que sólo reaccione cuando se necesite, es tomar la costumbre de ingerir alimentos vivos, fermentados, ricos en probióticos, y suplirlos con organismos homeostáticos del suelo. Los organismos homeostáticos del suelo (OHS/HSOs), además de una dieta en la que se incluyan generosas cantidades de alimentos cultivados o fermentados, como yogurt, quefir y chucrut, creará el equilibrio adecuado que necesita su sistema digestivo para estar sano.

Los organismos homeostáticos del suelo producen proteínas que el cuerpo interpreta como *antígenos* (una proteína producida por una sustancia extraña o un microorganismo, y estimula una respuesta inmune). La forma en los organismos del suelo estimulan a las células T del sistema inmune influye directamente sobre otras células inmunes (en especial los B-linfocitos fabricados en la médula ósea) y provocan la producción de unos anticuerpos *no específicos* o *no programados*.

Los anticuerpos no programados no han sido programados previamente para reaccionar de forma exagerada ante las sustancias extrañas. Se mantienen libres y a la disposición para realizar tareas concretas en los puntos donde se los necesite. El contacto constante con los organismos del suelo ayuda a reeducar a las células T del cuerpo, de manera que se hagan más "tolerantes" ante las células extrañas, ayudándolas a montar sólo las respuestas inmunes que sean necesarias, sin excesos. Es como si los OHS enviaran a las células inmunes "de vuelta a la escuela" para que volvieran a aprender de nuevo sus funciones y las realicen mejor que antes.

La ingestión constante de OHS produce un importante almacenamiento de anticuerpos extra, listos para una respuesta concreta, lo cual aumenta grandemente la eficacia del sistema inmune de la persona. (Lamentablemente, este almacenamiento parece disminuir cuando termina la ingestión de OHS). Al parecer, los organismos homeostáticos del suelo ayudan a restaurar el eslabón perdido entre el cuerpo humano y la tierra.

En un seminario sobre nutrición del cual fui uno de los oradores en 1999, conocí a un gastroenterólogo certificado, llamado Joseph Brasco, M. D., el cual estaba buscando nuevas opciones para sus pacientes con desórdenes gastrointestinales. El Dr. Brasco había leído acerca de mi recuperación de la enfermedad de Crohn en un artículo publicado en la *Townsend Letter for Doctors and Patients* [La carta Townsend para doctores y pacientes], y ya había visto una mejora significativa en muchos de sus pacientes a base de combinar una modificación de su dieta con los suplementos de OHS. Él sólo es uno de los numerosos profesionales respetables de la medicina que están acudiendo a la dieta del Creador y a los OHS para restaurarles la salud a sus pacientes. Desde entonces, el Dr. Brasco y un servidor nos hicimos buenos amigos, y escribimos juntos el libro *Restoring Your Digestive Health* [Cómo restaurar su salud digestiva] para ayudar a los sufren de problemas digestivos.

Detenga el círculo vicioso

Lamentablemente, las personas enfermas o que se están recuperando de una enfermedad tienden a buscar "comida de consuelo", como batidos de leche, panes, pastas, galletas dulces y papas fritas. Ésas mismas son las comidas que favorecen el rápido crecimiento de las bacterias que causan enfermedades. Esta disbiosis, o desequilibrio bacterial en el tubo gastrointestinal da por consecuencia una fermentación anormal en el intestino delgado.[13]

Hasta cierto punto, la fermentación en el intestino grueso es algo deseable, porque produce butirato y otros ácidos grasos de cadena corta que nutren las células de las paredes intestinales.[14] En cambio, en el intestino delgado, el crecimiento de levadura, hongos o bacterias patogénicas fermentadoras puede dañar la cubierta interior del intestino, causar la absorción de productos secundarios tóxicos y deteriorar la absorción de nutrientes que son vitales.[15] En lugar de ingerir comida rápida y alimentar el círculo vicioso, usted puede mejorar el equilibrio microbiano de su sistema gastrointestinal consumiendo los alimentos vivos ricos en nutrientes que indica la dieta del Creador, así como los OHS suplementarios.

Los vendajes de antibióticos cubren unas cuestiones más serias

Los que hacen un uso repetido de antibióticos de espectro amplio, anticonceptivos por vía oral y medicamentos esteroides, pueden estar estableciendo las condiciones para el crecimiento excesivo en su cuerpo de unos organismos oportunistas que no se van a poder controlar con drogas, o que van a poder colonizar de nuevo con rapidez una vez terminado el tratamiento con antibióticos, causando más síntomas de enfermedades. De esta forma, los tratamientos excesivos con antibióticos se convierten en una especie de "vendajes temporales" puestos sobre unas cuestiones de salud más serias y con unas consecuencias de largo alcance.

En resumen, es más fácil tratar los síntomas que realizar la amplia investigación médica que hace falta para llegar a la raíz de las quejas del paciente. La ciencia médica recurre por rutina a los antibióticos para enfrentarse a unos síntomas reconocidos, sin asegurar con esto el tratamiento ni la eliminación de la causa de esos síntomas.

Las levaduras y los hongos son organismos especialmente agresivos dentro de un sistema intestinal debilitado. Cuando los antibióticos matan a las bacterias dañinas a las cuales van dirigidas, también eliminan de forma indiscriminada a las bacterias amistosas del cuerpo. Esto permite que otras bacterias dañinas, levaduras y hongos del cuerpo, que normalmente son mantenidos a raya por las bacterias amistosas, se comiencen a multiplicar profusamente, causando otras enfermedades.

Por ejemplo, el crecimiento excesivo de la *Cándida albicans*, un hongo del tipo de las levaduras especialmente poderoso, lleva a un estado potencialmente serio llamado *candidiasis*. Puede inflamar la lengua, la boca o el recto, causar vaginitis o desatar una serie de síntomas mentales y emocionales, como la irritabilidad, la ansiedad e incluso la depresión. Se ha señalado una relación de causalidad entre muchas alergias y el crecimiento excesivo de la levadura cándida. Algunas veces no se la encuentra, porque los síntomas al principio pueden dar la impresión de ser desórdenes digestivos inocuos, como el abotagamiento, la acidez, el estreñimiento y la diarrea.

Los abusos secretos dentro de la farmacia

Los médicos, farmacéuticos y consumidores se enfrentan todos por igual a una crítica necesidad de usar los antibióticos de una manera segura y eficaz. El abuso de medicamentos a base antibióticos comienza muchas veces con nuestros hijos. Según la Academia Estadounidense de Pediatría, el noventa y cinco por ciento de los niños de los Estados Unidos habrán recibido algún tratamiento con antibióticos para las infecciones del oído medio al llegar a los cinco años de edad. Algunos niños los toleran; a otros no les va tan bien una vez que los antibióticos destruyen su población de bacterias beneficiosas.

Las investigaciones han demostrado que la prevención y el tratamiento de las disbiosis y disbacteriosis se encuentran entre los problemas más difíciles a los que se enfrentan hoy los médicos.[16] Cuando entra en juego la disbiosis, creando un desequilibrio entre las bacterias protectoras o "amistosas" y las bacterias "hostiles", hasta el encuentro con unos organismos normalmente inofensivos puede producir enfermedades.

Los estudios indican que los desequilibrios bacterianos en los intestinos son base para una serie de situaciones que van desde las infecciones continuas y el derrumbe del sistema inmune hasta la fatiga crónica.[17] Las disbiosis nos pueden dejar predispuestos a dolencias como la diarrea, el estreñimiento, el síndrome de intestinos irritables, el cáncer del colon, las alergias, las vaginitis, el aumento de la susceptibilidad ante las infecciones, las ansias de comer ciertas cosas, la falta de claridad mental, la hipoglucemia y muchas dolencias más. La mayoría de los médicos no suelen conectar la causa de estas enfermedades con la población microbiana del tubo gastrointestinal.

Los problemas del aparato digestivo sólo son el principio

Las disbiosis también pueden afectar a tejidos corporales alejados de la zona intestinal, situados en el cerebro, las articulaciones, los músculos y el sistema inmune. La disbiosis, el desequilibrio de los microorganismos en el aparato digestivo, en realidad es muy eficaz a la hora de "exportar su desdicha". Los síntomas son diversos, y entre ellos se pueden hallar los dolores de cabeza, los desórdenes en el aprendizaje, el insomnio, la disfunción del sistema inmune, los desórdenes en la conducta, la fatiga crónica, los dolores en las articulaciones y las deficiencias en la nutrición.

Hay otras situaciones más familiares que también se pueden remontar a un desequilibrio en la población microbiana del tubo gastrointestinal. Entre ellas se hallan el síndrome de intestinos irritables, la enfermedad de Crohn, la fibromialgia, el síndrome de intestinos con pérdidas, la enfermedad de enflaquecimiento excesivo, la diverticulitis, las hemorroides y el cáncer de mama y de colon.

Donde el aparato digestivo sacude la billetera

Al contrario de la opinión popular de que "la ignorancia es una bendición", en lo que se refiere a su salud, la ignorancia puede ser costosa en el mejor de los casos, y mortal en el peor de ellos. Las enfermedades del aparato digestivo y otras situaciones relacionadas con unos desequilibrios dañinos en la flora intestinal tienen un enorme impacto sobre nuestra salud y también sobre las limitaciones económicas de nuestra nación.

Las nuevas tecnologías y las nuevas sustancias químicas han revolucionado la comprensión y el tratamiento de las úlceras estomacales y la enfermedad de reflujo esofágico gastrointestinal (EREG/GERD).

Todo el mundo tiene la esperanza de que las investigaciones *futuras* reduzcan los costos económicos y de cuidad de la salud relacionados con el diagnóstico y el tratamiento de las enfermedades digestivas. Sin embargo, yo creo que nos podríamos beneficiar ahora mismo si aprovecháramos la sabiduría ya probada que nos viene del *pasado*.

Su cuerpo necesita con urgencia una flora intestinal sana, porque su salud depende de ella. Un sistema gastrointestinal sano tiene un equilibrio de un ochenta y cinco por ciento de bacterias "buenas" y un quince por ciento de microorganismos "malos". Lamentablemente, son muchos los que tienen la *proporción exactamente inversa* a ésta. Mi propia lucha con la enfermedad de Crohn que casi me cuesta la vida es un grave ejemplo de lo que sucede cuando se acentúa el desequilibrio entre los microorganismos. Si nuestra ignorancia acerca de la higiene contribuye a aumentar el problema, entonces tenemos que tomar la decisión de educarnos. Los beneficios que cosecharemos serán inmensos.

El cuadro que aparece a continuación resume los sencillos pasos que usted puede tomar para restaurarle la salud a su aparato digestivo y mantenerlo saludable.

PASOS HACIA LA SALUD GASTROINTESTINAL

1. Restaure su conexión con la tierra.

- Tal vez no se sienta bien haciendo pasteles de lodo, así que le recomiendo que haga algo de jardinería, camine por los bosques o supla su dieta con organismos homeostáticos del suelo. Cada vez son más los científicos, nutricionistas y médicos convencidos de que ésta es la forma más eficaz de mejorar la reacción sanadora del cuerpo.

2. Coseche los beneficios de la complementación con OHS.

- La mayoría de los que comienzan a complementar con OHS unas selecciones saludables en su dieta, ven una mejora general rápida de sus funciones corporales y una inmunidad natural ante las enfermedades y las infecciones.

- Los niveles de colesterol tienden a bajar, mientras aumentan los niveles de energía; muchos notan un aumento en su resistencia ante los organismos causantes de enfermedades como los catarros y las gripes. Nosotros hemos visto aumentos de enzimas en el suero y la normalización de la albúmina del suero, lo cual indica una mejora en el flujo linfático y la destrucción de los bloqueos linfáticos.

PASOS HACIA LA SALUD GASTROINTESTINAL

- Los organismos del suelo también producen sustancias llamadas bacteriocinas, que actúan como antibióticos naturales, matando casi todas las clases de microorganismos patogénicos y establecen un escudo protector en el tubo digestivo.

- Los OHS son fuertes y sobreviven al duro ambiente del tubo digestivo. A diferencia de los probióticos tradicionales, los OHS parecen ser mucho más fuertes y más capaces de sobrevivir en el duro ambiente de los intestinos, hasta llegar al punto donde más se los necesita dentro del tubo digestivo.

- Los organismos del suelo parecen estar especialmente bien equipados para establecer colonias en todo el sistema digestivo, comenzando por el esófago y terminando en el colon. Se fijan a las paredes del tubo digestivo y se abren paso por detrás de toda putrefacción pegada a las paredes intestinales, donde consumen o destruyen a los microorganismos hostiles. Entonces, los productos de desecho son expulsados del cuerpo en el proceso normal de evacuación.

- Los OHS también parecen actuar enérgicamente contra los protozoos, los gusanos y otros parásitos de los intestinos y de los órganos y tejidos relacionados con ellos. Hasta la Cándida albicans, junto con otras levaduras y mohos, es eliminada.

¿Necesita un incremento de su sistema inmune?

La desintoxicación natural del conducto intestinal fomentada por los OHS aumenta la capacidad del cuerpo para absorber los nutrientes. También fortalece el sistema inmune al quitarla placa mucoidea que cubre a los tejidos linfoides asociados al tubo digestivo (TLATD/GALT) y fortalece la capacidad del cuerpo para combatir los virus y bacterias infecciosos.

Si estas afirmaciones parecen un tanto exageradas, recuerde que los científicos que trabajan en las principales instituciones de investigación del mundo entero, las agencias de salud gubernamentales y las firmas farmacéuticas están escudriñando los suelos de la tierra en busca de más organismos a partir de los cuales crear sus medicamentos. La siguiente lista describe brevemente los beneficios para la salud que los científicos le atribuyen al consumo de organismos homeostáticos del suelo (OHS):[18]

- *Contribuir con ARN/ADN a las células.* Los OHS proporcionan una rica fuente de instrucciones codificadas para que las células reactiven su propia reparación, llamadas ADN y ARN. Parecen trabajar en una relación simbiótica (mutuamente beneficiosa) con los tejidos del cuerpo en la creación de un conjunto de materia prima extra para el ARN y el ADN. Estas reservas se hallan inmediatamente al alcance según se necesiten, acelerando el proceso curativo cuando las células son dañadas por heridas, quemaduras, incisiones quirúrgicas e infecciones.
- *Controlan a los radicales libre con la creación de superóxido dismutasa (SOD).* Los OHS producen superóxido dismutasa (SOD), un poderoso antioxidante. Los radicales libres, a menos que se acabe con ellos de inmediato, atacan a cualquier molécula de la fisiología, produciendo cánceres y otros daños en los tejidos. La SOD obra de forma enzimática como defensa de primera línea contra los radicales libres, parándolos en seco antes que puedan causar daño en los órganos.
- *Estimulan la producción de alfa interferona.* Los OHS parecen estimular la producción del polipéptido llamado *alfa interferona* (una proteína molecular que es clave en la regulación del sistema inmune). Hace mucho tiempo, la comunidad científica reconoció la capacidad de la alfa interferona para combatir los virus. Así se sintetizó la alfa interferona para tratar diversas enfermedades, entre ellas la hepatitis. (Lamentablemente, es demasiado costosa, ineficaz y tiene muchos efectos secundarios adversos).
- *Estimulan la producción de lactoferrina* humana. Una sustancia presente en los organismos homeostáticos del suelo estimula la formación de lactoferrina humana, una de las proteínas del cuerpo que llevan hierro. El hierro que lleva la proteína llamada lactoferrina es liberado en las células saludables, y no se halla disponible para alimentar a los microorganismos patogénicos o contribuir a la sobrecarga de hierro.

La capacidad reconocida hace poco de los organismos del suelo para ayudarnos en nuestra búsqueda de salud y del mantenimiento de esa salud es uno de los avances modernos más emocionantes en cuestiones de salud. (¿No resulta irónico que estemos hablando de organismos del suelo que son tan antiguos como la tierra?)

A todo el que tenga una situación autoinmune intratable, alergia, falta de energía, incapacidad para aumentar de peso, fibromialgia y síndrome de fatiga crónica, yo le aconsejaría que aprovechara los OHS. Los padres de niños con infecciones crónicas en el oído medio harían bien si les dieran a sus hijos también este suplemento de OHS. Encontrará más información acerca de los OHS en las páginas **00-00**.

¿Está dispuesto a escoger un camino menos transitado?

Aunque eran virtualmente desconocidos hace sólo doscientos años, sabemos que estos organismos invisibles, buenos y malos, desempeñan un papel vital para nuestra salud y, potencialmente, para nuestra destrucción. Hemos hablado ya de tres sencillos pasos para defender nuestra salud de los malos y fortalecerla con los buenos:

1. En primer lugar, equilibramos la espada de doble filo de la higiene, *limpiando* nuestro cuerpo en lugar de esterilizarlo (en particular debajo de las uñas de las manos y alrededor de los ojos y los pasajes nasales) usando la clenzología. Esto permite un contacto con el ambiente sin que haya una *sobrecarga*.
2. En segundo lugar, nos alimentamos con comidas vivas sanas, tomadas de la dieta del Creador.
3. En tercer lugar, repoblamos y fortalecemos el ambiente vivo del tubo digestivo con OHS.

Estos tres pasos para mejorar la salud son relativamente sencillos. Sin embargo, la mayoría de nosotros vamos carenando por una senda distinta, siguiendo lo que yo llamo "la receta moderna para enfermarse". Se trata de una senda de fácil acceso por menor resistencia: basta con seguir la dieta promedio del estadounidense (DPE), consumir cuanto encontremos en los restaurantes de comida rápida de la nación, y llenar nuestro hogar y nuestro cuerpo con sustancias químicas tóxicas escondidas en artículos comunes sobre los cuales los anuncios nos hacen creer que no podemos vivir sin ellos. Todos los viajeros tienen el mismo punto de destino: una enfermedad se podría evitar tomando un camino menos transitado.

CÓMO SABER SI USTED TIENE DISBIOSIS

La disbiosis es un estado de salud en el cual se vive con una flora intestinal que produce efectos dañinos debidos a la putrefacción, la fermentación (intolerancia ante carbohidratos), las deficiencias o la sensibilización. En la siguiente lista aparecen muchos de los síntomas y de las causas principales de la disbiosis.

CÓMO SABER SI USTED TIENE DISBIOSIS

Síntomas comunes

- Dolores o calambres abdominales
- Cáncer del colon
- Estreñimiento o diarrea
- Distensión/abotagamiento
- Fatiga/fatiga después de comer
- Flatulencia (exceso de gases)
- Mal aliento
- Malos olores corporales
- Alergia a las comidas
- Hipoglucemia
- Incapacidad para perder peso
- Irregularidad en los movimientos intestinales
- Síndrome de intestinos irritables
- Picazón en el ano
- Síndrome de intestinos con pérdida
- Mal cutis
- Mala digestión
- Artritis reumatoide
- Colon espástico

Causas principales

- Disminución en la función inmune
- Disminución en la movilidad intestinal (estreñimiento)
- Drogas, sobre todo antibióticos, anticonceptivos orales y medicamentos semejantes a la cortisona
- Infección intestinal
- Mala digestión y mala absorción
- Dieta pobre: exceso de carbohidratos, azúcar y grasas hidrogenadas
- Estrés, incluyendo el estrés emocional a largo plazo

Capítulo 5

Cómo enfermarse:
Una receta moderna para estar enfermo

B ajo condiciones ideales, todos deberíamos nacer perfectos y sin defecto alguno. En realidad, todos cargamos con debilidades genéticas y metabólicas que son bombardeadas y atacadas constantemente por bacterias, virus, hongos y toxinas industriales potencialmente dañinos.

Estoy convencido de que todos tenemos debilidades predeterminadas en nuestro cuerpo. La mía estaba en el sistema digestivo, pero la suya podría estar en los pulmones, el sistema cardiovascular, la sangre o los riñones.

Si comemos alimentos que no sean saludables y adoptamos un estilo de vida poco prudente, es muy probable que esas debilidades predeterminadas se nos presenten como síntomas devastadores. Lamentablemente, muchos de nosotros existimos en un estado de enfermedad subclínica (muchas veces sin darnos cuenta). Eso significa que no nos podemos permitir el lujo de ir por la vida sin tomar ciertas precauciones.

En mi caso, voy a cuidar de manera muy especial mi dieta y mi manera de vivir por el resto de mi existencia, porque no quiero que mi enfermedad se vuelva a presentar. Me voy a resistir ante los medicamentos de todo tipo; en especial los antibióticos. Y, a menos que me obliguen a punta de pistola, nunca me voy a dejar vacunar a sabiendas.

Cómo enfermarse

En otro lugar de este libro hablo extensamente sobre las decisiones sabias en cuanto a comida y dieta, pero en este capítulo examino una corta lista de aspectos peligrosos ajenos a los alimentos que pueden amenazar nuestra salud a largo plazo. De hecho, si lo que usted quiere es *enfermarse*, basta que siga estas veintisiete recomendaciones del "mundo", y eso es precisamente lo que va a lograr. Pero si usted, como la mayoría de nosotros, quiere mantenerse saludable tanto tiempo como le sea posible, vaya contra estas veintisiete sugerencias en cuanto le sea posible. Es posible que esta lista lo sorprenda. Asegúrese de examinar las evidencias y el razonamiento en cada caso, para ver por qué entró en la lista de dudosa reputación que he llamado "Cómo enfermarse".

1. Nunca salga al sol.

A lo largo de toda la historia, las distintas civilizaciones han comprendido que es sol es vital para la salud del ser humano. La piel humana usa la energía solar con el fin de fabricar vitamina D para el cuerpo. Esta vitamina/hormona es importante por muchas razones, entre ellas su papel en el fortalecimiento de las funciones del sistema inmune y en la absorción correcta de los minerales.

Los críticos alegan que el contacto con los rayos ultravioleta del sol causa unos porcentajes más altos de melanoma y otras formas de cáncer en la piel. Es posible que esto sea cierto para un pequeño segmento de la población: los que tienen un sistema inmune en peligro por no consumir los nutrientes adecuados (en especial las grasas saludables). Sin embargo, la gente que está realmente más al sol en distintas partes del mundo es la que tiene el menor porcentaje de cáncer en la piel. La única explicación lógica es que el contacto con la luz solar no es dañino.

Lo dañino es el contacto con la luz solar combinado con las dietas que consumimos. Rex Russell, M.D., observa que cuando la luz solar activa las sustancias fitoquímicas que hay en las comidas saludables, el consumo de esos alimentos no sólo bloquea los efectos dañinos de los rayos ultravioleta, sino que también produce "componentes antivirus, antibacteriales y anticáncer, además de repelentes contra los insectos".[1]

2. Acuéstese después de la medianoche.

Ésta es una forma estupenda de enfermarse. Desde los tiempos bíblicos, hasta inmediatamente antes de la Revolución Industrial, la gente se solía ir a dormir al ponerse el sol y se levantaba al amanecer. Ésta es la forma natural de conectar sus momentos de actividad máxima con los ritmos hormonales naturales del cuerpo.

El Dr. Joseph Mercola cree que el momento en que uno duerme afecta a la calidad del sueño. Dice: "Mientras más horas pueda usted dormir antes de la medianoche, mejor le va a ir".[2] Cita un estudio publicado en el Lancet (respetada publicación médica de Gran Bretaña), en el que se indica que la pérdida crónica del sueño produce serios síntomas que imitan los efectos del envejecimiento y las etapas iniciales de la diabetes (entre ellos la resistencia a la insulina relacionada con la edad y la pérdida de la memoria).[3] Y por último, según el ya fallecido Elmer Josephson, "las autoridades nos dicen que una hora de sueño antes de la medianoche equivale a cuatro después de ella".[4]

3. Nunca deje que lo vean sudar.

Todo intento por evitar artificialmente el sudor es muy poco saludable, porque el sudor es el método dispuesto por el Creador para refrescar con seguridad el cuerpo, al mismo tiempo que se eliminan numerosas toxinas. La supresión de esta respuesta natural del sudor en las axilas o en otras zonas del cuerpo, bloquea su proceso de purificación y el flujo natural del sistema linfático. La interferencia en la función linfática normal puede aumentar el riesgo de cáncer de mama. Los productos usados con mayor frecuencia para detener el sudor contienen formas de la alúmina, que ha sido relacionada a la enfermedad de Alzheimer u otros problemas neurológicos: el triclosán, un antimicrobios absorbido por la piel que es de cierto riesgo para el hígado, y compuestos basados en el zirconio que pueden causar granulomas en las axilas.[5] Si quiere más información acerca de estos productos, y las posibles alternativas, vea la obra de David Steinman y Samuel S. Epstein, M. D. llamada *The Safe Shopper's Bible* [La biblia confiable para el comprador] (Nueva York: Hungry Minds, Inc., 1995).

4. Tome megavitaminas.

El uso de cantidades masivas de vitaminas y minerales es muy poco natural, sobre todo las "vitaminas" sintéticas y aisladas, populares y baratas, creadas en plantas químicas y muy vendidas en las tiendas de productos baratos. El cuerpo humano no fue diseñado para consumir esos productos artificiales, sobre todo en esas cantidades tan excesivas. La naturaleza no permite que consumamos veinte mil miligramos de vitamina C en un día, porque es imposible consumir trescientas naranjas (fuente natural de vitamina C) en un día. Aunque usted pudiera hacerlo, esto sí que le produciría una gran purificación del colon. Las vitaminas y los minerales que no han sido incorporados a una matriz orgánica —una forma de alimento natural que contiene todos los cofactores necesarios— podrían ser en realidad muy dañinos para el cuerpo. Es mejor complementar las comidas saludables y lo que bebemos con unos suplementos vivos de la alimentación conocidos como nutrientes homeostáticos, ricos en vitaminas y minerales. Ésta es una forma equilibrada que el cuerpo puede absorber y utilizar.

5. Use dentífrico y enjuague bucal de fluoruro y beba agua tratada con fluoruro.

El fluoruro es sumamente venenoso; en especial la forma de base salina usada en los dentífricos y enjuagues bucales. (Además, en el mejor de los casos, su eficacia es dudosa). Uno de los principales consejeros científicos de la APA/EPA (Environmental Protection Agency /Agencia para la protección del ambiente) expresó la opinión de que "como las pruebas hechas recientemente por el gobierno federal han demostrado que el fluoruro parece causar cáncer en unos niveles inferiores a diez veces el nivel máximo de contaminación actual, esto exigiría de ordinario que toda adición de fluoruro a los abastos de agua fueran suspendidos y que se instituyera un tratamiento para quitar de manera natural el fluoruro que aparezca".[6] Con esa advertencia me basta. (Dicho sea de paso, no tengo evidencia alguna de que la APA haya suspendido nunca las operaciones con fluoruro). Escoja unas alternativas sin fluoruro para la higiene oral con el fin de estar seguro.

6. Use edulcorantes artificiales y evite los azúcares.

Por mala que pueda ser el azúcar en sus diversas formas, los edulcorantes artificiales son peores. Algunos son francamente mortales, a causa de sus propiedades carcinógenas y su uso en productos de alto volumen, como las sodas de dieta y las comidas sin azúcar. El mayor de todos estos pecadores es el aspartamo, que se vende como NutraSweet o Equal. El Dr. H. J. Roberts, renombrado experto en diabetes, cree que hay un claro enlace científico entre el aspartamo y el aumento de los casos de tumores cerebrales, convulsiones, dolores de cabeza crónicos e hiperactividad en los niños.[7] En cuanto a la sacarina, la etiqueta que acompaña a su uso para decir que causa cáncer sigue teniendo aplicación. El recién llegado del vecindario es el llamado sucralosa (usado en la Splenda), pero el jurado de los investigadores científicos parece estar esperando más testimonios acerca de éste último. (Si el Creador no lo produjo "tal cual está", entonces es probable que no sea mucho mejor que los otros sustitutos sintéticos del azúcar).

7. Dúchese todos los días, pero no use nunca la bañera.

El exceso de ducha —aunque use el agua más pura— en realidad les puede robar sus aceites naturales a su cabello y a su cuerpo.[8] También puede alterar el pH de su cuerpo (en especial si usted usa ciertos champús y jabones alcalinos). Además, existe el problema de que el agua abastecida al público tiene fuertes cantidades de cloro (vea debajo). Si el Creador tuviera alguna preferencia, esta sería el uso de los baños rituales que combinaban el baño en un depósito de agua (lavarse en un baño de poca profundidad) con la aspersión (breves períodos de ducha). Esta combinación es especialmente beneficiosa para la limpieza total y delicada que se recomienda en la zona genital femenina.

8. Nade en piscinas con cloro (y además beba agua con cloro y dúchese con ella).

El cloro es eficaz para matar bacterias, aunque hay ciertos tipos de bacteria que están desarrollando resistencia a él. Lamentablemente, mata de manera indiscriminada, tanto las bacterias amistosas como las hostiles. También se come las tuberías de plomo, corroe la mayor parte de los metales y daña las células y las cadenas de ADN de casi todos los seres vivos que toca. También introduce en nuestro abasto de agua ciertas sustancias químicas altamente carcinógenas llamada trihalometanos (THMs). Los estudios muestran que hay un fuerte enlace entre el abasto de agua con cloro que tiene un alto nivel de THM y el cáncer de la vejiga, los riñones, el hígado, el páncreas, el tubo gastrointestinal, el sistema urinario, el colon y el cerebro.[9] Beber agua con cloro de las tuberías ya es suficientemente arriesgado, pero el contacto masivo creado cuando nos bañamos en piscinas con cloro o tomamos una larga ducha caliente en agua con fuertes cantidades de cloro es mucho más peligroso. (El calor abre los poros de la piel y aumenta la proporción ya alta de absorción del cloro a través de la piel). Los perros que son puestos en contacto con cloro (y éste es el ingrediente usado para blanquear el pan) se enferman de carreras con convulsiones, desorden similar a muchos desórdenes psiquiátricos en los seres humanos.

9. No le dé el pecho a su bebé.

Madre, piense en darle el pecho a sus hijos si no quiere que se arriesguen al trauma que significan numerosas enfermedades de la niñez, y no quiere pagar los gastos de hospital. Esto también reducirá en usted en un veinticinco por ciento el riesgo de desarrollar un cáncer de mama, y podría reducir el riesgo de una depresión post parto. La leche materna contiene células que atacan las bacterias dañinas en el sistema del bebé, y es capaz de formar anticuerpos que destruyen también a los virus invasores. La leche materna es el alimento perfecto del Creador para los bebés, entregado en el estrecho lazo de la intimidad materna.[10]

10. Hágase tatuajes.

Las Escrituras advierten contra la perforación de la piel (vea Levítico 19:28). La perforación del cuerpo y los tatuajes pueden introducir con facilidad infecciones potencialmente mortales y sustancias extrañas tóxicas en el cuerpo y en el torrente sanguíneo. Hay algunos expertos en salud que advierten que incluso los pinchazos pequeños pueden bloquear importantes impulsos eléctricos de los nervios inmediatamente debajo de la piel.

11. Póngase todas las vacunas de inmunización.

A pesar de los medios masivos, y de las campañas de relaciones públicas del gobierno en sentido contrario, hay ciertas inyecciones de inmunización para niños que pueden significar un importante riesgo para ellos. La mayoría de los que son adultos hoy recibieron entre una y cinco inmunizaciones cuado eran niños, pero los niños que están hoy en edad escolar reciben un promedio de veintidós inmunizaciones o más, la mayoría de ellas, administradas mientras el cerebro y el sistema nervioso se hallan aún en estado de desarrollo.

Hay una epidemia de autismo juvenil y otros desórdenes neurológicos y de desarrollo que está barriendo la población infantil de Estados Unidos en edad escolar, y que coincide generalmente con la introducción de ciertas inmunizaciones que son obligatorias. Hay un cuerpo creciente de investigación científica y médica que parece enlazar esta peligrosa tendencia de la salud con esas inmunizaciones de la niñez.

Vijendra K. Singh, Ph. D., eminente neuroinmunólogo del Departamento de Biología y el Centro Biotecnológico en la Universidad Estatal de Utah, lanzó la hipótesis en una investigación publicada a nivel internacional, de "que una respuesta autoinmune inducida por el virus del sarampión es uno de los factores causales en el autismo, mientras que el HHV-6 por vía de coinfección podría contribuir a la patofisiología del desorden. Aunque esto aún no está demostrado, creo que es una excelente hipótesis de trabajo para explicar el autismo, y también nos podría ayudar a comprender por qué hay algunos niños que manifiestan una regresión autista después de la inmunización contra el sarampión, las paperas y la rubéola (SPR/MMR)".[11]

Los hallazgos del Dr. Singh parecen confirmar los resultados de un estudio similar publicado en el *Lancet* en 1998 por el Dr. Andrew Wakefield y sus colaboradores del Hospital Real Gratuito de Londres, en el que se indica una posible relación entre la vacuna SPR, la enfermedad de Crohn en los intestinos y el autismo.[12] La mayoría de los estados autorizan las exenciones de tipo filosófico y religioso de los programas obligatorios de inmunización, si a usted le parece que ése es el camino a tomar.

12. Viaje con frecuencia en avión.

Algunas personas que pasan mucho tiempo a grandes altitudes experimentan problemas de infertilidad y producción de oxígeno en el cuerpo. Durante períodos cortos de tiempo, el cuerpo se adapta bien a las grandes altitudes, pero no durante períodos largos. Los animales que habitan en alturas de cerca de cuatro mil metros tienen mucha más dificultad para concebir y por instinto, regresan a pastos más bajos para hacerlo. Algunos investigadores creen que las presiones atmosféricas y la radiación a las cuales están expuestos los viajeros de los aviones son el equivalente a centenares de exámenes de Tomografía Axial Computerizada (TAC/CAT *scans*) y someten al cuerpo humano al mayor estrés oxidante.[13] (¿Quién se quiere ver atrapado en una pequeña habitación donde hay centenares de personas estornudando y tosiendo?)

13. Entre en contacto frecuentemente con la energía electromagnética.

Dondequiera que usted vaya, encontrará campos electromagnéticos de los televisores, los hornos de microondas, los teléfonos celulares y las torres de transmisión de los medios locales. Los estudios llevados a cabo en las últimas dos décadas indican la posibilidad de una asociación entre estos campos electromagnéticos y los abortos espontáneos, los defectos de nacimiento, la leucemia, el cáncer del cerebro, el cáncer de mama y los linfomas.[14]

Las exploraciones del cuerpo en los hospitales (los rayos X y su primo computerizado, la tomografía axial computerizada [TAC/CAT scans]) y la creación de imágenes por resonancia magnética (IRM/MRI) nos someten a unos niveles especialmente altos de campos electromagnéticos. Un solo IRM lanza una radiación igual a la de cien rayos X convencionales. Estos instrumentos de diagnóstico son potencialmente mortales si se usan de forma indiscriminada. Los teléfonos celulares podrían ser un peligro para los tejidos cerebrales, debido a la gran proximidad de unos tejidos cerebrales delicados a estos poderosos transmisores de campos electromagnéticos.

Lo bueno es que la mayor parte del contacto con campos electromagnéticos se puede evitar o limitar, porque se produce en el hogar, por medio del uso de las mantas eléctricas, los hornos de microondas, las secadoras de pelo, los televisores y las computadoras. Eviten acercarse demasiado a estos aparatos cuando se estén usando. Use mantas normales en lugar de las eléctricas, y asegúrese de que todos los aparatos y las instalaciones eléctricas de su hogar estén trabajando debidamente, con todos los dispositivos y protocolos de protección en su debido lugar.

14. Use muchos productos para el cuidado de la piel, cosméticos, productos para el cuidado del cabello, productos para el cuidado de las uñas, champús, jabones, perfumes, crema de afeitar, loción para broncearse al sol y jabones antibacterias.

Esté alerta, porque hay productos para el cuidado de la piel que causan daños al destruir el pH natural de la piel e introducir toxinas peligrosas en el cuerpo. Los productos colorantes del cabello que usan cerca del cuarenta por ciento de las mujeres estadounidenses, en especial los productos para pelo castaño y negro, están asociados con un aumento en los casos de linfoma de Hodgkin, mieloma múltiple, enfermedad de Hodgkin y el veinte por ciento de todos los linfomas que no son de Hodgkin. (Hay varias marcas de productos naturales para colorear el cabello que son relativamente seguras). Evite también los productos que contienen DEA o TEA; estos ingredientes suelen contener impurezas de nitrosamina carcinógena. El tolueno, sustancia neurotóxica que desata los ataques de asma y causa asma en personas no afectadas por ella anteriormente, fue hallado en todas las muestras de fragancias probadas por la EPA en 1991. La industria de los aromas usa continuamente ochocientas ochenta y cuatro sustancias tóxicas. En cuanto a los champús, muchos de sus ingredientes más comunes se descomponen en formaldehído.[15] puede hallar información detallada en cuanto a lo que debe evitar, y dónde hallar buenas alternativas en *The Safe Shopper's Bible* [La biblia confiable para el comprador] y *Diet for a Poisoned Planet* [La dieta para un planeta envenenado]. En cuanto a los jabones antibacteria, la mayoría de ellos contienen triclosán, que se podría absorber a través de la piel y convertirse en un riesgo para el hígado. Una buena cantidad de jabón normal, agua corriente lo suficientemente caliente y una buena restregada dan tan buenos resultados, y sin efecto secundario alguno. La clenzología es el mejor plan de limpieza que he hallado hasta este momento.

15. Tome muchas medicinas.

Toda medicina produce un efecto secundario. Tal vez haya un momento y un lugar para el uso de los medicamentos, pero gran parte de la actividad que hay en los Estados Unidos con las recetas médicas perpetúa los problemas de salud tratando los síntomas en lugar de tratar sus raíces. Hay medicamentos como los antibióticos, los anticonceptivos orales y los corticosteroides que pueden causar problemas de importancia en el terreno gastrointestinal, dañar el sistema inmune, causar problemas del hígado y alterar la función de las enzimas. Por ejemplo, la práctica de tomar una aspirina infantil al día para evitar los ataques al corazón es peligrosa. La aspirina puede causar sangramientos en el tubo intestinal y puede ser tóxica para el hígado. Se pueden conseguir unos beneficios similares a la salud sin efectos secundarios consumiendo ciertos alimentos que se encuentran en la dieta del Creador, como pescado de aguas frías, frutas y vegetales ricos en antioxidantes y ciertos productos botánicos que reducen de manera natural la enzima Cox-2 y proporcionan otros beneficios antiinflamatorios.[16]

16. Haga que le rellenen las caries con mercurio.

Durante más de 150 años, la profesión dental ha evitado cuidadosamente el uso de la palabra *mercurio* al describir el material utilizado para llenarles las cavidades de los dientes a millones de estadounidenses. Lo han llamado "amalgama de plata", "relleno de plata" o "relleno de amalgama". La verdadera composición de la amalgama dental contiene entre un 45% y un 55% de mercurio, con un 30% de plata y otros metales, como cobre, latón y zinc. El mercurio es una toxina metal fuerte. Según BioProbe, una agencia independiente de observación sin intenciones de lucro, el vapor que desprenden continuamente los rellenos de amalgama de mercurio en la boca puede producir "síntomas neurológicos y psiquiátricos... como depresión, irritabilidad, reacciones exageradas ante los estímulos, timidez excesiva, insomnio, inestabilidad emocional, falta de memoria, confusión y perturbaciones vasomotoras como las de sudar en exceso y ruborizarse sin poderlo controlar. También son corrientes los temblores en las personas que están en contacto con el vapor de mercurio". La organización cita el cálculo de aproximadamente "veintiséis millones de personas que llevan amalgamas y cuyas alergias podrían tener una relación causal con sus rellenos dentales de amalgama/mercurio" que se beneficiarían si reemplazaran los rellenos de amalgama de mercurio con otros materiales alternos menos peligrosos.[17] Tal vez sea difícil hallar donde usted vive un dentista que esté dispuesto a llenar las cavidades con materiales más naturales, pero no es imposible. El movimiento está creciendo, a pesar de una notable oposición por parte de la Asociación Dental de los Estados Unidos y las juntas dentales estatales. Sin embargo, recientemente ciertos desafíos ante los tribunales han comenzado a cambiar el cuadro. Vivian Bradshaw Black ofrece otra opinión experta sobre el tema en su artículo "Diet and Nutrition Principles" [Principios de dieta y nutrición]: "El cuerpo humano es capaz de tomar piedra, dolomita, mercurio y otros metales tóxicos por estarlos absorbiendo todo el día de los rellenos dentales; tierra, sustancias químicas tóxicas, plásticos y demás... y ese tipo de cosas nunca se deben introducir en la boca si se desea tener salud".[18]

17. Haga ejercicios aeróbicos.

Aunque creo fuertemente en la necesidad de tener la costumbre de hacer ejercicios, mis investigaciones indican que los ejercicios aeróbicos de alta intensidad que producen unas pulsaciones muy elevadas en el corazón durante períodos largos de tiempo por medio de un ejercicio vigoroso, como el de trotar o correr sobre superficies duras son esencialmente contrarios a la naturaleza del cuerpo. Haga ejercicios de acuerdo con aquello para lo cual fue diseñado el cuerpo, incorporando en ellos los principios del Buen Estado Físico Funcional (vea el Apéndice B).

Lo típico es que los seres humanos de la inmensa mayoría de las culturas hagan el tipo de ejercicio funcional anaeróbico común a los trabajos normales o a las funciones que se realizan en la granja, en el mar o mientras se cazan animales salvajes. Las caminatas a largas distancias o las funciones de trabajo a un paso más lento pueden haber ido acompañadas de momentos intensos, pero relativamente cortos, de trabajo físico o de movimiento a alta velocidad.

El ejercicio aeróbico intenso puede bajar la respuesta inmune y crear más oxidación por medio de la tensión, que el ejercicio anaeróbico (el adiestramiento con fortaleza). Los corredores de maratón batallan a menudo con una disminución en su resistencia a los virus y a la infecciones bacterianas en los momentos más fuertes de su entrenamiento. También batallan con problemas crónicos en los ligamentos y las articulaciones que se van haciendo cada vez peores en su intensidad, y con la degeneración a largo plazo de los órganos y los tejidos.

18. Use lentes de contacto y póngase implantes de otros objetos extraños, como los implantes de silicona en los pechos.

Los medios presentan constantemente historias de terror acerca de estrellas del cine (y gente ordinaria) cuya vida ha quedado arruinada después de recibir implantes de silicón que han reventado y se han endurecido dentro de su cuerpo, o han inflamado los tejidos que los rodean. Hasta los lentes de contacto, y en especial la variedad de lentes suaves que se ofrece para usarla a largo plazo, significan un importante riesgo de infección bajo ciertas condiciones para quienes los usan. Estos productos ofrecen ciertas comodidades y beneficios de tipo cosmético, pero recuerde que siguen siendo sustancias extrañas que el Creador nunca quiso que insertáramos en el cuerpo humano. Estoy convencido de que son un riesgo para nuestro sistema inmune.[19]

19. Viva en una casa tóxica con pintura, alfombra, moho, velas de parafina y demás objetos tóxicos.

Se podría llenar una pequeña biblioteca con los libros y los informes oficiales de investigaciones que se han escrito sobre este tema. Haga algo de investigación, si usted o su familia sufren de alergias o de unos síntomas físicos que no tienen explicación. Muchos materiales de construcción muy usados, como la madera contrachapada, las tablas de materiales prensados, los aislantes, los removedores de pintura, las alfombras fijas y las movibles; hasta las velas decorativas de parafina, contienen materiales altamente tóxicos, como formaldehído, cloroformo, vapores de plomo, arsénico e incontables toxinas más que pueden entrar donde usted vive como vapores gaseosos y aumentar la carga tóxica del cuerpo. Añada a todo esto el problema del moho negro tóxico, y tendrá un hogar muy tóxico. Encontrará información detallada al respecto en *The Safe Shopper's Bible*, de David Steinman y Samuel S. Epstein, M.D., *Diet for a Poisoned Planet*, de David Steinman y *Toxic Relief* [Alivio tóxico], de Don Colbert, M.D.

20. Use telas sintéticas.

Las fibras naturales del Creador producen las telas ideales para el cuerpo humano. Estas fibras naturales, como la lana y el algodón son mucho mejores para el cuerpo humano, porque "respiran" y son más adecuadas para manejar el sudor humano, al mismo tiempo que mantienen el equilibrio en la temperatura del cuerpo en climas calientes o fríos. Las fibras sintéticas proceden muchas veces de resinas basadas en el petróleo, u otras fuentes no naturales. Lamentablemente, hasta el algodón cultivado de manera convencional suele estar contaminado con numerosos pesticidas y tintes químicos. Hallará detalles y fuentes seguras de ropa de algodón en *The Safe Shopper's Bible*.[20]

21. Nunca respire hondo.

El Creador le dio dos pulmones con una asombrosa capacidad de retener aire. Lamentablemente, la mayoría de nosotros sólo usamos una fracción de nuestra capacidad pulmonar, y sufrimos a causa de ello. Los niños pequeños respiran desde el vientre de manera instintiva, pero la mayoría de nosotros hemos aprendido a respirar desde el pecho con inspiraciones cortas y poco profundas que se parecen más al jadeo que a la respiración profunda. El cuerpo (y el cerebro y el sistema nervioso en particular) prospera cuando hay oxígeno en abundancia. La respiración adecuada alivia el estrés y hace descender la presión arterial. Respire desde el abdomen o vientre, en lugar de hacerlo desde el pecho. Si su estómago se mueve hacia fuera cuando usted respira profundo (o cada vez que respira, en realidad), entonces es que usted ha aprendido el secreto de respirar plenamente desde el diafragma.

22. Tráguese la comida sin masticarla bien (o sin masticarla, punto).

Es sumamente importante masticar para tener una buena digestión. El reflejo de la masticación le da al cuerpo la señal para que libere la saliva, que contiene la tialina, enzima salivar que es una forma de amilasa, y que comienza a descomponer los carbohidratos. Las glándulas parótidas, situadas detrás de las orejas, le dan al timo la señal para que produzca células T, en caso de que la comida contenga toxinas o patógenos. La meta final del proceso consiste en entregar la comida al estómago en estado líquido. Estoy convencido de que mi hábito de "devorar la comida" en pedazos contribuyó al desarrollo de la enfermedad de Crohn en mi cuerpo. Horace Fletcher, quien vivió a principios del siglo XX, tenía una enfermedad consumidora conocida como enfermedad de Addison, que le producía grandes problemas digestivos y pérdida de peso. Afirma haberse curado a sí mismo a base de masticar cada bocado de comida entre treinta y cinco y cincuenta veces. Su historia inspiró a otros, comenzaron a masticar con cuidado sus alimentos y se dieron el nombre de "fletcherizantes". No ande por ahí dándose el nombre de "rubinizante", pero le recomiendo que mastique cada bocado entre treinta y cinco y cincuenta veces, según le haga falta, en especial cuando coma alimentos ricos en carbohidratos, como cereales, azúcares y almidones. Siempre coma sentado, y mientras come, evite ver televisión, discutir o hacer algo que necesite concentración

23. Use productos plásticos para guardar alimentos, los populares envoltorios de comida, y use de nuevo las botellas plásticas de beber.

Los productos plásticos liberan o lixivian toxinas carcinógenas en las comidas. La toxicidad aumenta cuando los alimentos contienen grandes cantidades de agua o cuando son sumamente ácidos. El agua es uno de los solventes más eficaces de la naturaleza, y es eficaz para sacarle las toxinas al plástico. Según The Safe Shopper's Bible, el celofán adhesivo contiene productos secundarios carcinógenos, como el ftalato de di-e-etilexhilo (FDEH/DEHP), mientras que el papel plástico de envolver contiene residuos de cloruro de vinilideno.[21] En cuanto al papel de aluminio, usted ya sabe que es malo. Es inevitable que parte del aluminio pase a los alimentos que toque. (Si usted lava y vuelve a usar las botellas de agua plásticas, necesita saber que los investigadores afirman que el hecho de lavar repetidamente y volver a utilizar las botellas de agua desechables puede acelerar la descomposición del plástico, aumentando su contacto con sustancias químicas potencialmente dañinas. No use las botellas plásticas de agua más de dos veces como máximo).

24. Coma vegetales y alimentos procesados de la tienda de comestibles que hayan sido tratados con pesticidas, herbicidas, hormonas de crecimiento para animales y antibióticos; no se olvide de los alimentos híbridos, irradiados y genéticamente alterados.

Literalmente, ¡vaya bocado! Los pesticidas y herbicidas forman una de las clases más mortales de compuestos químicos del mundo. Si un pesticida o herbicida mata algo, es muy probable que mate, haga mutar o dañe seriamente a un gran número de cosas más. El problema de estos compuestos es que tienen a quedarse en la fruta, el vegetal o la planta a los que fueron aplicados. Además existe el efecto acumulativo de añadirle las toxinas procedentes del agua, el aire, los alimentos y los edificios, un año tras otro.

Las hormonas de crecimiento para los animales no desaparecen después que el animal ha sido sacrificado, preparado para la venta o cocinado. Van directamente a nuestro estómago, donde continúan su labor. Tampoco desaparecen de la leche de una vaca tratada con antibióticos. Se calcula que un vaso de leche comercial no orgánica comprada en una tienda de víveres puede contener residuos hasta de un centenar de antibióticos.

Muchas de las carnes que comemos proceden de animales alimentados con comidas llenas de antibióticos. A las hormonas del crecimiento que hay en nuestros víveres se les echa la culpa de causar una menstruación anormalmente temprana en las jovencitas y una superabundancia de hormonas femeninas en los jovencitos. (A las vacas lecheras se les dan hormonas femeninas para aumentar su producción de leche).

La mayoría de los pesticidas son conocidos carcinógenos, y algunos de ellos se presentan como versiones falsificadas del estrógeno, una hormona femenina. Estos xenoestrógenos pueden favorecer el cáncer al estimular a los receptores de estrógeno del cuerpo.[22] Los alimentos hibridizados también son muy poco saludables, y tienen efectos secundarios potencialmente mortales. Dios dice que comamos cada planta que dé semilla según su especie. Las sandías o uvas sin semillas e hibridizadas no se pueden reproducir, y tal vez no sean las fuentes sanas de alimentación que pensamos que son. Las comidas genéticamente modificadas pueden ser realmente peligrosas, y las comidas irradiadas ofrecen muchos de los mismos problemas y peligros que ofrecen otras formas de radiación. El gobierno nos podrá tratar de tranquilizar, asegurando que no ofrecen peligro, pero es el mismo gobierno que puso en riesgo a los soldados estadounidenses haciendo que salieran al descubierto para observar las pruebas iniciales de la bomba atómica, con unos resultados desastrosos. Por supuesto, a ellos también se les aseguró que no había peligro alguno.

25. Use ropa interior pegada al cuerpo.

El sistema linfático del cuerpo tiene una importancia absoluta para el sistema inmune. Es la primera línea de defensa contra las células cancerosas, las toxinas y los ataques de virus y bacterias. Los nódulos linfáticos que son comprimidos o bloqueados por una ropa interior apretada, como un sostén u otro tipo de ropa estrecha, podrían estar impidiendo que el sistema linfático se purifique de la forma debida. Es concebible que esto pueda contribuir al desarrollo o la proliferación del cáncer en el cuerpo. Las mujeres no deben usar sostén cuando se acuestan.

26. Sométase a cirugía para que le eliminen las "partes del cuerpo innecesarias".

Nadie sabe cuántos niños fueron víctimas del mito médico común hace años de que lo mejor era quitar las amígdalas para asegurarse de que el niño no tuviera amigdalitis. Al fin y al cabo, las amígdalas no servían para nada útil de todas formas. Este mito ya ha sido refutado y desechado, pero hay otros mitos igualmente arrogantes que persisten acerca de la supuesta inutilidad del apéndice, considerado como una añadidura que "perdió su razón de ser en algún momento del proceso evolutivo". Lo cierto es que el apéndice y las amígdalas son tejidos linfoides que tienen un propósito muy necesario. No son innecesarios, como dirían algunos médicos.

Si estaban en su cuerpo cuando usted nació, lo más probable es que su Creador tuviera la intención de que allí quedaran hasta su muerte. Además, usted toma su propia vida en sus manos cada vez que acepta ingresar en un hospital para someterse a una operación. El riesgo de infección, error quirúrgico, complicaciones quirúrgicas o peligrosas interacciones entre las drogas podría ser mucho mayor que la mayoría de los problemas a los que usted se enfrenta fuera del hospital.

27. Visite con frecuencia a su médico.

Aunque agradezco todos los maravillosos adelantos médicos y el excelente cuidado médico de emergencia que tenemos a nuestra disposición en este país, tal vez le interesaría saber que, según el *Journal of the American Medical Association* [Revista de la Asociación Médica

Americana], los médicos son la tercera causa de muerte en importancia en los Estados Unidos, y causan un cuarto de millón de muertes cada año.[23] Sé que esto suena como si la tuviera tomada contra ellos, pero no es así. La mayoría de los médicos son profesionales sinceros y trabajadores que tratan de realizar bien su labor. Sin embargo, el sistema de cuidado de la salud de este país no es saludable. En ocasiones es abiertamente peligroso para la salud, porque se ha inclinado por completo hacia la consecución de la salud a partir de las sustancias químicas.

La autora del artículo, la Dra. Bárbara Starfield, de la Escuela Johns Hopkins de Higiene y Salud Pública, observa que se producen un cuarto de millón de muertes a causa de la actividad, actitud o terapia de un médico, y esto incluye doce mil operaciones quirúrgicas innecesarias, siete mil errores en la medicación en el hospital, veinte mil "errores de otro tipo" en los hospitales, ochenta mil infecciones adquiridas en los hospitales y ciento seis mil "efectos negativos de las drogas sin que haya existido un error". (Y éstos son cálculos por lo bajo). El informe hace observar también que de las trece naciones incluidas en una clasificación internacional sobre la calidad del cuidado de la salud, Estados Unidos ocupa el duodécimo lugar; es decir, el penúltimo.[24]

Muchos estadounidenses han usado cada una de estas veintisiete recetas para estar enfermo. Su cuerpo lucha por vencer una carga tóxica insoportable, al mismo tiempo que se alimenta con comida rápida venenosa procesada o con alimentos empacados sin valor nutritivo.

Si llega el día en que lo atacan la enfermedad crónica y el dolor, entonces comenzará una urgente búsqueda de la salud. Tal vez yo tenga algún consejo aprendido a las duras, que lo pueda ayudar a evitar el que llegue un día así, pero la decisión le corresponde a usted.

Capítulo 6

La búsqueda desesperada de la salud

Son millones los padres y madres estadounidenses de edad media, estudiantes de colegio universitario y adolescentes a los cuales les está pasando algo terrible con su salud. Sencillamente, no saben qué hacer. Los libros sobre salud que más se venden ofrecen unas dietas de osa siempre cambiantes, con los "sabores del mes", mientras los medios se mueven como hojas que lleva el viento, diciéndonos un día que comamos cierto alimento y al día siguiente, que lo evitemos.

Entonces, ¿cómo pierde peso sin problemas una agotada madre de cuarenta y dos años al mismo tiempo que halla la energía suficiente para conducir una furgoneta repleta de adolescentes y niños inquietos? ¿Cómo se las arregla para mantener a su esposo fuera del círculo vicioso de los ataques al corazón y ayuda a su propia madre a superar sus dolorosos ataques de asma y la vergüenza de una vejiga excesivamente activa?

La mayoría de las madres saben que no vale la pena ir con estas preguntas a ninguna agencia del gobierno, ni tampoco a su ocupado médico de cabecera. Aunque las madres tal vez no tengan toda una pared repleta de títulos, la mayoría de ellas sí tienen sentido común en abundancia: necesitan tenerlo. Dentro de ellas hay algo que les dice que ninguno de esos pequeños "milagros" de salud que esperan vendrá de un frasco de píldoras, ni tampoco de una persona vestida con bata blanca.

La filosofía de la medicina convencional

La medicina convencional envía a sus soldados a la batalla contra las enfermedades, armados sólo con cirugía, medicinas y terapias invasoras (entre ellas la quimioterapia y la radiación). Todo lo que se encuentre fuera de este rígido ámbito del bisturí, la píldora o la máquina de rayos X es considerado como vudú, o tal vez algo peor. Sencillamente, el mantenimiento genuino de la salud se halla más allá de la espera de esta filosofía del "tómese estas dos tabletas y llámeme por la mañana".

Aunque se menciona con frecuencia el "mantenimiento" de la salud dentro del mundo de la medicina alopática o no convencional, la función práctica que consiste en definir y conservar una buena salud genuina se halla fuera del alcance de la mayoría de los médicos convencionales, a causa de su consumidor enfoque de "cortar, envenenar y quemar" para tratar las enfermedades. La mayoría de ellos excluyen por completo de sus planes de tratamiento la nutrición básica. De hecho, han recibido muy pocos estudios que les permitan actuar de otra forma.

La prevención de las enfermedades y el mantenimiento de la salud no comienzan en la sala de urgencias ni en el pabellón de cuidados intensivos de un hospital; comienzan con las decisiones que usted y yo tomamos todos los días sobre nuestro estilo de vida.

Estoy agradecido por la gran experiencia que hay en Estados Unidos en el campo de la cirugía, pero también estoy convencido de que si las masas siguieran unos principios genuinamente bíblicos en cuanto a nutrición y estilo de vida, eliminaríamos en un gran porcentaje la necesidad de la mayoría de las cosas que se hacen en los quirófanos y las farmacias. Los cirujanos de la nación quedarían reducidos a su papel tan vital y destacado en la medicina de traumas y emergencias debida a accidentes y a otros casos especiales.

En general, los médicos tienen muy pocos conocimientos en cuanto a la nutrición, si es que tienen alguno. Sin embargo, muchos de ellos les dicen a sus pacientes con toda tranquilidad que la dieta no tiene nada que ver con su enfermedad, aunque se trate de pacientes como era yo, con serios desórdenes intestinales. El resultado es que mucha gente sale de la clínica del médico con una receta y con la persistente sensación de que sus síntomas están "todos en su cabeza".

Las prioridades en cuanto al cuidado de la salud están cambiando.

La última década pudo ver una rebelión popular producida entre millones de personas cuyas dolencias relacionadas con su estilo de vida y sus problemas crónicos crecientes de salud no eran resueltos por la medicina moderna. Aunque presentaran sus dolencias para someterlas a tratamiento, no respondían a los protocolos médicos convencionales. Esas personas, sintiendo que han sido echadas a un lado por un sistema médico que algunas veces se muestra arrogante y rígido, se han vuelto en masa a un cuidado de la salud complementario y alterno.

Aunque la medicina convencional le "declaró la guerra" al cáncer, las enfermedades del corazón y otras enfermedades asesinas, decididamente está perdiendo esas batallas a pesar de las inmensas cantidades gastadas en la investigación. Hay quienes pueden sostener de manera convincente que la medicina convencional, tal como se practica en la actualidad en los Estados Unidos, lo que está haciendo es liquidándose ella misma.

La gente está cambiando sus prioridades en cuanto al cuidado de la salud. De hecho, los autores de un estudio publicado en 1993 en el prestigioso *New England Journal of Medicine* sugieren que *son más las personas que acuden a los que practican el cuidado complementario y alterno de la salud, que a los médicos convencionales*, y eso a pesar del hecho de que la industria de los seguros se niega por lo general a pagar esos servicios. (El mismo estudio hacía la observación de que hay hasta un setenta por ciento de los pacientes que no le revelan a su médico que están usando un "tratamiento no convencional").[1]

Stephen E. Straus, M. D., director del Centro Nacional de Medicina Complementaria y Alterna (CNMCA) para los Institutos Nacionales de la Salud, le dijo a un subcomité de la Cámara de Representantes: "Alrededor del 42% de los que consumen servicios de salud en los Estados Unidos gastaron 27 mil millones de dólares en terapias complementarias y alternas durante 1997".[2] Yo sospecho que esas cifras son muy conservadoras.

Esencialmente, han sido las *deficiencias* de la medicina convencional las que han generado una cantidad incontable de tratamientos alternos. Antes que me incluya a mí en ese grupo de practicantes no convencionales de la medicina, le quiero decir con toda franqueza que muchos de esos practicantes "alternos" son tan sospechosos como sus equivalentes convencionales. Hay que asegurarse con cuidado de que un enfoque alterno al cuidado de la salud tiene bases científicas y es fundamentalmente sólido, como explicaremos más adelante.

Ya he indicado que la mayoría de las personas nunca necesitarán servicios médicos de urgencia o traumáticos para unas dolencias relacionadas con sus enfermedades, si adoptan la dieta del Cristo y toman decisiones sabias en cuanto a su estilo de vida. Si a usted se le desarrolla un cáncer, u otra enfermedad que no constituya una amenaza inmediata para su vida, lo primero que debe hacer en cuanto a tratamiento, es adoptar los principios que lo habrían mantenido alejado de la enfermedad desde el principio. Recuerde ese gran refrán: "Una onza (un gramo) de prevención vale una libra (un kilo) de curación".

En su testimonio ante el subcomité de la Cámara, el Dr. Strauss hizo esta predicción: "En los años futuros, este tipo de intervenciones estarán integradas dentro de la educación y práctica médica convencional, y la expresión 'medicina complementaria y alterna' se verá superado por el concepto de 'medicina integrada'".[3] Estoy de acuerdo con él; juntos, podemos hacer más de lo que podríamos lograr jamás separados.

No obstante, durante mi batalla con una enfermedad que se daba por incurable, descubrí que una vez que uno se sale del mundo relativamente *predecible* de la medicina convencional, uno se halla en una rueda giratoria muy *impredecible* de medicina alterna. Es virtualmente imposible abrirse paso a través de los centenares de "dietas milagrosas", píldoras, pociones y programas de salud que hay en el mercado, y bien lejos de todo, por cierto.

Dejando de lado las promesas vacías y las llamativas campañas de mercadeo, lo cierto es que muchos de esos "tratamientos alternos" son increíblemente costosos, y algunos pueden poner realmente en peligro su salud. Por mi dolorosa experiencia personal, sé que la gente que se halla desesperada por ponerse bien o por recuperar su salud aunque sea en parte, es capaz de aferrarse a cuanta brizna de esperanza se le ponga delante. (De hecho, es posible que algún experto en nutrición bien intencionado le haya dicho a alguien en algún momento que coma pasto).

Los programas de varios pasos que ofrecen unas garantías de éxito exageradas son los que tienen el atractivo más peligroso. Dentro de nosotros hay algo que anhela con desespero el regreso a la salud y el estilo de vida activo del que disfrutábamos. Tenemos una inmensa tentación de conectarnos con cuanto programa prometedor nos diga que sólo tenemos que "seguir los pasos".

Tal vez la mayoría de las personas no puedan nombrar todos los minerales que necesita el cuerpo, ni explicar por qué necesitamos proteínas, o vitamina B_{12}, y en eso no hay ningún problema. En cambio, me niego a insultar su inteligencia con unas máximas de salud simplistas y unas promesas ridículas, sin explicar la base funcional de la terapia de salud y los cambios en el estilo de vida que usted se pudiera decidir a aceptar.

Antes de examinar la base funcional que tiene la dieta del Cristo, analicemos brevemente algunas de las dietas de salud más populares que se hallan a su alcance, y que tal vez usted ya haya probado. Lo que aprenda, le ayudará a tomar decisiones inteligentes en cuanto a su estilo de vida. En esta sinopsis vamos a incluir las siguientes:

- La dieta norteamericana estándar (o "DNE/SAD")
- La dieta vegetariana (las dietas del Génesis y Aleluya)
- La dieta de comida cruda
- La dieta anticándida
- La dieta de las proporciones equilibradas de macronutrientes (la dieta de las "zonas")
- La dieta quetogénica o "baja en carbohidratos" (dietas de Atkins y de South Beach)
- Las dietas de combinaciones de alimentos
- La dieta del tipo sanguíneo

La dieta norteamericana estándar (DNE/SAD)

Lo típico es que una dieta norteamericana "estándar" incluya una rosquilla o un mollete dulce con café y jugo de naranja en el desayuno, seguidos por un *bagel* con queso crema a media mañana. Lo más probable es que el almuerzo sea un emparedado de pavo con unas papas frutas y una soda, o una gigantesca hamburguesa de un establecimiento de comida rápida con una ración extra de queso, una porción grande de papas fritas y una soda "supergrande". En las horas de la tarde, una barra de chocolate para "levantar las energías", comprada en una máquina automática, y otra soda más. La cena promete un plato de carne con papas con un panecillo untado en margarina, habichuelas verdes para los que están conscientes del cuidado de su salud y helado de postre.

Puesto que usted está leyendo este libro, es posible que sepa ya que esta dieta equivale en el mejor de los casos a una receta para tener mala salud, y en el peor, a un verdadero desastre. Virtualmente cualquier cosa que lo aleje de esta dieta lo hará sentirse mejor. Hay una buena razón por la cual las iniciales de esta dieta en inglés forman el acrónimo de "SAD" (Nota de traducción: En inglés significa triste, lamentable).

La dieta vegetariana
(Llamada también dieta del Génesis o Aleluya)

Es posible que las dietas vegetarianas sean las más antiguas de todas las dietas especiales. Hay quienes practican una dieta vegetariana a causa de sus creencias religiosas o filosóficas, mientras que otros no comen carne por miedo a las enfermedades del corazón o para evitar las grasas saturadas supuestamente "malas" que hay en las comidas de origen animal.

El vegetarianismo tiene el *aspecto* de ser un estilo de vida estupendo. Para aclarar terminologías, diré que, aunque todos los *vegetarianos* evitan la carne, el pescado y las aves, los *ovo-lacto-vegetarianos* añaden los productos lácteos y los huevos, mientras que los *lactovegetarianos* aceptan los productos lácteos, pero no aceptan los huevos.

Los *veganos* (no, no son extraterrestres) se suelen considerar a sí mismos como puristas, porque se niegan a comer toda clase de productos de origen animal. Su lema es: "Nunca comas nada que tiene cara, o procede de algo que la tiene". (Muchos no comen ni siquiera miel, porque la miel la producen las abejas).

Entre las variaciones de la dieta se halla la dieta *frutariana* (no hace falta definirla) y también las populares dietas *Aleluya* y del *Génesis*, basadas en las primeras instrucciones que Dios les dio a Adán y Eva en el huerto del Edén, donde les dijo que comieran sólo cereales, nueces, semillas, legumbres, frutas y vegetales (Génesis 1:29).

El vegetarianismo puro aprovecha todas las fobias a los alimentos que prevalecen en nuestra sociedad tan repleta de fobias. Así, les atribuye al consumo de carne, grasas animales y productos animales (y a quienes nos abastecen de ellos) virtualmente cuanto problema tenga la humanidad.

Los beneficios

El principal beneficio de la dieta vegetariana es que se centra en las frutas y los vegetales y evita toda la comida rápida, con lo cual está disminuyendo la carga tóxica del cuerpo. Tiene un inmenso valor como *dieta purificadora a corto plazo*.

El lado negativo

Sin embargo, la dieta purista de los veganos es totalmente inadecuada para una dieta a largo plazo, porque priva al cuerpo de los nutrientes esenciales que sólo se obtienen en la carne y los productos animales. A largo plazo, estas deficiencias en la nutrición tienen consecuencias potencialmente mortales para la salud.

Stephen Byrnes, Ph.D., N.D., autor de *Diet & Heart Disease* [La dieta y las enfermedades del corazón] y de *Digestion Made Simple* [Lo simple de la digestión], publicó un detallado artículo llamado "Los mitos del vegetarianismo" en *The Townsend Letter for Doctors & Patients*.[4] Este artículo es la principal fuente de información para los siguientes datos acerca del vegetarianismo.

El propósito del Dr. Byrnes no es "darles una paliza" a los vegetarianos, sino corregir el mito de que el vegetarianismo es, de alguna manera, más sano para la gente que cualquier dieta asociada con el consumo de carne o de productos animales, lo cual los veganos consideran una receta para enfermarse y morir. Los defensores del vegetarianismo justifican esta afirmación con una serie de mitos secundarios que se citan con gran frecuencia, pero que no tienen apoyo alguno en las evidencias científicas. Entre ellos se encuentran los siguientes:

Mito: El consumo de carne contribuye a las plagas de hambre y despoja a la tierra de sus recursos naturales. El mito que hay tras ese mito es la simplista idea de que la solución al hambre mundial consiste en que los seres humanos se vuelvan vegetarianos. Esto se basa en la observación de que el ganado domina unas tierras laborables que se podrían usar para cosechar cereales con los cuales alimentar a las masas que mueren de inanición. La realidad es que las dos terceras partes de las tierras que hay en el planeta no sirven para cultivar en ellas, pero sí producen con facilidad el pasto que consumen un buen número de animales.

En cuanto a la acusación de que se alimenta a los animales con unos cereales que se podrían usar de manera más eficaz para alimentar a las masas hambrientas del planeta, Byrnes señala que las dos terceras partes de las plantas y los productos vegetales que se les dan como alimento a los animales no sirven para el consumo humano. Tanto los animales como las plantas son recursos renovables que no se hallan en peligro de desaparición.

Es cierto que los seres humanos necesitan comer productos vegetales en abundancia para tener buena salud, pero el problema nunca ha estado en la escasez de estos alimentos, sino en una distribución equitativa de ellos, y en la pobreza generalizada. Hasta la Agencia de Referencia a la Población atribuía el problema del hambre en el mundo a la pobreza y a que no se come carne, y no consideraba que el vegetarianismo en masa sea una solución al hambre del planeta.

Mito: Se puede obtener la vitamina B_{12} de fuentes vegetales. Tal vez éste sea el más peligroso de todos estos mitos. Los veganos que no complementan su dieta con vitamina B_{12} terminan sucumbiendo ante la anemia, dolencia que puede resultar fatal. Según Byrnes, varios estudios indican que la mayoría de los veganos, si no todos, tienen un metabolismo deteriorado de B_{12} y una concentración baja de vitamina B_{12}. Sencillamente, no obtienen esta vitamina de su dieta, puesto que sólo se encuentra en productos animales, sobre todo en los huevos, el pescado, las carnes rojas y las vísceras. Además de producir anemia, la deficiencia de vitamina B_{12} puede causar también fatiga y desórdenes neurológicos. Es esencial para la división de las células, la energía y la formación de los glóbulos rojos. Las únicas fuentes de vitamina B_{12} dignas de confianza son los productos animales (sobre todo las vísceras y los huevos), y en menor grado, los productos lácteos.

Muchos vegetarianos creen que obtienen la vitamina B_{12} cuando comen tempeh (torta de soja fermentada), espirulina (un tipo de alga) y levadura de cerveza. Aunque es cierto que estos alimentos contienen unos compuestos llamados análogos de B_{12}, el cuerpo no puede metabolizar esos compuestos. Algunos investigadores piensan que la espirulina, aunque en general es un alimento saludable, en realidad disminuye la cantidad de vitamina B_{12}, porque los análogos de B_{12} compiten con la vitamina B_{12} e inhiben el metabolismo de esta vitamina.

La vitamina B_{12} es producida por unas bacterias fermentantes en el intestino grueso, como afirman los veganos, pero necesita tener un "factor intrínseco" procedente del estómago para ser absorbida. O sea, que el cuerpo no puede utilizar este producto secundario de la fermentación.

Mito: La luz solar puede satisfacer nuestra necesidad de vitamina D. Es cierto que el cuerpo, y en particular la piel, cataliza la conversión del colesterol en vitamina D. Sin embargo, esta conversión sólo se produce en presencia de los rayos ultravioleta tipo B, relativamente escasos, que sólo se hallan presentes en algunos momentos del día, en ciertas latitudes determinadas y en ciertas épocas del año. Aun entonces, según el color de la piel de la persona, harán falta hasta dos horas continuas bajo la luz solar para obtener entre doscientas y cuatrocientas Unidades Internacionales de vitamina D. Las investigaciones recientes indican que los adultos necesitan una cantidad mayor aún de esta vitamina.

Hay un número limitado de alimentos vegetales que contienen la "forma vegetal" de la vitamina D, llamada D_2, pero los expertos en medicina clínica han informado sobre unos resultados desalentadores del uso de la D_2 en el tratamiento de dolencias como el raquitismo, que están relacionadas con una deficiencia de vitamina D. Siempre ha habido preocupación por la deficiencia de vitamina D y el raquitismo en los vegetarianos y los veganos, porque la fórmula compleja total de este vital elemento nutritivo sólo se encuentra en las grasas animales.

Mito: La vitamina A que necesita el cuerpo se puede obtener toda de alimentos vegetales. Esta vitamina tiene una importancia suma para la dieta humana, porque le permite al cuerpo el uso de las proteínas y los minerales, fortalece el sistema inmune, combate las infecciones y asegura una visión y una reproducción adecuadas.

El retinol, la verdadera forma de la vitamina A, sólo se encuentra en la grasa de los animales y en vísceras como el hígado. El cuerpo es capaz de convertir el beta caroteno de las plantas en vitamina A si hay sales biliares disponibles, pero la secreción de bilis en el cuerpo es estimulada por el consumo de grasas. Aun así, la conversión no es muy eficaz. La mantequilla y los productos lácteos con toda su grasa, procedentes de vacas que coman pasto, son fuentes ricas de vitamina A, como lo es también el aceite de hígado de bacalao.

Mito: El consumo de carne causa osteoporosis, enfermedades de los riñones, enfermedades del corazón y cáncer. Esta afirmación no está de acuerdo con los hechos de la historia y de la investigación antropológica. Todas las enfermedades mencionadas se han presentado mayormente en el siglo XX, mientras que los humanos —entre ellos muchos que han vivido largos años— han estado comiendo carne y grasas animales durante miles de años. Lo cierto es que los estudios recientes señalan que las dietas veganas y vegetarianas predisponen a la mujer a la osteoporosis.

En cuando a las enfermedades de los riñones, las carnes contienen proteínas completas y vitamina D, que ayudan ambas a mantener el equilibrio del pH en el torrente sanguíneo. Las carnes que Dios nos ha proporcionado, como la de res, el pescado y el cordero son buenas fuentes de magnesio y de B_6, que ayudan a limitar el riesgo de cálculos nefríticos.

En la ciencia de la nutrición no hay nada que apoye la afirmación de que comer carne causa problemas cardiovasculares. Los franceses comen grandes cantidades de carne y disfrutan de unas proporciones bajas de enfermedades del corazón, y lo mismo sucede en Grecia. La afirmación de que comer carne produce cáncer se basa en un estudio defectuoso hecho por el Dr. Ernst Wynder en los años setenta, según el cual había relación entre la ingestión de grasas animales y el cáncer del colon. Las "grasas animales" resultaron ser grasas vegetales. Históricamente, los estudios sobre pueblos que comen carne —incluyendo el pueblo de la Biblia— muestran que había un porcentaje de cáncer muy limitado.

Mito: Las grasas saturadas y el colesterol en la dieta causan enfermedades del corazón, aterosclerosis y cáncer, y las dietas bajas en grasas y en colesterol son más saludables para las personas. Esta afirmación, basada en la defectuosa hipótesis de los "lípidos líquidos", ha sido usada para fomentar la dieta vegetariana como el mejor seguro contra las enfermedades del corazón. La teoría de que las grasas saturadas y el colesterol tupen las arterias ha sido eficazmente refutada por una serie de científicos altamente respetados de numerosas naciones. Los estudios han demostrado que "la placa arterial está compuesta mayormente por grasas insaturadas, en especial las poliinsaturadas, y no por la grasa saturada de origen animal, de palma o de coco". En esto los verdaderos culpables son los "ácidos trans-grasos" que hay en alimentos supuestamente "saludables", como la margarina, la grasa vegetal y los alimentos hechos con ellas. Un estudio sueco confirma los hallazgos anteriores que relacionaban el consumo de aceite vegetal con unas proporciones más elevadas de cáncer de mama.

El estudio del corazón de Framington, citado con frecuencia como "prueba" a favor de este mito, lo que encontró en realidad fue que los habitantes de Framington, Massachusetts, que comían más grasas saturadas, colesterol y calorías eran los que tenían los menores niveles de colesterol en su suero. Las dietas vegetarianas no protegen contra las enfermedades del corazón o la ateroesclerosis. Hay estudios recientes en los cuales se ve que los vegetarianos tienen niveles más altos de homocisteína en la sangre. (La homocisteína es conocida como causa de las enfermedades del corazón).

Mito: Los vegetarianos viven más tiempo, y tienen más energía y resistencia que los que comen carne. Una guía vegetariana de Inglaterra afirmaba que los vegetarianos "pueden esperar vivir nueve años más que los comedores de carne". Un ingenioso comentarista dijo que esta expansión ficticia de la vida equivalía a "dedicarse a soñar despierto un rato". Un estudio masivo de las enfermedades del corazón hecho por Russell Smith, Ph. D., indica que las proporciones de muertes en realidad lo que hicieron fue disminuir a medida que aumentaba el consumo de alimentos animales en algunos grupos de estudio.[5] Las personas que más han vivido en la tierra han comido carne todas ellas, y los datos antropológicos procedentes de las sociedades primitivas no apoyan la afirmación de que los vegetarianos viven más tiempo que los que comen carne.

Mito: El consumo de carne y de grasas saturadas aumentó en el siglo XX, con su correspondiente aumento de enfermedades cardíacas y cáncer. Las estadísticas dicen lo contrario. El consumo de mantequilla disminuyó en más de sus dos terceras partes durante el siglo pasado, pero la frecuencia de las enfermedades del corazón y del cáncer ha aumentado de manera impresionante.

El consumo de carne de res ha aumentado, pero las sociedades que comen carne han vivido virtualmente libres de cáncer y enfermedades del corazón durante siglos, lo cual nos dice que éste no puede ser el único factor. Lo que sí se ha mantenido al mismo ritmo de aumento de las enfermedades cardíacas y del cáncer es nuestro consumo de ácidos trans-grasos, comidas empacadas, aceites vegetales procesados, carbohidratos y azúcar refinada, cosas prácticamente fuera del alcance de las sociedades primitivas de comedores de carne con una larga vida. Supongo que sepa ya dónde debe recaer la culpa.

Mito: Los productos de soya son sustitutos adecuados para la carne y los productos lácteos. En el Asia nunca se usan los productos de soya como alimento primordial. Se usan como condimentos, o en formas tradicionales fermentadas. Los productos de frijol de soya y de soya sin fermentar tienen un contenido alto de ácido fítico, un antinutriente que le saca los minerales al cuerpo. Se sabe que los vegetarianos tienen deficiencias minerales con frecuencia. El alto contenido de fitato que tienen las dietas a base de cereales y legumbres es el culpable. Los productos de soya procesados son ricos en inhibidores de la tripsina, los cuales inhiben la digestión de las proteínas. Hay algunas investigaciones recientes, según las cuales los fitoestrógenos (o isoflavonas) de la soya podrían ser causa de cáncer de mama, defectos de nacimiento en el pene, leucemia infantil y una depresión en la función tiroidea. Han causado infertilidad en todas las especies animales estudiadas hasta el presente.

Mito: El cuerpo humano no fue diseñado para el consumo de carnes. La fisiología humana refuta claramente esta falsa afirmación. La producción de ácido clorhídrico en el estómago es exclusiva de los comedores de carne y activa las enzimas que parten las proteínas (esto no se encuentra en los herbívoros). Además, tenemos el páncreas humano, que produce toda una gama de enzimas digestivas para procesar las comidas, tanto vegetales como animales. Nuestra propia fisiología (y estructura dental) demuestra que estamos hechos para una alimentación "mixta"; somos omnívoros.

Mito: Los productos animales contienen numerosas toxinas perjudiciales. El Dr. Byrnes comenta: " Si la carne, el pescado y los huevos generan realmente 'ptiloaminas' cancerosas, es muy extraño que la gente no haya estado muriendo de cáncer a montones durante los últimos mil años".[6] También me parece extraño que nuestro Creador recomiende este tipo de alimentos, y que Jesús y los discípulos los comieran, con lo cual los estaban proclamando válidos. Es posible que la carne de animales criados para uso comercial, y los recursos de origen animal, tengan algunos contaminantes dañinos en ellos (como les pasa también a los alimentos de origen vegetal procedentes de granjas comerciales), pero esto se puede evitar comiendo carnes, huevos y productos lácteos orgánicos, procedentes de animales criados con pasto, que se hallan mayormente libres de toxinas químicas fabricadas por el hombre.

Mito: Comer carne o productos animales es menos "espiritual" que comer sólo alimentos vegetales. Me satisface saber que Abraham les preparó un becerro a sus tres visitantes angélicos. Isaac, Jacob, David y Moisés comieron carne, y Jesús comió carne en la Última Cena, compartiendo el pescado con sus discípulos. (También tengo entendido que los musulmanes celebran el Ramadán con cordero antes de ayunar).

La mayoría de los vegetarianos son en realidad "cerealianos", "azucarianos" o "almidonianos". El consumo excesivo de carbohidratos puede aumentar notablemente los niveles de insulina y poner en peligro la salud general. Los problemas de salud típicamente asociados con el vegetarianismo son la anemia, la palidez, la languidez y la poca resistencia ante las infecciones.

La dieta vegana de comida cruda

Los defensores de la comida cruda nunca la cocinan antes de comerla, en la creencia de que esto debilita la potencia de las vitaminas y los minerales, destruye las enzimas y probablemente introduce toxinas. (Una versión de la dieta de comida cruda sugiere que se coma carne cruda además de frutas y vegetales crudos).

Su premisa consiste en que al cocinar, se destruyen las enzimas de los alimentos que ayudan en la digestión. Al conservar estas enzimas, podemos digerir los alimentos de la manera adecuada y asimilar sus nutrientes.

Los beneficios

La dieta de la comida cruda comparte todas las ventajas de la dieta vegetariana, que se ganan al comer en abundancia frutas, vegetales y nueces orgánicas; alimentos ricos en los antioxidantes (entre ellos las vitaminas C, E y beta caroteno) que impiden que los radicales libres dañen los tejidos corporales.

El lado negativo

La dieta de la comida cruda comparte también todas las desventajas de la dieta vegetariana. Esta dieta de la comida cruda es notoria por su falta de proteínas de calidad, a menos que se incluyan en ella alimentos animales crudos. Es muy difícil mantenerse en ella y puede ser peligrosa, a causa de lo afectado que suele estar hoy el abasto de alimentos, y la falta de vitaminas (sobre todo vitaminas A, D y B_{12}), y ácidos grasos esenciales que sólo se pueden obtener de alimentos o grasas animales.

Hay algunos defensores de la dieta cruda que complementan su dieta vegetariana cruda con productos animales crudos, como productos lácteos sin pasteurizar, huevos crudos, carnes sin cocer, aves y pescado. Esta combinación tiene numerosos beneficios, pero es muy probable que pese más el riesgo de contaminación con la comida cruda a causa de los parásitos.

Además, algunos alimentos son más fáciles de digerir cuando están cocinados; sencillamente, las personas con enfermedades intestinales no pueden tolerar una dieta en la que predomine la comida cruda. A los humanos nos falta la encima llamada celulasa, que es necesaria para digerir las fibras vegetales. Y los microbios intestinales indeseables pueden fermentar el azúcar y las fibras sin digerir, lo cual puede producir gases, inflamación y fuerte dolor en ciertas personas. Yo pienso que una dieta sana contiene una combinación de alimentos crudos y cocinados, con gran abundancia de alimentos crudos. A los que viven en climas donde se marcan las estaciones, les suele ir mejor si consumen más alimentos cocinados en el invierno y más alimentos crudos en el verano.

La dieta anticándida (antilevadura)

A muchas mujeres las atrae la dieta antilevadura porque sostienen una batalla crónica con la cándida bajo la forma de infecciones vaginales de levaduras y una gran cantidad de problemas de salud más que se les suelen atribuir a las infecciones de los sistemas a causa de la cándida. La candidiasis, o crecimiento excesivo crónico de las levaduras, es una enfermedad causada por la levadura llamada *Cándida albicans*. Con frecuencia, esta levadura se reproduce en la garganta, la boca, el tubo digestivo, la vagina y la piel.

No obstante, esta misma levadura tiene unas funciones valiosas dentro del tubo digestivo, *siempre que se la mantenga controlada* a base de otros microorganismos de los intestinos que son más beneficiosos. Una vez que se sale de control, esta levadura aparentemente inofensiva se convierte en un activo hongo que puede causar serios problemas intestinales e infecciones de la vagina, la boca y la garganta.

En su forma más seria, el hongo llamado cándida, *crece en las paredes de los intestinos y las atraviesa,* permitiendo que las partículas de los alimentos, los desperdicios tóxicos y los productos de desperdicio de la levadura se filtren hasta el torrente sanguíneo. Esta grave situación recibe el nombre de *síndrome de intestinos con pérdidas.* Muchos casos de cándida se producen después de tomar antibióticos que matan todas las bacterias del tubo digestivo. Los microbios de cándida, resistentes ante los antibióticos, se mantienen activos y *toman el control* muy pronto cuando mueren las bacterias amistosas que normalmente los habrían mantenido a raya.

Beneficios

La dieta anticándida es un intento por matar de hambre al hongo cándida a base de eliminar el azúcar en todas sus formas, incluyendo alimentos y bebidas que la contengan, además de las frutas frescas y los jugos de fruta, porque la levadura cándida se alimenta con los azúcares. También se evitan las comidas fermentadas con vinagre, como la salsa de soya, la cerveza, el vinagre, el chucrut y los pepinillos encurtidos, porque pueden causar un empeoramiento de la situación. Los alimentos naturalmente fermentados que usan cultivos probióticos son altamente recomendados en la lucha contra la cándida. Cuando se evitan esos alimentos también disminuye el consumo de carbohidratos, lo que puede ayudar a las personas a lograr un equilibrio en el azúcar de la sangre y en las hormonas. También puede ayudar en el control del peso.

El lado negativo

La comunidad médica tradicional no reconoce que la candidiasis sea una enfermedad. Además, también sucede que los que practican la medicina alterna la diagnostican con demasiada frecuencia, y culpan con demasiada facilidad al crecimiento excesivo de la levadura por los síntomas, cuando la raíz de todo es una falta de equilibrio en la flora intestinal y en el sistema inmune que mantienen a raya a la Cándida albicans. Las dietas anticándida pueden ser muy difíciles de seguir, y excluyen muchos alimentos saludables, entre ellos las frutas y la miel. Es sumamente eficaz contra la cándida y contra otros hongos, que se siga la dieta del Creador y se le añadan suplementos probióticos, en especial los OHS, que trabajan para crear un saludable equilibrio en la flora.

La dieta de las proporciones equilibradas de macronutrientes (las "zonas")

La dieta de las proporciones equilibradas de macronutrientes aboga por que se coman los macronutrientes (carbohidratos, proteínas y grasas) *en la proporción* de un 40% de carbohidratos, un 30% de proteínas y un 30% de grasas. Sus promotores sostienen que esta dieta lo ayudará a perder peso, vivir más tiempo y disminuir el riesgo de enfermedades del corazón.

El Dr. Barry Sears creó la dieta 40-30-30", o dieta de las "zonas", y la dio a conocer en sus populares libros de las "zonas" (siendo uno de los que dieron por primera vez la alarma acerca del peligro que significa el consumo excesivo de carbohidratos). Su meta es producir en el cuerpo un estado bioquímico más equilibrado a base de reducir el consumo de carbohidratos al 40%, al mismo tiempo que se aumenta el de proteínas al treinta por ciento.

Esta dieta se centra en dos hormonas relacionadas con el azúcar de la sangre —la *insulina*, la hormona de almacenamiento de grasas, y la *glucagona*, la hormona que libera grasas— y en un grupo de sustancias químicas bioactivas de corta acción conocidas como *eicosanoides*, que fomentan la inflamación.

Los beneficios

El equilibrio entre las proporciones de los macronutrientes es un gran adelanto sobre la dieta alta en carbohidratos y baja en grasas. Esta filosofía conduce a unos niveles de azúcar más equilibrados en la sangre y a una reducción de las inflamaciones. Con frecuencia lleva también a la pérdida de peso.

El lado negativo

La dieta de las zonas falla en el aspecto relacionado con la *calidad* de los alimentos que se comen. También hay en esta dieta una notable escasez de las vitaminas liposolubles A y D. El Dr. Sears apoya fuertemente el uso de proteínas aisladas de la soya, las cuales sugieren las nuevas investigaciones que pueden ser altamente alérgenas y estrogénicas; esto puede ser un problema para los hombres y para algunas mujeres. La soya es una fuente inferior de proteínas contiene altos niveles de ácido fítico. (Con la excepción de las formas de soya fermentadas de forma natural).

¿Mi recomendación? Siga la dieta del Creador, que está repleta de supernutrición, consumo de carbohidratos saludables y la calidad más alta de proteínas y grasas procedentes de fuentes como carnes de animales criados de manera natural, aves, pescado, huevos y productos lácteos fermentados. Como ya veremos, esta dieta baja los niveles de insulina e inflamación de manera natural, reduciendo así los niveles de eicosanoides "malos" del cuerpo, al mismo tiempo que favorece también unos niveles de peso saludables y reduce las inflamaciones.

La dieta quetogénica o "baja en carbohidratos"

Mencione las dietas que fueron más populares en Estados Unidos durante la segunda mitad de la década pasada; lo más probable es que sean dietas quetogénicas o "bajas en carbohidratos". Entre estas dietas se hallan la *Nueva revolución en la dieta*, por el Dr. Atkins, el *Poder de las proteínas* y la *Dieta de South Beach*. La dieta de Atkins ha disfrutado de una publicidad y popularidad cada vez mayores, a causa de los estudios recientes que han reconocido su eficacia como programa para la pérdida de peso. Todas estas dietas indican que se coman grandes cantidades de proteínas y muy pocas cantidades de carbohidratos.

Esencialmente, estas dietas bajas en carbohidratos imitan el ayuno o el hambre prolongada, al reducir el consumo de carbohidratos lo suficiente para inducir un estado físico llamado *quetosis*, en el cual se acelera el metabolismo del cuerpo y se suprime el apetito. El cuerpo, privado de la glucosa de los carbohidratos, tiene como recurso la creación de quetonas, sustancias químicas que produce a partir de las grasas.

Los beneficios

Con la combinación de la supresión del apetito, el consumo de menos calorías y el hecho de quemar las reservas de grasas, las personas que hacen una dieta quetogénica pierden peso. Algunos de sus propagandistas llegan a proclamar incluso que uno puede comer *cuanta grasa quiera* y seguir perdiendo peso, lo cual parece atractivo, obviamente. El cuerpo puede tolerar la dieta quetogénica sin recibir daños de consideración durante ciertos períodos de tiempo.

Bajo la supervisión de un médico con los conocimientos necesarios, se puede usar una dieta quetogénica para enfrentarse a una gran cantidad de enfermedades, entre ellas la obesidad, los desórdenes gastrointestinales, la epilepsia infantil y ciertos tipos de tumores cerebrales.

El lado negativo

Las versiones populares de la dieta quetogénica para hacerla uno mismo atrae los gustos y caprichos actuales sin discriminar en cuanto a las comidas que se deban escoger. Esto hace que en realidad, las dietas bajas en carbohidratos sean en realidad dietas altas en grasas, ni programas altos en proteínas. Las sugerencias en cuanto a la dieta de estos regímenes suelen hacer muy difícil el mantener una proporción saludable entre los ácidos grasos omega-6 y omega-3 esenciales. Entre las comidas que se recomiendan hay algunas *muy peligrosas* de acuerdo con las directrices bíblicas sobre la alimentación, incorporadas en la dieta del Creador. Por ejemplo, el ya fallecido Dr. Robert C. Atkins sugería que los que hacían la dieta se dieran el gusto de comer chicharrones de cerdo en abundancia, llamándolos "el premio de consolación de cero carbohidratos para los adictos a las tostaditas de maíz o de papa".[7] Muchas dietas bajas en carbohidratos abogan por el consumo de edulcorantes artificiales como el aspartamo y la sucralosa, que pueden poner en alto riesgo la salud.

Las dietas de combinaciones de alimentos y ácido/alcalinas

Si Adán y Eva se hubieran sentado en el huerto para tener una abundante cena con "combinación de alimentos", los habríamos visto separar con cuidado ciertas comidas. Muchos de los defensores de estas dietas creen que los alimentos que forman álcalis son esenciales, porque la humanidad *evolucionó* desde el ambiente alcalino que es el océano.

Aun sin tener en cuenta su origen ajeno a la Biblia, el problema que tiene esta dieta de combinación de alimentos es que la mayoría de sus supuestos *no se basan en datos científicos ni en evidencias históricas*. No hay evidencia empírica alguna que sugiera que el cuerpo tiene problemas para digerir ciertos alimentos cuando se comen en combinación.

La dieta *ácido-alcalina*, que divide los alimentos en formadores de álcalis y formadores de ácidos, es prima hermana de la dieta de combinación de alimentos. Fija la meta de comer un 80% de alimentos que sean formadores de álcalis y un 20% de alimentos formadores de ácidos.

Los beneficios

Puesto que la mayoría de la gente tiende a tener exceso de ácidos, ambas dietas pueden ser beneficiosas para los que se estén apartando de una dieta basada primordialmente en comidas rápidas de mala calidad. Después de haber conocido la dieta de combinación de alimentos hace varios años, yo nunca como el melón con ninguna otra comida, de acuerdo con el adagio sobre la combinación de alimentos: "El melón, o lo comes solo o lo dejas tranquilo". Muchas personas experimentan una mejora en su digestión al evitar ciertas combinaciones de alimentos. Si usted observa que hay ciertas combinaciones que son difíciles para su sistema digestivo, lo mejor será que las evite. Sin embargo, a la persona promedio la mayoría de los alimentos saludables, comidos en combinación, le van bien, y así ha sido durante miles de años.

El lado negativo

Las personas que están en una dieta ácido-alcalina y de combinación de alimentos experimentan los mismos problemas que las sometidas a las dietas vegetarianas. Debido a la falta de alimentos de origen animal, corren el riesgo de sufrir a largo plazo de deficiencias de nutrientes.

La dieta del tipo sanguíneo

Considero la "dieta del tipo sanguíneo" como una dieta con base en la evolución, porque sus promotores creen que nuestras necesidades en cuanto a alimentos "evolucionaron" con la humanidad a lo largo de cuarenta millones de años desde los tiempos prehistóricos, esencialmente en cuatro "sabores" que corresponden de manera muy conveniente con los tipos sanguíneos: O, A, B o AB. Ésta es una filosofía sobre la dieta que popularizó Peter D'Adamo, N.D., en su libro *Eat Right for Your Type* [Coma bien de acuerdo a su tipo] (Putnam, 1997), muy vendido.

Según él, los seres humanos modernos con sangre del tipo O descienden de los humanos más antiguos, que eran físicamente activos y comían una dieta compuesta mayormente de carne procedente de grandes mamíferos herbívoros, con pocos granos o ninguno. Los "cavernícolas modernos" que tienen sangre del tipo O también necesitan grandes cantidades de carne y mucho ejercicio.

Los del tipo A descienden de los seres humanos agricultores, son más dóciles, les va bien con los vegetales y las frutas, y deben evitar las carnes y los productos lácteos. Los del tipo B descienden de los pastores nómadas, les va bien con los productos lácteos y sólo necesitan ejercicio moderado. A los del tipo AB no les va muy bien con la carne; deben comer pescado, granos y alimentos a base de soya.

Los partidarios de la dieta de los tipos sanguíneos alegan que las lectinas, proteínas especializadas que existen en comidas como los cereales y los frijoles, son incompatibles con ciertos tipos de sangre, causando muchas enfermedades, como los fallos de los riñones, la arteriosclerosis y las alergias a las comidas.

Los beneficios

Al parecer, las virtudes de esta dieta son que esencialmente, es una dieta saludable y baja en calorías. Para las personas acostumbradas a comer alimentos rápidos de mala calidad, la adopción de la dieta de los tipos sanguíneos es un adelanto, puesto que les permite consumir menos calorías, hacer más ejercicios, perder peso de manera natural y sentirse mejor.

El lado negativo

Aparte de que es ajena a la Biblia, la comunidad científica y muchos nutricionistas de los círculos alternos consideran esta dieta como una simple moda. Su tesis no ha sido demostrada, y carece de evidencias antropológicas sólidas.

Los programas de la Nueva Era

Una vez que alguien se aparte de los sólidos fundamentos de la nutrición bíblica, histórica y basada en el sentido común, entra en la tierra de nadie de los programas de la "Nueva Era", las terapias extrañas y ocurrencias raras en los diagnósticos. Cuídese.

Se va a encontrar con personas muy motivadas y sinceras que van a afirmar que alguno de estos programas funcionó con ellas. Yo probé muchas durante mi desesperada búsqueda de la salud, pero nada me restauró la salud, con excepción de los alimentos con base bíblica y científicamente probados que componen la dieta del Creador. Sé que los tiempos de desesperación exigen medidas también desesperadas, pero antes de entregarse a alguna dieta extrabíblica alterna, tomada de la lista de los libros que más se venden, deles una oportunidad a los principios históricamente correctos y vitales de la dieta del Creador.

En los años posteriores al tiempo en que recuperé mi salud siguiendo este protocolo, he podido ayudar a miles de personas a superar serios problemas de salud, convirtiendo en triunfo su tragedia. En el próximo capítulo, va a conocer a varias de esas personas que hablan de sus dramáticas "historias de éxito". Piense en sus crisis de salud, aparentemente desesperadas, y comparta después su sorpresa y su gozo al descubrir la dieta bíblica de sentido común que le dio un giro total a su vida.

Capítulo 7

Siete víctimas encuentran la victoria

L a desilusión con la medicina convencional moderna es la dura realidad por la que pasan millones de estadounidenses. Algunos sostienen que se les ha mentido, e incluso se los ha descartado de los sistemas y abastecedores de cuidados para la salud. Otros sencillamente han agotado todas sus opciones en una búsqueda de la salud que se ha perdido para siempre a causa de las enfermedades, los accidentes, o problemas de salud relacionados con la nutrición.

Aunque es cierto que los testimonios personales no pueden ocupar el lugar de unos estudios científicamente controlados, o de una investigación independiente, tampoco se deben ignorar o dejar de lado. Forman una parte vital del proceso científico de investigación y descubrimiento.

He escogido siete personas que obtuvieron unos resultados significativos con la dieta del Creador. Representan diversos tipos de personas, que primero buscaron ayuda en el cuidado médico ordinario de la salud, sin éxito, y estaban desesperada por recuperar la salud que Dios quería que disfrutaran. Algunos han quedado desilusionados con la comunidad médica convencional y la alterna. Otros han recibido procedimientos para salvarles la vida, pero han descubierto que para recuperar toda su salud les hacía falta algo más de lo que ponía a su alcance el sistema médico convencional.

Sufrir el "sistema"

Quiero decir de nuevo que comprendo que la mayoría de los médicos, enfermeras y otras personas dedicadas a la salud son sinceros, altamente dotados y consagrados a su labor. Sin embargo, forman parte de un sistema mayor de cuidado de la salud que existe en este país, y que es impulsado por unas metas que tal vez no tengan en cuenta los mejores intereses del público. Por ejemplo, algunas de las organizaciones lucrativas de mantenimiento de la salud (OMS/HMOs) se han ganado el menosprecio de toda la nación por su tendencia a llevar las ganancias al máximo, mientras reducen al mínimo los servicios y los gastos en el cuidado de la salud, con el fin de proteger esas ganancias.[1] Algunos hospitales y clínicas médicas, sostenidos mayormente por los seguros privados y el Medicare, se están ganando con rapidez la misma dudosa reputación. Con una frecuencia excesiva, los burócratas y los que garantizan los seguros, junto con las compañías farmacéuticas, influyen en las decisiones médicas clave en los tratamientos, en lugar de hacerlo los pacientes y quienes cuidan de su salud.

Puesto que Medicare y la mayoría de las compañías de seguros se niegan a pagar muchas pruebas de diagnóstico avanzadas, o todo tratamiento que no esté aprobado como *procedimiento médico normal*, muchos médicos se limitan a seguir el statu quo. Evitan muchas alternativas probadas, incluyendo prácticamente todo lo que forma el ámbito de una nutrición correcta y de un mantenimiento genuino de la salud.

Un escenario típico

La historia es demasiado familiar; comienza con los largos retrasos en unas salas de espera repletas de enfermos que estornudan, tosen y carraspean sin control. Después de haber sido llevado a toda prisa a un cuarto blanco antiséptico, usted espera otra media hora antes de ver al médico, el cual aparece al fin para tener una apresurada entrevista de minuto y medio con usted y recetarle las medicinas. El resultado es predecible: usted se lleva las recetas cuando va de salida, pasando por la ventanilla de la recepcionista, y después hace su agotadora visita al amistoso farmacéutico de su pueblo para obtener la prometida "cura en frasco".

Añada a esto los problemas siempre crecientes de las recetas incorrectas, la excesiva prescripción de antibióticos, los diagnósticos que no se hacen, los diagnósticos tardío, y los trabajadores de hospital, escasos y mal pagados, que se mueven dentro de una neblina de agotamiento, trabajando muchas veces en unas situaciones donde hay exceso de gente y en unos edificios en los que hay una multitud de microbios mortales, enfermedades contagiosas e infecciones de estafilococos. Si reúne todo esto, tendrá la receta para un desastre. Mi madre suele decir: "El peor lugar para tener a un enfermo es un hospital".

Cada una de las personas que presento a continuación ha acudido a mí en su desesperación, después que le han fallado todas las demás promesas de la medicina. Sintiéndose impotentes y casi sin esperanza, han aceptado probar la dieta del Creador. El primer testimonio es de mi propia abuela, y lo voy a relatar desde mi punto de vista, pero con su autorización.

Rose Menlowe

"Jordan, ¿te sientes mejor? ¿Te puedo alcanzar algo? ¿Necesitan que te cambien el suero?"

Aquella voz me era muy familiar. La oía una noche tras otra, mientras entraba y salía de mi delirio en el hospital. Era la amorosa voz de Rose, mi abuela judía tan fuerte y llena de vida.

Esta matriarcal campeona estuvo junto a mí en mi batalla por sobrevivir a la enfermedad de Crohn. Sólo tres años después de haberme recuperado pro completo, mientras disfrutaba de nuevo la vida y me lanzaba a mi misión, además de hacer planes para mi boda, para la cual sólo faltaban tres meses, abuela Rose se encontró en medio de una batalla a vida o muerte con el cáncer. Según su médico, las cosas no tenían buen aspecto.

A finales de la primavera de 1999, comenzó a sentir unos agudos dolores de estómago y a vomitar continuamente. Las pruebas de laboratorio que le hacían en la Florida seguían indicando que todo estaba normal, y los médicos consideraron que se trataba de un virus muy resistente.

Abuela Rose fue a Atlanta para visitar a mi tía y a mi tío, pero casi de inmediato se comenzó a sentir peor aún. La tenían que sacar de la cama y ayudar a entrar y salir de la ducha. Los días se convirtieron en semanas de dolores y náuseas, dificultad para retener los alimentos, bascas y atroces dolores abdominales.

El dolor se volvió tan insoportable, que abuela cayó en el desespero. Hasta le pidió a mi tío que le diera unas pastillas para "acabar con todo". Cuando él se negó, le pidió que la llevara a la sala de urgencias. Desesperada por acabar con su dolor, decidió seguir los instintos de un cirujano al que nunca había conocido antes. Él estaba seguro de que estaba sucediendo *algo* peligroso, y que sólo se podría encontrar con una cirugía exploratoria.

Frente a los hechos

Cuando mi madre lo supo, se puso furiosa. (Ella comparte la desconfianza natural ante los cirujanos "de cuchilla fácil" que es común entre las personas de la comunidad de la salud natural). Pero en esa ocasión el médico estaba en lo cierto. Cuando abuela salió de la anestesia, el cirujano le confirmó lo que ella sospechaba en secreto: se estaba muriendo.

Había encontrado numerosos tumores malignos escondidos detrás de los órganos internos mayores (lo cual ayuda a explicar por qué no fueron detectados anteriormente). Entre los tumores malignos tenía un carcinoide de células caliciformes en el apéndice y un cáncer de los ovarios en la etapa IV que se había extendido a sus nódulos linfáticos y a partes del intestino delgado y del grueso. También se encontraron células cancerosas de los ovarios en el líquido de la pleura (la cavidad que rodea a los pulmones).

El cirujano quitó todo el cáncer que encontró, quitándole ambos ovarios, el apéndice, parte de los nódulos linfáticos y secciones de ambos intestinos. Pero el tumor maligno de los ovarios estaba demasiado avanzado, y el cáncer se había extendido a otros lugares.

Puesto que abuela Rose tenía casi ochenta años y estabas muy débil, no se podía pensar en quimioterapia ni en radiación. El médico le dijo que a lo sumo, le quedaban dos años de vida. A la familia le dijo que serían unos *seis meses...* como máximo.

Abuela Rose me llamó y me dijo: "Jordan, tú eres mi primer nieto. Quiero hacer algo de manera que esté viva para verte casar. Tal vez me puedas ayudar. Tal vez puedas hallar algo para mí". Nunca antes la había oído hablar tan débilmente.

Mientras hablábamos, me di cuenta de lo parecido que era lo que ella estaba pasando a lo que yo había pasado. Su estado era sumamente doloroso, y al principio nadie pareció creer en la descripción que ella hacía de sus síntomas. No sabía qué estaba mal, y aquel dolor incesante había terminado robándole la esperanza... y la sonrisa. (Mi tía y mi tío solían esconder a mi primo Ethan, que entonces era un bebé, para que no lo viera el personal del hospital y poder visitar con él a abuela Rose en su cuarto, porque él era el único que lograba que ella sonriera).

Inmediatamente después de la operación, mi abuela se puso muy deprimida, porque sentía que se iba a morir. "Yo pedía en mis oraciones que viviera lo suficiente para asistir a tu boda", me confió más tarde.

Había perdido casi 30 libras (15 kilos), se sentía muy mal y ya no tenía ganas de vivir, con excepción de la única esperanza que le quedaba, y era que quería realmente hallar la forma de asistir a mi boda en la Florida unos pocos meses más tarde.

Un doloroso reto

Aunque las posibilidades eran prácticamente mínimas, no pude hacer otra cosa más que aceptar el reto de la enfermedad mortal de mi abuela. Todas las opciones médicas convencionales habían quedado agotadas para ella.

Comprendí que tenía que hallar la forma de fortalecer su sistema inmune para suprimir sus células cancerosas y favorecer las células saludables. Necesitaba algo más que un aumento de leucocitos y de citoquinas en su cuerpo; se necesitaba activar altamente estos componentes también.

Las células de los tumores segregan el "*factor-beta transformador del crecimiento*" (F-bTC/TGF-b), que hace inactivas o ineficaces a las células inmunes, aunque se encuentren en gran número. Este factor también inhibe la proliferación de células-T, reduce el poder para matar células cancerosas del factor-alfa de la necrosis de los tumores e inhibe la capacidad de los macrófagos, la primera línea de defensa de nuestro sistema inmune, para destruir a los invasores. El resultado es que el cuerpo cree que su sistema de defensa está atacando con eficacia a las células cancerosas cuando no lo es.

Además de poner a abuela en la dieta del Creador, mi investigación me llevó a ciertos *péptidos polisacáridos* o *glicoproteínas* que aumentan la macrofagia y la producción natural de células matadoras, y también su eficacia. Se hallan en mayor abundancia en los hongos comestibles y en los granos y semillas germinados. Estos compuestos aumentan la producción de las citoquinas, que facilitan la comunicación entre las células y mejoran al máximo la función inmune. Tuve la corazonada de que estos gliconutrientes podrían vencer algunos de los métodos engañosos del F-bTC.

Los compuestos de gliconutrientes eran abundantes en la mayoría de las dietas primitivas, pero están virtualmente ausentes de las dietas occidentales modernas, que contienen numerosos alimentos refinados. Los hongos comestibles son la fuente más rica de estos compuestos (los poderes curativos de los hongos han sido conocidos durante más de cinco mil años). Sin embargo, los hallazgos positivos de las investigaciones sobre los poderes medicinales de los hongos sólo han llegado a tener prominencia en los escritos sobre esas investigaciones en los últimos veinte años.[2]

Diversas variedades (entre las cuales *no* está incluido el popular champiñón de las tiendas de víveres) ofrecen unos efectos inmunomoduladores, lipidodepresores, antitumores y otros efectos beneficiosos o terapéuticos sobre la salud, sin ninguna toxicidad notable.[3] Esos beneficios son tan prometedores, que algunas de las drogas anticáncer más potentes que están desarrollando los científicos de la farmacéutica se basan en los compuestos de gliconutrientes que se hallan en esos hongos.

Los hongos son demasiado fibrosos y difíciles de descomponer en el cuerpo, así que tenía que superar este problema para poder aprovechar los poderes curativos de estos hongos naturales. Abuela Rose necesitaba un sistema eficaz de entrega que la ayudara a beneficiarse de la fórmula prototipo que le había preparado.

En el proceso de mi propia curación de la enfermedad de Crohn, había iniciado el uso de un proceso de fermentación que utilizaba más de catorce especies de organismos homeostáticos del suelo y otros microorganismos productores de ácido láctico. Usé este "iniciador" probiótico para fermentar o "predigerir" los diez hongos, el áloe vera y la uña de gato de la fórmula, y abrir así los ingredientes activos.

Con la aplicación del proceso que ahora llamo "Poten-Zyme", el cuerpo de abuela Rose pudo utilizar todas las sustancias fitoquímicas y los fitonutrientes "listos para el cuerpo" que había en mi compuesto de hierbas y hongos, sin causar tensión en su tubo digestivo. Mi abuela comenzó a tomar mi fórmula prototipo, combinada con la dieta del Creador, inmediatamente después de su operación.

Rose: ¡floreciente otra vez!

"No sólo recuperé mi peso", dice abuela Rose, "sino que mi nivel de energía y mi aspecto físico mejoraron a tal punto que me sentía y me veía mejor de lo que me puedo recordar en los últimos treinta años. Mi digestión mejoró de forma drástica. Pero lo más importante de todo, según los exámenes que me han seguido haciendo, es que no tengo cáncer. Hasta el problema de hígado graso que había desarrollado (tal vez debido a un desequilibrio metabólico) ha desaparecido."

Sólo tres meses después de su radical cirugía del abdomen, abuela Rose asistió a mi boda. En aquellos momentos aún se movía con lentitud, pero pudo danzar conmigo al compás de un canto que yo había grabado y que había cantado especialmente para ella. Aquella victoria fue muy especial para nosotros.

En el Día del Trabajo de 2001, abuela Rose describió su victoriosa batalla con el cáncer ante la trigésimo sexta convención anual de la Sociedad para el Control del Cáncer en Universal City, California. "Cuatro años después del descubrimiento de mi cáncer, mis exámenes no muestran evidencias de cáncer. Mi nivel de energía es el de una mujer de veinte años. Con la ayuda de mi nieto, espero ver crecer a mis biznietos." Recibió una ovación.

Bob N.

El 26 de septiembre de 2002 me dieron la transformadora noticia de que tenía cáncer linfoma en el nivel III. Comencé a investigar sobre los tratamientos y cambios de dieta disponibles que me dieran la mejor posibilidad de una vida con calidad y me ayudaran a vivir la mayor cantidad de tiempo posible.

Después de consultar a mi médico y de orar acerca de lo que Dios quería que hiciera, decidí someterme a la quimioterapia. El cabello se me cayó después de recibir cinco tratamientos, y estaba luchando con las náuseas y la fatiga.

Cuando mi hijo me llamó para hablarme de la increíble historia de Jordan Rubin y de su programa de salud llamado la dieta del Creador, me subí enseguida a un avión y me fui hasta West Palm Beach para obtener los datos directamente de él. Después de reunirme en persona con Jordan y de que él me presentara la dieta del Creador, decidí seguir la quimioterapia mientras hacía con gran diligencia la dieta, tomaba los suplementos de la nutrición y seguía el estilo de vida indicado en su programa.

Mi oncólogo me advirtió que después de mi próxima serie de tratamientos para el cáncer de linfoma en la etapa III, me sentiría sumamente débil y con náuseas; mucho más que durante los cinco tratamientos iniciales.

El 8 de noviembre, mi médico me insistió que pidiera la inhabilitación, puesto que mi nivel de energía y mi conteo de hematíes en la sangre caerían de forma drástica durante las semanas siguientes.

El 28 de noviembre comencé la dieta del Creador, incluyendo en ella los suplementos de la nutrición que se me recomendaron. También seguí la sugerencia del Dr. Rubin de observar un ayuno de siete días a jugo para desintoxicar y purificar mi sistema. Tenía 65 libras (30 kilos) de sobrepeso y en aquellos momentos me quedaba poca energía para hacer lo que fuera.

El 3 de diciembre tomé el siguiente tratamiento de quimioterapia y esperé que mi nivel de energía se viniera al suelo, como me habían predicho. Para mi deleite y sorpresa, casi no tuve náuseas ni fatiga. Según el médico, mi conteo de glóbulos rojos nunca disminuyó. El cambio de dieta y los suplementos de la nutrición eran los causantes de aquella diferencia.

Las enfermeras de la clínica del médico me preguntaron cómo me sentía, y no podían creer que me estuviera sintiendo tan bien. Yo les hablé acerca de la dieta del Creador, y ellas lo anotaron en mi expediente médico.

El 23 de diciembre recibí el tratamiento de quimioterapia más fuerte que había recibido hasta el momento (cinco drogas diferentes) y *los resultados fueron los mismos*: muy pocos efectos secundarios. Mi hijo voló con su familia hasta Tennessee en el día de Navidad para visitarnos. ¿Puede creer que tuvimos nueve personas en la casa durante una semana, y que yo fui el que compré los víveres para todos, cociné la mayoría de las comidas y entretuve a cuatro nietos (todos menores de cinco años de edad)? ¿De dónde saqué la energía que se suponía que no tendría? Estoy convencido de que se lo debo a la dieta del Creador.

El 8 de enero dejé el programa por unos tres días, sólo para ver cómo me iría. Sin los nutrientes de la dieta del Creador, me encontraba sumamente débil y apenas me podía levantar del sofá. El 12 de enero comencé de nuevo con el programa y recuperé las fuerzas al mismo día siguiente. Eso me convenció más que nunca de que era la dieta del Creador la causante de aquella gran diferencia.

"¡Los nódulos linfáticos se han reducido a su tamaño normal, y no hay señales de cáncer por ninguna parte!" (El médico de Bob)

El 15 de enero de 2003 se volvió a buscar mi cáncer con exploraciones de los tipos TAC/CAT y TEP/PET. El médico, que suele ser una persona muy calmada, entró saltando con todas sus fuerzas al cuarto de exámenes y gritó. *"Esto es increíble. En mis quince años de práctica, éste es el mejor informe de exploración de linfoma que he visto. ¡Los nódulos linfáticos se han reducido a su tamaño normal, y no hay señales de cáncer por ninguna parte!"*

Mi esposa y yo nos sentimos llenos de gozo y emoción ante aquel maravilloso informe que era la respuesta a tantas oraciones. No sólo estaba progresando mejor de cuanto todos esperábamos, sino que también había perdido 25 libras (10 kilos) y me sentía mejor de lo que me había sentido en años. Ahora que mi cáncer se halla en estado de remisión, voy a seguir con la dieta del Creador, en la esperanza de que lo mantenga alejado de mí para siempre.

Doug M.

Mi peregrinar comenzó cuando decidí hacer un último intento desesperado por corregir un estado de deterioro físico que me había molestado durante cinco largos años.

Durante el invierno de 1998 tuve repetidamente síntomas de acidez estomacal que progresaron con rapidez hasta convertirse en un estado crónico de reflujo del jugo gástrico. No podía digerir los alimentos (comiera lo que comiera) sin repetirlos numerosas veces. Esto sucedía una y otra vez entre tres cuartos de hora y una hora después de cada comida.

Este doloroso estado comenzó a hacer estragos en mí física, emocional y socialmente, y mis hábitos de alimentación se fueron haciendo cada vez más erráticos. Con frecuencia comía aislado para evitar los apuros asociados con este estado, que más tarde supe que se llamaba ERGE/GERD (enfermedad de reflujo gastroesofágico).

Hice algo de investigación y así supe que el nombre de ERGE es un nombre genérico que se aplica a todos los estados comunes de reflujo del jugo gástrico o de acidez estomacal. Pronto supe también que mi caso en particular no tenía nada de común y corriente, cuando fui a mi médico en busca de un diagnóstico y de un remedio médico convencional. La visita a ese médico comenzó una descarga cerrada de año y medio de papeleos y envíos aparentemente interminables mientras iba de un "especialista" al siguiente dentro de mi plan HMO de seguro de salud.

Después de pasar por una serie de procedimientos de diagnóstico (una serie del tubo gastrointestinal superior, una endoscopía también de la parte superior del tubo digestivo, pruebas de manometría y demás), finalmente mi gastroenterólogo decidió que yo tenía un grave caso de ERGE. Lo complicaban la presencia de una ancha hernia diafragmática, una úlcera en el duodeno y un estómago que se vaciaba de una manera anormalmente lenta; se vaciaba un setenta y cinco por ciento más lentamente que lo normal para un varón de mi edad. El pronóstico no era bueno.

Estas complicaciones, combinadas con el abundante reflujo que estaba teniendo, hicieron muy difícil el tratamiento de mis síntomas de ERGE. Me daba la impresión de que cada profesional de la salud que buscaba para obtener consejo médico me decía que unos síntomas de ERGE tan complejos y fuertes como los míos eran la principal causa del cáncer en el esófago. Estaba dispuesto a agotar cuanto esfuerzo pudiera para combatir este desorden.

Así comenzó una búsqueda de tres años, durante los cuales probé tres remedios con medicinas convencionales, dos medicinas recibidas por correo procedentes del Canadá (no aprobadas aún en los Estados Unidos) y una procedente de Europa. Cada uno de estos "remedios" traía consigo una multitud de efectos secundarios, como las náuseas constantes, el insomnio y los dolores de cabeza, pero ninguno de ellos me aliviaba el reflujo.

Con dada uno de estos intentos inútiles por hallar una cura crecían mi desesperación y mi desconsuelo. Finalmente, un especialista del Hospital de la Universidad de Miami me dijo que la única opción que me quedaba era un procedimiento quirúrgico poco corriente conocido como Nissen Laparoscópico. Este procedimiento exigiría la extirpación de la tercera parte superior de mi estómago, para que se pudiera unir a la parte inferior de mi esófago. Yo evité este espantoso procedimiento a base de ignorar mi problema durante los dos años siguientes. Cuando ya no pude soportar más el constante ardor en la garganta y el temor que me asaltaba de un cáncer de garganta que amenazara mi vida, hice contacto con el especialista.

Un día, a principios de diciembre de 2002, cedí finalmente y acepté la súplica constante de mi médico para que me sometiera de inmediato a una operación de Nissen Laparoscópico, que era la única solución. Con reticencia, fijamos una cita preoperatoria en el hospital.

El mismo día que fijé la cita preoperatoria, mi suerte dio un giro favorable. "Por casualidad", compartí los detalles de mi situación con un compañero de trabajo que en realidad no conocía. Aquella conversación fue uno de esos momentos que alteran toda la vida. Lo siguiente que me dijo aquel hombre fue: *"¿Ha oído hablar alguna vez de un doctor llamado Jordan Rubin?"*

Le dije que *no*, sin mostrar el más mínimo interés, y le presté menos atención aún cuando describió al Dr. Rubin como una especie de profesional holista de la salud. Pensaba: *Si la medicina moderna convencional no me puede dar una respuesta, ¿qué posibilidades tiene de hacerlo un enfoque de tipo holista?* Mi compañero de trabajo insistió tanto, que me persuadió para que viera el portal de Jordan en la web.

Fue entonces cuando conocí la asombrosa crónica personal de Jordan acerca de su propia batalla a vida o muerte con la enfermedad de Crohn. Sentí que una nueva inspiración se levantaba en mi interior. Sabía que aquélla podía ser mi última oportunidad para evitar que hicieran conmigo una carnicería como si fuera un conejillo de Indias. Lo que sucedió después sólo se puede calificar de milagroso.

Emocionado, llamé al número que ponían en el portal de la web para hacer contacto, y el representante de servicio al cliente que salió al teléfono me pareció extrañamente familiar. Era un antiguo amigo y compañero de trabajo mío que también era amigo de Jordan Rubin desde su niñez. Él me consiguió una consulta con el Dr. Rubin. Desde aquella reunión, todos los días han sido realmente asombrosos.

El día que comencé la dieta del Creador fue mi último día con el ERGE

La firmeza de Jordan me impresionó de inmediato durante mi primera consulta. Recuerdo con claridad la mirada bondadosa y decidida de sus ojos mientras yo le describía mis síntomas y mencionaba que ya había fijado una cita preoperatoria para una cirugía del esófago. Su firmeza irradiaba de lo que él había superado personalmente, y tenía una fe total en su programa. Sin embargo, todo lo que me dijo fue: "Si usted está dispuesto, creo que lo puedo ayudar". La forma tan tranquilizadora en que hizo aquella sencilla afirmación me contagió una sensación de optimismo y de esperanza que no había sentido desde el comienzo de mis problemas.

Jordan me familiarizó con la dieta del Creador, recomendándome un programa de dieta y de suplementos nutritivos de comidas completas, tomándose todo el tiempo necesario para describir el efecto sinérgico que su programa tendría en los síntomas que prevalecían en mí y también en mi salud general.

Aquello era sumamente emocionante para mí, porque durante meses había estado sintiendo una serie de síntomas más que me alarmaban. Casi me daba vergüenza comentar estos "otros" síntomas con Jordan, por temor de que me considerara un hipocondríaco. Sin embargo, sentí que necesitaba sacarle el mayor partido posible a esta oportunidad única en la vida.

Así que seguí describiendo los extraños ataques de malestar que tenía cada tres o cuatro semanas, y que me duraban dos o tres días.

Aquella sensación letárgica de dolor y de cansancio en los huesos me dejaba casi sin poder funcionar durante días cada vez. (Ahora me doy cuenta de que puede haber sido el síndrome de fatiga crónica).

Para mi sorpresa, Jordan pudo comprender cuanto le describí, e identificarse conmigo, porque él había andado antes por ese mismo camino... y había salido de él triunfante. Nuestra conversación de aquel día marcó un giro en mi vida. *Sabía* que estaba en el camino correcto, y comencé con todo fervor la dieta del Creador. Estaba firmemente decidido a restaurar por fin la posesión más vital que tenía: mi salud.

Comencé el protocolo el 16 de diciembre de 2002 y pongo a Dios por testigo de que aquél fue *el último día* que experimenté el ERGE. Aún me cuesta trabajo creer que sea cierto. Desde la primera dosis que tomé de Omega-Zyme (un producto de enzimas digestivas formulado por el Dr. Rubin), no he tenido la más mínima regurgitación.

El 16 de diciembre fue también el primer día en que comencé a llevar un diario de salud y alimentos para documentar religiosamente mis progresos a base de describir cómo me sentía cada día y escribir lo que comía. El protocolo en el que me puso Jordan incluía el Omega-Zyme y también el Primal Defense, RM-10, FY1, Springs of Life, Acid Defense, Perfect Food, Extra-Virgin Coconut Oil, Olde World Icelandic Cod Liver Oil y por último (aunque es lo más importante de todo), mi estricto cumplimiento de la dieta del Creador.

Hoy en día sigo sin tener absolutamente ninguna señal del ERGE, o de ninguno de los síntomas de acidez relacionados, y mi nivel de energía sigue aumentando y haciéndose cada vez más constante con cada día que pasa.

En realidad, no hay forma alguna de darle las gracias adecuadamente a alguien que le ha devuelto a uno la vida... y no exagero cuando digo esto. Sin embargo, hay algo que sí puedo hacer: les puedo comunicar a otros los milagrosos resultados de los que he disfrutado con el programa de Jordan. Y oro para que muchos que están sufriendo lean mi historia y se aferren a la esperanza de que sus oraciones sean contestadas, comenzando con la fe en la sencilla afirmación de Jordan: "Si usted está dispuesto, creo que lo puedo ayudar".

Christian S.

El 5 de enero de 2001 fue un día que alteró drásticamente el curso de mi vida para siempre. Era un fresco día de invierno en la Florida, con una temperatura de 65 grados Farenheit (18 grados centígrados), cielos ligeramente nublados y vientos fuertes. Y allí estaba yo tirado en el suelo, en medio de unos dolores insoportables. *¡No es posible que esté sucediendo esto!*, pensaba.

Sólo unos segundos antes, mientras me hallaba de patrulla como guardia de seguridad de una comunidad de lujo, me había atropellado una camioneta suburbana de gran tamaño. El incidente se produjo con la velocidad del rayo, pero el momento pareció durar toda una eternidad.

La vida nos lanza este tipo de curvas de vez en cuando, pero ésta era única. Me hallaba en mis mejores momentos. Acababa de terminar el servicio militar en la Fuerza Aérea de los Estados Unidos y tenía grandes expectativas en cuanto a servir a la comunidad como ayudante del sheriff en West Palm Beach, Florida. Más emocionante aún en aquellos momentos era que mi carrera como boxeador amateur estaba a punto de triunfar.

Después del accidente, mi autoestima cayó en una espiral descendente y comencé a hallar consuelo en un gran número de cosas, pero mi favorita era la comida. Ya no me podía seguir entrenando, así que mis planes para el futuro desaparecieron. Me pasaba semanas sin poderme levantar de la cama, lo cual me dio tiempo más que de sobra para llegar a conocer muy bien a dos buenos amigos míos: Ben y Jerry (una marca de helados). Según fue pasando el tiempo, fui aumentando de peso. En dos años pasé de tener un cuerpo musculoso de seis pies (metro ochenta) y 200 libras (90 kilos) de peso a tener un cuerpo estilo neumático con un peso de 270 libras (125 kilos). Ni siquiera reconocía a la persona que me miraba desde el espejo.

Mientras más deprimido me sentía, más comía. Era un círculo vicioso. No sabía qué hacer para romperlo. Mantenía mis mecanismos naturales de defensa siempre en estado de alerta por algún posible chiste sobre los gordos que me hicieran, de manera que terminara yo el chiste antes que la otra persona y me aplicara el chiste antes que otros tuvieran la oportunidad de hacerlo. Ésa era mi manera de manejar el rechazo que sentía de parte de todos mis amigos delgados y en buen estado físico.

Probé diversas formas de perder peso, pero como había sido atleta, el único método eficaz que había conocido era el de hacer ejercicio. Los dos discos herniados de la parte baja de mi espalda y mi rodilla izquierda en mal estado, junto con el peso adicional que iba ganando, me hicieron desistir de la opción de hacer ejercicios. (A pesar de mis repetidos intentos, ciertos problemas con mi seguro impidieron que me hicieran la operación que necesitaba con tanta urgencia).

La "decisión"

En la vida todo son decisiones. Ésta fue la decisión que tuve que tomar: ¿Seguiría viviendo dentro de aquel cuerpo obeso, lleno de dolores, cansado y deprimido, o recuperaría el control de mi salud, al que había renunciado, y decidiría hacer algo al respecto?

Poco después me presentaron un programa de salud llamado la dieta del Creador. Al principio no le di importancia, pensando que era una dieta más, pero no me lo podía quitar de la mente. Hastiado de mi situación y con mi boda ya próxima, la decisión fue sencilla. Yo no creo en las coincidencias; creo que Dios me dio una oportunidad única de hacer la dieta del Creador. Sólo con el nombre me bastaba para saber que Dios tenía el control de todo y que había oído mi clamor para pedirle ayuda. Si usted está leyendo esto hoy, no es por coincidencia; muy bien podría ser que esta dieta fuera también *su respuesta*.

¡Me sentí bien y volví al gimnasio!

Vi los resultados de inmediato. El hecho de haber perdido cinco libras (dos kilos y medio) en la primera semana sólo sirvió para entusiasmarme y aumentar la fe que tenía en la dieta. Lo curioso es que yo pensaba que estar a dieta significaba limitar la cantidad de alimentos que comía. Con la dieta del Creador, me parecía que estaba comiendo más que nunca antes.

Cuando comencé el programa, me seguían molestando la espalda y la rodilla, así que ni siquiera pude hacer ejercicios. Después de la segunda semana, la gente comenzó a notar lo que pasaba y a comentar lo bien que me veía. Créame que con lo baja que estaba mi autoestima, estaba absorbiendo todo aquello como una esponja metida en el agua.

Seguí perdiendo peso, fiel a la dieta y a los suplementos de la nutrición, pero no era mi salud lo único que estaba mejorando. También aumentaba mi sentido de mi valor como persona. Me despertaba emocionado de nuevo ante la vida, y no tenía miedo de caminar frente al espejo sin camisa. Los dolores de mi rodilla y mi espalda fueron disminuyendo a lo largo de un período de tiempo, mientras que mi nivel de energía aumentaba vertiginosamente desde donde se hallaba antes.

Al cabo de doce semanas había perdido 40 libras (20 kilos) y me hallaba en las 230 libras (105 kilos) de peso. Otro resultado fantástico fue que mejoré tanto de la espalda y la rodilla, que estoy de vuelta en el gimnasio y jugando baloncesto.

Una sencilla conclusión

Una tras otra, una serie de personas desesperadas como Rose, Bob, Christian y Doug hacen contacto conmigo en busca de ayuda. Aunque *no* me considero un obrador de milagros, *sí* tengo una gran confianza en mi Maestro, llamado afectuosamente "el Gran Médico", que sana todas nuestras enfermedades (Salmo 103:3). No hay nada que se iguale a su sabiduría con respecto a su creación, y en esto se incluyen la dieta humana ideal y los tratamientos naturales para nuestras enfermedades más comunes.

Antes que usted examinara al detalle la dieta del Creador, yo quería que pensara en el efecto que ha tenido en estas personas que buscaban con urgencia un destello de esperanza en la situación de su salud, entre ellas mi propia abuela, que oraba para pedir unos pocos meses más de vida. Ellos representan a un gran número de personas que disfrutan hoy de una salud restaurada como resultado de haber tomado la decisión de probar la dieta del Creador. De hecho, unos pocos meses antes de la publicación de este libro, muchos de los miembros del personal de nuestra iglesia local terminaron la Experiencia de Salud de Cuarenta Días con la dieta del Creador. Ahora tienen mejor aspecto y se sienten mejor, y muchos tienen un nivel de salud que nunca pensaron posible. ¡Qué maravilloso es Dios!

Quiero terminar este capítulo con tres de sus historias sobre su "antes" y su "después".

JoAnn D.

"Antes"

Estoy enferma y cansada de sentirme enferma y cansada. Creo que eso resume bastante bien la situación. Supongo que he tenido problemas menores de salud en mi vida, y me he acostumbrado a ellos. Sin embargo, a medida que aumentan los años, esos problemas parecen hacerse más fáciles de notar. A lo largo de toda mi vida de casada, mi esposo ha tenido que compartir conmigo bastante "en enfermedad" y muy poco "en salud". No puedo decir que hayan sido cosas grandes, pero bastan para que comience el día preguntándome: "¿Cómo te sientes hoy?" Le agradezco su amor y su interés, y sé que quiere saberlo de veras. Después de treinta años, hasta mide la pausa entre el tiempo en que me hace la pregunta y el tiempo que a mí me toma responderle. Mi meta principal en esta experiencia de cuarenta días es llegar a tener el aspecto de sentirme tan bien, que la primera pregunta de mi esposo todos los días no sea ese "¿Cómo te sientes hoy?"

Una meta también importante es la de pasar más tiempo con el Señor, y relajarme realmente. Otras son las de no irme a la cama para despertar con una jaqueca; que mi presión arterial se estabilice durante todo el mes; que desaparezcan las migrañas; que me crezcan las uñas y que el pelo ya no se me caiga más.

"Después"

Todavía sigo perpleja. Nunca pensé que ganaría. Yo nunca gano… y ahora me gané el primer premio. ¡VAYA! Imagínese… ¡Yo, una ganadora! Ahora, déjeme decirle qué fue lo que gané: mi salud. Alcancé mi meta. Me siento estupendamente por dentro y por fuera. Me siento más joven y con más vida. No me siento enferma y cansada todo el tiempo, y noto que estoy sonriendo más. He trabajado en relaciones públicas durante bastante tiempo, y últimamente me daba cuenta de que me tenía que obligar a dar la impresión de estar alegre. Ahora es algo que brota sin esfuerzo. Me imagino que me voy a tener que entrenar para controlarlo.

En cuanto a mis otras metas:

1. No irme a la cama y después despertarme con un dolor de cabeza: los dolores de cabeza han parado.
2. Que mi presión arterial se estabilizara durante los cuarenta días: me subió una sola vez, y no era ni siquiera "ese momento" del mes. (Hablando de "ese momento" del mes, nunca supimos que llegaba. No me subió la presión arterial ni tuve cambios de humor, y fluyó de una forma más ligera y normal).
3. Que terminaran las migrañas: no tuve una sola en los cuarenta días.
4. Que me crecieran las uñas: no crecieron saludables.
5. Que no se me siguiera cayendo el cabello: aún sigue cayendo, pero todo comenzó con un medicamento para la presión arterial hace muchos años. Yo sabía que no se dejaría de caer de la noche a la mañana.

Nunca me he considerado una persona egoísta, pero tengo que admitir que no pensaba en lo que esos cuarenta días harían a favor de mi esposo… o de nuestro matrimonio. Mi esposo ha estado necesitando perder peso durante bastante tiempo, y yo sabía que se sentiría mejor cuando lo hiciera. Nunca me detuve a pensar en cómo nos sentiríamos "nosotros".

Se me derritió el corazón una noche cuando llegó del trabajo y anunció: "¡Me siento estupendamente!" Ha perdido una cantidad de kilos importante (comenzó la dieta a mediados de julio) y sabe que aún le queda peso por perder. No lo deprime esa realidad. Ahora lo ve todo como un reto y tiene el cuidado de comer correctamente (desde que comenzó la dieta del Creador). En el trabajo, no se ha sentido tentado por los caramelos o los dulces. Yo también me siento orgullosa y feliz por él. Pero creo además que el Señor le ablandó el corazón para que lo tuviera abierto ante esta oportunidad.

Y el gran premio lo recibimos el 1 de noviembre de 2003. Una matrimonio muy amigo nuestro nos invitó a asistir al baile de sus bodas de oro en nuestro club local de los Elks. Yo me puse el traje de noche que había usado en la cena del ensayo para la boda de nuestra hija. Mi esposo se puso la misma chaqueta blanca y los mismos pantalones de smoking. No podía recordar haberlo visto tan apuesto jamás: nada le quedaba demasiado apretado o incómodo. Me miró y me dijo: "¡Te ves realmente atractiva!" Y así me sentía yo. Estaba muy feliz por fuera y por dentro. Tal vez me haya tomado un poco más de tiempo que a la mayoría llegar a sentirme bien, pero así es realmente.

Claro que la observación "¡Te ves realmente atractiva!" supera con mucho a la otra de "¿Cómo te sientes hoy?" Como dije anteriormente, durante toda mi vida de casada, mi esposo ha tenido que soportar por demasiado tiempo lo de "en enfermedad" y ha tenido muy poco de aquello de "en salud". Me parece que eso está a punto de cambiar.

Carolyn G.

"Antes"

En 1994 me enfermé gravemente de mononucleosis, y nunca parecía recuperarme de ella. Durante los dos años siguientes, pasé meses tomando antibióticos y penicilina. Terminé sometiéndome a una amigdalotomía y mejoré algo, pero nunca me sané por completo. Todavía sufro de fatiga a diario. Nunca me levanto refrescada y se me hace difícil llegar al final del día sin disponer de suficiente energía. También me enfermo con mucha facilidad; si estoy cerca de alguien enfermo, estoy seguro de que voy a tener lo que él tiene.

También me diagnosticaron colon espástico, llamado actualmente SII/IBS (síndrome de intestinos irritables), y sufro de serias inflamaciones, estreñimiento, irregularidades en los movimientos intestinales, distensiones y calambres. Esto tan difícil ha sido crónico, y me le he tenido que enfrentar durante años.

Hace un año me dediqué a unos ejercicios regulados y a una rutina de alimentación con un entrenador personal, y esto produjo unos resultados excelentes durante algún tiempo. Mejoré y sólo comía alimentos bajos en sodio y en azúcar. Me sentía bien físicamente, y tenía más energía durante el día, pero sabía que en realidad ese programa no me podía sanar el cuerpo, y que no lo podía sostener por largo tiempo. Los alimentos que se podían escoger estaban sumamente limitados, y perdí el deseo de dedicarle al programa toda la cantidad de tiempo que exigía.

Lamentablemente, durante este último año he estado tan ocupada con mi trabajo y con mis estudios para obtener la maestría, que he descuidado mucho mi salud. El tamaño de mi ropa ha llegado al doble que antes, pasando de una talla seis u ocho a una talla doce o catorce. En el momento actual, me siento muy inconforme con mi salud física. Me siento en malas condiciones e insatisfecha, y sin embargo, no le he dedicado tiempo suficiente en mi distribución diaria del tiempo a darle prioridad a mi salud.

Espero con ganas los cuarenta días como un tiempo que voy a apartar para centrarme en mi sanidad y aprender a comer bien. Mi meta concreta es mi salud personal, y tengo la esperanza de perder peso y también de purificar mis intestinos de toda enfermedad.

Por fe, creo que Dios va a usar realmente la dieta del Creador para traer la sanidad a mi cuerpo. Tengo la esperanza de mejorar mi disciplina personal al comer bien y hacer los ejercicios adecuados, y espero también convertir la dieta del Creador en una prioridad dentro de las prácticas de mi vida.

"Después"

Todo lo que diga es poco acerca de mi recorrido de la Experiencia de Salud de Cuarenta Días con la dieta del Creador. El haberme involucrado en ella es algo que me ha retado y bendecido de una manera incalculable. He visto en mi salud en general unos cambios críticos por los cuales he estado orando con desespero durante años.

Creo que por fin he recibido algunas respuestas acerca de los alimentos que necesito evitar para tener una salud excelente. Es asombroso cómo una educación sólida acerca de la nutrición adecuada —la eliminación de toxinas y de comidas químicamente alteradas y aumentadas con hormonas, junto con la introducción de los alimentos en su forma natural, tal como los creó nuestro Hacedor— puede cambiar por completo nuestra perspectiva acerca de los alimentos y mejorar nuestro bienestar.

Por vez primera en mi vida he comenzado a reconocer cómo responde realmente mi cuerpo a los alimentos que no se encuentran en la dieta del Creador. Pasé tres días difíciles en los cuales comí cosas ajenas a la dieta, y en cada uno de ellos pude ver y sentir los resultados negativos de esas decisiones en sólo unas horas. Mi estómago tenía espasmos y se dilataba. Me entraban dolores de cabeza, y me sentía mareado y fatigado. Es casi como si esos alimentos fueran tóxicos para mi cuerpo, y los quisiera repeler de inmediato. Ahora estoy segura de que soy verdaderamente "alérgica" a ciertos alimentos determinados que había estado comiendo con frecuencia antes de comenzar esta dieta. Mi cuerpo no sabe cómo procesarlos.

Tengo más energía que antes. Por lo general, necesitaba tomarme una siesta los sábados y domingos por la tarde, a fin de prepararme físicamente para otra semana de trabajo. Le puedo decir con toda sinceridad que sólo tome una siesta durante toda la dieta. Hubo algunos días en los cuales pensé: *Me debería acostar a descansar*, pero terminaba dándome cuenta de que no estaba cansada. Esto me resulta realmente asombroso. También me ha hecho más productiva en el trabajo. Trabajo con intensidad investigando y escribiendo el día entero, y he descubierto que me puedo concentrar mejor, que puedo procesar con mayor rapidez, y que soy más eficiente.

En gran parte, estoy segura de que tengo más energía porque he descansado mejor cuando he dormido. ¡Mi sistema digestivo y mi cerebro están trabajando juntos! Las tres o cuatro veces que comí alimentos ajenos a la dieta, no dormí tan bien ni con mucho... decididamente, hay una relación entre ambas cosas. Estoy segura de que mis intestinos también están recibiendo una purificación. Esto ha constituido para mí una inmensa preocupación en mis oraciones. Creo con todo el corazón que la Super Seed y la Living Multi combinadas con las comidas enteras han ayudado a mi cuerpo a aprender la forma de absorber las bacterias buenas y expulsar las malas.

También he hallado que la piel se me ha puesto muy clara y limpia. Éste es el aspecto en el cual he recibido más comentarios de otras personas. Han notado una especie de resplandor en mi piel y una reducción de las pequeñas líneas que tenía alrededor de los ojos. Yo atribuyo esto al hecho de quitar de mis comidas las sustancias químicas, las hormonas y los pesticidas, y usar el equipo de higiene. Esto me ha cambiado la vida. En el pasado, siempre me enfermaba cuando volaba en avión. Desde que comencé esta dieta, he tenido dos viajes de ida y regreso, y no he tenido la menor congestión nasal; mucho menos las infecciones de los oídos y de los bronquios que solía tener. Me niego a abandonar el sistema de higiene... es toda una joya que atesoro.

Ha sido maravilloso hacer esta dieta con mi novio. Hemos estado orando acerca de trabajar en ciertos aspectos determinados como la dieta antes de comprometernos en matrimonio. Ha sido maravilloso apoyarnos uno a otro, educarnos juntos y cocinar juntos. Hemos pasado mucho tiempo más en casa, porque esta dieta ha simplificado nuestra perspectiva acerca de la vida; su valor ha sido incalculable para nosotros. Él me decía: "Estamos echando a andar un legado de salud para nuestra familia". Y así ha sido. Me emociona trabajar con él en unidad para edificar una familia a partir de la sabiduría de Dios y de lo que Él nos ha proporcionado. Proverbios 24:3-4 dice: "Con sabiduría se edificará la casa, y con prudencia se afirmará; y con ciencia se llenarán las cámaras de todo bien preciado y agradable". Dios nos ha proporcionado esta sabiduría por medio de la dieta del Creador.

Tengo mucho que decir acerca del impacto que ha hecho en mí la dieta del Creador. Hasta podría escribir mi propio libro. Estoy muy agradecida por la oportunidad que he tenido de participar en esta dieta. Me ha cambiado la vida para siempre.

Kim V.

"Antes"

Mi incentivo para tomarme en serio mi problema con el peso comenzó cuando empecé a hacer esta dieta. En estos últimos años he pesado más que nunca. En la secundaria y el colegio universitario siempre me mantuve activa, y desde los treinta años no he cambiado mi dieta. No diría que como mal. No como suelto demasiado, y bebo mucho agua. Tiendo a hacer dos comidas grandes al día, y a veces ni desayuno. Sólo dentro de estas últimas tres semanas he venido a comenzar un programa de ejercicios.

He sido pastora de niños durante trece años, y este ministerio es muy provechoso y realizador para mí. Pero viene acompañado por una gran cantidad de estrés. Me mudé a este lugar hace dos años y medio sin familia alguna, y conociendo sólo a dos personas, y esas dos personas se han mudado dentro de este año pasado. Esto ha significado un ajuste para mí; me he tenido que ajustar al clima (soy de Tennessee), a la gente y a la dinámica de una iglesia grande. Todo esto ha tenido y tiene aún su efecto sobre mi salud mental y emocional, y creo que también ha afectado mi salud física. Ciertamente, veo cómo el estrés afecta al peso. Lo único que siento que está a mi favor es mi salud espiritual, y como le sucede a todo el mundo, durante los momentos difíciles el enemigo trata de usarla en mi contra.

A partir de experiencias del pasado, sé lo bien que me siento cuando estoy en forma. En estos momentos no me siento bien en cuanto a mi aspecto externo. Escondo muy bien mi peso. Además, cuando salgo del trabajo siempre estoy cansada, y a veces tengo que esforzarme mucho para hacer ejercicios. Pero me he comprometido a hacerlos, como me voy a comprometer con los cuarenta días de la dieta del Creador.

Mi meta es esto active mi metabolismo, me dé más energía y cambie mi estilo de vida en cuanto a mis hábitos de alimentación. No quiero que sólo se trate de una novedad de cuarenta días, y después vuelva a escuchar las "cintas viejas" de siempre. Estoy lista para unas cintas nuevas. Estoy lista para comenzar a sentirme bien de nuevo con respecto a mí mismo, y tener un cuerpo —un templo— que refleje una imagen sana. Busco el equilibrio en los aspectos de mi salud física, mental, espiritual y emocional.

"Después"

¡Vaya! ¡Han sido unos cuarenta días increíbles! Las palabras sólo pueden referirse brevemente a cómo me siento. Como dije en mi escrito sobre "antes", no me gustaba el aspecto que había tomado mi cuerpo, y eso afectaba muchos aspectos de mi vida. Pero hoy puedo decir decididamente que me siento como nueva.

He estado totalmente dedicada a este plan, y he hecho ejercicios con toda fidelidad tres veces por semana. He visto y sentido una gran diferencia. Mi actitud general se está volviendo más sana. Me mantuve decidida a ser fiel a la dieta del Creador, aun durante la desintoxicación y los deseos que tuve de vez en cuando de comer alimentos "malos".

Dejé por completo la cafeína, y sólo bebo agua. Comí los alimentos que se me recomendaban e inventé algunas recetas nuevas. Nunca había pasado tanto tiempo pensando en los alimentos que voy a comer y en su preparación, como en estos cuarenta días. Ahora esto se ha convertido en parte de mi rito diario; es un hábito.

Tal como dije en mi escrito sobre "antes" esto no se va a limitar a un plan de sólo cuarenta días; mi meta es convertirlo en un estilo de vida. Todo mi ser —espiritual, mental, físico y emocional— es más saludable y feliz. Estoy comenzando a ver a Kim *en buena forma* que conocía hace años. Comencé con la meta de perder una cierta cantidad de peso, y ya voy a mediados de camino.

Capítulo 8

De vuelta a la dieta del Creador

La sencilla razón por la cual la dieta del Creador puede afectar de manera positiva a tantos problemas de salud distintos, es que mejora la salud de todo el cuerpo; en especial, *del sistema digestivo*, lo cual afecta a virtualmente todos los demás sistemas del organismo. La curación del sistema digestivo afecta a su vez positivamente al sistema inmune, el sistema endocrino, el corazón, los pulmones, el abastecimiento de sangre, el cerebro y todo el sistema nervioso. Este protocolo demostrado de salud comprende un regreso consciente a las proteínas, las grasas, los carbohidratos y los demás micronutrientes proporcionados originalmente por nuestro Creador al ser humano, la más superior de sus criaturas.

Al hablar de la base que tiene la dieta del Creador, refutaremos algunos mitos populares acerca de los grupos básicos de alimentos. Les quiero advertir a los no iniciados que esto los va a *conmocionar*. Gran parte de la información que está a punto de leer ha sido confirmada por numerosos estudios científicos anónimos y controlados por medio de placebos realizados a lo largo de muchos años, y también por miles de años de historia. Puede tener la seguridad de que no ha leído esta información en revistas populares, libros y programas de televisión con una agenda que supuestamente nos lleva a una salud mejor.

La comprensión de nuestras raíces

Hace sólo cien años o menos, la dieta del estadounidense promedio era drásticamente distinta a la dieta de hoy, nuestra DEP/SAD (dieta estadounidense promedio). Entonces se desconocía por completo los "monocultivos" corporativos extensos, con concentración en la especialidad de una sola cosecha, fertilizantes químicos y pesticidas. La dieta típica estaba formada mayormente por frutas, vegetales, cereales silvestres y semillas, pescado, productos lácteos crudos y sin pasteurizar y carne de animales salvajes. (Por supuesto, las comidas variaban grandemente según los lugares y los tipos de alimentos de que se disponía).

Puesto que el Creador nos hizo con un diseño perpetuo en mente, no nos debería sorprender el descubrimiento de que ansiamos en su estado natural las mismas comidas que consumían nuestros antepasados. Nuestro cuerpo físico fue creado como una maravillosa máquina muy bien ajustada, preparada genéticamente por los requisitos de nutrición establecidos desde los comienzos de los tiempos.

La fisiología y la bioquímica del ser humano están dirigidas hacia los alimentos que el Creador quería que comiéramos, y no para los productos de alta velocidad de las plantas modernas de "procesamiento" o las ventanas de las ventas de alimentos rápidos. (He hecho el cálculo de que más de la mitad de los "alimentos" que solemos consumir hoy no los comían nuestros antepasados).

Nuestros antepasados consumían entre el 30% y el 65% de sus calorías diarias (y hasta cien gramos de fibra al día), procedentes de una amplia variedad de frutas y vegetales frescos. Por eso, mucho antes del descubrimiento de las vitaminas, las personas que tenían acceso a los alimentos saludables llevaban una vida sumamente larga, sin deficiencias vitamínicas ni enfermedades graves. Sus necesidades de proteínas quedaban satisfechas con el consumo de animales alimentados con pasto, de animales de caza y de pescado, alimentos ricos en los altamente beneficiosos ácidos grasos omega-3 y el ALC/CLA (ácido linoleico conjugado). Estas grasas los protegían de enfermedades como el cáncer, la diabetes y las dolencias de tipo cardíaco.

Las proteínas del Creador

La palabra *proteína* se deriva del vocablo griego *proteion*, que significa "preeminente, de primordial importancia". Al latín se traduce como "primario" es decir, que se trata del constituyente primario del organismo.[1] El cuerpo humano necesita veintidós aminoácidos para construir sus órganos, músculos y nervios (y muchas cosas más). También tiene la capacidad de convertir los aminoácidos en proteínas que combaten las invasiones de protozoos, bacterias y virus, y que también tienen capacidad para comunicarse internamente. En total, su organismo fabrica o utiliza alrededor de cincuenta mil proteínas distintas, entre ellas cinco mil proteínas especializadas que reciben el nombre de enzimas.

Bajo condiciones normales, el cuerpo humano saludable puede fabricar catorce de esos veintidós aminoácidos a partir de las fuentes alimenticias saludables que entran al cuerpo. Los ocho aminoácidos *esenciales* restantes deben proceder de otras fuentes externas al cuerpo. Si falta aunque sea *uno* de esos ocho aminoácidos esenciales, el cuerpo no puede sintetizar las demás proteínas que necesita, por muchas proteínas que coma.[2] Las proteínas animales son nuestra única fuente completa de proteínas, y nos proporcionan esos ocho aminoácidos esenciales. Cuando no obtenemos los aminoácidos y proteínas esenciales que necesitamos, comenzamos a perder músculo en el miocardio (el corazón), lo cual puede contribuir a las enfermedades de coronarias.[3]

Las semillas debidamente preparadas (germinadas o fermentadas), las legumbres y los cereales representan las mejores fuentes de proteínas del reino animal, pero tienen un contenido bajo de triptófano, cistina y treonina, como todos los demás alimentos de origen vegetal. Hay otras fuentes que son bajas en otros componentes proteínicos adicionales, y ésa es la razón por la cual muchos vegetarianos insisten en varias sus fuentes de vegetales al comer.

Los polvos de proteína que se han hecho populares (aislados de proteína), derivados de la soya, claras de huevo, suero y caseína, se suelen fabricar usando altas temperaturas o fuertes procesos químicos que dejan las proteínas prácticamente inútiles. Hay estudios que demuestran que los aislados de proteína de soya que hay en esos polvos tienden a tener "un alto contenido de fitatos que bloquean los minerales, fitoestrógenos que reprimen el funcionamiento de la tiroides y potentes inhibidores de enzimas que reprimen el crecimiento e incluso pueden llegar a causar cáncer".[4]

Hay tres aminoácidos esenciales clave que tienen suma importancia para el cerebro y el sistema nervioso: la metionina, la cisteína y la cistina. Estos aminoácidos abundan en los huevos y la carne. Aunque el consumo de frutas y vegetales orgánicos es una base obvia e importante de la dieta del Creador, el ser humano no puede funcionar de forma óptima sin ciertas proteínas y grasas que sólo se encuentran en fuentes de origen animal (y las técnicas humanas de producción en masa raras veces proporcionan las proteínas del Creador, si es que las proporcionan alguna).

Los productos de origen animal comprados en las tiendas de víveres tienen tendencia a estar contaminados con pesticidas, herbicidas y fertilizantes químicos, sin tener en cuenta el uso excesivo tan común de antibióticos y hormonas del crecimiento en la alimentación comercial a gran escala que ha recibido el animal, lo cual hace que estos alimentos sean francamente peligrosos.

Por estas razones y por otras, sólo recomendamos proteínas animales procedentes de la carne de res, cordero, cabra, búfalo, venado, alce y otras carnes rojas limpias; pescado con aletas y escamas, procedente de océanos y ríos; pollo, pavo y otras aves criadas libres o alimentadas con comidas orgánicas y con pasto. También recomendamos las carnes "limpias" procedentes de animales que no estén en cautiverio. Todas estas cosas son cada vez más fáciles de encontrar en su tienda de víveres o en su tienda local de alimentos naturales para la salud.

Bajo ninguna circunstancia recomendamos como fuentes de proteínas el cerdo o productos derivados del cerdo, crustáceos o ninguna de las otras carnes bíblicamente inmundas, como el avestruz y el emú, que se están haciendo tan populares.

Las grasas del Creador

Como he venido mencionando a lo largo de todo este libro, la Biblia da una información increíble sobre la salud; en especial sobre la dieta. Las comidas consumidas por los israelitas hicieron de ellos el pueblo más saludable del planeta durante aquella época. Al leer las instrucciones de la Biblia sobre la alimentación, muchas personas conscientes en cuanto a la salud parecen hacer la misma pregunta: ¿Cómo es posible que el Creador afirme que las "grasas" son fuentes saludables de alimentación para los seres humanos? ¿Acaso no sabe que las grasas saturadas y el colesterol son las principales causas de las enfermedades del Cristo y del cáncer?

¿Grasas saturadas buenas?

Al contrario de lo que afirma el mito perpetuado desde fines de los años cincuenta que establece una supuesta conexión entre las grasas y el colesterol de la dieta con las enfermedades de coronarias, en realidad hay muchas grasas saturadas que son buenas para el cuerpo. Tal vez no le sea fácil creer esta verdad; no obstante, sigue siendo cierta.

Michael DeBakey, famoso cirujano del corazón, estudió mil setecientos pacientes con endurecimiento de las arterias, y *no halló relación alguna entre el nivel de colesterol de la sangre y la aparición de la aterosclerosis*. El Concilio para la Investigación Médica llegó a la conclusión de que los hombres que comen mantequilla (una de las grasas clave de la Biblia) tienen la mitad del riesgo de desarrollar una dolencia cardíaca, que los que consumen margarina (una grasa hecha por el hombre que muchas veces es imposible de digerir y tóxica). Un estudio que comparó a los judíos yemenitas de Israel que comían mantequilla con los que consumían margarina y aceites vegetales arrojó unos resultados parecidos.[5]

Las grasas saturadas no son los "demonios de la dieta" causantes de las enfermedades modernas. La verdad —según la Biblia, las evidencias antropológicas de civilizaciones pasadas y las investigaciones científicas recientes— señala con claridad que las grasas saturadas desempeñan un papel clave en la química de nuestro organismo.

Sally Fallon, conocida investigadora de la nutrición, y Mary Enig, Ph.D., experta internacional en el campo de la bioquímica de los lípidos (las grasas), escribieron juntas la obra *Nourishing Traditions* ("Tradiciones en la alimentación") y en ella mencionan algunos papeles clave que desempeñan las grasas saturadas:[6]

- Los ácidos grasos saturados constituyen por lo menos el cincuenta por ciento de todas las membranas celulares.
- Por lo menos el cincuenta por ciento de la grasa que consumimos en los alimentos debe ser saturada; de no serlo, no nos es posible incorporar con eficacia el calcio a nuestra estructura ósea.
- Las grasas saturadas en realidad *bajan el Lp (a)*, sustancia clave de la sangre que indica la tendencia a enfermedades del corazón.
- Las grasas saturadas protegen el hígado del alcohol y otras toxinas, como las contenidas en las drogas antiinflamatorias no esteroides (DAINEs/NSAIDs).
- Las grasas saturadas fortalecen el sistema inmune.
- Sin las grasas saturadas, no podemos utilizar de manera adecuada unos ácidos grasos esenciales como los ácidos grasos omega-3, que son de suma importancia.
- El ácido esteárico 18-carbónico y el ácido palmítico 16-carbono, ambos saturados, *proporcionan el combustible preferido del corazón*, y ésta es la razón por la cual la grasa que rodea al músculo del corazón es altamente saturada.
- Los ácidos grasos saturados de cadena corta y media que se encuentran en la mantequilla y los aceites de coco y de palma tienen importantes propiedades antimicrobianas. Nos protegen contra los microorganismos dañinos del tubo digestivo.

Las autoras resumen su estudio con esta asombrosa declaración: "Evaluadas con honestidad, las evidencias científicas no sostienen la afirmación de que las grasas saturadas que 'atascan las arterias' causan enfermedades del corazón. En realidad, la evaluación de las grasas que se encuentran en las arterias tupidas revela que sólo hay un veintiséis por ciento que es saturada. El resto es insaturada, de la cual más de la mitad es poliinsaturada".[7]

Uffe Ravnskov, M.D y Ph.D., autor del estudio citado por Fallo y Enig, escribe:

Los estudios realizados en tribus africanas han demostrado que la ingestión de enormes cantidades de grasas de origen animal no siempre aumentan el nivel de colesterol en la sangre; al contrario, es posible que sea muy bajo. Por ejemplo, los samburu comen alrededor de una libra (medio kilo) de carne y beben casi dos galones (ocho litros) de leche cruda al día durante la mayor parte del año. La leche del cebú africano tiene mucha más grasa que la leche de vaca, lo cual significa que los samburu consumen más del doble de la cantidad de grasa animal que el estadounidense promedio, y sin embargo, su colesterol es mucho más bajo; alrededor de 170 mg por dl.[8]

La culpa por las enfermedades del corazón no se les debe achacar a las grasas o el colesterol de origen animal, sino al consumo excesivo de aceites vegetales, grasas hidrogenadas y carbohidratos refinados, a las deficiencias de vitaminas y minerales y a la disminución o desaparición de grasas antimicrobianas en la alimentación (de grasas animales y aceites tropicales).[9]

Las grasas más importantes para la salud

Las grasas del Creador son esenciales para la buena salud y para una protección máxima contra las enfermedades. Se encuentran en fuentes naturales, tanto vegetales como animales. Muchas personas no se dan cuenta de que las proteínas y las grasas animales se presentan juntas por una razón: que necesitamos las grasas para asimilar de la forma debida las proteínas y los minerales. Tal vez nuestras grasas más importantes (y de las que más carecemos) sean los ácidos grasos omega-3, que se encuentran en el aceite de hígado de bacalao, los huevos con alto contenido de omega-3 y peces marinos como el salmón, la caballa y las sardinas. Se encuentra también en pequeñas cantidades en los productos de carne, aves y lácteos procedentes de animales alimentados con pasto.

Una advertencia: Con la popularidad creciente del salmón, cada vez son más los distribuidores, las cadenas de tiendas de víveres y los restaurantes que han acudido al *salmón criado en granja* para satisfacer la demanda. Esto es contrario a los designios del Creador para el salmón. Las investigaciones han señalado que los ácidos grasos omega-3 que son tan abundantes en el salmón pescado en el mar se cambian en ácidos grasos omega-6 cuando se lo cría en granja, lo cual crea un desequilibrio de estos nutrientes para el cuerpo. Pida siempre salmón pescado en el mar, sobre todo las variedades procedentes de las aguas frías de Alaska, que ofrecen un saludable *equilibrio* de los ácidos grasos omega-3 y omega-6.[10]

El consumo en gran cantidad de ácidos grasos omega-3 es de máxima importancia para contrarrestar los efectos de la superabundancia de ácidos linoleicos omega-6 y grasas hidrogenadas en la mayoría de las dietas de los estadounidenses, combinación que se ha relacionado con las inflamaciones excesivas y la formación de tumores cuando se hallan presentes carcinógenos y ciertas enzimas en las células que forman las paredes interiores del colon.[11]

Cuidado con las grasas hidrogenadas

A muchas grasas *hidrogenadas* (grasas líquidas a las que se les ha inyectado hidrógeno a altas temperaturas y bajo una alta presión para hacerlas sólidas a la temperatura ambiente) se les hace una fuerte propaganda como "alimentos saludables", pero los hallazgos de la ciencia no es eso lo que dicen. El proceso de producción las convierte en *ácidos transgrasos* imposibles de digerir. Las grasas hidrogenadas han sido asociadas con el cáncer, la aterosclerosis, la diabetes, la obesidad, el mal funcionamiento del sistema inmune, la falta de peso en los recién nacidos, los defectos de nacimiento, la disminución de la agudeza visual, la esterilidad, la dificultad en la lactación y los problemas con los huesos y los tendones.[12]

La dieta del Creador se centra en la ingestión equilibrada de grasas naturales que se presentan en el pescado procedente del mar, el aceite de hígado de bacalao, los huevos con omega-3 y las carnes orgánicas de animales alimentados con pasto y sueltos en el campo. También incluye productos animales como la mantequilla, los quesos y los productos diarios lactofermentados con toda su grasa, como el yogurt y el quéfir, así como la leche cruda y la crema de la leche de cabra, oveja, vaca y otros mamíferos bíblicamente "limpios".

Los carbohidratos del Creador

Los carbohidratos son los *almidones* y *azúcares* producidos por todas las plantas, sintetizados por el cuerpo a partir de proteínas y grasas y "refinados" por los humanos hasta que se convierten en calorías "negativas" que le quitan nutrientes al cuerpo en lugar de reemplazarlos.

El azúcar de mesa (sacarosa) y su prima hermana, la harina de trigo refinada y blanqueada, son las versiones despojadas y carentes de nutrición de unos alimentos que se producen en la naturaleza. Estos productos refinados eran virtualmente desconocidos antes del año 1600 d.C., pero ciertamente han dejado su huella en la raza humana durante los últimos cuatrocientos años.

Una revolución del azúcar

El azúcar en todas sus formas comerciales ha tomado a los Estados Unidos por asalto. Hace cerca de doscientos años, el estadounidense promedio consumía unas diez libras (cuatro kilos y medio) de azúcar al año. Hoy en día, dejamos a un lado una manera más saludable de comportarnos para sacar del azúcar la *cuarta parte* de nuestro consumo anual de calorías, lo cual significa unas 170 libras (77 kilos) de azúcar al año por cada uno de nosotros.[13]

Cuando dos agencias de las Naciones Unidas, la Organización Mundial de la Salud (OMS) y la Organización para el Alimento y la Agricultura, publicaron los resultados de un estudio sobre la forma de detener la epidemia mundial de enfermedades relacionadas con la obesidad, también lanzaron una firme advertencia de que se debía disminuir en el 2003 el porcentaje de calorías basadas en el azúcar al diez por ciento.[14]

De inmediato surgieron protestas e indignadas publicaciones de noticias por parte del Instituto del Azúcar (la noticia que publicaron llevaba este titular: "Asociación del Azúcar Continúa Rechazo de Publicación de Informe Mal Orientado sobre Dieta y Nutrición de la OMS"[15]), los Fabricantes de Víveres de los Estados Unidos y la Asociación Nacional de Sodas de los Estados Unidos, entre otros. *Me pregunto por qué.*

La parte más triste de este cuadro es la posición oficial del gobierno de los Estados Unidos, líder de una nación que se halla en primer lugar en el mundo en cuanto a obesidad. Las "Orientaciones para los Estadounidenses sobre la Dieta" y las normas oficiales del USDA sólo incluyen una débil advertencia de que se debe consumir el azúcar "con moderación" (mientras recomienda el *agua con fluoruro* como el método *preferible* para proteger de caries los dientes). Y orienta a la nación hacia el consumo de *más carbohidratos* aún con su "pirámide de alimentos" recientemente revisada.[16]

Esa misma imagen dietética y ese mismo estilo de vida son los que pueden poner a uno de cada tres estadounidenses en peligro de desarrollar diabetes (en los niños hispanos, el peligro es de uno por cada dos), según K. M. Venkat Narayan, M. D., jefe de la sección de epidemiología de la diabetes en los Centros para Control de Enfermedades de Atlanta.[17] Mientras tanto, la Academia Nacional Estadounidense del Instituto de Medicina de las Ciencias llega a recomendar que *el azúcar llegue a proporcionar hasta el veinticinco por ciento de las calorías.*[18]

LA DIETA DE ABUELA ROSE

Mi abuela Rose nació en una granja de Polonia donde se consumían las frutas y los vegetales directamente del huerto; huevos de gallinas que andaban sueltas; leche directamente de la vaca o de la cabra; pescado de agua fría, como sardina y aceite de hígado de bacalao, y carnes de animales alimentados con pasto. Exprimían la semilla de linaza y la de amapola para sacarles el aceite, usando su propio molino. "Yo solía comer tortas de lignina de linaza como golosinas con pan negro amargo", recuerda. "Solíamos tomar pedazos de las tortas de linaza y mojarlos en el aceite acabado de salir de la prensa."

Abuela sobrevivió al cáncer, gracias en parte a la dieta del Creador. Estoy convencido de que sus problemas comenzaron después que su familia emigró a los Estados Unidos, donde se enamoró del pan blanco y comenzó a comer gran cantidad de comida poco saludable, recargada de azúcar, incluyendo pasteles y rosquillas de la pastelería. Me imagino que haya muchas historias parecidas de inmigrantes que pierden su salud después de llegar a la "tierra de la abundancia".

Una forma más natural

Los carbohidratos del Creador —incluyendo los azúcares naturales— proceden directamente de la naturaleza, sin el llamado refinado o enriquecimiento. Hay dos tipos de azúcares naturales den las comidas altas en carbohidratos. El primer tipo son los *disacáridos*, son cadenas con dos azúcares simples. Entre los disacáridos se encuentran la sacarosa (el azúcar de mesa), la lactosa (el azúcar de la leche), la maltosa y muchas otras. Entre los alimentos que contienen disacáridos se encuentran el azúcar, los cereales, las papas, el maíz y los productos lácteos sin cultivos. Estos alimentos pueden ser difíciles de digerir, a menos que se consuman en su "forma predigerida" (esto es, después de haber sido puestos en remojo, que han retoñado y/o que han fermentado).

El segundo tipo de azúcar que hay en los alimentos con carbohidratos consiste en *monosacáridos*, que son los azúcares "simples" que se encuentran en las frutas, los vegetales, los frutos secos, las semillas, los granos fermentados o con brotes y los productos lácteos. Éstos se digieren con mayor facilidad. Para comer carbohidratos a la manera del Creador, incluya sólo en su dieta productos integrales que hayan sido tratados en la forma debida remojándolos, dejándolos brotar o fermentándolos, lo cual convierte a los disacáridos en monosacáridos, y reduce o elimina los fitatos, que no se digieren con facilidad, y que en realidad pueden causar deficiencias en la nutrición.

Entre estos carbohidratos naturales se hallan el pan integran de masa agria, los panes de grano brotado y semillas de cereales, y las lentejas, los frijoles y otras legumbres, remojados y fermentados. Comprenden también las semillas y los frutos secos remojados, las frutas y vegetales frescos y los vegetales fermentados.

Antes de la llegada de los procesos de fabricación en gran escala, era común que la gente que vivía mucho remojara los granos de un día para otro y después los dejara secar al aire libre hasta que hubieran germinado o *brotado* parcialmente, o los hicieran pasar por un antiguo proceso de fermentación. Con estos granos hacían panes y otros alimentos.

En la actualidad sabemos que estos procesos son eficaces para quitar los *fitatos* de la cubierta externa de los granos naturales. Los fitatos son sustancias que contienen fósforo en forma acídica, y también poderosos *inhibidores de enzimas* que se combinan con los minerales del tubo intestinal (o los "atrapan") y bloquean su absorción. Sin tener esta comprensión científica, nuestros antepasados preparaban sus comidas de una forma que mejoraba la digestión y la salud.

Algunos de los fitatos más tóxicos aparecen en la forma externa de cereales azucarados para el desayuno que llenan los estantes de las tiendas de víveres de los Estados Unidos. Según Fallon y Enig, "los estudios señalan que estas preparaciones de cereales integrales pueden tener en el azúcar de la sangre unos efectos más adversos aún que el azúcar refinado y la harina blanqueada".[19] El Dr. Edward Howell, uno de los grandes científicos expertos en enzimas del siglo XX, y autor de *Food Enzymes for Health and Longevity* (Lotus Press, 1994), observa que los productos de nuestras técnicas mecanizadas "modernas" de recoger las cosechas carecen de algo de lo cual nuestros antepasados disponían en abundancia: una nutrición *digerible* o *biodisponible*.

Las técnicas modernas disminuyen el valor nutritivo.

Aunque las técnicas modernas para la recogida de las cosechas han multiplicado decididamente la *eficacia* de manera geométrica, también han disminuido en el mismo grado el valor nutritivo. El Dr. Howell observa que las antiguas técnicas para cosechar ayudaban a mantener y mejorar el valor nutritivo del grano. Después de cortar los granos maduros en el campo, los agricultores reunían las espigas y las ataban de manera holgada, poniéndolas de pie en gavillas, dejándolas toda la noche en el campo antes de trillarlas (o quitar el grano de las espigas) al día siguiente. Esto permitía que el grano germinara o brotara.

La germinación inicia en las semillas una transformación química que neutraliza de manera natural los fitatos o inhibidores de enzimas que el Creador puso en el exterior de ellas. Las semillas son activadas, o cobran vida, haciendo que toda la nutrición que hay dentro de ellas sea digerible. Estas semillas germinadas de trigo y cebada, y el pan se hace de ellas, tenían una gran importancia en los tiempos bíblicos. Esta "provisión de vida", también viva ella misma, proporcionaba unos carbohidratos fácilmente digeribles que daban vida.

Sin embargo, la gente de la Biblia no comía grandes cantidades de carbohidratos, como hacemos nosotros. En realidad, ingerían mucha menos comida de la que nosotros comemos hoy. No consumían una dieta "alta en carbohidratos", sino que de acuerdo con las normas de hoy, habrían consumido una dieta baja en carbohidratos. Era corriente en los tiempos bíblicos que las personas comieran una sola vez al día en ocasiones. Y los granos que comían eran sanos, brotados o germinados, con cantidades menores de disacáridos y de fitatos.[20]

Los productos lácteos del Creador

A pesar de toda la agitación y controversia moderna sobre los productos lácteos, la Biblia dice con claridad que la leche producida por animales limpios, como el ganado vacuno, las ovejas y las cabras es una comida viable, y aceptable para el consumo humano.

Los mayores problemas de los productos lácteos actuales proceden de nuestro hábito de "manipular" a los animales que los producen y a sus productos, para "memorarlos". Los productores de lácteos actuales crían de manera selectiva las vacas lecheras y las inyectan con hormonas para el crecimiento a fin de hacer pasar su producción anual de leche de 500 libras(230 kilos) a 3,000 libras (1,400 kilos). Eso nos da una gran cantidad de leche llena de hormonas y rica en antibióticos... para que la disfrutemos.

En lugar de permitir que las vacas se alimenten con el pasto del campo, las llenan de comidas a base de soya, ricas en proteínas. Las vacas a su vez producen una cantidad increíble de leche durante dos años, y después comienzan a sufrir de mastitis crónica (infección de las ubres) y viven menos tiempo. La leche que recibimos en cantidades tan grandes es muy baja en nutrientes, sobre todo si se la compara con la leche altamente nutritiva que producen las vacas y otros animales cuando se los alimenta con pasto.

Un procesamiento de la leche que no es saludable

Las sociedades originales y primitivas comprendían el increíble valor de los productos lácteos. La mantequilla y la crema en particular proporcionan todo un tesoro de vitaminas, enzimas y grasas que fomenta la salud corporal y la larga vida. En los días anteriores a la refrigeración, virtualmente todas las sociedades practicaban unos métodos de fermentación probados por el tiempo, con el fin de conservar y preparar los productos lácteos para consumirlos a lo largo del tiempo.

Los productores modernos de leche tienen por costumbre pasteurizar la leche, calentándola a altas temperaturas para destruir las bacterias indeseables. Este proceso destruye todos los organismos beneficiosos de la leche, junto con todas las enzimas (lo cual es considerado como la "prueba final" para el éxito en la pasteurización). También altera los aminoácidos vitales, reduciendo nuestra capacidad de acceso a las proteínas, grasas, vitaminas y minerales que contiene la leche. (En realidad, las normas sanitarias modernas, los tanques estériles de acero inoxidable y la tecnología para ordeñar, han hecho que la pasteurización sea mayormente *innecesaria* hoy).

Los productores de leche también le "añaden" leche en polvo y vitamina D_2 sintética, o D_3 tóxica a la leche "baja en grasas" a fin de hacerla más espesa. Entonces "homogenizan" la mezcla para que las partículas grasas se mantengan en suspensión, haciéndolas imposibles de digerir en los intestinos, pero con grandes probabilidades de atravesar las paredes intestinales y entrar directamente en el torrente sanguíneo.

Unas decisiones mejores

Prefiera siempre la mantequilla a la margarina u otras "pastas bajas en grasa". Busque la leche cruda de cabra o de vaca. Tal vez sea difícil, pero habrá valido la pena. (En el Apéndice B hay una lista nacional de fuentes de leche cruda).

La leche de cabra en particular es *muy* buena para el consumo humano, porque es muy fácil digerirla. (Se digiere en sólo veinte minutos, comparada con las tres horas que tarda la leche pasteurizada de vaca). Contiene menos lactosa (el tipo de azúcar que hay en la leche, y que a muchos se les hace difícil digerir) y está llena de vitaminas, enzimas y proteínas. El 65% de la población mundial bebe leche de cabra.

Busque en las tiendas de comidas saludables los quesos hechos de leche cruda, y aprenda a hacer su propio quéfir, yogurt de leche entera y otros productos lácteos fermentados. (El proceso de fermentación hace que la mayoría de los productos lácteos sean muy digeribles para la gente sensible).

La fibra del Creador

Durante miles de años antes del nacimiento de las empresas gigantes estadounidenses de procesamiento de alimentos, lo que se comía se encontraba a un solo paso de su estado natural, tal como el Creador lo quería. Se recogían los vegetales del jardín que había en el traspatio y se preparaban para la mesa; se disfrutaba de los vegetales fermentados durante el invierno. Las frutas se recogían en los frutales y las vides de la familia.

Las partes nutritivas de estos alimentos que se podían digerir, pasaban eficazmente a través de las paredes de los intestinos para entrar al torrente sanguíneo. El resto —la *fibra*—, formado por las paredes de las células (la celulosa), la hemicelulosa, la pectina, el lignan, las gomas y los mucílagos que no eran digeribles, continuaban el viaje por el colon hasta su eliminación final.

La fibra: ¿amiga o enemiga?

La fibra se presenta en dos formas. La *fibra insoluble* es imposible de descomponer, mientras que la *soluble* se disuelve en el agua. Es vital para el cuerpo, porque favorece la regularidad en los movimientos intestinales, evita el estreñimiento, aumenta la eliminación de materiales de desperdicio en el intestino grueso y presiona a los músculos del recto para que se aflojen y expulsen el desperdicio sin que haya una presión indebida sobre los delicados tejidos del recto.

La fibra del salvado se hizo popular después que un cirujano misionero inglés, el Dr. Dennis Burkitt, anunció los resultados de unos estudios de avanzada en la década del 1970 en el que se observaba que entre los africanos que vivían en el campo y tenían una dieta alta en fibras se presentaban una cantidad mucho menor de casos de cáncer del colon que en la gente occidental. Burkitt ya se había distinguido por ser el primero en descubrir y describir en 1958 lo que hoy se llama "linfoma de Burkitt". Su descubrimiento posterior de un pueblo primitivo en el que apenas había casos de diabetes, estreñimiento o síndrome de intestinos irritables, parecía apoyar la conclusión de que el alto consumo de fibra por parte de estos africanos era el causante de su buena salud intestinal.[21]

En mi opinión, la premisa básica del Dr. Burkitt era correcta, pero los medios de comunicación y la cultura de la salud de los Estados Unidos tomaron la "hipótesis de la fibra" en un sentido totalmente distinto. Mientras que las poblaciones tribales africanas que estudió el Dr. Burkitt raras veces comían *cereales*, en Estados Unidos se fomentó la idea de que comer grandes cantidades de fibra de *salvado* procedente de trigo integral ayudaba a evitar el cáncer del colon, la diverticulosis, las hemorroides y los pólipos del colon.

Durante treinta años, la hipótesis de la fibra de los cereales (en especial la procedente del salvado) fue considerada tan cierta como el evangelio. Sin embargo, lo cierto es que la fibra de salvado en realidad *agrava* muchas de estas situaciones. Yo no podía comer fibra de salvado durante mi batalla con la enfermedad de Crohn, y todavía hoy ni lo toco, por su gran contenido de fitatos que bloquean a los minerales. La fibra que se presenta en los cereales es un carbohidrato. El consumo excesivo de los alimentos basados en cereales y altos en carbohidratos, como el salvado, los cereales ricos en fibra para el desayuno, el pan integral (de granos no brotados ni fermentados) y la soya, todos ellos con un alto contenido de fitatos, es una de las causas primarias de las enfermedades intestinales y de otras dolencias.

La fibra amistosa

Las fuentes de fibra procedentes del Creador que son recomendadas, la clase de fibra que favorece la salud del colon, se encuentran en los alimentos altos en fibras, pero *bajos en carbohidratos*. Entre ellos se encuentran el brécol, la coliflor, el apio y la lechuga, además de las semillas, nueces, los cereales y las legumbres que hayan sido puestos en remojo o que tengan brotes. Las bayas y otras frutas pequeñas, además de las frutas y los vegetales que tienen una piel comestible, son también buenas fuentes de fibra baja en carbohidratos. Además de proporcionar la clase correcta de fibra, estos alimentos son ricos en vitaminas, minerales y antioxidantes.

Otra forma de fibra provechosa, llamada *fibra mucilaginosa*, ayuda también a aliviar el estreñimiento y mitiga la inflamación de los tejidos en las paredes internas de los intestinos, al mismo tiempo que disminuye el tiempo de tránsito para que haya una eliminación correcta. La disminución de este tiempo de tránsito significa que se eliminan con rapidez las toxinas, antes que se pudran en el colon. La fibra mucilaginosa se encuentra en la chía y las semillas de linaza.

La fermentación del Creador

En una ocasión oí a un hombre decir que la creación del refrigerador es uno de los peores inventos para nuestra salud. Antes de la refrigeración artificial, la fermentación era la "refrigeración del hombre pobre" (¿o tal vez deberíamos decir "del hombre rico"?) para conservar sus alimentos de una manera saludable. Pocos estadounidenses procedentes de zonas urbanas y suburbanas saben algo acerca de esta forma de conservar los alimentos. La mayoría de los habitantes del mundo —lo cual incluye a la gente de Europa, Asia, África, América del Sur y diversas naciones del Tercer Mundo y en proceso de desarrollo— dependen todavía de la fermentación para conservar los alimentos y protegerlos de los organismos peligrosos que hay en otras comidas y bebidas.

Hace miles de años, Abraham atendió a sus visitantes angélicos, sirviéndoles su mejor carne, productos lácteos y cuajada fermentada de crema.

"Entonces Abraham fue de prisa a la tienda a Sara, y le dijo: Toma pronto tres medidas de flor de harina, y amasa y haz panes cocidos debajo del rescoldo. Y corrió Abraham a las vacas, y tomó un becerro tierno y bueno, y lo dio al criado, y éste se dio prisa a prepararlo. Tomó también mantequilla y leche, y el becerro que había preparado, y lo puso delante de ellos; y él se estuvo con ellos debajo del árbol, y comieron."

—GÉNESIS 18:6-8

Se afirma que los chinos ya fermentaban la col hace seis mil años. Y según Annelies Schoneck, el emperador romano Tiberio siempre llevaba consigo un barril de chucrut (col fermentada) cuando hacía sus largos viajes al Oriente Medio.[22] La fermentación es especialmente eficaz para liberar importantes compuestos nutritivos por medio de una "predigestión". De no ser así, estos elementos pasarían por el sistema digestivo del ser humano sin digerir y sin utilizar.

Las técnicas modernas de fermentación basada en el vinagre, usadas para la producción comercial a gran escala *no* producen los mismos beneficios que la *fermentación con ácido láctico*, que producen unos microorganismos beneficiosos. Esta actividad biológica natural produce unas enzimas que descomponen los alimentos, convirtiéndolos en unos compuestos utilizables, e inhiben el crecimiento de las bacterias que causan la putrefacción.

Todas las culturas del mundo que han durado largo tiempo han consumido vegetales fermentados, productos lácteos y carne. Los aborígenes de Australia enterraban batatas en el suelo durante meses antes de sacarlas para consumirlas. La proliferación de lactobacilos y otros microorganismos favorables que se produce en los vegetales fermentados los hace más digeribles, aumenta los niveles vitamínicos y produce enzimas útiles, además de antibióticos naturales y sustancias anticarcinógenas.

Lo mismo sucede con el chucrut lactofermentado que describen los escritos romanos antiguos, y en los tomates verdes, pimientos y lechugas encurtidos en Rusia y Polonia. Los pueblos asiáticos hacen encurtidos legendarios de col, nabo, berenjena, pepino, cebolla, calabaza y zanahoria (entre ellos, el *kimchi* coreano, un condimento lactofermentado de col con otros vegetales y sazones, y los vegetales encurtidos japoneses).

Entre los alimentos lactofermentados de los Estados Unidos se incluyen toda la gama de vegetales, condimentos, huevos y numerosas frutas nativas en encurtido, además de casi todos los productos fermentados traídos de Europa, del Asia y de las naciones americanas situadas más al sur.

Entre los productos lácteos lactofermentados fáciles de preparar uno mismo se encuentran el yogurt, el quéfir, los quesos, el requesón y la crema con cultivo (llamada también *crème fraîche*), todos ellos excepcionalmente sanos y nutritivos. Si usted tiene intolerancia de lactosa, es necesario que sepa que las bacterias saludables "probióticas" que participan en el proceso de lactofermentación se alimentan con la lactosa de la leche, dejando tras sí la galactosa, un azúcar monosacárido de fácil digestión).

Las enzimas, las vitaminas vivas y los minerales del Creador

Cuando el Creador nos proveyó de proteínas, las situó muy próximas a las grasas saludables que se necesitan para una asimilación adecuada de las proteínas. También nos proporcionó las *enzimas* como una especie de "cerilla" divina destinada a prender el fuego de la digestión.

Las enzimas son proteínas especializadas que desatan, facilitan y aceleran las reacciones químicas, al mismo tiempo que se mantienen sin cambio alguno a lo largo del proceso. Estos catalizadores naturales se encuentran en todos los organismos *vivos*, sobre todo en la comida cruda o sin cocinar.

Hay tres tipos de enzimas: *digestivas, metabólicas* y de los *alimentos*. Las tres enzimas digestivas son las *proteasas* (para digerir las proteínas), las *amilasas* (para digerir los carbohidratos) y las *lipasas* (para digerir las grasas). Estas enzimas ayudan al cuerpo a descomponer los alimentos para que puedan ser absorbidos en el intestino delgado. El propio cuerpo fabrica enzimas *metabólicas* que dirigen sus funciones y controlan a las enzimas digestivas. Las enzimas de los *alimentos* sólo se encuentran en las comidas crudas sin cocer. Una de estas enzimas, la *celulasa*, descompone la fibra vegetal conocida como celulosa, y la hace digerible.

La deficiencia cultural de enzimas

El calor prolongado mata todas las enzimas, como lo hacen la cocción, el procesamiento y la pasteurización. Por eso debemos comer alimentos crudos junto con los cocidos. Los alimentos lactofermentados son especialmente ricos en enzimas digestivas beneficiosas de todo tipo.

El Dr. Howell, a quien ya mencionamos, sostenía que todos los seres humanos nacen con un número finito o limitado de enzimas. Es posible que éste sea el tema central de su obra clásica, *Enzyme Nutrition* [La nutrición con enzimas].[23] Como estas enzimas vitales son limitadas, es importante que le proporcionemos a nuestro cuerpo tantas enzimas externas como nos sea posible, procedentes de alimentos crudos.

Lamentablemente, el contenido de vitaminas y minerales de los vegetales y las frutas que se consumen en los Estados Unidos ha ido disminuyendo durante el medio siglo pasado, debido al uso excesivo de fertilizantes químicos y de otros aditivos también químicos, además de las técnicas de monocultivo que no favorecen la renovación natural de la riqueza del suelo. Además de esto, los estadounidenses están consumiendo cantidades menores, incluso de estas frutas y estos vegetales "menos potentes", mientras se llenan con alimentos de poca calidad, virtualmente desprovistos por completo de nutrientes. Este estilo nacional de alimentación ha producido unas deficiencias en nutrientes y enzimas que se hallan muy extendidas, y han conducido a una serie de problemas de salud.

La solución que hallaron muchas personas preocupadas a estas deficiencias en la nutrición fue acudir a las vitaminas y los suplementos minerales. Lo malo de esto es, que las cosas que se venden como vitaminas y suplementos minerales en las tiendas de víveres, las farmacias e incluso las tiendas de "comida para la salud" muchas veces no son más que sustancias químicas aisladas o sintéticas, y sin vida. Peor aún, son sustitutos sintéticos producidos en el laboratorio para unos nutrientes de los alimentos que nunca habrían debido ser asimilados, de no ser en la forma natural que tienen en la comida.

Más del cincuenta por ciento de la población toma vitaminas o suplementos minerales para mejorar su energía y su actividad y reducir el riesgo de enfermedades mortales como el cáncer, las enfermedades del corazón y la diabetes.[24] A pesar de lo que se ha extendido el uso de los suplementos vitamínicos y minerales desde su introducción hace sólo unos cincuenta años, la aparición de estas enfermedades importantes ha aumentado geométricamente. Más sorprendente aún es la falta de investigación científica para mostrar la eficacia de esos suplementos de multivitaminas y minerales.

Hay una nueva forma de vitaminas vivas y minerales que está a punto de cambiar todo eso. Estos *nutrientes homeostáticos* proporcionan las vitaminas y los minerales en la forma pensada por nuestro Creador: como comida viva. Proporcionan todos los cofactores necesarios para que sean asimilados por el cuerpo, y están literalmente "vivos" con probióticos y enzimas.

Los resultados iniciales de las investigaciones que se realizan en las universidades con los nutrientes homeostáticos señalan que el consumo de estos nutrientes no sólo mejora la energía y la actividad, sino que también reduce los factores de riesgo de cáncer, enfermedades del corazón y diabetes.[25]

Las investigaciones llevadas a cabo por el Dr. Price lo llevaron a pensar que sin la vitamina A soluble en grasa (retinol), obtenida de fuentes animales como la grasa de la mantequilla, las yemas de huevo, el hígado y otras carnes de órganos, el cuerpo no puede utilizar las proteínas, los minerales ni las vitaminas solubles en agua. También descubrió lo que llamó *Activador X* —o Factor X—, un nutriente soluble en grasas que actúa como catalizador para la absorción de los minerales. El Activador X se encuentra en la crema producida por animales alimentados con pasto, el hígado orgánico y las huevas de pescado.[26]

Además de esto, existen siete "macrominerales" (calcio, cloro, magnesio, fósforo, potasio, sodio y azufre) y por lo menos treinta minerales residuales que son esenciales para la vida. Si se hallan presentes, aunque sea en cantidades diminutas, estos minerales evitan ciertas enfermedades y fomentan un funcionamiento adecuado del organismo. Entre las fuentes naturales de minerales se hallan los alimentos, bebidas y caldos ricos en nutrientes, y las multivitaminas vivas con nutrientes homeostáticos.

Los principales alimentos "curativos" del Creador

Cada vez más, la historia y la ciencia están confirmando que lo provisto por el Creador para satisfacer la necesidad de alimento que tiene la humanidad sigue siendo hoy lo mejor para asegurar la salud y la calidad de vida. En esta sección veremos algunos de esos alimentos bíblicos principales que usted puede escoger para incluirlos en su dieta con el fin de lograr salud y longevidad.

Pescado y aceite de pescado

Si sigue las precisas recomendaciones bíblicas en cuanto a los alimentos procedentes del mar que le proporciona el Creador, se podrá asegurar la salud e impedir las enfermedades. (Vea Levítico 11:9-12). El pescado es una fuente maravillosamente rica de proteínas, potasio, vitaminas y minerales. Es imprescindible que quienes no comen suficiente pescado de aguas frías tomen una forma de aceite de hígado de bacalao de alta calidad todos los días. En la actualidad entendemos científicamente que el pescado y el aceite de hígado de bacalao:

- Aguan la sangre
- Protegen las arterias de daños
- Inhiben la formación de coágulos de sangre (antitrombóticos)
- Reducen los triglicéridos de la sangre
- Disminuyen el colesterol LDL de la sangre
- Bajan la presión arterial
- Reducen el riesgo de ataque al corazón y de apoplejía

- Alivian los síntomas de la artritis reumatoide
- Reducen el riesgo de lupus
- Alivian las migrañas
- Combaten la inflamación
- Ayudan a regular el sistema inmune
- Inhiben el cáncer en los animales (y probablemente en los seres humanos)
- Alivian el asma bronquial
- Combaten los principios de enfermedades del riñón

En gran parte, los poderes curativos del pescado se encuentran en los ácidos grasos omega-3 que se hallan en concentraciones particularmente altas en el pescado de aguas frías, como el salmón, la sardina, el bonito, el arenque, la trucha de lago, la caballa, el bacalao negro, la merluza, el atún y la anchoa, y también en el aceite de hígado de bacalao.

Los médicos han estado aconsejando el uso del aceite de hígado de bacalao por más de dos siglos para una serie de dolencias, entre ellas el reumatismo y la artritis. (Se creía que podía "lubricar las articulaciones"). Hubo que esperar hasta 1985 para que recomendaran oficialmente (en el *New England Journal of Medicine*) que las personas que sufrían de artritis se podían beneficiar si comían pescado una o dos veces a la semana. (En el caso de la artritis, los aceites omega-3 *sí* "lubrican" las articulaciones).

Dentro de nuestro cuerpo hay tres villanos que causan los ataques al corazón y las apoplejías: la *placa*, que puede tupir las arterias y restringir peligrosamente el movimiento de la sangre; la *acumulación de plaquetas* (pedazos pegajosos de células de la sangre), que se acumulan y forman coágulos, y los inexplicables y repentinos *espasmos de los vasos sanguíneos*, que pueden sacar de ritmo al corazón o detener el flujo de la sangre al cerebro, causando las apoplejías. Los estudios indican que el aceite de hígado de bacalao alto en las grasas omega-3 EPA y DHA reduce o elimina estos tres riesgos. Mientras más altos sean los niveles de ácidos grasos omega-3 en la sangre, más baja será la presión arterial y menor el riesgo de enfermedades cardíacas y de cáncer.[27]

En un estudio tras otro, se ha reconocido que el aceite de hígado de bacalao desempeña un papel en el desarrollo del cerebro, de los bastoncillos y los conos de la retina de los ojos, del tejido reproductor masculino, de la integridad de la piel, de la lubricación de las articulaciones y de la respuesta inflamatoria del organismo. Esto lo ha convertido en un tratamiento de primera respuesta recomendado para los síntomas tempranos de autismo y de otros problemas neurológicos en el desarrollo de los niños.[28]

Los cereales de la Biblia: la cebada y el trigo

Dios describió la Tierra Prometida de los israelitas como "tierra de *trigo* y *cebada*" (Deuteronomio 8:8, cursiva del autor). ¿Sería coincidencia que el jovencito de Juan 6:9-13 le llevó a Jesús cinco *panes de cebada* con los cuales Él alimentó a miles? La cebada ha sido consumida durante miles de años y se sabe que mejora la potencia, el vigor y la fortaleza. A veces, a los gladiadores romanos se los llamaba "comedores de cebada", porque comían cebada antes de sus competencias para aumentar su fortaleza.

Aunque la cebada y el trigo pueden ser valiosos, sus brotes, conocidos como hierbas de cereal, son considerados por algunos como verdaderos alimentos "milagrosos". Estas hierbas contienen cuatro compuestos esenciales que suelen estar ausentes en nuestras dietas:

1. Enzimas antioxidantes
2. Trazas de minerales
3. Clorofila
4. Proteínas vegetales de alta calidad

Usted puede obtener el jugo de las hierbas tiernas de trigo y de cebada, haciéndolo usted mismo, o consumiendo un polvo verde de superalimento que contenga los jugos desecados de estas hierbas de cereales. (Vea el Apéndice B).

Cultivos lácteos procedentes de cabras, vacas y ovejas

"Y abundancia de leche de las cabras para tu mantenimiento, para mantenimiento de tu casa, y para sustento de tus criadas" (Proverbios 27:27). La leche que se consumía en los tiempos bíblicos era muy distinta a la que se consume hoy. La leche de la que habla la Biblia procedía de vacas y cabras, y era consumida directamente del animal (no se la pasteurizaba ni homogeneizaba), o era fermentada de inmediato. Estos alimentos "vivos" proporcionan unos beneficios excelentes para la salud, a diferencia de la leche de hoy, pasteurizada, homogeneizada, y con frecuencia desgrasada y "refortificada", que no sólo es menos nutritiva, sino que también puede ser dañina y convertirse en una causa principal de alergias, e incluso de enfermedades del corazón.

En aquellos tiempos era virtualmente imposible mantener fresca la leche, así que la gente "tomaba prestado" el proceso de fermentación usado para hacer el vino o el pan de masa amarga y lo usaba para conservar sus productos lácteos. El resultado era lo que hoy conocemos como yogurt, queso (suave y duro) y lo que la Biblia llama a veces *cuajada* (que algunas traducciones llaman mantequilla). He aquí algunos de los beneficios para la salud que se ha descubierto recientemente que aportan los productos lácteos *fermentados* de alta calidad:

- Proporcionan calcio que crea hueso en los niños, y también ayuda a evitar o hacer más lento el desarrollo de la osteoporosis, que aqueja a tantas personas de edad.
- Disminuyen la alta presión arterial y el colesterol.
- Atacan las infecciones bacterianas, en especial las que causan diarrea. Alivia la irritación de las paredes del estómago que producen los medicamentos o los alimentos difíciles.
- Evitan las caries dentales y la bronquitis crónica.
- Detienen el crecimiento de algunas formas de cáncer, entre ellas el cáncer del colon.
- Favorece la agudeza mental y la energía.

Los productos lácteos fermentados de alta calidad pueden proceder de leche de vaca, o de cabra. Muchas personas consideran que les da mejor resultado consumir la leche de cabra en lugar de la de vaca. A continuación, algunos de los beneficios para la salud que se atribuyen al consumo de leche de cabra.

- La leche de cabra es menos alérgena. (No contiene las proteínas complejas que estimulan las reacciones alérgicas a la leche de vaca).
- La leche de cabra no inhibe al sistema inmune.
- La leche de cabra es más fácil de digerir que la de vaca. (Una estadística antigua señalaba que la leche de cabra se digiere en el estómago de un bebé en veinte minutos, mientras que la leche pasteurizada de vaca se toma ocho horas. La diferencia está en la estructura de la leche).[29]
- La leche de cabra tiene más capacidad antiácida que los antiácidos corrientes de venta en las farmacias. (La ADEU/USDA y la Universidad A & M de Prairie View, en Texas, han confirmado que la leche de cabra tiene más capacidad para eliminar los ácidos que la leche de vaca, la fórmula de soya para recién nacidos y los antiácidos que se venden sin receta).[30]
- La leche de cabra alcaliniza el sistema digestivo. De hecho, contiene una ceniza alcalina, y no produce ácido en el sistema intestinal. Ayuda a subir el pH en el torrente sanguíneo, porque es el producto lácteo más alto en el aminoácido llamado L-glutamina. La L-glutamina es un aminoácido alcalinizante que recomiendan con frecuencia los expertos en nutrición.[31]

- La leche de cabra contiene el doble de ácidos grasos saludables de cadena mediana, como los ácidos cáprico y caprílico, que son altamente antimicrobianos. (De hecho, mataban las bacterias usadas para hacer pruebas en busca de la presencia de antibióticos en la leche de cabra).[32]
- La leche de cabra no produce mucosidad; no estimula una respuesta de defensa por parte del sistema inmune del ser humano.
- La leche de cabra es una fuente rica en rastros del mineral llamado selenio, el cual es sin embargo un nutriente necesario, a causa de sus propiedades para modular el sistema inmune y como antioxidante.[33]
- Cuando se trata de consumir leche o yogurt, yo suelo recomendar que la fuente sea la leche de cabra. No obstante, los productos lácteos de alta calidad procedentes de vacas alimentadas con pasto también pueden ser excelentes. (Vea el Apéndice A, donde hallará dos lecherías estupendas que sirven unos productos de primera categoría, los cuales se encuentran realmente dentro de los planes del Creador).

El aceite de oliva

La rama de olivo ha sido símbolo de paz a lo largo de la historia, y tanto las aceitunas como el aceite de oliva han sido usados como poderosos remedios para una amplia variedad de dolencias. El aceite de oliva es una de las grasas más digeribles de todas. Una dieta rica en aceite de oliva contribuye a la longevidad y reduce el desgaste del envejecimiento en los tejidos y órganos del cuerpo, y en el cerebro. Reduce el riesgo de enfermedades del corazón y de cáncer y puede proteger contra la úlcera estomacal.

Creo que no se debe usar el aceite de oliva extra virgen de alta calidad para cocinar, puesto que algunos de los nutrientes que contiene el aceite de oliva se vuelven menos eficaces al calentarse. Recomiendo que se mezcle con los alimentos una vez que se haya enfriado.

Las frutas pequeñas (higos, uvas y bayas)

La Biblia menciona los *higos* en más de cincuenta ocasiones, y de hecho, la higuera es el primer árbol frutal que las Escrituras mencionan por su nombre (Génesis 3:7). Ya sea frescos o secos, los higos han sido apreciados desde la antigüedad a causa de su dulzura y su valor nutritivo.

Las *uvas* fueron lo primero que Noé sembró después del diluvio (Génesis 9:20). Se las convertía en vino y vinagre, o bien se las comía frescas o secas. En la actualidad sabemos que las uvas combaten las caries dentales, detienen la acción de los virus y son ricas en otros ingredientes que muchos investigadores creen que pueden disminuir el riesgo de cáncer.

Las bayas, como el arándano, la zarzamora y la frambuesa, aunque la Biblia no las menciona de forma explícita, son superalimentos cuyos niveles de antioxidantes se encuentran entre los más altos que conoce el ser humano. El arándano contiene compuestos antioxidantes que parecen prometedores en cuanto a invertir algunos de los efectos del envejecimiento, sobre todo en la función cognoscitiva. La frambuesa contiene unos compuestos anticarcinógenos notables, además de ser bajas en calorías y altas en fibra. Son una estupenda añadidura a la dieta.

Las sopas y los caldos

Los caldos y las sopas aparecen en las dietas bíblicas, como vemos en Jueces 6:19, mientras que los caldos de carne y de pescado forman parte de la cocina tradicional de una forma virtualmente universal, sobre todo en lugares como Francia, Italia, China, Japón, África, América del Sur, Rusia y el Oriente Medio. A la sopa de pollo, considerada por muchos como un "curalotodo", hay quien la llama "*la penicilina judía*". La sopa de pescado disfruta de la misma reputación en el Oriente y en América del Sur.

Los caldos de carnes debidamente preparados son sumamente nutritivos y contienen minerales, cartílago, colágeno y electrolitos, todos en una forma fácil de absorber. Además, los caldos de carne, pescado y pollo contienen unas cantidades generosas de gelatina natural, que ayuda a la digestión y ayuda a sanar muchos desórdenes intestinales, como la acidez estomacal, el SII/IBS, la enfermedad de Crohn y la anemia. La ciencia ha confirmado que el caldo ayuda a evitar y mitigar las enfermedades infecciosas.

Las grasas saturadas sanas (la mantequilla alta en vitaminas y el aceite de coco)

La mantequilla procedente de vacas alimentadas con pasto, el aceite de coco extra virgen y las grasas animales han alimentado a los seres humanos durante varios miles de años. No obstante, durante las últimas cinco décadas, los estadounidenses han evitado estas grasas, basados en consejos equivocados, aumentando en lugar de ellas su consumo de grasas poliinsaturadas e hidrogenadas. Como ya hemos mencionado, la proporción de enfermedades del corazón ha aumentado en una correlación directa, como lo han hecho la obesidad y muchos desórdenes del sistema inmune. Es hora de regresar a las grasas saludables procedentes de la mantequilla entera de vacas alimentadas con pasto, al aceite de coco extra virgen y a los animales debidamente criados.

La *mantequilla de leche entera*, producida de vacas que comen *pastos verdes que crezcan con rapidez*, está repleta de vitaminas A, D y E. También es alta en el Activador X, que aumenta de manera significativa la eficacia de la capacidad que tiene la vitamina A para estimular el sistema inmune de una persona, tal como la ha descrito el Dr. Weston Price.[34] Contiene también un saludable equilibrio entre los ácidos grasos omega-6 y omega 3, además de ALC/CLA. (Estas características quedan seriamente comprometidas cuando se introduce cualquier grano en la dieta de las vacas).

El ALC/CLA es estrictamente un producto de función bacterial, y virtualmente no existe en las grasas de la leche de vaca durante ningún período cuando el animal tiene granos en su dieta. En muchos tipos de cáncer se ha demostrado que el ALC/CLA 9-11 evita y retrasa el crecimiento de las células en los tumores.

La calidad del Activador X y de otras vitaminas se halla directamente relacionada con la calidad del pasto o forraje que coma la vaca. Mientras más rápido crezca el pasto cuando la vaca se está alimentando de él, mayor será su contenido vitamínico. Asegúrese de comprar una mantequilla que proceda de vacas alimentadas con pasto. La primera señal de que la mantequilla que está consumiendo procede de vacas alimentadas con pasto es su color amarillo.

El *aceite de coco extra virgen* es una de las grasas saturadas más sanas de que disonemos (a pesar del mal orientado consejo de algunos supuestos expertos en salud, que advierten contra los aceites tropicales saturados, como el de coco y el de palma). El aceite de coco puede tolerar un calor sumamente elevado, a diferencia de los aceites vegetales poliinsaturados. Use este aceite de coco extra virgen para cocinar, hornear y hacer batidos. Es una grasa estable y sana que *no* eleva el colesterol indeseable (LDL); reduce los síntomas de los desórdenes digestivos, apoya en general las funciones inmunes y ayuda a evitar las infecciones de origen bacterial, viral o fúngico.

El aceite de coco extra virgen es excelente para las personas que sufren de infecciones de candidiasis, debido a la presencia del ácido caprílico y los ácidos grasos antifúngicos que contiene el aceite. También se ha demostrado que este aceite de coco extra virgen ayuda a mantener el equilibrio en la tiroides y mejora las funciones metabólicas, lo cual puede tener por resultado una pérdida de peso.

La miel

El Creador escogió la *miel* para describir con ella la abundancia de la Tierra Prometida, al llamarla la tierra de "leche y miel" (Éxodo 13:5). Es uno de los alimentos curativos más poderosos que tenemos a nuestro alcance. Durante muchas generaciones, las abuelas han preparado bebidas calientes con miel para aliviar gargantas irritadas, calmar nervios alterados y asegurar un buen sueño durante la noche. Muchos asmáticos aseguran que la miel los ayuda a respirar con más facilidad. La miel acaba con las bacterias que causan la diarrea. Y es posible también que elimine bacterias causantes de enfermedades como la *salmonela*, la *shigela*, la *e. Coli* y el *cólera*.

La Biblia insinúa que hay una fuerte influencia de la mantequilla y la miel sobre el funcionamiento del cerebro. "Comerá mantequilla y miel, hasta que sepa desechar lo malo y escoger lo bueno" (Isaías 7:15). El cerebro está compuesto mayormente de grasas (que proporciona la mantequilla) y funciona con glucosa (de la cual la miel es una excelente fuente). Busque siempre una miel de alta calidad, producida en su localidad y vendida en su forma cruda y sin calentar. Esto conserva su rico almacenamiento de enzimas que se presentan de manera naturaleza y de polen de abejas.

La granada

En la Biblia se considera la granada como la fruta de la realeza, y es una de las fuentes más ricas de antioxidantes. La granada contiene una gran cantidad de ácido elágico, un antioxidante con propiedades anticancerosas demostradas, y con excelentes beneficios para la salud femenina.

Los alimentos procedentes de animales salvajes

Las carnes rojas de animales alimentados con pastos, las carnes de aves y las de animales de caza han alimentado a los seres humanos durante miles de años. La carne de res alimentada con pasto, de búfalo, de cordero, de cabra y de animales de caza son valiosas fuentes de nutrientes que protegen y fortalecen los sistemas inmune y circulatorio. Contienen cisteína, glutationa, la coenzima Q_{10}, carnitina, MSM, ALC/CLA, varias vitaminas del complejo B, zinc, magnesio y vitaminas A y D, además de ácidos grasos omega-3.

Las carnes rojas de animales criados de la forma debida son una excelente fuente de proteínas completas. El cordero y el cabrito son dos de las mejores fuentes de carnitina de las que dispone la naturaleza. La carnitina es un factor nutritivo soluble en grasas que ayuda a llevar los ácidos grasos a las células para usarlos como energía. (Los suplementos de carnitina son terapia acostumbrada para los fallos congestivos del corazón y los triglicéridos altos, y ayudan durante la recuperación después de un ataque al corazón). Los pollos, pavos y patos criados libres en el campo son buenas fuentes de proteínas, ácidos grasos y vitaminas solubles en grasas. El pollo y el pavo contienen unas cantidades generosas de triptófano, un sedante natural.

Las semillas (remojadas y con brotes)

Estas ricas fuentes de nutrientes se convierten en verdaderas dinamos nutritivas cuando se remojan y se las deja que broten. El proceso de germinación (los brotes) produce vitamina C y aumenta el contenido de carotenoides y de vitaminas del complejo B, en especial B_2, B_5 y B_6. Más importante aún es que *la germinación neutraliza el ácido fítico*, sustancia presente en el salvado de todas las semillas, que inhibe la absorción de calcio, magnesio, hierro y zinc. La germinación neutraliza también a los inhibidores presentes en todas las semillas. Esto es importante, porque estos inhibidores pueden neutralizar a nuestras propias enzimas, tan valiosas, en el tubo digestivo, lo cual es una de las razones por las cuales muchas personas parecen tener dolor de estómago o exceso de gases después de consumir grandes cantidades de semillas. La germinación también puede desactivar ciertas toxinas que se encuentran en las semillas. (En el Apéndice A encontrará indicaciones sobre las formas de remojar o hacer germinar las semillas).

Los huevos con omega-3

Los huevos con alto contenido de omega-3 son el alimento casi perfecto de la naturaleza. Los huevos contienen *todos los nutrientes conocidos, con excepción de la vitamina C*. Son una buena fuente de vitaminas A y D solubles en grasa, y también de ciertos carotenoides que protegen contra el daño que le hacen al organismo los radicales libres. Contienen también luteína, de la cual se ha demostrado que evita la degeneración macular relacionada con la edad.

Cuando le sea posible, compre los huevos directamente en las granjas donde se les permita a las gallinas que anden libres y coman su dieta natural, o compre huevos marcados como DHA o huevos con alto contenido de omega-3 (contienen un saludable equilibrio entre omega-3 y omega-6). A pesar del infundado miedo al colesterol que ha existido en los últimos quince años, el huevo puede ser una saludable adición a la dieta de cualquier persona. De hecho, puede ayudar a reducir los riesgos de ataques al corazón y de cáncer.

Los vegetales encurtidos o fermentados

Los vegetales fermentados, como el chucrut y las zanahorias, las remolachas o los pepinos encurtidos, se encuentran entre los alimentos que más salud proporcionan en el planeta. Los vegetales crudos encurtidos o fermentados le proporcionan al cuerpo unos microorganismos beneficiosos conocidos como probióticos, además de una notable abundancia de enzimas. También son una rica fuente de numerosas vitaminas, entre ellas la vitamina C, y son muy fáciles de digerir. El chucrut (col fermentada0 contiene cerca de cuatro veces los nutrientes que combaten el cáncer, que la col sin fermentar, y es la fuente primaria de nutrición vegetal en numerosos países donde el invierno es frío. Los vegetales encurtidos o fermentados son muy fáciles de preparar, y se encuentran ya preparados en cualquier tienda de alimentos naturales para la salud. (Vea el Apéndice A).

Las carnes de vísceras

Aunque los pueblos nativos siempre han valorado las vísceras de los animales que se cazan y de los animales domésticos, los temores irracionales y nada científicos acerca del colesterol han sacado de las dietas occidentales a las carnes de vísceras como el hígado y el corazón. Las carnes de vísceras son las partes del animal más densas en cuanto a nutrientes, pero incluso las autoridades en salud natural han tomado la costumbre de decirles a las personas que no coman vísceras por temor a consumir las toxinas que se encuentran en estos órganos (sobre todo el hígado).

Es cierto que el hígado filtra las toxinas del cuerpo, pero los beneficios que se derivan del consumo de hígado procedente de animales criados de manera orgánica y alimentados con pasto sobrepasa con mucho a todo lo negativo. El hígado es una de las fuentes más ricas que tiene la naturaleza de las vitaminas A, D, B_6, B_{12}, el ácido fólico, la glutatina y diversos ácidos grasos. El hígado crudo figura de manera prominente en numerosos protocolos alternativos de renombre mundial contra el cáncer, entre ellos los programas de Kelley y Gerson.

Las bebidas fermentadas

Se hace difícil pensar en bebidas populares modernas que se puedan clasificar como saludables. Es hora de volver a las bebidas lactofermentadas que han proporcionado probióticos, enzimas y minerales beneficiosos, hidratación rápida y mejora de la digestión a los seres humanos en el mundo entero. Entre estas bebidas fermentadas típicas se hallan el quéfir, el enfriador de uva, la gaseosa natural de jengibre, así como el té de combucha y el té kvass. (Encontrará instrucciones sobre la manera de hacer bebidas fermentadas caseras en la sección de bebidas del Apéndice A).

Estas bebidas que contienen ácido láctico ayudan a aliviar los problemas intestinales, entre ellos el estreñimiento, además de fomentar la lactancia, fortalecer a los enfermos y favorecer el bienestar general y el nivel de energía. Se las considera superiores al agua pura en su capacidad para mitigar la sed durante el trabajo físico. Muchos expertos piensan que el "vino nuevo" del que se habla en la vida era una bebida no alcohólica lactofermentada.

Los vegetales verdes

Los vegetales verdes con hojas se encuentran entre los alimentos más densos en nutrientes del planeta, y contienen muchos nutrientes que no se encuentran en ningún otro alimento. Estos vegetales contienen grandes cantidades de beta caroteno, además de tener virtualmente todos los elementos y rastros minerales. Muchos expertos piensan que idealmente, deberíamos estar consumiendo entre tres y cinco porciones de vegetales verdes con hojas al día. Si usted no puede obtener suficientes vegetales verdes en su alimentación, pruebe a hacer jugo con vegetales verdes frescos, o complementar su comida con un superalimento líquido verde en polvo para hacer bebida con él, que contenga jugos en polvo de hierbas de trigo y de cebada y otros vegetales.

Su Creador sabe mejor que nadie lo que hace funcionar a su organismo al máximo de su capacidad, mientras lo mantiene libre de enfermedades. Él diseñó el fruto de la tierra y una amplia variedad de alimentos para que fueran la piedra angular de una vida larga y saludable. El primer paso, el más decisivo que se puede tomar hacia la renovación o la mejora de la salud es el de regresar a la dieta del Creador, que se basa en los sólidos principios de nutrición que se nos dan en las Escrituras.

Él también se halla vitalmente interesado en el espíritu y el alma que viven dentro de su cuerpo. Sabe que usted no es sólo lo que *come*, sino también lo que *piensa*.

Capítulo 9

Usted es lo que piensa

D esde el momento mismo en que el Creador puso al primer ser humano en medio de una creación increíblemente compleja, hemos estado luchando por acumular, organizar, analizar, clasificar, calificar y comprender los conocimientos acerca del universo creado. Puesto que somos criaturas finitas o limitadas, debemos dividir las cosas en partes más pequeñas a fin de aprenderlas y comprenderlas. Es crítico que pensemos en la forma en que percibimos nuestro universo y nuestro mundo personal, porque esa percepción (o cosmovisión) es la que va a determinar en gran parte nuestra propia existencia.

Durante la Reforma y después de ella —sobre todo durante el siglo veinte— se popularizó entre ciertos intelectuales la postura de descartar el lado espiritual de la raza humana, a favor de dos puntos de vista filosóficos generales:

1. Somos formas de vida puramente animales y operamos únicamente como organismos altamente evolucionados, impulsados por reacciones químicas.
2. Somos formas de vida evolucionadas con una capacidad mental altamente avanzada, que hemos ido "evolucionando" hasta convertirnos en unos seres más o menos "espirituales", creando nuestros propios dioses según los hemos ido necesitando.

Ninguno de estos puntos de vista sobre la humanidad se encuentra expresado en las Escrituras. Y han producido problemas gigantescos al infiltrarse en la comunidad científica y en la filosófica, influyendo gradualmente en nuestra forma de ver la vida y enfocar las cuestiones físicas, mentales e incluso espirituales.

Por ejemplo, hay psiquiatras que consideran a los humanos como seres puramente químicos u orgánicos, cuyos estados mentales, o son creados en su totalidad por reacciones químicas, o se hallan bajo una fuerte influencia por parte de éstas. Por tanto, según su manera de ver las cosas, todas las enfermedades mentales a las que nos enfrentamos se pueden aislar como desequilibrios químicos y "arreglar con una píldora". Esa impía forma de pensar es humillante y estrecha de miras en el mejor de los casos. Las Escrituras nos advierten:

"Dice el necio en su corazón: No hay Dios. Se han corrompido, hacen obras abominables; no hay quien haga el bien. Jehová miró desde los cielos sobre los hijos de los hombres, para ver si había algún entendido, que buscara a Dios."

—SALMO 14:1-2

Dios nos creó a su imagen (Génesis 1:27), y Él es Espíritu (Juan 4:24). Por consiguiente, nosotros también somos seres *espirituales* que tenemos *alma* (mente, voluntad, emociones) y vivimos en un *cuerpo* físico. Es imposible dividir nuestras "partes" sin torcer o comprender erróneamente el todo.

Dios lo hizo a usted como un ser complejo e interrelacionado, plenamente integrado e interdependiente. Hasta los que practican la salud alterna y holista caen en el mismo error que hace con frecuencia la medicina convencional: tratan de arreglar un sistema o función en lugar de tratar a la persona entera, espíritu, alma y cuerpo.

Estoy convencido de que el Creador sabía lo que estaba haciendo cuando nos creó, y creo que su Palabra es el fundamento de la salud total, que es tanto espiritual, mental y emocional, como física. Me siento agradecido por la ciencia y por los adelantos humanos en cuanto a medicina y nutrición, pero donde la ciencia se siente autorizada para echar a un lado los principios básicos del Creador, estoy convencido de que es *su esquema* el que nos proporciona el mejor enfoque de la vida.

Debemos insistir en *el ser total* —cuerpo, alma y espíritu— y proporcionarle a la persona todas las herramientas necesarias para mantener o recuperar una salud y una plenitud totales.

En las Escrituras se ve con claridad que en cada persona, el espíritu, el alma y el cuerpo se hallan estrechamente vinculados. Tal vez sea un término usado al principio en las computadoras, el "GIGO" (en inglés, *garbage in, garbage out*: basura que entra, basura que sale) el que mejor describe la "ecuación" más básica disponible en cuanto a la condición del ser humano. Usted y yo no seremos computadoras, pero en realidad, esta fórmula tiene aplicación a prácticamente *todos* los aspectos de la existencia humana. Si permito que entre "basura" en mi cuerpo, mente o espíritu, puedo estar seguro de que voy a "expresar" basura. Esto lo tengo confirmado por la autoridad más alta de todas:

> "Porque cual es su pensamiento en su corazón, tal es él. Come y bebe, te dirá; mas su corazón no está contigo."
>
> —Proverbios 23:7

> "Porque de la abundancia del corazón habla la boca. El hombre bueno, del buen tesoro del corazón saca buenas cosas; y el hombre malo, del mal tesoro saca malas cosas."
>
> —Mateo 12:34-35

Veamos los siguientes escenarios como ejemplos de formas modernas de recibir "basura":

- Si usted se alimenta con comida de mala calidad, cantidades excesivas de azúcar y conservantes, y favorece los alimentos inmundos sobre los cuales Dios nos advirtió, puede estar casi totalmente seguro de que va a recoger una desagradable cosecha de mala salud más adelante en la vida.
- Si sus amigos y personas más relacionados usan drogas "para divertirse", se emborrachan y son promiscuos, entonces es muy probable que usted mismo caiga también en un estilo de vida muy peligroso tarde o temprano.
- Si usted se llena la mente con imágenes nada saludables ni limpias de pornografía, violencia, relaciones destrozadas y actitudes burlonas hacia Dios, los valores eternos y la vida piadosa, va a comenzar a *actuar en el exterior* de acuerdo con lo que ha *puesto en su interior*.

Lo que usted hace comienza con lo que piensa

En la mayoría de los casos, las cosas que decimos y hacemos comienzan con las cosas que *pensamos* y *creemos*. Todos los días se nos atraviesan en el camino circunstancias y desafíos estresantes. ¿Cómo nos enfrentamos a ellos? (¿O es que lo intentamos por lo menos?)

Imagínese su vida como un vaso lleno de agua hasta la mitad. ¿Cómo describiría esa "vida"? ¿Cómo está su vaso: "medio lleno" o "medio vacío"? Es posible que su respuesta a esto revele mucho acerca de su vida mental y su punto de vista sobre la vida en sí. El punto de vista positivo diría que está "medio lleno" el vaso, pensando en lo que tiene; el negativo diría que está "medio vacío", centrándose en lo que no tiene.

El estrés es parte natural de la vida; hay expertos que dicen que el estrés *es* la vida misma. El Dr. Kevin Lehman, psicólogo y autor, dice que la mejor definición de estrés que él ha encontrado es ésta: "El desgaste que produce en nuestro organismo el proceso mismo de la vida".[1] Explica que el estrés procede también de las cosas buenas, y no sólo de las malas circunstancias, pero el problema aparece cuando continúa durante días y semanas. Él lo explica de esta forma:

> Me recuerda alguien que comprara la mejor batería de auto que se puede encontrar, una de esas Die-hard. Si tiene el hábito de dejar las luces encendidas, hasta la Die-hard termina agotándose.[2]

Desarrolle su capacidad de orientación del estrés

El estrés nos llega por lo menos de cuatro fuentes:

1. Unas circunstancias externas sobre las cuales *no* tenemos control.
2. Unas circunstancias o influencias sobre las cuales *sí* tenemos control.
3. Nuestras actitudes y creencias *internas*, y nuestros esquemas mentales.
4. Nuestro estado *físico* interno.

Para que tengamos un máximo de salud es importante que adquiramos la capacidad necesaria para manejar el estrés de acuerdo con los principios del Creador.

Según el Dr. Michael D. Jacobson, el cortisol y la DHEA (deshidroepiandrosterona) son dos de las hormonas del estrés más críticas que produce nuestro organismo. El cortisol es una hormona esteroide que afecta al cuerpo de una forma muy similar a la prednisona. (Bloquea la inflamación y reprime al sistema inmune). La DHEA es la hormona que hace equilibrio al contrarrestar los efectos del cortisol. (La DHEA tiene efectos contrarios al envejecimiento, fortalece el sistema inmune y ejerce una influencia clave en las hormonas sexuales, y por tanto en la fertilidad).[3] Ambas son producidas por la corteza adrenal, que es afectada de manera directa por el cerebro. Una de las claves importantes para llegar a tener vida saludable es llevar una dieta y un estilo de vida que favorezcan un equilibrio saludable entre la DHEA y el cortisol. Cuando se hallan en equilibrio ambas hormonas, experimentamos una excelente salud física, mental y emocional.

Las glándulas suprarrenales producen también los neurotransmisores llamados *adrenalina* y *noradrenalina*. Ayudan además a regular la presión arterial, así como el equilibrio de la sal y el agua, por medio de la producción de la *aldosterona*, una *hormona antidiurética*. El exceso de adrenalina puede causar un verdadero desastre en el sistema digestivo humano, la piel, el corazón y el sistema circulatorio, y también en el estado mental. Y el exceso de cortisol, con sus fuertes poderes inmunosupresores, puede abrir incluso la puerta a cosas como infecciones fugaces, cáncer, hipertiroidismo, mala curación de las heridas, diabetes, infertilidad e inestabilidad mental.

La ira, el resentimiento, la falta de perdón y el afán de venganza desatan el clásico "trío de alarmas" como respuesta al estrés, que comprende la *hipertrofia* (inflamación) *de la glándula suprarrenal*, la *atrofia* (recogimiento) *del timo y las glándulas linfáticas*, que indica la supresión del sistema inmune, y la *inflamación gástrica*.

¿Vale realmente la pena?

Estas cosas sobre las que se ha sabido desde siempre que acortan la vida, estaban ya bien documentadas en las Escrituras antes que los científicos y los investigadores se lanzaran a calcular los efectos que tienen las emociones negativas en nuestro organismo. Por fin estamos comenzando a acercarnos a la sabiduría del Creador. ¿Vale realmente la pena pagar un precio tan peligroso por aferrarse a un enojo o por no querer perdonar? ¿Estamos realmente dispuestos a destruirnos a nosotros mismos en la búsqueda de venganza?

Cuando del estrés se trata, al parecer el día puede soportar las emergencias y sorpresas de todos los días sin problema alguno, pero cuando el estrés sigue presente, agota el sistema suprarrenal, haciendo inevitable el "colapso".

En contraste con esto tenemos estudios que señalan que las personas "que han experimentado un episodio de profundo agradecimiento o amor durante cinco minutos vieron subir su nivel de IgA [un anticuerpo segregado en la saliva y otros fluidos corporales como defensa de primera línea contra las infecciones] hasta un cuarenta por ciento sobre lo normal, y mantenerse elevado durante seis horas".[4]

Hasta los ajustes sencillos en nuestro estilo de vida pueden cambiar de manera significativa nuestros niveles de estrés.

- Si usted se siente demasiado ocupado para alejarse del teléfono o el celular, entonces puede ser una máquina contestadora, o sencillamente el interruptor que desconecta su teléfono lo que ataque su estrés.
- Si tiene la costumbre de comer "corriendo", tome la decisión de sentarse mientras come y apagar el televisor o la radio. No

permita que sus pensamientos se ocupen con preocupaciones, cosas irritantes o incertidumbres. Céntrese en su comida y en pensamientos agradables. Le recomiendo que converse con buenos amigos durante las comidas, o que lea algo que lo levante, como la Palabra de Dios.

* Descanse como es debido. Sencillamente, no hay sustituto alguno para un buen sueño. El sueño es algo tan vital para la salud, que muchas veces digo que es el no nutriente más importante que se puede conseguir.

El estrés mortal del temor

El estrés descontrolado puede matar. Es posible que sea la más importante entre todas las cosas que desatan los ataques al corazón. Un informe aparecido en el *Journal of Clinical Basic Cardiology* [Revista de Cardiología Básica Clínica] afirma que las "muertes cardíacas repentinas" aumentaron de manera significativa durante el terremoto de Northridge en California, en enero de 1994, y en la población civil israelí durante los primeros días de la Guerra del Golfo en 1991. El aumento del 58% en la mortalidad se debió a un aumento en la mortalidad por enfermedades cardiovasculares *en el día* del primer ataque a Israel con cohetes Scud. La proporción de muertes de mujeres aumentó el 77%, mientras que la de los hombres aumentó el 41%.[5]

Aunque los cohetes Scud lanzados contra Israel en la primera Guerra del Golfo en 1991 hicieron muy poco daño real, es evidente que fueron mortales en otro sentido, porque las personas son personas, y no simples *organismos químicos*. Estos efectos del temor en el cuerpo confirman que existe un enlace muy real entre espíritu, alma (mente y emociones) y cuerpo. Esta conexión es lo suficientemente fuerte como para llegar a tocar nuestra billetera. Algunos expertos han calculado que el estrés es el causante del 75% de todas las visitas a los médicos.[6]

Tenga cuidado con la peligrosa unidad de la disfunción

Estoy convencido de que nosotros mismos ayudamos a crear mucos de nuestros problemas por medio de maneras erróneas de pensar, malas decisiones y una dieta pobre. Cuando se unen estos factores y comienzan a trabajar juntos contra nosotros, la enfermedad o la misma muerte podrían no estar muy lejos. El problema de la arterioesclerosis ilustra de manera perfecta esta especie de peligrosa "unidad" en la disfunción.

La palabra *arterioesclerosis* es un término genérico que comprende varias enfermedades vasculares en las cuales las paredes de las arterias se vuelven más gruesas y pierden elasticidad. La ateroesclerosis, que tiene que ver con los depósitos de grasa en las paredes de los vasos sanguíneos, es la enfermedad vascular más común y seria.

Las enfermedades vasculares, que afectan al cerebro, el corazón, los riñones, otros órganos vitales y las extremidades, es la causa principal de enfermedades graves y; muerte en los Estados Unidos y en la mayoría de los países occidentales. En 1994 hubo en Estados Unidos casi un millón de muertes debidas a las enfermedades vasculares (el doble que las debidas al cáncer y diez veces las debidas a accidentes).[7]

El estrés repentino es el "inductor" más frecuente de los ataques mortales al corazón, porque puede "resquebrajar" la lisa cobertura de placa común en las personas con ateroesclerosis. Esto pone en movimiento una fatal reacción en cadena en el vaso sanguíneo, que se queda bloqueado con placa, la cual impide grandemente, o cierra por completo, la corriente de sangre que va al corazón, iniciando un ataque al corazón.

Según el Dr. Michael Miller, el estrés mental "está asociado con el deterioro del endotelio, la barrera protectora con la que están forrados nuestros vasos sanguíneos. Esto puede causar una serie de reacciones inflamatorias que producen a su vez que la grasa y el colesterol se acumulen en las arterias coronarias y terminen desatando un ataque cardíaco".[8]

Todo el que dude de los efectos que tiene la vida mental sobre el bienestar físico, tanto si es una persona laica consciente de la salud, o un profesional de la salud, debe tener en cuenta la "lista parcial" de enfermedades *causadas o empeoradas* por el estrés emocional que recopilaron S. I. McMillen, M.D. y David E. Stern, M.D., en la edición revisada y puesta al día del importante libro *None of These Deseases* [Ninguna de estas enfermedades].[9] Esta lista fue recopilada a partir de los resultados de veintiocho investigaciones médicas distintas y de textos ofrecidos específicamente como lugares de consulta para médicos, estudiantes e investigadores que busquen más pruebas. Los doctores McMillen y Stern afirman que el estrés *causa* o *empeora* los siguientes problemas de salud:

* Desórdenes en el sistema digestivo
* Desórdenes en el sistema circulatorio
* Desórdenes en los sistemas genitourinarios
* Desórdenes en el sistema nervioso
* Desórdenes glandulares
* Alergias y problemas en el sistema inmune
* Inflamación de músculos y articulaciones
* Infecciones
* Enfermedades inflamatorias y de la piel
* Cáncer

Si usted, o algún ser amado suyo, sufre de alguno de los problemas que aparecen en la lista anterior, le puedo asegurar que hay esperanza. Por deprimente que aparezca la realidad relacionada con el estrés, usted no tiene por qué convertirse en víctima de ese estrés. Son incontables las personas que han superado los efectos negativos del estrés en las peores situaciones imaginables y con unos estresantes que se hallaban fuera de su control. El Dr. McMillen estuvo a punto de morir a causa de una úlcera sangrante, antes de aprender a controlar con éxito su estrés. La crisis de vida o muerte por la que pasó lo inspiró a escribir el clásico *None of These Diseases*, en el cual afirma:

> Nuestra reacción ante el estrés es una clave importante para una vida más larga y mejor. Cuando nos sentimos estresados, ¿nos damos por vencidos, o seguimos adelante? ¿Lo vemos como una irritación, o como un desafío? ¿Perdemos el control, o dejamos que esto nos recargue las energías? La clave está en nuestras manos. Somos nosotros los que podemos decidir si el estrés va a funcionar a favor nuestro, o en nuestra contra; si nos va a hacer mejores, o nos va a amargar.[10]

Pensamientos negativos, palabras negativas

En su libro *What You Don't Know May Be Killing You* [Lo que usted no sabe lo puede estar matando], Don Colbert, M.D., describe la historia de un superviviente del Holocausto judío durante la Segunda Guerra Mundial en Varsovia, Polonia.[11] Cuando los nazis descubrieron que hablaba alemán, lo separaron a la fuerza de su esposa, sus dos hijas y sus tres hijos, y después liquidaron a toda su familia con sus ametralladoras delante de sus propios ojos.

El escritor y psiquiatra George Ritchey estaba con las tropas estadounidenses que liberaron a los supervivientes del campamento de muerte, entre ellos este hombre. Ritchey describe la vida de este hombre en *Return From Tomorrow* [Regreso del mañana]: "Durante seis años había vivido a base de la misma dieta de hambre, dormido en las mismas barracas atestadas y repletas de enfermedades que todos los demás, pero sin que se produjera en él el menor deterioro físico o mental". Aquel sobreviviente milagroso no había tenido control alguno de sus circunstancias externas. De hecho, había compartido las mismas desgracias que se les habían infligido a millones de víctimas judías.

¿Cuál era su secreto? Él se lo contó al Dr. Ritchey. "Tuve que decidir... si iba a odiar a los soldados que habían hecho esto... Con demasiada frecuencia había presenciado lo que el odio podía hacer en la mente y el cuerpo de las personas. Era el odio el que acababa de matar a las seis personas que más me importaban en el mundo entero. Fue entonces cuando decidí que me pasaría el resto de la vida, tanto si eran unos pocos días, como si eran muchos años, amando a cuanta persona entrara en contacto conmigo",[12] Aquel hombre se puso inmediatamente a trabajar con sus liberadores, y trabajaba entre quince y dieciséis horas al día para servir a sus compañeros sobrevivientes del campamento de muerte. El Dr. Colbert hace esta observación: "Había aprendido el secreto de que los *pensamientos negativos* llevan a las *palabras negativas*, y éstas a su vez llevan a unas *actitudes y emociones* también *negativas*".[13]

Una clave vital: Haga desaparecer la negatividad

Una de las claves de mi propia recuperación fue eché fuera de mi vida los pensamientos y las afirmaciones negativas. Cuando fui a California para vivir con el hombre que me enseñó los primeros principios sobre la forma de comer alimentos de origen bíblico, él me forzó a examinar mis pensamientos negativos. Básicamente, no me dejó otra puerta abierta.

Yo paraba en su casa, y estudiábamos la Biblia todos los días en reuniones de familia. Él no toleraba ninguna negatividad. Yo me solía sentar en las reuniones con el ceño fruncido, gesto que se había convertido en parte normal de mi aspecto externo durante dos años. Él terminó haciéndome sentar en otro cuarto, porque no quería que sus hijos aprendieran de mí aquel aspecto externo tan negativo. Sus duras normas de conducta fueron equivalentes a un duro campamento de entrenamiento para mi alma.

No tenía nadie con quien quejarme, porque no se le permitía a la familia que aceptara palabras negativas. Y de alguna forma, los principios positivos que estaba enseñando me estaban haciendo efecto. Recuerdo haber pensado en una ocasión al salir del cuarto de baño: *Tal vez tenga dolor de estómago dentro de diez minutos, pero ahora me siento bien, así que estoy curado.* Y comencé a creer mi declaración positiva, dándole gracias a Dios por mi curación. Aprendí a apreciar la bendición que eran los pocos momentos en los que me sentía libre de los dolores y las náuseas. Fue una valiosa lección aprender a llevar una vida de acción de gracias de momento en momento.

Una noche, después de varias semanas en la dieta bíblica, creí al fin que estaba curado. Ya no me iba a seguir centrando en lo negativo, o en lo que sucedería al día siguiente, o al cabo de una hora. Tuve que dar *pasos conscientes* para hacer la transformación de la negatividad a pensar cosas positivas, pero valió la pena. Si sólo podía decir cosas positivas (que eran todo lo que se permitía en aquel hogar), tenía que hallar lo positivo dentro de mi situación aparentemente negativa. Cuando tenía un rato en el cual no sentía aquellos fuertes dolores, comenzaba a decir: "Estoy bien en este momento". Descubrí que la fe no es sólo algo que se dice, sino algo que se vive, de momento en momento.

El impacto que tuvo este cambio en mi forma de pensar fue uno de los grandes factores de mi curación. Creo que la fe y el pensamiento positivo, basados ambos en la Palabra de Dios, son claves vitales para la recuperación y para el mantenimiento de la salud. Por eso, la fe del tamaño de una diminuta semilla de mostaza es capaz de mover montañas. (Vea Mateo 17:20). Cuando estaba enfermo, no era feliz; no tenía un gozo palpable, *pero sí* tenía fe. Ésa esa la semilla —el fundamento— desde donde podría "crecer" mi milagro.

El psicólogo Dan Baker descubrió prácticamente esto mismo después de enfrentarse a la devastadora muerte de Ryan, su bebé. Este hombre, autor de *What Happy People Know* [Lo que la gente feliz sabe],[14] dice que después de la muerte de su hijo, "quería luchar con Dios y escribir de nuevo la historia". Dice: "La gente feliz es inmensamente flexible en general. Algo que saben las personas felices es que nadie está feliz todo el tiempo. Por eso son capaces de valorar los momentos, las pequeñas victorias, los milagros sencillos y las relaciones mutuas".[15]

El fenómeno del "efecto placebo"

Es un hecho ampliamente conocido que en unas tres personas de cada diez, los síntomas o la conducta van a cambiar de forma significativa, sólo con decirles que han recibido un valioso tratamiento para una dolencia física, y después creerlo ellos. De hecho, los investigadores cuentan con que esto va a suceder cada vez que llevan a cabo un estudio científico "doble ciego".

El Dr. Michael Jacobson lo explica así en su libro *The Word on Health: A Biblical and Medical Review of How to Care For Your Body and Mind* [Una palabra sobre la salud: Un repaso bíblico y médico de cómo cuidar de su cuerpo y mente]:

> En un estudio típico, se espera que la tercera parte del grupo placebo [el grupo de sujetos que reciben una "píldora de azúcar" o un tratamiento fingido que es exactamente igual a la dosis real] en realidad va a manifestarse tan beneficiada como si estuviera recibiendo el medicamento real. Esta mejora se puede deber simplemente a los cambios físicos positivos que se pueden producir cuando la persona cree que está mejorando.[16]

El efecto placebo es especialmente fuerte en personas que no tienen una "ancla" de verdad absoluta y de fidelidad en su vida. Estoy personalmente convencido de que si a un centenar de personas *sanas* les dijera un médico que tienen un cáncer incurable, y que sólo les quedan seis meses de vida, alrededor de treinta de ellas morirían. Tan poderosa puede ser la fe, aun en su aspecto negativo.

El "efecto placebo" es una indicación más entre las que indican el poder de nuestra vida mental sobre nuestro estado físico. No estoy abogando por algún tipo de terapia a base de "mente sobre materia" aquí, pero este fenómeno nos da una idea de la maravillosa herramienta para la salud y el poder que Dios nos ha dado con la mente humana. No es de extrañarse que el apóstol Pablo dijera que debemos llevar cautivo todo pensamiento. (Vea 2 Corintios 10:5).

Dos investigadores daneses pusieron en duda recientemente la validez del fenómeno placebo. En un informe llamado "¿Son una idea absurda las 'píldoras de mentira', o ayudan de verdad?", sus hallazgos ponían en duda el efecto de los placebos, fuera de su uso como base de comparación en pruebas clínicas donde se presentaban.[17] No obstante, John Bailar III, M.D., Ph.D., halló defectos en el estudio, y afirmó que aquellas conclusiones negativas eran "demasiado generales".[18]

El hecho es que la mayoría de los médicos *saben* que a veces, los tratamientos no sirven de nada, pero como muchos pacientes exigen que les receten medicinas, lo hacen. Por ejemplo, tal vez le receten a un paciente un antibiótico que les está pidiendo, quizá considerando incluso que esos antibióticos son un placebo que va a ayudar al paciente a ponerse bien a base de *pensar* que se le ha dado una cura. El lado malo de esta práctica es que, aunque *sé* que el efecto placebo podría ayudar tal vez al paciente, me preocupan mucho los estragos causados en el sistema digestivo y el inmune por este uso indiscriminado de los antibióticos y de otros medicamentos.

Placebo contra fe

El Dr. Jacobson hace una fuerte distinción entre el efecto placebo, y el poder de la fe. Yo también la hago. El efecto placebo se basa en la creencia o suposición de una persona basada en una *falsedad*, mientras que la fe se basa nada menos que en la naturaleza, la fidelidad y la *verdad* absoluta de Dios y de su Palabra eterna.

Mientras buscaba la salud, tuve muchas oportunidades de experimentar mejoras gracias al efecto placebo. Creí en casi todas las supuestas "curas" que intenté en manos de setenta médicos y profesionales de la salud. Pero lo cierto es que ninguna de ellas me ayudó. Fue necesaria la fe en la Palabra de Dios —y la obediencia— para desatar realmente un giro completo en mi vida.

La fe es poderosa, y produce esperanza. La esperanza comienza cuando sabemos que nuestro Creador está interesado en nosotros y que tiene un plan para nuestra vida.

"Porque yo sé los pensamientos que tengo acerca de vosotros, dice Jehová, pensamientos de paz, y no de mal, para daros el fin que esperáis."

—JEREMÍAS 29:11

Los doctores McMillen y Stern hacen notar una conferencia que sostuvo la Escuela de Medicina de Harvard en 1995, en la cual se revisó un estudio donde se documentaba que las personas *que iban todas las semanas a la iglesia en Maryland* tenían menos probabilidades de morir de ataques al corazón (50%), enfisema (56%), cirrosis (74%) y suicidio (53%), que las personas que no atienden regularmente a la iglesia. Se obtuvieron resultados parecidos en estudios sobre diferentes grupos de población en tres universidades distintas donde se enseña la medicina.[19]

El poder de la oración

Todos los grandes héroes de la Biblia, desde Abraham hasta Ana (la madre del profeta Samuel) y Juan, el Discípulo Amado, eran personas de una fe y una entrega fervientes. Uno tras otro, manifestaron el poder y la paz que se halla a nuestro alcance por medio de la oración y de la comunión con el Creador de todo.

Las personas de fe han conocido la verdad con respecto al poder que hay en la oración desde el principio de los tiempos. Ahora, hasta los mundos seculares de la psicología y la medicina se están poniendo al día por fin. Están saliendo estudios todo el tiempo donde se favorece el poder de la oración (o la meditación). Hay hospitales en toda la nación que han reforzado su "terapia de oración" para los enfermos y los convalecientes.

La oración bíblica incorpora en sí algo más que palabras. Con frecuencia incluye el toque sanador de personas de fe que aman al enfermo, y muchas veces, los resultados son punto menos que milagrosos. Como mínimo, son un consuelo en un momento de necesidad.

El poder curativo de la risa

La Biblia nos dice: "El corazón alegre constituye buen remedio; mas el espíritu triste seca los huesos" (Proverbios 17:22). El Dr. Don Colbert observa que una investigación llevada a cabo por el Departamento de Medicina Conductista de la Escuela Médica de la UCLA sobre los beneficios físicos que trae consigo la felicidad, probó de manera concluyente que "la risa, la felicidad y el gozo son antídotos perfectos para el estrés". Añade Colbert: "Un notable médico dijo en una ocasión que cuando la persona se ríe fuerte, el diafragma, el tórax, el abdomen, el corazón, los pulmones e incluso el hígado reciben un masaje".[20]

El Dr. Michael Miller, de la Universidad de Maryland, les dijo a los asistentes a una conferencia de la Asociación Estadounidense del Corazón: "No sabemos por qué la risa protege el corazón... Sabemos que hacer ejercicio, no fumar y comer alimentos bajos en grasas saturadas son cosas que reducen el riesgo de enfermedades del corazón. Tal vez se debía añadir a esta lista la costumbre de reír". En un entrevista para la BBC, el Dr. Miller dijo: "La recomendación [del médico] para tener un corazón sano podría ser un día hacer ejercicio, comer bien *y reírse unas cuantas veces al día*".[21] Añado a esto mi opinión profesional: "Hay que reírse de vez en cuando".

Moraleja de la historia

He aquí la moraleja de este capítulo: cuando yo comencé a *creer* que estaba bien, y a darle gracias a Dios por los *momentos* de bienestar que pasaba, comencé a ponerme bien. Aquel memorable momento en el que le pedí a mi madre que me tomara una foto cuando pesaba 111 libras (50 kilos) y apenas me podía tener en pie, demostraba la semilla de fe que fue la chispa de mi curación. Era esa semilla de mostaza de la fe que terminó sacando de mi vida la montaña de la enfermedad.

Un pensamiento positivo, una palabra o acción que usted decida expresar en su momento de desesperación, por inverosímil que parezca, por ridículo que suene, puede actuar como una semilla de fe que va a comenzar en usted el proceso de curación. Si medita en la Palabra de Dios y ora, atreviéndose a citar sus promesas de que usted va a ser curado, su fe crecerá, y recibirá su milagro, tal como yo recibí el mío.

"Es, pues, la fe la certeza de lo que se espera, la convicción de lo que no se ve."

—Hebreos 11:1

Capítulo 10

Deténgase, tírese al suelo y ruede

Los niños lo oyen una y otra vez desde la escuela primaria: si se te incendia la ropa, *detente, tírate al suelo y rueda*. Esta fórmula de seguridad en los incendios tiene también algunas aplicaciones genuinas al problema del agotamiento físico, mental y espiritual.

Cuando se trate de su salud, si siente el calor de la vida en la espalda y huele el humo de un agotamiento total inminente que lo está cercando, lo que necesita hacer es detenerse, tirarse al suelo y rodar. Más literalmente, descansar, ayunar y hacer ejercicios.

Así como el fabricante original de un automóvil proporciona una información detallada sobre el auto y un calendario de mantenimiento para que rinda y sea útil al máximo, también su Creador le ha proporcionado unas instrucciones detalladas y un calendario de mantenimiento para que usted mismo pueda conservarse al máximo de sus posibilidades de rendimiento.

Aunque sus enemigos lo confundan con el "conejo de Energizar", usted sigue necesitando descansar con regularidad.

Deténgase: todos necesitamos el reposo del sábado

Todas las criaturas que trabajan necesitan el reposo del sábado, y eso tiene que ver con las personas, los animales e incluso el suelo. Tanto la gente como los animales necesitan un descanso cada siete días, y el mismo suelo prospera cuando se lo deja descansar por lo menos cada siete años. Todos los agricultores prudentes comprenden la necesidad de poner en rotación los campos y las cosechas para que el suelo se pueda recuperar por lo menos durante una cosecha cada siete años.

El Dr. Mark Virkler cita un estudio en el que se comparan dos suelos idénticos destinados a la agricultura. Uno fue cultivado continuamente durante ocho años, mientras que al otro se le permitió quedar en barbecho, sin cultivar. El suelo del campo que no había tenido descanso sabático contenía 1,097 partes por millón (ppm) de sólidos nutritivos, mientras que el campo en descanso o barbecho presentaba la asombrosa cantidad de 2,871 ppm de sólidos nutritivos. Es una cantidad casi tres veces mayor de sólidos nutritivos que en el suelo cultivado en exceso.[1]

Elmer Jonson observa que el gobierno enemigo de Dios que se apoderó de las riendas de Francia después de la sangrienta Revolución Francesa decidió hacer pasar a toda la nación de la semana de trabajo de siete días a un ciclo de diez días. Al cabo de poco tiempo, los caballos y mulos de la nación se comenzaron a enfermar y morir en proporciones alarmantes. Después de investigar, los científicos "hallaron que se necesitaba la vuelta al principio de los siete días para el bienestar físico, la salud y una larga vida... Alguien dijo: 'Los burros les dieron a los ateos una lección de teología práctica'".[2]

El descanso tiene una importancia máxima para la salud del cuerpo y del alma. El sueño es una necesidad absoluta e innegable para la vida. A largo plazo, la existencia de unos períodos de descanso largos y regulares es igualmente importante. Los europeos van muy por delante de los estadounidenses en este aspecto. Según he observado, es normal que muchas familias europeas tengan unas extensas vacaciones cada año durante períodos cuyo promedio va de las cuatro a las diez semanas. La mayoría de los estadounidenses batallan para lograr sólo unas vacaciones de dos semanas cada varios años (y muchos no toman vacaciones de ninguna clase).

Además de darnos la noche para el sueño normal, el Creador programó a los seres humanos y a los animales para que descansaran por completo cada séptimo día. Cuando nosotros manoseamos su diseño, las cosas comienzan a ir mal. Hasta el Creador mismo descansó al séptimo día. (Dicho sea de paso, se descansa a base de dejar de hacer toda labor, incluso la *mental*, de la cual está demostrado que agota más al sistema adrenal y al cuerpo entero que la labor física).

¿Necesita usted un buen "reinicio"?

Una de las primeras cosas que aprendí sobre las computadoras personales es que muchos de los problemas aparentemente graves de una computadora se pueden "arreglar" apagándola. Esto permite que los circuitos se reorganicen de nuevo en ausencia de la corriente eléctrica. Cuando usted hace "reinicio", o enciende de nuevo la computadora, en muchos casos todo se presenta claro y en buen estado. Lo mismo sucede con el cuerpo. Hay ocasiones en que todo lo que hace falta es el "reinicio": detenerse a descansar.

Tire (el tenedor): ayune

Otras veces, la situación exige mucho más; hace falta que *deje caer el tenedor* y descanse. Esto es lo que la Biblia llama *ayunar*.

Muchas veces, líderes bíblicos de la talla de David, Daniel, los profetas, Jesús y Pablo, se lanzaron a grandes ministerios después de largos períodos de ayuno. Naciones y ciudades enteras proclamaron ayuno en momentos de crisis, o durante épocas de arrepentimiento y examen de conciencia. El ayuno es la herramienta espiritual de alto poder que nos proporciona el Creador para que nos abramos paso a través de las situaciones de nuestro cuerpo, alma y espíritu. Prácticamente todas las civilizaciones y culturas han tenido una comprensión instintiva del poder que tiene el ayuno, porque han escuchado la "voz" de su cuerpo natural, o han escuchado a otras fuentes. Todo el que haya estado enfermo comprende que en los tiempos de enfermedad el hambre tiende a desaparecer. Todo intento por dejar de lado esas señales y comer suele tener por consecuencia alguna regurgitación violenta u otra incomodidad.

¡No se preocupe! ¡Ayune y sea feliz!

La Biblia describe numerosos ayunos, que variaban según el tipo, la duración y el propósito.

- El ayuno tres días de Ester es considerado un "ayuno de crisis". (Vea Ester 4:16). Es un ayuno *total*, con privación de todos los alimentos sólidos y líquidos durante tres días. Muchas personas hacen este ayuno cuanto tienen que tomar decisiones difíciles, están angustiadas o tienen alguna preocupación espiritual. Sin embargo, debido a nuestro precario nivel de salud y a la abundancia actual de toxinas, el ayuno total —la abstención de todo alimento y *de agua* o líquidos— no es algo que se deba intentar hoy.
- El ayuno de diez días de Daniel es un ayuno modificado con una cantidad virtualmente ilimitada de aplicaciones. Recibe su nombre del Daniel de la Biblia y de sus compañeros hebreos, los cuales ayunaron de carnes ricas (y probablemente inmundas) y de vino, decidiendo comer legumbres o vegetales en lugar de aquellas cosas. Los resultados fueron espectaculares. (Vea Daniel 1:12-15). Es interesante hacer la observación de que Daniel y sus amigos, después de superar a todos los demás, que se habían alimentado con las comidas acostumbradas, *siguieron esa misma dieta durante tres años.* (Vea Daniel 1:5, 14-16).
- Puede escoger un ayuno en el que se eliminen el azúcar, la cafeína, las sodas carbonatadas, las comidas rápidas de baja calidad, los productos lácteos pasteurizados, los cereales comerciales para el desayuno o los productos de carne de cerdo. Es una forma excelente de liberarse de las adicciones o

hábitos con respecto a los alimentos, y lanzarse a un estilo de vida más saludable.

- Daniel hizo también un ayuno muy serio de *veintiún días sólo con agua*. Asegúrese de hablar sobre esto con el profesional de la salud que lo atiende antes de comenzar una dieta así. Sólo se deben hacer dietas largas con agua bajo la estricta supervisión de un médico autorizado. Hay situaciones de salud que hacen que esta dieta sea muy arriesgada. Es mejor asegurarse que lamentarse.

- Tanto Moisés como Jesús hicieron un milagroso *ayuno total de cuarenta días* (sin líquidos), pero yo no lo recomendaría... *sin un milagro*. Se les hace un serio daño a los órganos internos y a la química del cuerpo cuando se va más allá del punto de deshidratación de los tres días.

- Muchas personas han hecho *un ayuno de cuarenta días con agua y jugos diluidos* (usando jugos diluidos de frutas bajas en ácido o de vegetales). Sin embargo, sólo se debe emprender un ayuno así con gran cuidado, y bajo la supervisión de un profesional de la salud. Se sabe que cuando se hace esto *repetidamente*, se desatan cambios permanentes indeseables en el organismo. (Conozco a un hombre que hizo más de quince ayunos de este tipo; anteriormente era una persona delgada, pero desarrolló problemas continuos de obesidad y de regulación del contenido de azúcar en la sangre).

"Tómese un caldo de pollo y llámeme por la mañana"

La persona promedio se siente mucho mejor y vive más saludable si observa un ayuno de purificación de un día cada semana. Muchos profesionales de la salud están regresando a la sabiduría probada de los ayunos seleccionados para el tratamiento de las toxicidades principales (un rasgo prominente en ciertas terapias del cáncer). En algunos casos se trata de "monoayunos" en los cuales la persona sólo come un alimento, o se priva de un grupo de alimentos en particular. Algunas veces le recomiendan a la persona que haga un ayuno a base de caldo de pollo, lo cual constituye un ayuno modificado.

La historia ha demostrado que el cuerpo se puede sanar a sí mismo de muchas enfermedades graves a base de ayunar, y hoy en día la comunidad de cuidado de la salud está comenzando a aceptarlo. Hasta los ayunos parciales de menos de un día son beneficiosos. Por eso yo recomiendo un ayuno parcial semanal de un día de cena a cena en mi programa de salud de cuarenta días, que aparece bosquejado en el capítulo doce.

El cuerpo se sana mientras ayuna; pasa por un importante proceso de regeneración durante nuestro descanso nocturno en cuanto a actividad y alimentación. Por eso nuestra primera comida del día recibe el nombre de *desayuno*, porque estamos *rompiendo el ayuno* que cura.

El Dr. William L. Esser siguió el progreso de ciento cincuenta y seis pacientes en su centro de retiro de West Palm Beach, en la Florida. Estos pacientes aceptaron realizar ayunos terapéuticos de distintas duraciones. Después informó sobre el ayuno de estas ciento cincuenta y seis personas, que se quejaban de síntomas relacionados con treinta y una enfermedades médicamente diagnosticadas, entre ellas úlceras, tumores, tuberculosis, sinusitis, piorrea, enfermedad de Parkinson, enfermedades del cor, cáncer, insomnio, piedras en la vesícula, epilepsia, colitis, fiebre del heno, bronquitis, asma y artritis. El ayuno más corto hecho entre estos ciento cincuenta y seis pacientes duró cinco días. El más largo duró cincuenta y cinco días. Sólo el veinte por ciento de los pacientes ayunaron tanto tiempo como les recomendaba el Dr. Esser; sin embargo, los resultados son los siguientes:[3]

- 113 se recuperaron por completo.
- 31 se recuperaron parcialmente.
- 12 no se recuperaron.
- El 92% mejoraron o se recuperaron por completo.

Hay diversas formas seleccionadas de ayuno que pueden llevar mejoras a una serie de dolencias físicas, como la artritis, los problemas intestinales, la obesidad, e incluso la diabetes.

Una observación: Si usted tiene alguna dolencia física y está pensando en ayunar, asegúrese de consultar primero con el profesional de la salud que lo atiende. En general, todo el que tenga diabetes o hipoglucemia sólo deberá ayunar con la aprobación y la supervisión constante de un profesional de la salud que tenga conocimientos suficientes sobre el manejo del azúcar en la sangre y la insulina en su relación con la diabetes. Las mujeres embarazadas, o que estén dando el pecho, no deben ayunar en absoluto.

Únase a la muchedumbre de la lengua sucia y el mal aliento

Los ayunos de agua o líquidos solos en el tóxico mundo de hoy le podrían imponer al cuerpo una considerable carga tóxica, pero hay ocasiones en que los beneficios sobrepasan con mucho a las dificultades. ¿Qué dificultades? Arthur Wallis, autor de *God's Chosen Fast: A Spiritual and Practical Guide to Fasting* [El ayuno escogido por Dios: Una guía espiritual y práctica para el ayuno], nos señala unas cuantas de esas dificultades.

Los poros de la piel, la boca, los pulmones, los riñones, el hígado y por supuesto, los intestinos, participan todos, según nos dicen los expertos de la medicina, en esta limpieza física total.

Tanto el sabor desagradable en la boca, como la lengua sucia y el mal aliento, son parte del proceso.

Tenemos el familiar "dolor de cabeza del ayuno", causado mayormente por la reacción del cuerpo al cese repentino del té y el café, el azúcar y otros estimulantes; un suave síntoma de "desintoxicación" mientras el cuerpo se acostumbra a pasar sin la droga llamada cafeína... También existe tendencia a sentir somnolencia, ataques de incomodidad intestinal, náuseas, mareos y por supuesto, debilidad...

Es una medicina física y espiritual, y nuestro veredicto acostumbrado para él, por mucho que el farmacéutico dore la píldora, es: "Desagradable, pero bueno".[4]

Wallis presenta también una lista de beneficios producidos por el ayuno, entre los cuales habla del brillo en los ojos, la pureza en el aliento y la piel, y una sensación renovada de bienestar, añadiendo: "Un obrero cristiano, después de sólo cinco días de ayuno, afirmó: 'Me siento como si tuviera un estómago nuevo'. Una debilidad digestiva que había tenido durante años, desapareció".[5]

Por último, comprenda que el momento más importante de todo ayuno es el final, cuando uno comienza a reajustar de nuevo a las comidas su sistema digestivo limpio. No se atragante con panes, carne, ni siquiera grandes cantidades de vegetales. El estómago se encoge realmente durante el proceso del ayuno. Ya se volverá a extender, pero esto debe suceder de manera gradual.

Asegúrese de romper el ayuno el primer día con caldos y con líquidos que no sean ácidos, como jugos de vegetales crudos, vegetales, frutas y productos lácteos crudos con cultivo. Después vaya volviendo gradualmente a una dieta normal durante un período de dos a cuatro días, según lo largo y amplio que haya sido su ayuno. Consulte algunos de los libros excelentes sobre el ayuno que se encuentran a su alcance en las librerías. En ellos encontrará una información más detallada al respecto.

El consejo de "rodar" es sencillo y fácil de seguir para todo aquél cuya vida parece estar consumiéndose víctima de las llamas.

Ruede: Muévase, haga ejercicios, levántese y haga algo

Dios nos creó para *vivir, movernos, trabajar, jugar, vencer obstáculos y triunfar* a lo largo de la vida. Nunca tuvo la intención d que nos quedáramos sentados esperando la muerte.

Hay personas apoltronadas que han justificado con toda tranquilidad su indolente manera de enfocar la vida, citando un pasaje de la Biblia: "Porque el ejercicio corporal para poco es provechoso" (1 Timoteo 4:8).

Se olvidan muy oportunamente de que es muy probable que Timoteo fuera caminando a todos los lugares donde iba, e hiciera más ejercicio en un día, que la mayoría de las personas de hoy en una semana. Hay traducciones que dan una imagen más precisa, eliminando la "escapatoria de los vagos" al decir: "Porque el ejercicio corporal *tiene algún valor*".

¿Qué me dijo que estaba esperando?

Tenemos todo un mundo que explorar y dominar, y no lo podemos hacer si nuestro cuerpo está acumulando grasa y nuestros músculos, articulaciones y órganos internos se están destruyendo. Todos necesitamos ejercicio.

Durante unos treinta años, ha dominado sin competencia la teoría del esfuerzo extendido de los ejercicios aeróbicos dentro de los círculos médicos y de buen estado físico. Esta teoría sostiene que el máximo de salud se produce cuando se ejercita el sistema cardiovascular hasta unos niveles elevados o máximos de estrés *durante unos períodos de tiempo sostenidos o ininterrumpidos* (por lo general, treinta minutos o más). Lo que se cree es que esto entrena o fortalece el sistema cardiovascular de una forma muy parecida a como ejercita sus músculos el culturista por medio de la aplicación de estrés para que alcancen el máximo de tamaño o de fortaleza.

Tal vez esto sea cierto; no obstante, la debilidad de esta teoría procede de que se basa en unas teorías imperfectas sobre las enfermedades cardiovasculares que relacionan las arterias bloqueadas con el colesterol alto. Las proporciones bajas de colesterol no tienen conexión alguna con una cantidad menor de ataques al corazón o de enfermedades cardíacas; es mejor usar los niveles de homocisteína y de estrés oxidante, que sí son genuinamente precisos como factores de riesgo.[6]

Lamentablemente, la naturaleza tensa y artificial de los ejercicios aeróbicos sostenidos gasta las articulaciones y los cartílagos e inflige serias lesiones deportivas crónicas en unas proporciones más elevadas de las que se habían predicho. Peor aún, la gente aparentemente en buen estado físico y con bajo nivel de colesterol se está cayendo muerta a causa de ataques del corazón con la misma frecuencia que los que *nunca* hacen ejercicios y tienen unos niveles terribles de colesterol. Es posible que esto se deba al hecho de que las personas que tienen la costumbre de hacer ejercicios aeróbicos durante largos períodos de tiempo experimentan una debilitación de su sistema inmune. Este descenso de la inmunidad las convierte en blanco favorito de las infecciones.

Sí necesitamos hacer ejercicio para tener una salud lo mejor posible, pero los ejercicios aeróbicos de alto estrés no parecen estar dando todo lo que prometían.

Los ejercicios deben reflejar la vida real

A partir de mis investigaciones, he llegado al convencimiento de que la receta del Creador en cuanto al ejercicio tiene un parecido mayor con las actividades de la vida real que comprenden los esquemas diarios de trabajo y de juego.

Las personas que más han vivido en la historia del ser humano solían ir a pie a todos los lugares, acompañaban a sus animales y ganados, cazaban a pie, construían refugios primitivos o cultivaban los campos a un ritmo activo cada día, con períodos intermitentes de descanso. No sabían *nada* de los ejercicios aeróbicos, los aparatos para caminar ni las pistas de carreras, pero sí eran maestros en los *ejercicios anaeróbicos*, las actividades que provocan una "deuda de oxígeno" por medio de un esfuerzo temporal o brevemente sostenido.

Dejando de lado los caprichos actuales de la moda, no necesitamos tener un aspecto tan muscular como la gente que vemos en la televisión o en las portadas de las revistas, pero ciertamente, *cualquiera* puede estar mucho más sano gracias a una dieta nutritiva y al ejercicio moderado.

No estoy totalmente en contra de los ejercicios aeróbicos, pero si su meta es llevar una vida más sana, libre de enfermedades y de complicaciones innecesarias de la salud, hay ciertos ejercicios que son mucho mejores para su salud en general.

Caminar

Mi descripción de la actividad física más antigua que tiene la raza humana se puede expresar en un solo verbo: caminar. Aun antes que existiera Eva, Dios le asignó a Adán la tarea de cuidar de su huerto, labor que sólo habría podido hacer caminando. El desarrollo posterior de nuestra especie exigió que camináramos más aún.

Una caminata enérgica de tres kilómetros (a paso largo y con movimientos vigorosos de los brazos) cada día, aumenta las enzimas y la actividad metabólica, y puede aumentar también la quema de calorías hasta doce horas después de terminada.[7]

No pierda su tiempo buscando los mejores lugares para estacionarse cerca del lugar donde va; escoja un lugar *bien lejano* y *camine* desde allí. Esto se encarga de resolver dos importantes prioridades al mismo tiempo: usted consigue lo que vino a buscar, *y también* está haciendo un ejercicio saludable. (Y olvídese de los ascensores y las escaleras mecánicas; use las escaleras). Dese un paseo por la playa, o vaya a la tienda de la esquina; eso sí, no compre comida rápida para el viaje de regreso. Monte bicicleta, camine por su vecindario y "recorra el centro comercial" cuando el tiempo no colabore.

El bienestar físico funcional

El *bienestar físico funcional* es un sistema de ejercicios que es realmente holista. Utiliza los movimientos que son naturales en el cuerpo, de manera que mejora la salud y la fortaleza de todos los músculos. A diferencia del culturismo tradicional, el entrenamiento funcional se dedica a mejorar la fortaleza del centro del cuerpo (los músculos abdominales y la parte baja de la espalda), donde también se encuentran muchos de nuestros órganos más importantes.

Se puede usar el bienestar físico funcional para lograr grandes resultados, cualquiera que sea la ocupación de la persona, desde el atleta profesional que quiere mejorar su desempeño, hasta la abuela que quiere subir con mayor facilidad las escaleras que llevan a su habitación. Juan Carlos Santana, experto en entrenamiento (bienestar físico) funcional, lo expresa mejor: "La función es el deber o propósito de algo, o aquello para lo que está destinado. Una de las cosas principales para las cuales está destinado el cuerpo, es para proporcionarnos estructura y movimiento. Por tanto, es entrenamiento (bienestar físico) funcional todo aquel entrenamiento que mejore la estructura y el movimiento del cuerpo".[8]

No me cabe la menor duda de que el *bienestar físico funcional* es el tipo de ejercicio y sistema de bienestar físico más eficaz que existe. Creo que se merece realmente que se use de manera oficial como el Programa de Ejercicios para el Bienestar Físico Funcional. (Encontrará más información sobre el bienestar físico funcional en el Apéndice B).

Los ejercicios de respiración profunda

Hasta los ejercicios de respiración profunda aumentan el metabolismo del cuerpo, que quema las grasas, y "activa el cerebro" con una rica dosis de oxígeno. La respiración profunda ofrece beneficios que podrían significar una gran diferencia para su salud. Los pulmones son más grandes en el fondo que en la parte superior, pero la mayoría de los estadounidenses respiran con la parte superior. Vivimos de la respiración poco profunda típica de los enfermos y de los que duermen.

Aprenda a respirar "desde el vientre". Sabrá que está respirando desde el diafragma, si ve que el estómago se mueve hacia fuera y hacia dentro. Si lo único que se mueve o se expande es su pecho, entonces usted está viviendo aún a base de un pequeño porcentaje del potencial que Dios le dio para que respirara profundo.

La respiración profunda "masajea" literalmente y mueve los órganos internos blandos que hay dentro de la caja torácica, permitiendo que el sistema linfático se libre de las toxinas que ha recogido, y de recoger más aún. Sólo este tipo de respiración permite usar el "poder extra" que tiene la parte inferior de los pulmones.

Los bebés recién nacidos respiran profundo de manera *instintiva*: obsérvelos y aprenda cuando tenga oportunidad. En realidad, "aprendemos" a "respirar superficialmente" y nos privamos a nosotros mismos del aliento de vida. Los cantantes, los artistas del escenario, los locutores de la radio y la televisión y los atletas profesionales les pagan grandes sumas a los entrenadores de la voz y de la respiración para que les enseñen a respirar, a proyectar la voz y a lograr el máximo de fuerza por medio de la respiración con el diafragma (que es lo que hacían de manera *natural* cuando eran bebés). He aquí un breve curso, sólo para ayudarlo a comenzar:

1. Siéntese o acuéstese, y relájese.
2. Póngase una mano en el abdomen, para ver si se expande cuando usted respira. Si lo único que se mueve cuando respira es el pecho, usted está respirando superficialmente.
3. Respire hondo por la boca, y respire "desde allí hacia abajo, hasta el ombligo". Al usted inhalar, es su abdomen (estómago) el que se debe levantar (no su pecho).
4. Aguante la respiración por unos segundos, y después exhale lentamente, echando todo el aire. Aprenda a reconocer los sonidos y las sensaciones de esas respiraciones largas, lentas y profundas que quería su Creador que usted tuviera.[9]

Con más práctica, usted va a volver a la respiración profunda instintiva con la que comenzó a vivir.

Rebotar

Una forma de conseguir el ejercicio que usted necesita, es *rebotar* con la ayuda de un minitrampolín portátil para correr o caminar en el sitio, saltar o dar vueltas. James White, Ph.D., director de investigación y rehabilitación en el departamento de educación física de la Universidad de California en San Diego (UCSD), respetado defensor del rebote, usa los aparatos y las técnicas de rebote en su programa de rehabilitación. Según él, "cuando uno salta, corre en el lugar y da vueltas en este aparato (para rebotar), puede hacer ejercicios durante horas sin agotarse. Es una práctica estupenda para el esquí, mejora el golpe de los tenistas, y es una buena forma de quemar calorías y perder peso".[10] El Dr. White cree que es más eficaz para el bienestar físico y la pérdida de peso, que montar bicicleta, correr o hacer jogging, al mismo tiempo que produce menos lesiones.

Si usted está atrapado dentro de su casa, pruebe a hacer algún ejercicio de "rebote" en el cual salte sobre un minitrampolín. El rebote es muy bueno para el sistema linfático, el sistema circulatorio y la columna vertebral (al mismo tiempo que conserva sus articulaciones y ligamentos).

Todo ayuda, por poco que sea

Somos ahora mucho menos activos de lo que solíamos ser, pero aunque sea un poco de ejercicio sirve de mucho. Un artículo de *Consumer Reports on Health* describe un estudio realizado con trece mil hombres y mujeres en el Instituto Cooper de Investigación Aeróbica, en Dallas, Texas. Los investigadores realizaron este estudio a lo largo de ocho años para demostrar el valor de la constancia en los ejercicios aeróbicos, basándose en el tiempo que podían soportar los voluntarios el ejercicio en una máquina de caminar.

A medida que aumentaba el buen estado físico, disminuía la proporción de muertes. Pero con mucho, *la mayor disminución de la mortalidad* —el sesenta por ciento en los hombres y cerca del cincuenta en las mujeres— se produjo entre los voluntarios *con peor estado físico* y *los que sólo se hallaban en un estado físico un poco mejor*.[11]

Dondequiera que usted se halle en cuanto a la cantidad de ejercicio que haga, esto lo debería hacer sentir mejor. Aunque no haga ejercicio ninguno, puede comenzar a mejorar su salud de inmediato si comienza a hacer ejercicios *ahora mismo*.

Espero que este capítulo haya servido como una "puesta a punto", una especie de luz de advertencia en el panel de su salud. Aunque siga fielmente las directrices y las recomendaciones sobre alimentos de *La dieta del Creador*, necesitará practicar constantemente la filosofía del "detenerse, tirarse y rodar".

No espere a oler el humo; aprenda a leer los síntomas de su cuerpo y discernir las familiares señales de advertencia. A la primera señal de fuego, o de que hay llamas donde no debería haber, detenga todo lo que está haciendo para *descansar, ayunar* y hacer un poco de *ejercicio*. No hace falta tanto para recargarle sus baterías.

Aunque esté tratando de hacerlo todo bien, es posible que haya momentos en que necesite algo de medicina de parte del Creador. Por fortuna, Él nos las ha puesto en abundancia a nuestra disposición. En los rigores de la vida diaria, tal vez usted necesite darse una ducha caliente o fría, untarse aceites esenciales, escuchar una música que le sosiegue el alma y permitir que un buen baño caliente penetre hasta sus adoloridos huesos. Esto se parecerá una receta para que se pase un día en un balneario de aguas termales, pero no es más que medicina bíblica.

Capítulo 11

La medicina bíblica:
Hierbas, aceites esenciales, hidroterapia
y musicoterapia

E l profeta Ezequiel nos hace un fascinante retrato bíblico de la salud divina cuando habla de las hojas que sanan y el fruto que refresca:

> "Y junto al río, en la ribera, a uno y otro lado, crecerá toda clase de árboles frutales; sus hojas nunca caerán, ni faltará su fruto. A su tiempo madurará, porque sus aguas salen del santuario; y su fruto será para comer, y su hoja para medicina."
> —Ezequiel 47:12

Envíe a alguno de nuestra civilización occidental en busca de medicina, y se dirigirá a la farmacia más cercana. Envíe a alguien del este de Asia, o de América Central y del Sur (que no se haya "occidentalizado") en busca de medicina, y lo más probable es que se dirija al herbario más cercano, o a las hierbas que crecen salvajes. Tal vez regrese con hierbas, o con aceites esenciales extraídos de las hierbas del campo.

Se puede definir una hierba como "una planta anual, bienal o perenne con semillas que no desarrolla con persistencia tejido leñoso, sino que muere al final de una temporada de crecimiento" [a diferencia de un árbol, por ejemplo], o bien "una planta o parte de ella valorada por sus cualidades medicinales, como condimento o aromáticas".[1] Las hierbas del Creador son el primer recurso médico de la humanidad. Siguen siendo una importante fuente de curación y de apoyo nutritivo, aunque en nuestra cultura occidental sean muchos los que no se dan cuenta de ello.

Un botánico llamado Dr. David Darom ha identificado y fotografiado ochenta clases de plantas mencionadas en la Biblia que aún se encuentran hoy en Israel.[2] Y según Rex Russell, M. D., los químicos han identificado miles de ingredientes en las hierbas, y la industria farmacéutica está buscando continuamente más ingredientes que pueda aislar en las hierbas para distribuirlos en formas más puras. El Dr. Russell dice a continuación: "Aún hoy, 25% de todos los medicamentos proceden de hierbas".[3]

Las hierbas y las especias son fuentes increíbles de antioxidantes con propiedades antimicrobianas y antiinflamatorias. Según el Dr. James Balch, M. D., las hierbas tienen una importante ventaja sobre los medicamentos aislados. Las poderosas sustancias químicas que contienen tratan ciertos problemas de salud concretos, mientras que hay otros ingredientes que "equilibran" a esas sustancias químicas, haciéndolas menos tóxicas al mismo tiempo que mejoran su eficacia medicinal.[4]

El herborista médico James A. Duke, Ph. D., quien fuera jefe del Laboratorio de plantas medicinales de la ADEU/USDA, y es el autor de *Herbs of the Bible: 2000 Years of Plant Medicine*, afirma: "La Biblia menciona ciento veintiocho plantas que formaban parte de la vida diaria del Israel antiguo y de sus vecinos del Mediterráneo".[5] A continuación, el Dr. Duke presenta una lista detallada donde se hallan cincuenta de las hierbas curativas y fragantes más importantes que mencionan las Escrituras.

La Biblia menciona con frecuencia las hierbas, aunque no suele entrar en grandes detalles en cuanto al uso de las hierbas curativas. Sin embargo, eran tan apreciadas en los tiempos bíblicos, que los huertos de hierbas o "vegetales" causaban intrigas para asesinar personas y cometer atrocidades nacionales. La infame Jezabel, esposa del rey Acab, se tomó el asunto en sus manos asesinas cuando Nabot se negó a vender su viña. (Hay traducciones que ponen "huerto de vegetales"). Nabot fue apedreado injustamente, y de repente, el rey Acab tuvo el huerto que siempre había querido. (Vea 1 Reyes 21:2-13).

Las hierbas naturales nos siguen ofreciendo medicinas para curar, mantener la salud y mejorar la calidad de vida. En la lista que aparece a continuación sólo he mencionado veintiuna de las principales, para despertar su interés, de manera que pueda aprender a mejorar su vida. Muchas de esas hierbas se usan para sazonar, algunas se pueden comer en ensaladas o sopas, y otras se pueden usar para preparar infusiones. Es muy beneficioso incorporar estas maravillosas sustancias a nuestra dieta diaria.

Veintiuna de las hierbas del Creador con mayores propiedades curativas

De la fantástica variedad de hierbas que nos dio el Creador, y que se siguen estudiando para documentar sus usos con respecto a la salud, creo que las veintiuna siguientes se hallan entre las principales hierbas conocidas por el hombre.

1. Áloe

El áloe de la Biblia se usaba de diversas formas. Al parecer, Nicodemo neutralizó o disimuló el olor acre del áloe amarga que trajo, usando un centenar de libras de mirra antes de envolver el cuerpo de Jesús. (Vea Juan 19:39-40). El áloe vera, aunque es posible que o sea el verdadero áloe de la Biblia, "cruzó el azul océano" con Colón. Sigue apareciendo en incontables cocinas y baños de Estados Unidos como tratamiento de primera línea para las quemadas y las irritaciones de la piel.

El áloe vera también limpia el estómago y la parte inferior de los intestinos cuando se toma internamente (tenga cuidado al hacer esto), y ayuda a curar las heridas abiertas. Tiene propiedades anestésicas y anti-bacterianas y aumenta literalmente el flujo de sangre o de linfa en los vasos capilares cuando se aplica en estos lugares. Úselo para el acné juvenil. Además, trate de calentar una hoja de áloe vera y aplicarla direc-tamente a los abscesos, las contusiones, las inflamaciones de la piel, los flemones o incluso las torceduras, como hacen los yucatecos.^

2. Comino negro (Nigella sativa)

Esta hierba bíblica, popular en los panes y pasteles, se usa en medici-na para purgar el cuerpo de gusanos y parásitos. Un proverbio árabe la llama "la medicina para todas las enfermedades, menos la muerte". Estas semillas tienen sabor picante para la lengua, y en Europa se las mezcla a veces con granos de pimienta. El aceite de comino negro contiene nige-lona, que protege a los conejillos de indias de los espasmos bronquiales producidos por las histaminas (lo cual tal vez explique su uso para aliviar los síntomas del asma, la bronquitis y la tos). La presencia del esterol anti-tumores llamado beta sitosterol le da cierta credibilidad a su uso popular para tratar abscesos y tumores del abdomen, los ojos y el hígado.[7]

3. Mostaza negra (Brassica nigra)

Los griegos fueron los primeros en darle nombre a esta hierba. Crecía salvaje en las orillas del mar de Galilea. Sus semillas contienen un aceite fijo y otro esencial. Se ha usado en emplastos y se ha aplicado externamente para tratar numerosas dolencias como la artritis y el reumatismo. Según el Dr. Duke, hay investigaciones recientes que indican que en la mostaza exis-ten cinco compuestos que inhiben el cáncer causado por el contacto con el humo del tabaco. La mostaza aplicada a la piel hace que se agranden los vasos sanguíneos y el cuerpo pierda calor, lo cual explica su uso para tratar las congestiones en dolencias de la cabeza, neuralgias o espasmos muscula-res. El vapor que produce el agua caliente derramada sobre semillas de mos-taza machacadas es bueno para los catarros y los dolores de cabeza.[8]

4. Canela (Cinnamomum verum)

Esta agradable hierba formaba parte del aceite santo de la unción que se usaba para ungir a los sacerdotes y los vasos en el tabernáculo de Moisés (Éxodo 30:22-25). También se menciona como preparación del escenario para el romance (Proverbios 7:17-18). Los chinos la usaban en la antigüedad para tratar dolencias ya en el año 2700 a.C. Originalmente importada de la India y de Sri Lanka en los tiempos bíblicos, esta hierba se ha convertido en una de las especias favoritas en los Estados Unidos. Calma el estómago y hasta es posible que evite las úlceras. Hay investigaciones recientes que indican que la canela contiene benzaldehído, un agente antitumores, junto con unas propiedades antisépticas que matan las bacterias que causan las caries, así como hongos y virus que causan enfermedades. Es posible que evite incluso las infecciones del aparato urinario (IAU/UTI) y las manifestaciones de candidiasis. El Dr. Duke informa que los investigadores de la ADEU/USDA descubrieron que la canela reduce la cantidad de insulina necesaria para el metabolismo de la glucosa en la diabetes de tipo II. *Un octavo de cucharadita de esta hierba triplica la eficacia de la insulina.* (Una advertencia: Aunque esta sustancia es un poderoso germicida, no consuma el aceite de canela solo. Puede causar vómitos o daños a los riñones).[9]

5. Cilantro (Coriandrum sativum)

En su forma verde, esta hierba, conocida también como *perejil chino*, ha sido usada tradicionalmente como remedio para la indigestión ácida, las neuralgias, el reumatismo y los dolores de muelas. La historia registra su uso ya en el año 1550 a.C. con propósitos culinarios y medicinales. Era una de las medicinas usadas por Hipócrates alrededor del año 400 a.C. Hay investigaciones que señalan que el cilantro puede ayudar al organismo en la eliminación de metales dañinos, entre ellos el mercurio, el plomo y el cadmio. El cilantro contiene veinte sustancias químicas naturales que poseen propiedades antibacterianas que ayudan a controlar el mal olor del cuerpo; como ya mencionamos, su aceite esencial trata las indigestiones y el exceso de gases.[10]

6. Comino (Cuminum cyminum)

El comino, que tiene unas propiedades antioxidantes increíbles, era usado en los tiempos bíblicos como medicina y estimulante del apetito. También se ha usado tradicionalmente como remedio para la arritmia (anormalidad en el ritmo de los latidos del corazón), el asma, la dermatitis y la impotencia. El aceite de esta semilla aromática era usado como desinfectante, tal vez porque es bactericida y larvicida, y posee propiedades anestésicas.

El Dr. Duke observa: "Mis investigaciones indican que esta especie contiene tres compuestos que alivian el dolor y siete propiedades antiinflamatorias. Si yo tuviera el síndrome de túnel carpal, les echaría grandes cantidades de comino a mi arroz curry y otros platos picantes".[11]

7. Diente de león (Taraxacum officinale)

El diente de león, uno de los candidatos para las hierbas amargas que se comen en la Pascua, ha sido usado tradicionalmente como remedio para el cáncer, la diabetes, la hepatitis, la osteoporosis y el reumatismo. Los herboristas actuales recomiendan el diente de león casi exclusivamente como diurético para perder peso. (*Proporciona* el potasio, en lugar de eliminarlo, como hacen las medicinas diuréticas). Sus hojas son ricas en vitamina C y contienen más beta caroteno que la zanahoria, y sus raíces actúan como diurético y purgante útil para el tratamiento de los desórdenes de los riñones y del hígado.[12]

8. Eneldo (Anethum graevolens)

Este ingrediente tan usado por los fabricantes improvisados de encurtidos actuales ha sido tan apreciado a lo largo de la historia, que a los israelitas de la antigüedad se les exigía que *diezmaran* de su provisión. Los griegos y romanos antiguos también cultivaban el eneldo como hierba para la cocina. Se ha usado tradicionalmente como remedio para el cáncer y la deficiencia de estrógenos, y las investigaciones apoyan el que se haya usado durante tres mil años como ayuda para la digestión y remedio para el exceso de gases en los intestinos.

El aceite de semilla de eneldo inhibe el crecimiento de varias bacterias que se fijan en el tubo digestivo. Como infusión, tranquiliza el estómago y los intestinos, y alivia las dolencias de la parte superior del aparato respiratorio. Su aceite es tan fuertemente antibacteriano, que inhibe organismos como el *Bacillus anthracis*. El eneldo contiene varias sustancias fitoquímicas que actúan como insecticidas, mejoran los niveles de estrógenos, combaten las infecciones, las bacterias y los insectos, y actúan como relajantes uterinos.[13]

9. Alheña (Lawsonia inermis)

Esta hierba fragante da un tinte rojo oscuro que era popular entre las mujeres egipcias y aún se usa hoy en día en el tinte de pelo castaño libre de sustancias químicas. También se usaba en cosméticos y para teñir todo lo que se pudiera teñir. El Dr. Duke informa que unas momias exhumadas después de tres mil años de estar en una tumba aún tenían restos de tinte de alheña en las uñas. La alheña contiene lausona, un activo antibacteriano y fungicida que se usa con frecuencia para tratar las infecciones de hongos en las uñas.[14]

10. Fenogreco o alholva (Trigonella foenum graecum)

Es posible que esta hierba sea la que la Biblia llama "puerro" (Números 11:5). Durante largo tiempo se la ha considerado en el Oriente Medio como un tratamiento "curalotodo" para las dolencias. El Dr. Duke informa que las semillas agridulces de la alholva contienen cinco compuestos que parecen ayudar a los diabéticos a bajar el nivel de azúcar en la sangre.[15]

11. Incienso (Boswellia sacra)

El incienso es uno de los tres presentes que le hicieron los magos a Jesús en Mateo 2:10-11. No era nativo de Israel. Esta "leche" del arbusto del incienso procedía de la savia que salía a través de cortes hechos en la corteza de la planta. También era uno de los cuatro componentes exclusivos usados para hacer el incienso santo del tabernáculo de Moisés, y la Iglesia católica romana lo usa aún hoy. Se usa hoy también en diversos perfumes y colonias muy caros.[16]

12. Ajo (Allium sativum)

Su sabor sin igual no es lo único que tiene a su favor esta antigua hierba. Es eficaz para combatir las infecciones, e incluso aleja a los mosquitos y las garrapatas, tan irritantes y potencialmente peligrosos. Acaba con los dolores, estimula el sistema inmune y es útil en el tratamiento del asma, la diabetes y la hipertensión arterial. Según el Dr. Rex Russell, "hay estudios de población realizados que indican una relación inversa entre *la cantidad de ajo que se consume* y *el número de muertes por cáncer* en una población dada".[17]

13. Hisopo (Hyssopus officinalis u Origanum syriacum)

Esta hierba, llamada también mejorana, se cultiva en lugares secos entre las rocas. De hisopo, especia, tónico y ayuda para la digestión, estaban hechos los manojos de broza de la salvación usados por los israelitas en Egipto para marcar con la sangre del cordero los dinteles a fin de librarse del ángel de la muerte. También era usado en las ceremonias de purificación para limpiar a los que entraban en contacto con leprosos o con cadáveres. El hisopo detiene las hemorragias (como astringente) y cubre eficazmente los malos olores; se ha usado tradicionalmente como remedio para los catarros, las inflamaciones y el reumatismo; también se ha usado como ayuda para la digestión.[18]

14. Enebro (Juniperus oxycedrus)

Esta maleza conífera crece aún en Israel y es probable que sea el sándalo, madera que el rey Salomón le pidió a Hiram, rey de Tiro, en 2 Crónicas 2:8-9. Da dos formas del llamado aceite o brea de enebro,

muy buscadas para usarlas en fragancias masculinas, jabones antisépti-
cos y el sabor a humo en las carnes. El aceite de enebro ha sido usado
por mucho tiempo para tratar los parásitos de la piel en los animales, y
se le están hallando nuevos usos como tratamiento para la soriasis
humana, los eczemas y otras dolencias de la piel y el cuero cabelludo.
El Dr. Duke informa que recientemente, unos investigadores iden-
tificaron en algunos enebros ciertos lignans que se podrían utilizar en la
producción de etoposida, sustancia utilizada para tratar el cáncer de los
testículos y el de los pulmones. También hallaron en el enebro un poderoso compuesto antivirus que inhibe a los virus relacionados con la
influenza y las herpes.[19]

15. Cardo lechoso (Silybum marianum)

Esta antigua hierba, nativa de Samaria y de otras partes de Israel, ha
sido usada como remedio para el hígado durante dos mil años, tal vez
porque contiene silimarina, compuesto natural que evita y repara los
daños al hígado, e incluso regenera las células hepáticas dañadas. El
gobierno alemán ha aprobado las semillas y los extractos del cardo
lechoso para usarlos en el tratamiento de la cirrosis y de las enfermedades crónicas del hígado. También se ha demostrado que baja el nivel de
azúcar de la sangre y los niveles de insulina en los diabéticos, y ayuda a
evitar las piedras en la vesícula. Se puede cultivar el cardo lechoso en los
jardines caseros. Sus semillas contienen ocho compuestos antiinflamatorios que ayudan a sanar las enfermedades e infecciones de la piel.[20]

16. Menta o menta silvestre (Mentha longifolia)

Jesús menciona la menta, planta de dulce olor, en dos evangelios cuando reprende a los fariseos por darle con gusto a Dios un décimo de la cosecha de su herbolario, al mismo tiempo que no lo honraban en asuntos de
una importancia mucho mayor. (Vea Mateo 23:23; Lucas 11:42). Al pueblo judío le agradaba la menta en sus fiestas de Pascua de la primavera y la
tiraban en el piso de las sinagogas. Se usan algunas especies de menta para
tratar la enfermedad de Alzheimer y para darles sabor a dulces, goma de
mascar, dentífrico y licores. También se usa como ayuda para la digestión.
El aceite de hierbabuena (Mentha sativa) es antialergénico y se usa en la
aromaterapia para estimular la actividad del cerebro.[21]

17. Mirra (Cistus inanus o Commiphora erythræa)

Según el Dr. Duke, por toda el África y la Arabia se encontraban ciento
treinta y cinco variedades de mirra. El aceite de mirra fue utilizado en la
purificación de Ester y de las otras vírgenes candidatas, como preparación

para que comparecieran ante el rey Jerjes. (Vea Ester 2:12). Se administraba tanto en forma de aceites para el exterior, como en forma de sustancias comestibles para la purificación interna. Los reyes persas llegaban incluso a usar la mirra en su corona. Esta hierba fragante y costosa era usada en la fabricación del aceite santo de la unción que se usaba en el tabernáculo de Moisés, y fue uno de los presentes que los magos le dieron a Jesucristo.

La mirra se usaba en todo tipo de tratamientos en Mesopotamia, Grecia y el imperio romano. Usada en un enjuague bucal, puede detener las infecciones, y es un tratamiento eficaz para las infecciones bronquiales y vaginales.[22] La mirra contiene un compuesto llamado "furanosesquiterpenoide", el cual desactiva una proteína de las células cancerosas que se resiste a la quimioterapia, según investigadores de la Universidad de Rutgers. Este compuesto ha demostrado su eficacia contra la leucemia, el cáncer de mama y el cáncer de la próstata, los ovarios y los pulmones.[23]

18. Ortiga (Urtica dioica)

La ortiga ulcerante toma su nombre directamente del latín *urtica* ("que quema"), porque los diminutos pelos que tiene en las hojas causan ardor cuando se las toca. (Su veneno es similar al que se recibe en las picaduras de abejas y las mordidas de serpientes). Mencionada en el libro de Job, es posible que contenga sustancias que alivien los síntomas de la artritis; también es una fuente rica en vitaminas A, C y E, y en numerosos antioxidantes.[24]

19. Azafrán (Crocus sativus)

Esta hierba floreciente servía de condimento, de dulce perfume y de agente colorante en los tiempos bíblicos; era la especia más costosa del mundo. Para obtener una onza de azafrán hacen falta 4.300 flores.[25] Cada otoño se recogen las flores del azafrán al principio de la mañana, apenas se abren, porque lo que se utiliza son los tres pistilos de color anaranjado-escarlata que tienen en su interior, y se deben tomar antes que se marchiten las flores.[26]

El azafrán era el que teñía de amarillo la ropa y las manos de los mercaderes judíos de especias en la Edad Media, y por eso con frecuencia se les llamaba "mercaderes de azafrán". El amarillo azafrán fue utilizado para burlarse de los judíos durante siglos, pero nunca con tanta crueldad como en la exigencia de la Alemania nazi de que todos los judíos llevaran brazaletes con una Estrella de David amarilla. El azafrán se usaba en medicina para tinturas destinadas a tratar problemas gástricos e intestinales, y se considera antiespasmódico, expectorante, sedante y estimulante en pequeñas dosis. También ayuda en las dolencias de la vejiga, los riñones y el hígado.[27]

20. Nardo (Nardostachys grandiflora o jatamansi)

Una mujer de la calle se ganó la fama eterna cuando ungió humildemente a Jesús con un frasco de alabastro lleno de nardo, cuyo valor igualaba al sueldo de todo un año. Esta planta era importada de la India, y sus aceites se usaban en cosméticos y perfumes, además de darla como estimulante. El rizoma o raíz larga del nardo contiene yatamansi, compuesto utilizado para tratar la epilepsia. Se utilizan las infusiones para tratar la epilepsia, la histeria, las palpitaciones del corazón y el corea. Es posible que el aceite de nardo ayude a tratar el aleteo auricular, y actúa deprimiendo el sistema nervioso central, y relajando los músculos de tejido suave y los unidos al esqueleto.[28]

21. Cúrcuma (Curcuma longa)

Esta hierba y especia posee grandes propiedades antiinflamatorias y antioxidantes. Gran parte de las investigaciones hechas con la cúrcuma se han realizado en la India, e indican que esta hierba podría ser beneficiosa como tratamiento en las heridas, ayuda en la digestión, protección del hígado y tónico cardíaco. Es una poderosa especia para la cocina y para aumentar los sabores, y en polvo es antioxidante. Es un indicador químico de confianza que cambia de color cuando entra en contacto con sustancias alcalinas o ácidas. Se ha demostrado que el aceite esencial de cúrcuma tiene cualidades antiinflamatorias y antiartríticas. Es un analgésico más antiguo que la aspirina que rivaliza con los analgésicos exóticos más nuevos en su capacidad para aliviar los dolores y las molestias sin molestar al estómago.[29]

Recomiendo fuertemente el uso de las hierbas bíblicas como parte integral de todo régimen curativo. Trate de añadir estas hierbas y especias a su dieta diaria, o tome algún suplemento nutritivo que contenga extractos de estas sustancias vivificadoras con base de aceite.

Los aceites sanadores del Creador

La Biblia menciona por lo menos treinta y tres especies de aceites esenciales, y cita más de mil veces su uso para mantener la salud, curarse, mejorar la adoración espiritual, purificarse emocionalmente, purificarse del pecado y apartar personas para algún propósito santo. ¿Por qué están ausentes hoy de nuestra vida?

Estos aceites esenciales se inhalaban, se aplicaban en el lugar necesitado y se tomaban internamente. Según David Stewart, Ph. D., "el setenta por ciento de los libros de la Biblia mencionan los aceites esenciales, sus usos y las plantas de las cuales se obtienen".[30] Constantemente estamos aprendiendo más acerca de ellos, pero debemos considerar su inmenso valor cuando comprendemos la importancia que les dio el Creador, y qué se menciona tantas veces en las Escrituras.

Sabemos que los aceites esenciales tienen el nivel más alto de CARO/ORAC que tiene sustancia alguna en el mundo. La escala de capacidad de absorción de radicales oxigenados (CARO/ORAC) mide los poderes antioxidantes de los alimentos y de otras sustancias. Hay cuatro aceites esenciales importantes de la Biblia que superan con mucho a las frutas y los vegetales en existencia que tienen los niveles más altos. Por ejemplo, *una onza (veintiocho gramos) de aceite de clavo tiene la capacidad antioxidante de 450 libras (205 kilos) de zanahorias, 120 quartillos (litros) de arándanos o 48 galones (190 litros) de jugo de remolacha.*[31]

Los aceites esenciales están compuestos por moléculas muy pequeñas que pueden pasar libremente la barrera entre la sangre y el cerebro, o atravesar la piel para alcanzar cualquier lugar del cuerpo en cuestión de minutos. Si usted pone una gota de aceite de canela o de hierbabuena en la planta de su pie, es muy probable que en menos de sesenta segundos sienta el sabor en la lengua.

Los catorce aceites esenciales bíblicos *principales* que menciono más adelante contienen tres clases únicas de compuestos. Los primeros son los *fenilpropanoides*, que son antivirales y antibacterianos; pueden limpiar y reprogramas los lugares "receptores" en cada célula del cuerpo. Los segundos son los *sesquiterpenos*, que poseen diversas propiedades curativas y la capacidad de reprogramar el código revuelto o dañado del ADN. Y los terceros son los *monoterpenos*, que les entregan oxígeno directamente a las células y poseen propiedades anticarcinógenas.

Beneficios personales

Tal vez debamos pensar que las instrucciones divinas para la unción bíblica afectaban al ámbito físico mucho más de lo que hemos creído anteriormente. Nos es posible disfrutar de beneficios significativos a la salud con el uso de aceites esenciales en nosotros mismos, nuestra familia y nuestro hogar.

Lo animo a ungirse con un aceite esencial e investigar estas afirmaciones por sí mismo. Ponga unas cuantas gotas de una de las mezclas de aceites esenciales bíblicos en la palma de su mano y haga varios círculos con los dedos en el sentido de las agujas del reloj. Después frótese las palmas y lléveselas juntas a la nariz y la boca (pero asegúrese de no tocarse los ojos). Inhale profundamente los vapores aromáticos y después deslice los dedos y las palmas por su cabello. Esto no lo hará "aceitoso", pero sí transformará la forma en que usted se siente.

Una forma estupenda de usar los aceites esenciales consiste en poner entre cinco y diez gotas en un baño caliente. Eso sí que es un verdadero regalo curativo. También se puede frotar unas cuantas gotas de estos aceites en la planta de los pies. Hasta se puede beneficiar de inhalar directamente del frasco. Si tiene niños pequeños, pruebe a aplicarles aceites esenciales a sus muñecos de peluche, o al interior de las fundas de sus almohadas cada noche.

En la lista que aparece a continuación se encuentran catorce de los aceites esenciales más útiles, con una breve descripción de sus efectos positivos para el cuerpo.

1. Mirra (Commifora myrrha)

En los tiempos antiguos, las madres embarazadas se ungían con mirra para protegerse contra las enfermedades infecciosas y para aumentar su sensación de bienestar. También se usaba en los tiempos antiguos para enfermedades de la piel, higiene bucal, embalsamamiento y repelente de insectos. En los tiempos modernos se usa la mirra para equilibrar la tiroides y el sistema endocrino, apoyar al sistema inmune, sanar las infecciones de hongos y de virus y aumentar el bienestar emocional.

2. Incienso (Boswellia carteri)

En los tiempos bíblicos se usaba el incienso en el aceite santo de la unción, para mejorar la meditación, para embalsamar y en perfumes. Se usaba para ungir a los hijos varones recién nacidos de los reyes y sacerdotes, y es posible que fuera ésa la razón de que se lo llevaran a Jesús niño. Hoy en día se usa para ayudar a mantener una regeneración normal de las células, para estimular el sistema inmune del cuerpo y como ayuda para las personas que sufren de cáncer, depresión, alergias, dolores de cabeza, herpes, bronquitis y lesiones cerebrales causadas por heridas en la cabeza.

3. Cedro (Cedrus libani)

Tradicionalmente se usaba el cedro en la purificación ritual después de tocar un cadáver, animales inmundos o cualquier otra cosa considerada "inmunda" en la Biblia, como el lecho donde había muerto una persona. Se usaba el cedro también en la purificación de la lepra y de los espíritus malignos. En el mundo entero ha sido usado por diversas culturas para embalsamar, como medicina, como desinfectante, para la higiene personal y para problemas de la piel. Hoy en día se usa el cedro como repelente de insectos, en tratamientos para la caída del cabello y para la tuberculosis, la bronquitis, la gonorrea y los desórdenes de la piel (como el acné o la soriasis). El cedro tiene la concentración más alta de todas de sesquiterpenos, que pueden mejorar el oxígeno de las células.

4. Canela (Cinnamomum verum)

La canela y la casia son en realidad dos especies del género Cinnamomum y tienen fragancias similares. Ambas son antibacterianos muy eficaces y agentes antivirus provistos por Dios para proteger a los

israelitas de las enfermedades. Apoyan al sistema inmune del ser humano en su batalla contra los virus de la influenza y el catarro; basta inha-
larlas o ponérnoslas en la planta de los pies. (No aplique estos poderosos aceites a zonas sensibles del cuerpo, puesto que pueden ser ligeramente cáusticas y causar una irritación en esas zonas. Si se presenta una
irritación, aplique aceite vegetal enseguida para "enfriar" la piel).

5. Casia (Cinnamomun cassia)

La casia era uno de los ingredientes del aceite santo de la unción de Moisés.
Prima de la canela, es un poderoso intensificador del sistema inmune.

6. Cálamo (Acorus calamus)

Este antiguo aceite esencial es rico en fenilpropanoides, y se suele usar
en combinación con otros aceites esenciales. Se usaba en el aceite santo
de la unción y el incienso, y para perfumes. Era estimulante aromático y
tónico para el sistema digestivo. Hoy en día se utiliza para relajar los músculos, aliviar las inflamaciones, apoyar al sistema respiratorio y limpiar las
congestiones de los riñones después de las intoxicaciones. Se toma por vía
oral, inhalado como el incienso y aplicado a la piel del abdomen.[32]

7. Galbano (Ferula gummosa)

Históricamente, el galbano se usaba como aceite santo de la unción,
perfume y en diversas medicinas. Hoy se utiliza para tratar acné, asma,
tos, indigestión, dolores y molestias en los músculos y heridas, y también para equilibrar las emociones.

8. Uña aromática (Styrax benzoin)

Este aceite esencial procede de la resina de un árbol y es el más vis-
coso de todos los aceites esenciales. Tiene una fragancia característica
semejante a la vainilla y se usaba como perfume; se mezclaba para hacer
aceites para ungir, y se utilizaba para sanar las heridas de la piel, así como
para calmar, aliviar y levantar el ánimo. Hoy en día se usa para estimular
el drenaje renal y tratar los cólicos, gases y estreñimiento. Es posible que
ayude a controlar los niveles de azúcar en la sangre. También se inhala
para sinusitis, bronquitis, catarros, tos y dolores de garganta. Alivia las
irritaciones de la piel y las heridas. Se inhala, se aplica en las vendas de las
heridas y se hace penetrar en la piel con masajes.[33]

9. Nardo (Nardostachys jatamansi)

En los tiempos bíblicos se usaba el nardo como perfume o medicina,
para levantar el ánimo y en la preparación para la sepultura. La ciencia

moderna ha demostrado que alivia alergias, migrañas y náuseas. El nardo apoya al sistema cardiovascular y calma las emociones.

10. Hisopo (Hyssopus officinalis)

El hisopo, el principal purificador de los tiempos bíblicos, era usado en muchos ritos de purificación y para alejar a los espíritus. La ciencia moderna ha demostrado que se lo puede usar para aliviar la ansiedad, para la artritis, el asma, las infecciones respiratorias, los parásitos, las infecciones de hongos, los catarros, la influenza y la curación de heridas. El hisopo metaboliza las grasas, aumenta el sudor y puede ayudar en la desintoxicación del cuerpo para librarlo de sustancias químicas dañinas. Puede ayudar a equilibrar las emociones.

11. Sándalo (Santalum album)

Usado por los antiguos para ayudarse en la meditación, el sándalo también es afrodisíaco y se usaba para embalsamar. Contiene sesquiterpenos que desprograman la información incorrecta y llevan el oxígeno al nivel de las células. Se puede usar en el cuidado de la piel, para mejorar el sueño, para apoyar los sistemas reproductor y endocrino de la mujer y para dar alivio en las infecciones del aparato urinario.

12. Mirto (Myrtus communis)

El mirto se utilizaba en los tiempos bíblicos en varias ceremonias que comprendían la purificación de una impureza ritual. Hoy en día se puede utilizar para equilibrar las hormonas, sosegar el sistema respiratorio, batallar los catarros y la influenza y tratar asma, bronquitis, tos y dolencias de la piel (entre ellas acné, soriasis y manchas).

13. Ciprés (Cupressus sempervirens)

Los sanadores antiguos usaban este aceite esencial para tratar las artritis, laringitis, inflamaciones en los tejidos de las cicatrices y espasmos. Hoy en día se usa el ciprés para apoyar al sistema cardiovascular y fomentar el bienestar emocional en momentos de pérdida o estrés. También fomenta la producción de leucocitos y levanta las defensas naturales. Se suele dar un masaje con él a lo largo de la columna vertebral, en las axilas y los pies, y sobre el corazón y el pecho.[34]

14. Rosa de Sarón (Cistus ladanifer)

Usada históricamente como perfume y para levantar el humor, la rosa de Sarón se usa hoy como antiséptico, para fortalecer el sistema inmune y para calmar los nervios.

Recomiendo altamente el uso diario de los aceites esenciales bíblicos. Inhalados de manera directa, o usados en baños terapéuticos, estos aceites cambian la situación de manera sutil, pero poderosa en nuestra vida.

La hidroterapia del Creador

algo de extraño que el agua nos ayude a curarnos cuando un gran porcentaje de nuestro cuerpo está compuesto de agua? Desde los comienzos de la historia humana, tanto hombres como mujeres han encontrado alivio y curación en el agua. Los griegos y los romanos construían elaborados baños que aún están en pie, y más recientemente, un presidente de los Estados Unidos aquejado de polio hizo un peregrinaje hasta los baños minerales naturales de Hot Springs, Arkansas, en busca de una cura para sus adoloridas articulaciones.

La "curación por medio del agua", o hidroterapia, es sencilla y poco costosa en sus diversas formas:

- **Báñese por inmersión** cuando quiera remojar todo el cuerpo en un baño. Métase durante unos veinte minutos en un agua que tenga unos 95 grados Farenheit (35 grados centígrados) de temperatura para tranquilizar los nervios, relajar los músculos y aliviar los problemas de la vejiga y del aparato urinario. Añádale al agua hierbas curativas, sales o aceites esenciales, para aumentar la eficacia del baño.
- **La ducha** suele ser lo que mejor satisface las necesidades de los hombros, la parte superior de la espalda y el cuello cuando están adoloridos.
- **Los baños de asiento** no son más que baños con poca agua, lo suficiente para meterse en ella hasta la cadera (y aliviar los diversos padecimientos y dolores físicos que se producen en esas zonas).
- **Báñese las extremidades** —los pies y las manos— en uno o dos cubos o recipientes lo suficientemente grandes para que quepan dentro.

Hay muchas formas de usar la hidroterapia para la salud del cuerpo. He aquí unas cuantas:

- Caliéntese los pies fríos con un baño de quince minutos en agua caliente. Para pies cansados, dese un baño frío de pies.
- Para pies o manos adoloridos o artríticos, use *dos* cubos o recipientes con agua, uno con agua caliente y el otro con agua fría. Alterne los pies o las manos entre el baño caliente (un minuto)

y el frío (veinte segundos) durante un total de veinte minutos.

- La forma más eficaz de mejorar la circulación sanguínea y de estimularla consiste en ducharse y alternar entre el agua caliente y la fría durante un período mínimo de quince minutos (un minuto caliente, seguido por otro minuto fría). Debe poner el agua tan caliente como la pueda resistir sin que le queme la piel, y tan fría como la pueda resistir sin que le cause dolor. Alterne entre el agua caliente y la fría por lo menos siete veces durante este período. Si hay una zona particularmente adolorida, asegúrese de que el agua llega hasta esa zona tan directamente como sea posible.

La terapia musical del Creador

Hay dos ejemplos bíblicos que ilustran el poder virtualmente desconocido de la música, que me impresionan: Cuando el rey Saúl caía víctima de un espíritu maligno, todo lo que hacía falta era que David tocara el arpa para que quedara liberado y sosegadamente aliviado. (Vea 1 Samuel 16:23). Cuando los israelitas rodearon la inexpugnable fortaleza de Jericó, tocaron las trompetas y gritaron como les había ordenado Dios, los muros se vinieron abajo "sin disparar una flecha". (Vea Josué 6).

La terapia por medio de la música como arte curativo está comenzando a obtener grandes logros en el tratamiento o la rehabilitación de pacientes que batallan con el autismo y las enfermedades de Alzheimer y de Parkinson. Parece presentar una propiedad única para organizar o reorganizar las funciones cerebrales que han sido dañadas.

La música es un don de Dios que posee poder para curar y para liberar, así que debemos usar este don con sabiduría. La mejor prueba del poder que tiene la música está en su propio corazón. *¿Cuántas veces lo ha conmovido emocional y espiritualmente la música?*

El rey Saúl lo sabía, y por eso llamaba a David, su trovador, cuando se sentía deprimido. Le aconsejo que prepare listas de sus músicas favoritas, y después las oiga con frecuencia. Vea si no le levanta el espíritu. Hay ciertos tipos de músicas, en especial las que llamamos música "clásica" y música cultural, que pueden producir grandes beneficios para la salud. Mientras hacemos ejercicios es un buen momento para escuchar música, que puede ser muy inspiradora.

Si se siente abrumado por las tensiones del día, le recomiendo que escuche su música de adoración favorita, y cante con ella. En mi experiencia, la adoración y la música son virtualmente inseparables. Por supuesto, la adoración no se puede limitar a la música, pero lo cierto es que ésta puede desempeñar un importante papel en su expresión medite en estas sabias palabras de un notable líder espiritual, músico y escritor:

Adorar es como respirar. Usted fue creado para hacerlo todo el tiempo. Es un estilo de vida. Cuando se lance contra usted todo lo imaginable, adore a Dios. Cuando por fin las cosas vayan como usted quiere, adórelo. (Por supuesto, es más fácil adorar en los buenos tiempos). No hay nada que sea tan creativo como la adoración, porque usted está haciendo algo superior a una simple expresión de fe en el Dios soberano. Está creando en su propio corazón y en sus circunstancias una atmósfera que libera la fe y lo capacita para decir: "Mi Dios tiene esto bajo su control".[35]

Lo animo a aprovechar el poder de la música del Creador y dejar que le quite el estrés, que le edifique el alma y que mejore su salud. La música adecuada en el momento correcto lo puede calmar, emocionar, despertar o dormir. Es un instrumento divino; procede de la amorosa mano de Dios para hacer que la vida sea un poco más saludable cada día.

Siga adelante

Nos parecería absurdo que alguien desperdiciara su calidad de socio en un balneario de salud exclusivo, o en un club campestre de golf. Sin embargo, ¿cuántas veces nos tomamos el tiempo necesario para participar en la abundancia de hierbas curativas, de aceites esenciales, en el relajamiento de un tranquilizador baño caliente y en la música sosegadora e inspiradora de Dios?

Si le parece que es hora de hacer un cambio significativo en su vida, lo más probable es que se produzca por medio de una firme decisión y de un período de compromiso. Lo típico ha sido que Dios ha utilizado el período de cuarenta días para llevar a cabo los sucesos significativos de la vida. Si usted ha decidido seriamente que va a romper con el pasado para empezar de nuevo en su búsqueda del máximo de salud, fortaleza y vitalidad, entonces ya está listo para comenzar la Dieta del Creador como una experiencia transformadora de cuarenta días.

Mientras pienso en los cambios que se van a producir en su vida durante los próximos cuarenta días, recuerdo la letra de uno de mis cantos de adoración favoritos.

Nunca volveré a ser el de antes.
Nunca podré regresar; he cerrado la puerta.
Caminaré por el sendero. Correré la carrera.
Y nunca volveré a ser el de antes.[36]

Capítulo 12

La dieta del Creador:
Su experiencia de salud de 40 días

Como ya hemos visto, de dietas y modas en cosas de salud está repleto el panorama de la cultura estadounidense, pero el plan original del Creador para que usted llegara a tener la mejor salud y el mejor bienestar posible no es una moda. La dieta del Creador es al mismo tiempo antigua y moderna, oportuna y eterna. Lo mejor de todo es que *funciona*. A diferencia de otras dietas o programas de salud, la dieta del Creador está pensada para mejorar las cuatro columnas de la salud: física, espiritual, mental y emocional.

Éste es el final de la carrera; el lugar donde la dieta del Creador se puede convertir en realidad para producir en usted una vida más abundante. Mi meta ha sido presentarle los principios de este protocolo de curación con la mayor claridad posible. Me sentía obligado a desarrollar un plan científicamente sólido y basado en la vida real *que usted pudiera llevar adelante*.

Aquí está, bosquejado en un sencillo programa realizable de cuarenta días. En la Biblia muchas veces, cuando Dios quería desencadenar un notable cambio en el estado de cosas de la tierra, instituía un plan de cuarenta días. Vemos esto manifestado en la vida de Noé, Moisés, Elías, Ezequiel y Jesús (Génesis 7:4; Éxodo 24:18; 1 Reyes 19:8; Ezequiel 4:6; Mateo 4:2; Hechos 1:3). ¿Está listo para el significativo cambio en su vida que le restaure una salud óptima a su ser, tanto física como espiritual, mental y emocional? Esta inversión de cuarenta días les va a seguir rindiendo dividendos toda la vida a usted y a sus seres amados.

La "Experiencia de salud de 40 días de la dieta del Creador" incorpora en sí los mismos principios bíblicos en cuanto a dieta y estilo de vida que me salvaron a mí la vida. Además de esto, como resultado de mis años de investigación y experiencia con pacientes, calculo que *es por lo menos diez veces más eficaz* que la versión inicial del programa, que fue la usada por mí para recuperar la salud y liberarme de la esclavitud de la enfermedad.

En el momento de escribir estas líneas, llevo nueve años sin tomar medicamentos y me encuentro en un estado excelente de salud. Después de sufrir los estragos del contacto continuo con poderosos medicamentos, entre ellos los esteroides catabólicos, durante años, he recuperado mi peso normal (195 libras [89 kilos] para una estatura de seis pies una pulgada [metro ochenta y cinco]). Levanto pesas, juego deportes recreativos y estoy felizmente casado, con un bebé en camino. Aún me siento asombrado con este milagro, teniendo en cuenta que me solía preguntar *si viviría lo suficiente* para llegar a cumplir los veintiún años.

Si una inyección, píldora o terapia experimental me hubiera podido liberar de mi dolorosa enfermedad, yo habría pagado lo que fuera necesario para conseguirla. (Y de hecho, *gastamos* centenares de miles de dólares en nuestra inútil búsqueda de una cura).

Decididamente, fue Dios quien me curó, pero lo hizo de la forma natural y práctica que he compartido con usted: por medio de la dieta del Creador. Mi madre es la que mejor lo expresa; fui curado "mientras me daba un banquete de la Palabra de Dios" y aplicaba sus principios —entre ellos los dietéticos— a mi vida. Créame: esos principios de salud divina son totalmente reproducibles en su vida también.

¡Experimente 40 días que cambiarán su vida para siempre!

Ha llegado su oportunidad para experimentar los cuarenta primeros días del resto de su vida; cuarenta días que le cambiarán la vida para siempre. La "Experiencia de salud de 40 días con la dieta del Creador" se divide en tres fases de dos semanas cada una. Son tres fases fáciles de seguir, y en cada una de ellas sugerimos alimentos que son sumamente saludables y deliciosos.

Este plan está pensado para producir resultados; su éxito depende grandemente de la diligencia que ponga en seguirlo. Se han hecho todos los esfuerzos posibles para mantener sencillas las recetas y buscar ingredientes fáciles de encontrar. Es posible que pase por momentos de desaliento al enfrentarse a una receta nueva, o al tener que pasarse una semana sin su comida rápida o postre favorito, pero bien vale la pena perseverar en esos momentos, porque su salud futura depende de ello.

La experiencia de 40 días está pensada para atacar las tres "*íes*": insulina, infección e inflamación. Al equilibrar la *insulina*, usted puede mejorar su salud física, mental y emocional, y a su vez, equilibra el azúcar de la sangre, lo cual mejora la concentración y levanta el ánimo. Al reducir la *infección*, puede disminuir la carga tóxica que tiene que soportar su cuerpo a causa del contacto diario con los gérmenes. Al disminuir la *inflamación*, puede reducir los dolores y malestares y aminorar los factores de riesgo de enfermedades con las del corazón y el cáncer. Al atacar estas tres íes, usted puede mejorar su aspecto externo y aumentar su nivel de energía, y puede comenzar a invertir el proceso de envejecimiento acelerado, para vivir de la forma que Dios quiere que viva.

A continuación, algunas sugerencias útiles para que tenga éxito en su experiencia de salud de cuarenta días.

- Cuando comience la primera fase y evite el consumo de ciertos alimentos y sustancias químicas a los cuales era adicto (como el azúcar, los edulcorantes artificiales, la cafeína y los conservantes), es posible que experimente unos síntomas temporales de desintoxicación, como dolores de cabeza, síntomas semejantes a los de la influenza, aumento en los deseos de consumir carbohidratos, menos energía, cambios de humor o incluso cambios temporales en los hábitos intestinales. También es posible que suceda esto a causa del aumento en la eliminación de las toxinas del cuerpo. Esta "reacción de desintoxicación", como la llaman algunos, es indicación de que el programa está funcionando, y suele durar poco tiempo. Asegúrese de aumentar su consumo de agua, y si su cuerpo le pide que descanse, lo mejor es que lo haga.
- Si estropea las cosas y se sale del programa, no se ponga a darse golpes. Entre usted y el éxito sólo hay una comida de distancia. Nadie es perfecto. Si lo ponen en una situación en la que debe comer alimentos que no están recomendados para una fase determinada del programa (y más le conviene tener una buena excusa), lo mejor es consumir todos esos alimentos "prohibidos" en un período de tiempo de una hora, en lugar de comerlos alo largo de varias horas, o de un día entero. El consumo de alimentos altos en carbohidratos o en calorías dentro del período de tiempo de una hora reduce al mínimo la cantidad de insulina que el cuerpo puede producir, o producir en exceso; esto también reducirá al mínimo la cantidad de grasa que usted va a almacenar, y limitará el daño hecho.
- Tómese tiempo para divertirse. Le recomiendo que dedique por lo menos un día a la semana para que sea el día de la diversión. No haga nada que parezca trabajo. Si puede planificar una salida para ese día, mejor aún. Salir al sol y a respirar aire fresco es algo muy saludable.
- Salga al sol. Es importante pasar tiempo al sol. El contacto con la luz solar puede ser muy beneficioso para su salud, y lo puede ayudar en el equilibrio de las hormonas, mejorar su humor y colaborar en el fortalecimiento de sus huesos.

- Tómese el tiempo necesario para masticar bien la comida. La digestión de los carbohidratos comienza en la boca. Cuando usted come alimentos con almidón y altos en carbohidratos, tiene suma importancia que mastique cada bocado de comida entre treinta y cinco, y setenta veces. Esto le podrá parecer una gran tarea, pero lo va a beneficiar inmensamente. Si mastica bien su comida, no sólo se estará ayudando en la digestión, sino que también la acción de masticarla puede estimular al cuerpo a producir ciertas hormonas químicas que también mejoran el humor.
- No coma cuando esté enojado, triste, asustado o ansioso. Estas emociones paralizan la digestión. Cuando se halle emocionalmente desequilibrado, lo mejor que puede hacer es no comer nada. Anteriormente mencioné que cuando comemos azúcar, nuestro sistema inmune puede deprimirse hasta por seis horas. También hemos aprendido que cuando estamos enojados, el sistema inmune se puede deprimir igualmente hasta por seis horas. Así que, si usted se come una rosquilla estando enojado, se habrá echado a perder la mitad del día.

El nivel básico, el intermedio y el avanzado

Como verá en las indicaciones que se dan para cada fase del programa, hay instrumentos o productos recomendados para ayudarlo a alcanzar sus metas con rapidez y facilidad. Esos instrumentos lo ayudarán a asegurarse el éxito y lo capacitarán para mejorar su salud a todo nivel: físico, espiritual, mental y emocional. Cada producto es clasificado como básico, intermedio o avanzado en las instrucciones para las distintas fases.

Si entra al programa básico, va a usar tres productos principales. El programa intermedio usa los tres productos centrales, más dos productos adicionales. El programa avanzado incorpora en sí todos los productos del nivel básico y el intermedio, añadiendo cuatro productos más. Según una serie de factores (economía, disciplina, deseo o calendario de viajes muy lleno), usted puede tomar la decisión de usar todos estos instrumentos y comenzar en el nivel avanzado, o usar sólo los principales y comenzar en el nivel básico.

Lo que he hallado en mi experiencia y mis investigaciones es que mientras más instrumentos usted aproveche, mejores resultados tendrá. No obstante, si usted ya es una persona saludable, tiene una economía limitada, o sencillamente no tiene el tiempo o la disciplina para "hacer el programa" en su totalidad, tendrá unos resultados excelentes, cualquiera que sea el nivel que escoja. A los que tengan la esperanza de superar unos síntomas que constituyen un reto para su salud, les recomendamos que comiencen por el nivel avanzado.

Las tres fases

Verá también que hay tres fases. Aquí le damos algunas indicaciones para que decida por cuál fase debe comenzar. Si usted está notablemente pasado de peso u obeso, o si tiene problemas de salud, le recomiendo que comience por la primera fase. Si tiene una salud excelente, y quiere seguir así, o incluso mejorar su salud, puede comenzar por la tercera fase. Aunque comience por la tercera fase, yo creo que va a ser el programa más saludable que haya hecho jamás. No obstante, creo es buena idea para todos el que comiencen por la primera fase y se mantengan en ella por lo menos unos pocos días, a fin de reajustar su metabolismo y atacar las tres *íes* (insulina, infección e inflamación).

Emprenda su experiencia de salud de cuarenta días con un amigo, o con todo un grupo de amigos. Idealmente, este programa se debe emprender en el ambiente de un grupo pequeño. (Vea en el Apéndice A un plan para pequeños grupos, destinado a ayudarlo en su aventura). Si quiere experimentar verdaderos resultados en su vida, va a necesitar algo de decisión, pero el logro de sus sueños de tener una salud excelente es una meta que vale la pena.

He ideado cada fase de la dieta del Creador con el fin de que produzca unos resultados que se puedan notar. Pero no lo he hecho por medio de trucos peligrosos destinados a perder peso con rapidez, ocasionando que aumente una mayor cantidad de peso, después del programa, que la cantidad que perdió en él. La tercera parte, sumamente importante, le muestra cómo puede seguir durante toda la vida en la senda que lleva a la salud. Yo he hecho lo que me correspondía. Ahora le toca a usted comenzar la "Experiencia de salud de 40 días con la dieta del Creador".

La dieta del Creador

Primera fase: Días 1 a 14

C omo sucede prácticamente con todas las tareas o empresas de importancia, *la forma en que usted comience* afecta de manera significativa a los resultados de los cuales disfrutará al final. La primera fase de la dieta del Creador está pensada para estabilizar la insulina y el azúcar de la sangre, reducir la inflamación, reducir las infecciones, mejorar la digestión y ayudar a lograr un equilibrio hormonal en su cuerpo. Esto lo debe ayudar a manejar mejor su peso de una forma saludable y mejorar de manera significativa su salud en general.

Lo mejor de todo es que los componentes de la primera fase pueden reducir notablemente en usted los riesgos de enfermarse. Ayuda de forma eficaz al cuerpo para que disminuya en él la sensibilidad ante la insulina y para equilibrar la proporción entre el omega-3 y el omega-6 que es tan vital para equilibrar los niveles de inflamación y mejorar la salud de su sistema inmune, lo cual va a disminuir las posibilidades de una infección.

Las limitaciones temporales en cuanto a alimentos

Después de leerse todo este programa de 40 días, usted observará que la fase una limita los carbohidratos ricos en disacáridos, como cereales, pastas, panes, azúcar, papas, maíz, frijoles y otras legumbres. Aunque es cierto que la gente de la Biblia consumía una dieta en la cual había grandes cantidades de cereales y de otros tipos de carbohidratos, se trataba de unos carbohidratos menos procesados y de mayor calidad, y por tanto, mucho más fáciles de digerir. Y, puesto que comían cantidades más pequeñas de alimentos (hay quienes creen que comían la sexta parte de la comida que consumimos nosotros), su dieta típica se acercaba a una dieta moderna baja en carbohidratos.

Además, estas personas deben haber consumido una dieta sumamente saludable desde su nacimiento, de manera que no les estorbaban cosas como el aumento en la sensibilidad a la insulina, los desequilibrios endocrinos (entre ellos los problemas de la tiroides), las infecciones, las inflamaciones y los problemas digestivos comunes en las personas que se han criado con la dieta corriente en los Estados Unidos (DCEU/SAD). Puesto que la primera fase está planificada para *corregir* estos dañinos desequilibrios, debe limitar *temporalmente* incluso ciertas comidas saludables como las frutas, los cereales integrales y la miel, al mismo tiempo que fomenta el consumo abundante de alimentos con proteínas, vegetales y aceites saludables.

El factor oración

La experiencia de salud de 40 días que constituye la dieta del Creador comienza y termina todos los días con oraciones de acción de gracias, oraciones para pedir sanidad y oraciones de petición. Como ya comentamos, ya en la actualidad se halla científicamente probado el hecho de que la oración funciona. Trate de repetir estas oraciones a diario para experimentar el milagro que el Dios de los siglos va a hacer en su vida. Las he desarrollado a partir de numerosos pasajes bíblicos distintos. Aunque usted nunca haya orado antes, Dios ha prometido que su Palabra nunca volverá a Él vacía, sino que va a prosperar en aquello para lo cual Él la ha enviado (Isaías 55:11). Podemos confiar en sus promesas. Las siguientes oraciones le pueden servir de guía.

Una oración por la mañana para pedir sanidad

Padre Dios, te doy gracias por haberme creado a tu imagen. Te alabo porque he sido hecho de una manera formidable y maravillosa. Confieso que tú eres el Dios que sana, mi Gran Médico. Te pido que sanes mi cuerpo desde la cabeza hasta la planta de mis pies. Te pido que regeneres todos los huesos, articulaciones, tendones, ligamentos, tejidos, órganos y células de mi cuerpo. Éste es el día que hizo el Señor; me regocijaré y me alegraré en él.

Una oración por la noche para pedir restauración

Padre Dios, te doy gracias porque me has sostenido durante el día de hoy. Te doy gracias porque tú te perfeccionas en mi debilidad. Tu gracia me es suficiente. Te doy gracias porque tu firme amor nunca cesa, y porque tus misericordias son nuevas cada mañana. Tú dices en tu Palabra que el lamento viene por la noche, pero el nuevo día trae alegría. Bendíceme con un sueño sanador esta noche. Restáurame el gozo de tu salvación. Ayúdame a mantenerme dentro de la senda que lleva a la vida.

PRIMERA FASE

El factor decisión

La meditación sobre nuestra razón de ser en la vida cada vez que comienza un nuevo día, es la diferencia entre el éxito y el fracaso. Este ejercicio tan profundo y sencillo a la vez, entre dos y cinco minutos antes que el día se ponga demasiado alocado, produce una pasión sostenida, una motivación y un propósito que va a iluminar hasta las situaciones y los sucesos más triviales.

Este ejercicio consiste en un tiempo dedicado a poner orden y reflexionar en lo que es más importante para la vida de una persona, como la salud, la felicidad y la productividad. Se deben producir ciclos de oscilación con el fin de reorganizarlo todo cada hora y media, a fin de alinearlo todo de nuevo durante un rápido momento de energía y de concentración que puede durar entre dos y cinco minutos. El hecho de comenzar cada día lleno de decisión, unido a una rutina constante de comprobación cada hora y media a lo largo del día, va a ser la clave para el sostenimiento de la dieta del Creador, y ésta a su vez va a producir los resultados duraderos que se desean.[1]

Primera fase: Alimentos de los que puede disfrutar

Carnes (las orgánicas de animales alimentados con hierba son las mejores)

- Carne de res
- Cordero
- Carne de venado
- Cabra
- Hígado y corazón (deben ser orgánicos)
- Embutidos o perros calientes de carne de res o búfalo (no envueltos en tripa de cerdo; lo mejor es lo orgánico sin nitruros ni nitratos; úselos muy poco en la primera fase)
- Ternera
- Búfalo
- Alce
- Sopa o caldo de hueso de res

Pescado (el pescado de agua dulce o salada que no es de granja es el mejor; asegúrese de que tiene aletas y escamas)

- Salmón
- Atún
- Pescadilla
- Abadejo
- Palometa blanca
- Trucha
- Perca de alta mar
- Pargo
- Hipogloso
- Bacalao
- Cherna
- Mahi Mahi
- Wahoo
- Tilapia
- Róbalo de mar
- Caballa

- Arenque
- Corégono
- Sopa o caldo de espinas de pescado
- Salmón (enlatado en agua pura)
- Sardinas (enlatadas en agua o en aceite de oliva solamente)
- Lenguado
- Atún (enlatado en agua pura)

Aves (las orgánicas alimentadas al natural son las mejores)

- Pollo
- Guinea
- Pato
- Cecina de pollo o de pavo (sin tripa de cerdo; la orgánica y sin nitruros o nitratos es la mejor)
- Embutidos o perros calientes de pollo o de pavo (sin tripa de cerdo; los orgánicos y sin nitruros o nitratos son los mejores; úselos muy poco en la primera fase)
- Hígado y corazón (deben ser orgánicos)

Huevos (los mejores son los de alto contenido de omega-3/ADH-DHA)

- Huevos de gallina (enteros, con su yema)
- Huevos de pata (enteros, con su yema)

Productos lácteos

- Yogurt de leche de cabra (sabor natural)
- Quéfir hecho en casa con leche de cabra (vea el Apéndice B)
- Queso suave de leche de cabra (vea el Apéndice B)
- Queso duro de leche de cabra
- Quesos duros de leche de oveja

Grasas y aceites (los orgánicos son los mejores)

- Aguacate
- Aceite de coco extravirgen (el mejor para cocinar)
- Aceite, mantequilla (ghi)
- Aceite de oliva extravirgen (no es el mejor para cocinar)
- Aceite de linaza (no es para cocinar)
- Aceite de semilla de cáñamo (no es para cocinar)
- Mantequilla de leche de cabra (no es para cocinar)
- Mantequilla cruda de leche de vaca alimentada con hierba (no es para cocinar)
- Aceite de ajonjolí obtenido en prensas
- Leche o crema de coco (enlatada)

Vegetales (los orgánicos, frescos o congelados, son los mejores)

- Brécol
- Coliflor
- Espárragos
- Repollo

- Calabaza (de invierno o de verano)
- Remolacha
- Zanahoria
- Berenjena
- Quimbombó
- Guisantes
- Alcachofas (francesas, no de Jerusalén)
- Coles de Bruselas
- Apio
- Ajo
- Espinaca
- Habichuelas tiernas
- Hojas verdes (de col rizada, col, brécol, mostaza, etc.)
- Hojas verdes crudas (de endivia, escarola, radiquio, arúgula, frise, etc.)
- Brotes (de brécol, girasol, guisantes, rábano, etc.)
- Vegetales marinos (quelp, dulse, nori, kombu, hijiki)
- Vegetales crudos fermentados (sólo lactofermentados; sin vinagre)

Frijoles y legumbres (lo mejor es que estén remojados o fermentados)
- Cantidades pequeñas de pasta fermentada de frijol de soya (misericordioso) como caldo
- Lentejas

Frutos secos y semillas (lo mejor es que sean orgánicos, crudos o remojados)
- Almendras (crudas)
- Semillas de girasol (crudas)
- Semillas de cáñamo (crudas)
- Semillas de calabaza (crudas)
- Mantequilla de semillas de cáñamo (cruda)
- Mantequilla de semillas de calabaza (cruda)
- Semillas de linaza (crudas y molidas)
- Mantequilla de almendras (cruda)
- Mantequilla de girasol (cruda)
- Tahini, mantequilla de ajonjolí (cruda)

Condimentos, especias y sazones (los mejores son los orgánicos)
- Salsa (fresca o envasada)
- Sal marina céltica
- Pasta Umeboshi
- Guacamole (fresco)
- Sazón Herbamare
- Vinagre de cidra de manzana
- Aderezos para ensalada y escabeches crudos (vea las recetas)
- Hierbas y especias (sin estabilizadores añadidos)
- Jengibre encurtido (sin conservantes ni colorantes)
- Wasabe (sin conservantes ni colorantes)
- Extractos de sabores de origen orgánico (con base de alcohol y sin azúcar añadida), como de vainilla, almendra, etc.
- Salsa de tomate (sin azúcar añadida)
- Mostaza
- Mayonesa con omega-3
- Salsa de soya (sin trigo), tamari

Frutas (las mejores son las orgánicas, frescas o congeladas)
- Arándanos
- Cerezas
- Fresas
- Toronjas o pomelos
- Zarzamoras
- Limón amarillo
- Frambuesas
- Limón verde

Bebidas
- Agua purificada y sin cloro
- Agua pura natural, sin carbonatos añadidos (por ejemplo, Perrier)
- Té de hierbas (preferiblemente orgánicos) sin endulzar, o con una pequeña cantidad de miel o de Stevia
- Jugo de vegetales crudos (jugo de remolacha o de zanahoria; máximo, el veinticinco por ciento del total)
- Bebidas lactofermentadas (vea las recetas)
- Café certificado como orgánico: compre los granos enteros, congélelos y muélalos usted mismo cuando lo desee; sólo déles sabor con crema orgánica y con una pequeña cantidad de miel.

Edulcorantes
- Miel cruda sin calentar en cantidades muy pequeñas (máximo, una cucharada grande al día)

Otros
- Polvo proteínico de leche de cabra (vea el Apéndice B)

Primera fase: Alimentos que debe evitar

Carnes
- Cerdo
- Hamburguesas vegetales
- Jamón
- Productos imitación de carne (soya)
- Emú
- Cecina
- Avestruz
- Embutidos de cerdo

Peces y mariscos
- Pescado frito empanizado
- Tiburón
- Calamar
- Anguila
- Bagre
- Evite todos los mariscos, lo cual incluye cangrejos, almejas, ostras, mejillones, langostas, camarones, veneras y cangrejos de río

Aves
- Pollo frito empanizado

Carnes para emparedados
- Pavo
- Carne asada
- Jamón
- Carne en conserva

Huevos
- Imitación de huevos (como los Egg Beaters)

Productos lácteos
- Leche de soya
- Leche de arroz
- Leche de almendras
- Evite todos los productos lácteos que no se encuentren en la lista de "comidas que puede disfrutar"

Grasas y aceites
- Manteca de cerdo
- Aceite de cártamo
- Aceite de semilla de algodón
- Margarina
- Aceite de canola
- Grasa para cocinar
- Aceite de girasol
- Aceite de soya
- Aceite de maíz
- Todos los aceites parcialmente hidrogenados

Vegetales
- Maíz
- Batata
- Papa blanca

Frijoles y otras legumbres
- Frijol de soya
- Frijoles blancos
- Tofú
- Habas
- Frijoles negros
- Garbanzos
- Frijoles colorados
- Limas

Frutos secos y semillas
- Nueces tostadas en miel
- Avellanas
- Semillas de marañón
- Pecanas
- Mantequilla de cacahuete
- Macadamias
- Cacahuetes
- Nueces
- Nueces del Brasil
- Frutos secos o semillas que hayan sido secados o tostados en aceite

Condimentos, especias y sazones
- Todas las especias que contengan azúcar añadida
- El *ketchup* comercial con azúcar
- La salsa de barbacoa comercial con azúcar

Frutas
- Evite todas las frutas, con excepción de las bayas, la toronja, el limón verde y el amarillo. Esto incluye la manzana, la banana, el albaricoque, las uvas, el melón, los melocotones, las naranjas, las peras, las frutas secas y las frutas en lata.

Bebidas
- Bebidas alcohólicas de todo tipo
- Jugos de frutas   • Sodas
- Agua de la pila con cloro • Café comercial molido

Cereales y carbohidratos con almidón
- Evite todos los cereales y las comidas con almidón. Esto incluye el pan, las pastas, los cereales, el arroz, las gachas de avena, los pasteles y los bizcochos.

Edulcorantes
- Azúcar   • Miel calentada
- Sirope de arce   • Sirope de fructuosa o de maíz
- Todos los edulcorantes artificiales, como el aspartamo, la sucralosa y el acesulfamo K
- Los alcoholes azucarados, como el sorbitol y el xilitol

Otros
- Polvo de leche o de proteína de suero procedente de leche de vaca
- Polvo de proteína de soya
- Polvo de proteína de arroz

Su régimen diario

Le he preparado una explicación detallada de cada fase dentro del protocolo. También le he puesto menús modelo para varios días de cada fase de dos semanas. Consulte siempre los "alimentos que puede disfrutar" en la fase en la que se encuentra, con el fin de crear sus propias comidas sanas y deliciosas con una amplia variedad de alimentos y bebidas naturales y curativos. Y disfrute de las maravillosas recetas que aparecen en el Apéndice A.

Observará que se designa como básico, intermedio o avanzado a cada componente del régimen diario. El que usted siga las recomendaciones básicas, intermedias o avanzadas va a depender de su estado de salud, del tiempo que tenga disponible y de lo que le permita su presupuesto. Los resultados que obtenga de este programa van a depender de su nivel de compromiso y de disciplina.

Días de "ayuno parcial"

He recomendado un ayuno parcial un día a la semana en cada una de las fases. (Recomiendo el jueves, porque es mucho más difícil ayunar durante el fin de semana). En los días de ayuno parcial usted no va a comer desayuno ni almuerzo. Seguirá consumiendo su bebida purificadora y otros suplementos. Este día de ayuno parcial permite que el cuerpo se limpie y se reconstruya. Asegúrese de consumir muchos líquidos durante este día, sobre todo jugos de vegetales crudos y agua pura. Para adquirir el máximo de beneficio espiritual en sus días de ayuno parcial, le recomiendo que ore cada vez que sienta hambre.

Recuerde que debe seguir con diligencia el régimen diario con el fin de cosechar los mejores resultados. Le sugiero que copie algunas de estas páginas y guarde un registro de su progreso, marcando los cuadros cuando haya terminado cada parte del régimen diario.

Puede hallar estos productos en el Apéndice B: La guía acompañante "Huerto de la Vida" para una vida sana.

Régimen diario para la primera fase: 1 a 14

La higiene matutina

MARQUE AQUÍ	Clenzología (nivel básico). La clenzología es un sencillo programa diseñado para reducir notablemente los gérmenes infecciosos que entran al cuerpo. Esto se realiza sin el uso de jabones o detergentes antibacterianos. La clenzología limpia detenidamente las manos, debajo de las uñas y las membranas mucosas de los ojos y las cavidades nasales, así como los senos nasales. Se toma unos tres minutos y se debe hacer dos veces al día. Puede reducir notablemente la cantidad de estrés con la que se recarga su sistema inmune, llevándolo a una salud mejor y a menos catarros y gripes. Úsela en la forma que se le ha indicado.

MARQUE AQUÍ	Aromaterapia a.m. (nivel avanzado). Use tres gotas de una mezcla aromaterapéutica bíblica en la palma de la mano. Frótese las manos, únalas abiertas delante de su cara e inhale delicadamente por la nariz tres o cuatro veces. Después se puede frotar el cuero cabelludo o las plantas de los pies con el aceite que le quede.
MARQUE AQUÍ	Purificación a.m. (nivel avanzado). Tome dos cápsulas 1-2 con un vaso de agua pura.

Bebida purificadora de la mañana (nivel intermedio)

MARQUE AQUÍ	Mezcle dos cucharadas grandes de una fibra integral y una a dos cucharadas, o cinco cápsulas de una mezcla verde de superalimento con HSOs en vaso a vaso y medio de agua purificada o de jugo de vegetales diluido. Agítelo vigorosamente y bébalo de inmediato.

Afinamiento de la mañana

MARQUE AQUÍ	Oración de la mañana. (Vea la página 214).
MARQUE AQUÍ	Decisión de la mañana. (Vea la página 215).
MARQUE AQUÍ	Entre diez y quince minutos de ejercicios. Escoja uno: Funcionalidad física, rebotes (página 189) o ejercicios de respiración (página 188).
MARQUE AQUÍ	Escuche una música que lo inspire y le dé energías mientras hace los ejercicios.

Desayuno

MARQUE AQUÍ	Vea los modelos de menú para el desayuno en las páginas 225-226.

Suplementos para el desayuno (nivel básico)

MARQUE AQUÍ	Multivitamina/mineral viva con nutrientes homeostáticos, 2-3 cápsulas.

Almuerzo

MARQUE AQUÍ	Vea los modelos de menú para el almuerzo en las páginas 225-226.

Suplementos del almuerzo (nivel básico)

MARQUE AQUÍ	Multivitamina/mineral viva con nutrientes homeostáticos, 2-3 cápsulas.

Bebida purificadora del mediodía (nivel intermedio)

MARQUE AQUÍ	Mezcle dos cucharadas grandes de una fibra integral y una a dos cucharadas, o cinco cápsulas de una mezcla verde de superalimento con HSOs en vaso a vaso y medio de agua purificada o de jugo de vegetales diluido. Agítelo vigorosamente y bébalo de inmediato.

Cena

MARQUE AQUÍ	Vea los modelos de menú para la cena en las páginas 225-226.

Suplementos para la cena (nivel básico)

MARQUE AQUÍ	Multivitamina/mineral viva con nutrientes homeostáticos, 2-3 cápsulas.
MARQUE AQUÍ	Aceite de hígado de bacalao de Islandia (nivel básico): Entre una cucharadita y una cucharada grande, según el tiempo de contacto con los rayos solares. Si usted recibe más de dos horas de luz solar directa a la semana, puede tomar entre una y dos cucharaditas. Si recibe menos de dos horas de luz solar directa por semana, debe tomar una cucharada.

Tentempié de la noche

MARQUE AQUÍ	Vea los modelos de comidas ligeras en las páginas 225-226.

Relajamiento de la noche

MARQUE AQUÍ	Oración de la noche
MARQUE AQUÍ	De diez a quince minutos de ejercicios. Escoja uno: Funcionalidad física, rebotes (página 189) o ejercicios de respiración (página 188).
MARQUE AQUÍ	Escuche una música que lo inspire y le dé energías mientras hace los ejercicios.

Higiene de la noche

MARQUE AQUÍ	Clenzología (nivel básico). La clenzología es un sencillo programa diseñado para reducir notablemente los gérmenes infecciosos que entran al cuerpo. Esto se realiza sin el uso de jabones o detergentes antibacterianos. La clenzología limpia detenidamente las manos, debajo de las uñas y las membranas mucosas de los ojos y las cavidades nasales, así como los senos nasales. Se toma unos tres minutos y se debe hacer dos veces al día. Puede reducir notablemente la cantidad de estrés con la que se recarga su sistema inmune, llevándolo a una salud mejor y a menos catarros y gripes. Úsela en la forma que se le ha indicado.
MARQUE AQUÍ	Aromaterapia p.m. (nivel avanzado). Use tres gotas de una mezcla aromaterapéutica bíblica en la palma de la mano. Frótese las manos, únalas abiertas delante de su cara e inhale delicadamente por la nariz tres o cuatro veces. Después se puede frotar el cuero cabelludo o las plantas de los pies con el aceite que le quede.
MARQUE AQUÍ	Purificación p.m. (nivel avanzado). Tome dos cápsulas 1-2 con un vaso de agua pura.

Acuéstese antes de las 10:30

Ejemplos de menús para la primera fase

Día 1

Desayuno

Huevos fritos (preparados como usted desee: más crudos, medianos o bien fritos. Fríalos en aceite extravirgen de coco o en mantequilla).
Vegetales salteados

Almuerzo

Ensalada de atún (página 268)
Zanahorias y apio crudos

Cena

Carne de res asada a la francesa (página 276)
Ensalada verde

Tentempié de la noche

1/2 taza de fresas con una onza de queso de leche de cabra cruda

Día 2

Desayuno

Fritada de vegetales (página 265)

Almuerzo

Sopa de leche de coco (página 253)

Cena

Salmón de Alaska con pesto de pecanas (página 266)
Ensalada verde
Vegetales en cultivo

Tentempié de la noche

Zanahorias, apios y mantequilla de almendras crudas

Día 3

Desayuno
Tortilla de cebolla, pimiento y queso de cabra (página 264)
Lascas de aguacate sazonadas

Almuerzo
Ensalada oriental de carne roja (página 256)

Cena
Sopa de leche de coco (página 253)
Hipogloso a la parrilla (página 265)

Tentempié de la noche
Yogurt de leche de cabra, miel cruda, vainilla y arándanos

Día 4

Desayuno
Ninguno (día de ayuno parcial)

Almuerzo
Ninguno (día de ayuno parcial)

Cena
Vegetales en cultivo
Ensalada verde
Filetes de atún a la oriental (página 268)

Tentempié de la noche
Ninguno (día de ayuno parcial)

La dieta del Creador

Primera fase: Días 15 a 28

L o felicito. Acaba de terminar la primera fase, que es la parte más difícil de la "Experiencia de salud de 40 días de la dieta del Creador". Han sido dos semanas fuertes, pero estoy seguro de que ya usted está convencido de que han valido la pena.

Ya a estar horas, se debería sentir mucho mejor. Si su meta es perder unos kilos y unos centímetros de cintura indeseados, es probable que se esté sintiendo muy bien ya en estos momentos. Si lo que quiere es tener más energía, es probable que se sienta sorprendido por el nuevo brote de energía que está sintiendo. Su digestión ha mejorado, su nivel de energía ha aumentado, su piel tiene mejor aspecto y su apetito se halla bajo control. Le puedo asegurar que se halla en pleno camino hacia la mejor salud posible para usted.

Qué esperar

Como consecuencia del proceso sanador que ha comenzado, la fase dos introduce (o vuelve a introducir) *una variedad mayor de alimentos* en su dieta diaria, incluyendo frutas, frutos secos y semillas. En la segunda fase, puede seguir disfrutando de todos los alimentos que están en la lista de "alimentos de los que puede disfrutar" de la primera fase, al mismo tiempo que les añade los nuevos alimentos mencionados para la segunda.

Va a *seguir* perdiendo el exceso de peso, aunque muchas personas pierden peso a un ritmo más lento durante esta fase. La meta en cuanto a salud en estos momentos tal vez no sea alcanzar una pérdida drástica de peso, sino seguir caminando hacia su peso *ideal*, mientras disfruta de unos beneficios mayores gracias a la mejora de su salud.

Anímese. La "Experiencia de salud de 40 días de la dieta del Creador" lo ayudará a *regresar* a su nivel óptimo de salud al restaurar su sistema inmune, equilibrar el contenido de azúcar de la sangre y crear unos hábitos de alimentación saludables que es de esperar que duren para el resto de su vida.

Recuerde que usted *no* está tratando de reducir hasta llegar a un fantasioso ideal sobre el aspecto que deberían tener todas las personas. Al regresar a las "especificaciones del Fabricante", su cuerpo volverá de manera natural a su peso, forma y nivel de fortaleza ideales, y todo esto, *sin efectos secundarios peligrosos.*

Al terminar la segunda fase, usted se debería estar sintiendo realmente *bien* con respecto a sí mismo, porque habrá logrado lo que muy pocas personas se atreven incluso a intentar: habrá *cambiado* su vida para mejorarla.

Segunda fase: Alimentos de los que puede disfrutar

Siéntase en libertad para añadir los nuevos alimentos en la segunda fase y disfrutar de ellos junto con los "alimentos de los que puede disfrutar" que aparecen en la primera. Al igual que en la primera fase, puede hallar dónde obtener los productos en el Apéndice B: La guía acompañante "Huerto de la Vida" para una vida sana.

Carnes (las orgánicas de animales alimentados con hierba son las mejores)
- Todas las carnes mencionadas para la primera fase

Pescado (el pescado de agua dulce o salada que no es de granja es el mejor; asegúrese de que tiene aletas y escamas)
- Todas las clases de pescado mencionadas para la primera fase

Aves (las orgánicas alimentadas al natural son las mejores)
- Todos los tipos de ave mencionados para la primera fase

Huevos
- Huevas de pescado o caviar (frescos, no en conserva)

Comidas para el almuerzo (las mejores son las orgánicas y las que no tienen nitruros ni nitratos)
- Lascas de pavo (criado en libertad, sin conservantes)
- Lascas de carne de res asada (criada en libertad, sin conservantes)

Productos lácteos

- Quéfir hecho en casa con leche de vaca cruda o sin homogeneinzar
- Quéfir hecho de leche de vaca pasteurizada sin homogeneizar
- Requesón duro de leche de vaca
- Yogurt de sabor natural hecho de leche entera de vaca
- Quéfir de sabor natural hecho de leche de vaca
- Crema agria de sabor natural hecha de leche de vaca
- Leche cruda de cabra • Queso ricotta de leche de vaca

Grasas y aceites (los orgánicos son los mejores)

- Aceite de cacahuete prensado

Vegetales (los orgánicos, frescos o congelados, son los mejores)

- Batatas • Maíz
- Batata amarilla

Frijoles y legumbres (lo mejor es que estén remojados o fermentados)

- Frijoles blancos • Frijoles colorados
- Frijoles negros • Habas
- Tempeh (frijol de soya fermentado)

Frutos secos y semillas (lo mejor es que sean orgánicos, crudos o remojados)

- Nueces (crudas) • Avellanas (crudas)
- Macadamias (crudas) • Nueces del Brasil (crudas)
- Pecanas (crudas o remojadas y deshidratadas a baja temperatura)

Condimentos, especias y sazones (los mejores son los orgánicos)

- Ketchup (sin azúcar)
- Aderezo natural para ensaladas (sin conservantes)
- Escabeches naturales (sin conservantes)

Frutas (las mejores son las orgánicas, frescas o congeladas)

- Manzana • Uva
- Melocotón • Pera
- Kiwi • Granada
- Guayaba • Albaricoque
- Melón • Naranja
- Ciruela • Piña
- Maracuyá

SEGUNDA FASE

Bebidas

- Jugo de vegetales crudos (jugo de remolacha o de zanahoria; máximo, el cincuenta por ciento del total)
- Agua de coco

Edulcorantes

- Miel cruda sin calentar en cantidades muy pequeñas (máximo, tres cucharadas grandes al día)
- Stevia

Otros

- Lo mismo que en la primera fase

Segunda fase: Alimentos que debe evitar

Carnes

- Cerdo
- Avestruz
- Cecina
- Jamón
- Productos imitación de carne (soya)
- Hamburguesas vegetarianas
- Jamón
- Emú
- Embutidos de carne de cerdo

Peces y mariscos

- Pescado frito empanizado
- Tiburón
- Anguila
- Bagre
- Calamar
- Evite *todos los mariscos*, lo cual incluye cangrejos, almejas, ostras, mejillones, langostas, camarones, veneras y cangrejos de río

Aves

- Pollo frito empanizado

Carnes para emparedados

- Jamón
- Carne en conserva

Huevos

- Imitación de huevos (como los Egg Beaters)

Productos lácteos

- Leche de soya
- Leche de arroz
- Leche de almendras
- Evite todos los productos lácteos comerciales, como la leche, los helados, el queso y el yogurt

Grasas y aceites

- Manteca de cerdo
- Aceite de cártamo
- Aceite de semilla de algodón
- Margarina
- Aceite de canola
- Grasa para cocinar
- Aceite de girasol
- Aceite de soya
- Aceite de maíz
- Todos los aceites parcialmente hidrogenados

Vegetales

- Papa blanca

Frijoles y otras legumbres

- Frijol de soya
- Garbanzos
- Tofú
- Habas limas

Frutos secos y semillas

- Cacahuetes
- Mantequilla de cacahuete
- Nueces tostadas en miel
- Semillas de marañón tostadas
- Nueces o semillas tostadas en aceite

Condimentos, especias y sazones

- Todas las especias que contengan azúcar añadida

Frutas

- Bananas
- Mangos
- Papaya
- Frutas enlatadas
- Evite las frutas deshidratadas, lo cual incluye dátiles, higos, ciruelas, bananas, mangos y papayas.

Bebidas

- Bebidas alcohólicas de todo tipo
- Jugos de frutas
- Agua de la pila con cloro
- Sodas
- Café comercial molido

SEGUNDA FASE

Cereales y carbohidratos con almidón

- En la segunda fase, evite *todos* los cereales y las comidas con almidón. Esto incluye el pan, las pastas, los cereales, el arroz, las gachas de avena, los pasteles y los bizcochos.

Edulcorantes

- Azúcar
- Sirope de arce
- Miel calentada
- Sirope de fructuosa o de maíz
- Todos los edulcorantes artificiales, como el aspartamo, la sucralosa y el acesulfamo K
- Los alcoholes azucarados, como el sorbitol, el maltitol y el xilitol

Otros

- Polvo de leche o de proteína de suero procedente de leche de vaca
- Polvo de proteína de soya
- Polvo de proteína de arroz

Régimen diario para la segunda fase: 15 a 28

La higiene matutina

MARQUE AQUÍ	Clenzología (nivel básico). La clenzología es un sencillo programa diseñado para reducir notablemente los gérmenes infecciosos que entran al cuerpo. Esto se realiza sin el uso de jabones o detergentes antibacterianos. La clenzología limpia detenidamente las manos, debajo de las uñas y las membranas mucosas de los ojos y las cavidades nasales, así como los senos nasales. Se toma unos tres minutos y se debe hacer dos veces al día. Puede reducir notablemente la cantidad de estrés con la que se recarga su sistema inmune, llevándolo a una salud mejor y a menos catarros y gripes. Úsela en la forma que se le ha indicado.
MARQUE AQUÍ	Aromaterapia a.m. (nivel avanzado). Use tres gotas de una mezcla aromaterapéutica bíblica en la palma de la mano. Frótese las manos, únalas abiertas delante de su cara e inhale delicadamente por la nariz tres o cuatro veces. Después se puede frotar el cuero cabelludo o las plantas de los pies con el aceite que le quede.

MARQUE AQUÍ	Purificación a.m. (nivel avanzado). Tome dos cápsulas 1-2 con un vaso de agua pura.

Bebida purificadora de la mañana (nivel intermedio)

MARQUE AQUÍ	Mezcle dos cucharadas grandes de una fibra integral y una a dos cucharadas, o cinco cápsulas de una mezcla verde de superalimento con HSOs en vaso a vaso y medio de agua purificada o de jugo de vegetales diluido. Agítelo vigorosamente y bébalo de inmediato.

Afinamiento de la mañana

MARQUE AQUÍ	Oración de la mañana. (Vea la página 214).
MARQUE AQUÍ	Decisión de la mañana. (Vea la página 215).
MARQUE AQUÍ	Entre diez y quince minutos de ejercicios. Escoja uno: Funcionalidad física, rebotes (página 189) o ejercicios de respiración (página 188).
MARQUE AQUÍ	Escuche una música que lo inspire y le dé energías mientras hace los ejercicios.

Desayuno

MARQUE AQUÍ	Vea los modelos de menú para el desayuno en las páginas 236-237.

Suplementos para el desayuno (nivel básico)

MARQUE AQUÍ	Multivitamina/mineral viva con nutrientes homeostáticos, 2-3 cápsulas.

Almuerzo

MARQUE AQUÍ	Vea los modelos de menú para el almuerzo en las páginas 236-237.

SEGUNDA FASE

Suplementos del almuerzo (nivel básico)

MARQUE AQUÍ	Multivitamina/mineral viva con nutrientes homeostáticos, 2-3 cápsulas.

Bebida purificadora del mediodía (nivel intermedio)

MARQUE AQUÍ	Mezcle dos cucharadas grandes de una fibra integral y una a dos cucharadas, o cinco cápsulas de una mezcla verde de superalimento con HSOs en vaso a vaso y medio de agua purificada o de jugo de vegetales diluido. Agítelo vigorosamente y bébalo de inmediato.

Cena

MARQUE AQUÍ	Vea los modelos de menú para la cena en las páginas 236-237.

Suplementos para la cena (nivel básico)

MARQUE AQUÍ	Multivitamina/mineral viva con nutrientes homeostáticos, 2-3 cápsulas.
MARQUE AQUÍ	Aceite de hígado de bacalao de Islandia (nivel básico): Entre una cucharadita y una cucharada grande, según el tiempo de contacto con los rayo0s solares. Si usted recibe más de dos horas de luz solar directa a la semana, puede tomar entre una y dos cucharaditas. Si recibe menos de dos horas de luz solar directa por semana, debe tomar una cucharada.

Tentempié de la noche

MARQUE AQUÍ	Vea los modelos de comidas ligeras en las páginas 236-237.

Relajamiento de la noche

MARQUE AQUÍ	Oración de la noche

MARQUE AQUÍ	De diez a quince minutos de ejercicios. Escoja uno: Funcionalidad física, rebotes (página 189) o ejercicios de respiración (página 188).
MARQUE AQUÍ	Escuche una música que lo inspire y le dé energías mientras hace los ejercicios.

Higiene de la noche

MARQUE AQUÍ	Clenzología (nivel básico). La clenzología es un sencillo programa diseñado para reducir notablemente los gérmenes infecciosos que entran al cuerpo. Esto se realiza sin el uso de jabones o detergentes antibacterianos. La clenzología limpia detenidamente las manos, debajo de las uñas y las membranas mucosas de los ojos y las cavidades nasales, así como los senos nasales. Se toma unos tres minutos y se debe hacer dos veces al día. Puede reducir notablemente la cantidad de estrés con la que se recarga su sistema inmune, llevándolo a una salud mejor y a menos catarros y gripes. Úsela en la forma que se le ha indicado.
MARQUE AQUÍ	Aromaterapia p.m. (nivel avanzado). Use tres gotas de una mezcla aromaterapéutica bíblica en la palma de la mano. Frótese las manos, únalas abiertas delante de su cara e inhale delicadamente por la nariz tres o cuatro veces. Después se puede frotar el cuero cabelludo o las plantas de los pies con el aceite que le quede.
MARQUE AQUÍ	Purificación p.m. (nivel avanzado). Tome dos cápsulas 1-2 con un vaso de agua pura.
MARQUE AQUÍ	Baño curativo (opcional).

SEGUNDA FASE

Acuéstese antes de las 10:30

Ejemplos de menús para la segunda fase

Día 15

Desayuno
Requesón o queso ricotta
Piña
Almendras en lascas

Almuerzo
Ensalada Uptown (página 255)

Cena
Bistec de venado en escabeche (página 277)
Batatas con mantequilla
Vegetales mixtos al vapor

Tentempié de la noche
Jugo de vegetales equilibrado (página 285)

Día 16

Desayuno
Tortilla de hierbas del huerto (página 264)
1 naranja

Almuerzo
Ensalada Niçoise (página 256)

Cena
Pollo con orégano y champiñones (página 269)
Mazorcas de maíz
Brécol y zanahorias al vapor con mantequilla

Tentempié de la noche
Lascas de manzana
Mantequilla de almendra con miel

Día 17

Desayuno
Huevos pasados por agua, blandos o duros (página 263)
Aguacate con salsa

Almuerzo
Sopa o caldo de pollo (página 252)

Cena
Pargo del alto a la mexicana (página 267)
Frijoles negros
Ensalada fácil de vegetales (página 255)

Tentempié de la noche
Frutos secos mezclados (almendras, nueces, pecanas y macadamias)
Lascas de manzana
1 onza (140 g) de queso

Día 18

Desayuno
Ninguno (día de ayuno parcial)

Almuerzo
Ninguno (día de ayuno parcial)

Cena
Zanahorias con jengibre (página 258)
Sopa de champiñones (página 254)
Ensalada verde
Pechuga de pollo a la parrilla
Batata a la sartén frita en aceite de coco o mantequilla

Tentempié de la noche
Ninguno (día de ayuno parcial)

La dieta del Creador

Primera fase: Días 29 a 40

E sta fase señala la "experiencia cimera", el círculo de ganadores, la medalla olímpica de oro de un reto vencido y una batalla ganada. Ahora usted va a entrar a la tercera fase, al comenzar la quinta semana del programa.

La tercera es la *fase de mantenimiento* de la dieta. Está pensada precisamente para permitir y favorecer que usted coma alimentos sanos dentro de todos los grupos de alimentos. En esta fase, usted se va a familiarizar de nuevo con los cereales saludables y las comidas de alto contenido en azúcares y almidones, como las papas.

Como observará, la tercera fase de la dieta del Creador no ordena que haga una merienda diaria. (Yo sé que usted la ha estado esperando). Le tengo una buena noticia: si quiere merendar, hágalo cuando quiera, pero *sólo escogiendo entre los alimentos aceptables.*

En esta fase, su peso se debería estabilizar, y puede esperar que otros aspectos clave de su salud general sigan mejorando. Una vez alcanzada esta fase, usted se las ha arreglado para establecer un considerable control sobre sí mismo, así que le debería ser mucho más fácil no "hacer trampas".

Si se sale de la dieta del Creador, tal vez durante algún día festivo o unas vacaciones, u otro acontecimiento especial, como una exorbitante celebración de cumpleaños o aniversario, siempre puede volver a la primera fase o la segunda durante una o dos semanas para volverse a meter en cintura. Esta opción siempre se encuentra a su alcance, y descubrirá que es un instrumento estupendo mientras camina por el sendero que lo lleva a la salud... de por vida.

Tercera fase: Más alimentos de los que puede disfrutar

Carnes (las orgánicas de animales alimentados con hierba son las mejores)
- Todas las carnes mencionadas en las dos primeras fases

Pescado (el pescado de agua dulce o salada que no es de granja es el mejor; asegúrese de que tiene aletas y escamas)
- Todas las clases de pescado mencionadas en las dos primeras fases

Aves (las orgánicas alimentadas al natural son las mejores)
- Todas las clases de ave mencionadas en las dos primeras fases

Huevos (los mejores son los de alto contenido de omega-3/ADH-DHA)
- Todas las clases de huevo mencionadas en las dos primeras fases

Carnes para el almuerzo (las orgánicas son las mejores)
- Todas las clases carnes para almuerzo mencionadas en la segunda fase

Productos lácteos
- Todos los productos lácteos mencionados en las dos primeras fases

Grasas y aceites (los orgánicos son los mejores)
- Todas las clases grasas y aceites mencionadas en las dos primeras fases

Vegetales (los orgánicos, frescos o congelados, son los mejores)
- Todas las clases de vegetales mencionadas en las dos primeras fases

Frijoles y legumbres (lo mejor es que estén remojados o fermentados)
- Frijoles pintos
- Habas limas
- Frijoles colorados
- Frijoles anchos
- Edamame (frijoles de soya hervidos; comer en pequeñas cantidades)
- Chícharos
- Frijoles karita
- Garbanzos

Frutos secos y semillas (lo mejor es que sean orgánicos, crudos o remojados)

A los frutos secos y semillas mencionados en las dos primeras fases, añada éstos:

- Almendras (tostadas en seco)
- Mantequilla de almendra (tostada)
- Pecanas (tostadas en seco)
- Semillas de girasol (tostadas en seco)
- Semillas de calabaza (tostadas en seco)
- Nueces (tostadas en seco)
- Tahini (tostado)
- Macadamias (tostadas en seco)
- Mantequilla de semilla de calabaza (tostada)
- Mantequilla de girasol (tostado)
- Cacahuetes, tostados en seco (deben ser orgánicos; consumir en pequeñas cantidades)
- Mantequilla de cacahuete, tostado (debe ser orgánico; consumir en pequeñas cantidades)
- Semilla de marañón, cruda o tostada en seco (en pequeñas cantidades)
- Mantequilla de semilla de marañón, crudo o tostado en seco (en pequeñas cantidades)

Condimentos, especias y sazones (los mejores son los orgánicos)

Todos los condimentos, especias y sazones mencionados en las dos primeras fases

Frutas (las mejores son las orgánicas, frescas o congeladas)

A las frutas mencionadas en las dos primeras fases, añada éstas:

- Banana
- Mango
- Papaya
- Frutas enlatadas (en su propio jugo)
- Frutas secas (sin azúcar ni sulfuros): pasas, higos, dátiles, ciruelas, piña, papaya, melocotón y manzana

Bebidas

A las bebidas mencionadas en las dos primeras fases, añada éstas:

- Jugo de vegetales crudos, sin pasteurizar
- Jugo de frutas crudas, sin pasteurizar
- Vino y cerveza orgánicos (en cantidades muy pequeñas)

TERCERA FASE

Cereales y carbohidratos almidonados (los integrales, orgánicos y remojados son los mejores)

- Pan de brotes de cereal del tipo Ezequiel
- Pan esenio de brotes de cereal
- Pan de masa amarga integral y fermentada
- Quinoa
- Trigo sarraceno
- Kamut (en cantidades pequeñas)
- Avena (en cantidades pequeñas)
- Espelta (en cantidades pequeñas)
- Amaranto
- Millo
- Brotes de cereales
- Arroz moreno (en cantidades pequeñas)
- Cebada (en cantidades pequeñas)
- Kamut o pasta de espelta integral (en cantidades pequeñas)

Edulcorantes

A los edulcorantes mencionados en las dos primeras fases, añada éste:
- Sirope de arce

Otros

- Tentempiés saludables escogidos
- Trail Mix (p. 289)
- Pasta de chocolate orgánico
- Polvo de algarroba
- Palomitas de maíz picantes (p. 289)

Tercera fase: Alimentos que debe evitar

Carnes

- Cerdo
- Cecina
- Hamburguesas vegetales
- Emú
- Jamón
- Embutidos de cerdo
- Avestruz
- Productos imitación de carne (soya)

Peces y mariscos

- Pescado frito empanizado
- Anguila
- Tiburón
- Bagre
- Calamar
- Evite *todos los mariscos*, lo cual incluye cangrejos, almejas, ostras, mejillones, langostas, camarones, veneras y cangrejos de río

Aves

- Pollo frito empanizado

Huevos

- Imitación de huevos (como los Egg Beaters)

Carnes para emparedados

- Jamón
- Carne en conserva

Productos lácteos

- Leche de soya
- Leche de almendras
- Leche de arroz
- Alimento de queso o lascas de queso procesado
- Evite todos los productos lácteos comerciales, incluyendo la leche y los helados

Grasas y aceites

- Manteca de cerdo
- Grasa para cocinar
- Aceite de cártamo
- Aceite de girasol
- Aceite de semilla de algodón
- Margarina
- Aceite de soya
- Aceite de canola
- Aceite de maíz
- Todos los aceites parcialmente hidrogenados

Frutos secos y semillas

- Frutos secos tostados en aceite
- Frutos secos tostados en miel

Condimentos, especias y sazones

Todas las especias que contengan azúcar añadida

Frutas

- Las frutas enlatadas en sirope

Bebidas

- Jugos de frutas
- Agua de la pila con cloro
- Toda clase de bebidas alcohólicas
- Sodas
- Café comercial molido

TERCERA FASE

Cereales y carbohidratos almidonados

- Arroz blanco
- Bizcochos
- Pan (con excepción del de brotes o el de masa amarga)
- Pastas (excepto el kamut o la espelta integral)
- Cereales secos (excepto los brotes)
- Pasteles
- Gachas de avena instantáneas

Edulcorantes

- Azúcar
- Sirope de fructuosa o de maíz
- Los alcoholes azucarados, como el sorbitol y el xilitol
- Todos los edulcorantes artificiales, como el aspartamo, la sucralosa y el acesulfamo K
- Miel calentada

Otros

- Polvo de proteína de soya
- Polvo de leche o de proteína de suero procedente de leche de vaca
- Polvo de proteína de arroz

Régimen diario para la tercera fase: 29 a 40 (y después)

La higiene matutina

MARQUE AQUÍ	Clenzología (nivel básico). La clenzología es un sencillo programa diseñado para reducir notablemente los gérmenes infecciosos que entran al cuerpo. Esto se realiza sin el uso de jabones o detergentes antibacterianos. La clenzología limpia detenidamente las manos, debajo de las uñas y las membranas mucosas de los ojos y las cavidades nasales, así como los senos nasales. Se toma unos tres minutos y se debe hacer dos veces al día. Puede reducir notablemente la cantidad de estrés con la que se recarga su sistema inmune, llevándolo a una salud mejor y a menos catarros y gripes. Úsela en la forma que se le ha indicado.

MARQUE AQUÍ	Aromaterapia a.m. (nivel avanzado). Use tres gotas de una mezcla aromaterapéutica bíblica en la palma de la mano. Frótese las manos, únalas abiertas delante de su cara e inhale delicadamente por la nariz tres o cuatro veces. Después se puede frotar el cuero cabelludo o las plantas de los pies con el aceite que le quede.
MARQUE AQUÍ	Purificación a.m. (nivel avanzado). Tome dos cápsulas 1-2 con un vaso de agua pura.

Bebida purificadora de la mañana (nivel intermedio)

MARQUE AQUÍ	Mezcle dos cucharadas grandes de una fibra integral y una a dos cucharadas, o cinco cápsulas de una mezcla verde de superalimento con HSOs en vaso a vaso y medio de agua purificada o de jugo de vegetales diluido. Agítelo vigorosamente y bébalo de inmediato.

Afinamiento de la mañana

MARQUE AQUÍ	Oración de la mañana. (Vea la página 214).
MARQUE AQUÍ	Decisión de la mañana. (Vea la página 215).
MARQUE AQUÍ	Entre quince y veinte minutos de ejercicios. Escoja uno: Funcionalidad física, rebotes (página 189) o ejercicios de respiración (página 188).
MARQUE AQUÍ	Escuche una música que lo inspire y le dé energías mientras hace los ejercicios.

Desayuno

MARQUE AQUÍ	Vea los modelos de menú para el desayuno en las páginas 248-249.

TERCERA FASE

Suplementos para el desayuno (nivel básico)

MARQUE AQUÍ	Multivitamina/mineral viva con nutrientes homeostáticos, 2-3 cápsulas.

Almuerzo

MARQUE AQUÍ	Vea los modelos de menú para el almuerzo en las páginas 248-249.

Suplementos del almuerzo (nivel básico)

MARQUE AQUÍ	Multivitamina/mineral viva con nutrientes homeostáticos, 2-3 cápsulas.

Bebida purificadora del mediodía (nivel intermedio)

MARQUE AQUÍ	Mezcle dos cucharadas grandes de una fibra integral y una a dos cucharadas, o cinco cápsulas de una mezcla verde de superalimento con HSOs en vaso a vaso y medio de agua purificada o de jugo de vegetales diluido. Agítelo vigorosamente y bébalo de inmediato.

Cena

MARQUE AQUÍ	Vea los modelos de menú para la cena en las páginas 248-249.

Suplementos para la cena (nivel básico)

MARQUE AQUÍ	Multivitamina/mineral viva con nutrientes homeostáticos, 2-3 cápsulas.
MARQUE AQUÍ	Aceite de hígado de bacalao de Islandia (nivel básico): Tome una cucharadita y una cucharada grande, según el tiempo de contacto con los rayos solares. Si usted recibe más de dos horas de luz solar directa a la semana, puede tomar entre una y dos cucharaditas. Si recibe menos de dos horas de luz solar directa por semana, debe tomar una cucharada.

Tentempié de la noche

MARQUE AQUÍ	Vea los modelos de comidas ligeras en las páginas 248-249.

Relajamiento de la noche

MARQUE AQUÍ	Oración de la noche
MARQUE AQUÍ	De quince a veinte minutos de ejercicios. Escoja uno: Funcionalidad física, rebotes (página 189) o ejercicios de respiración (página 188).
MARQUE AQUÍ	Escuche una música que lo inspire y le dé energías mientras hace los ejercicios.

Higiene de la noche

MARQUE AQUÍ	Clenzología (nivel básico). La clenzología es un sencillo programa diseñado para reducir notablemente los gérmenes infecciosos que entran al cuerpo. Esto se realiza sin el uso de jabones o detergentes antibacterianos. La clenzología limpia detenidamente las manos, debajo de las uñas y las membranas mucosas de los ojos y las cavidades nasales, así como los senos nasales. Se toma unos tres minutos y se debe hacer dos veces al día. Puede reducir notablemente la cantidad de estrés con la que se recarga su sistema inmune, llevándolo a una salud mejor y a menos catarros y gripes. Úsela en la forma que se le ha indicado.
MARQUE AQUÍ	Aromaterapia p.m. (nivel avanzado). Use tres gotas de una mezcla aromaterapéutica bíblica en la palma de la mano. Frótese las manos, únalas abiertas delante de su cara e inhale delicadamente por la nariz tres o cuatro veces. Después se puede frotar el cuero cabelludo o las plantas de los pies con el aceite que le quede.
MARQUE AQUÍ	Purificación p.m. (nivel avanzado). Tome dos cápsulas 1-2 con un vaso de agua pura.
MARQUE AQUÍ	Baño curativo (opcional).

Acuéstese antes de las 10:30

TERCERA FASE

Ejemplos de menús para la tercera fase

Día 29

Desayuno

Un batido de bayas (página 287)

Almuerzo

Emparedado de lascas de pavo y aguacate en pan de brotes o de masa amarga integral tostado

Palitos de zanahoria y de apio

Cena

Pechuga de pollo a la barbacoa

Papas rojas asadas en sartén

Espárragos al vapor

Día 30

Desayuno

Tortilla de tomate y albahaca (página 264)

1 naranja o toronja (pomelo)

Almuerzo

Ensalada Uptown (página 255)

Cena

Costillas de cordero (página 274)

Papa asada con mantequilla

Vegetales al vapor (zanahorias, guisantes y brécol)

Día 31

Desayuno
Huevos fritos
Panqueques de arándano y pecana (página 283)

Almuerzo
Ensalada verde
Sopa o caldo de pollo (página 252)

Cena
Ensalada verde
Hipogloso a la parrilla (página 265)
Brécol al vapor

Día 32

Desayuno
Ninguno (día de ayuno parcial)

Almuerzo
Ninguno (día de ayuno parcial)

Cena
Chucrut crudo (página 259)
Ensalada verde
Sopa de res (página 251)
Fajitas de pollo (página 270)
Tortillas de brotes de cereal
Salsa, guacamole y crema agria

Tentempié de la noche
Ninguno (día de ayuno parcial)

Apéndice A

Recetas para la dieta del Creador

Sopas y caldos

SOPA O CALDO DE RES

Unos tres kilos de médula y huesos de res
1 pata de res cortada en pedazos (optativo)
2 kilos de huesos del costillar o el pescuezo con carne
4 litros o más de agua filtrada fría
3 cebollas, picadas gruesas
3 zanahorias, picadas gruesas

3 tallos de apio, picados gruesos
Varios ramitos de tomillo fresco, atados
1 cucharadita de granos verdes de pimienta secos, aplastados
1 manojo de perejil
1/4 taza de vinagre

El buen caldo de res se debe hacer con varias clases de huesos de res. Los huesos de las articulaciones y de las patas le aportan grandes cantidades de gelatina al caldo; los huesos con médula le dan sabor y los nutrientes especiales que tiene la médula, y las costillas o huesos del pescuezo con carne le añaden color y sabor.

Ponga los huesos de las articulaciones, los huesos con médula y las patas de res (optativas) en una olla muy grande; cubra con agua. Déjelo en reposo por una hora. Mientras tanto, ponga los huesos con carne en un molde para asar y dórelos a 175 grados centígrados en el horno. Cuando estén bien dorados, añádalos a la olla con el vinagre y los vegetales.

Saque la grasa que haya en el molde de asar, añada agua fría, ponga el fuego en llama alta y llévelo hasta el hervor, agitándolo con un cucharón de madera para que no se concentre demasiado. Añada este líquido a la olla. Añada más agua si es necesario, hasta cubrir los huesos, pero el líquido no debe subir más de tres centímetros por debajo del borde de la olla, porque su volumen aumenta algo durante la cocción. Haga que hierva. Va a subir una gran cantidad de espuma. Es importante que la quite con una cuchara. Después de haberla quitado, reduzca la llama y añada el tomillo y la pimienta molida.

Deje que hierva el caldo a fuego lento durante un mínimo de doce horas y un máximo de setenta y dos. Cuando ya esté casi listo, añada el perejil. Deje que se cocine un poco, y saque el caldo de la candela.

Ahora tendrá toda una olla de un líquido color castaño más bien de aspecto repulsivo, que va a contener acumulaciones de materiales gelatinosos y grasos. Ni siquiera huele precisamente bien. No se desespere. Después de colarlo, tendrá un caldo claro delicioso y nutritivo que forma la base de muchas otras recetas de este libro. Quite los huesos con unas tenazas o un cucharón abierto. Al colar el caldo, vaya echándolo en un cuenco grande. Deje que se enfríe en el refrigerador, y quítele la grasa solidificada que suba a la superficie. Caliéntelo de nuevo y páselo a recipientes donde lo pueda guardar para irlo usando.

Nota: A su perro le van a encantar la carne y los huesos que usted le va a quitar al caldo.

Variación: Caldo de cordero
Use huesos de cordero, sobre todo del pescuezo. El caldo que hace es delicioso.
De *Nourishing Traditions*, por Sally Fallon. Usado con autorización.

SOPA O CALDO DE POLLO

1 pollo entero (criado en libertad, orgánico o alimentado al natural)	6 tallos de apio, picados gruesos
2-4 patas de pollo (optativas)	2-4 calabacines
3-4 litros de agua filtrada fría	4-6 cucharadas de aceite de coco extravirgen
1 cucharada de vinagre crudo de cidra de manzana	1 manojo de perejil
4 cebollas medianas, picadas gruesas	5 dientes de ajo
8 zanahorias peladas y picadas gruesas	10 cm de jengibre rallado
	2-4 cucharadas de sal de mar Celtic

Si está usando un pollo entero, quítele la enjundia, las glándulas y la molleja del interior. Le recomiendo que use patas de pollo si las puede encontrar; están repletas de gelatina. (El folclore judío considera que añadirle patas de pollo al caldo es el secreto del éxito). Ponga el pollo o las piezas de pollo en una olla grande de acero inoxidable con el agua, el vinagre y todos los vegetales menos el perejil. Hiérvalo y quítele la espuma que suba a la superficie. Cúbralo y cocínelo a fuego lento entre doce y veinticuatro horas.

Mientras más cocine el caldo, más rico será y mejor sabor tendrá. Unos cinco minutos antes de terminar, añada el perejil. Esto le va a proporcionar al caldo más iones minerales.

Quítelo del fuego y saque el pollo de la olla. Deje que se enfríe, y separe la carne de los huesos. Resérvela para otros usos, como ensaladas de pollo, enchiladas, emparedados o curry. (Le puede dar a su perro o su gato la piel y los huesos más pequeños, que van a estar muy blandos). Cuele el caldo, echándolo en un cuenco grande, y resérvelo en el refrigerador para usarlo como base en otras sopas.

Variaciones: Caldo de pavo y caldo de pato
Prepare como el caldo de pollo, usando las alas y los muslos del pavo, o el pato entero, después de haberle quitado la pechuga, las patas y los muslos. Estos caldos tienen un sabor más fuerte que el de pollo, y les viene bien que se les añadan varias ramitas de tomillo fresco atadas entre sí mientras se cuecen.
De *Nourishing Traditions*, por Sally Fallon. Usado con autorización.

CALDO DE PESCADO

3 ó 4 pescados enteros con la cabeza. Utilice pescados que no sean grasosos, como el lenguado, róbalo o pargo
2 cucharadas de aceite de coco extravirgen o de mantequilla
2 cebollas picadas gruesas
1 zanahoria picada gruesa

Varias ramitas de tomillo fresco
Varias ramitas de perejil
1 hoja de laurel
1/2 taza de vino blanco seco, o de vermú
1 cucharada de vinagre de cidra de manzana

Derrita el aceite de coco lo la mantequilla en una olla grande de acero inoxidable. Añada los vegetales y cocine muy delicadamente unos treinta minutos hasta que estén suaves. Añada el vino y llévelo al hervor. Añada los pescados y cubra con agua filtrada fría. Añada el vinagre. Llévelo al hervor. Tómese tiempo para sacar con cuidado la espuma y las impurezas cuando suban a la superficie. Haga un manojo con las hierbas y échelas en la olla. Reduzca la llama; cubra y hierva a fuego lento durante cuatro horas por lo menos, o durante toda la noche. Quite los pescados con tenazas o con un cucharón abierto y cuele el líquido, echándolo en depósitos de plástico de medio litro de capacidad para ponerlos en el refrigerador, o congelarlos.

La zanahoria le va a dar al caldo una dulzura delicada cuando se haya reducido. No ceda ante la tentación de ponerle más zanahorias al caldo, porque entonces el caldo final va a ser demasiado dulce.

De *Nourishing Traditions*, por Sally Fallon. Usado con autorización.

SOPA DE LECHE DE COCO

1 1/2 litros de caldo de pescado o de pollo hecho en casa
1 1/2 tazas de leche y crema de coco
1 kilo de pollo o pescado, cortado en cubos pequeños
3 chiles jalapeños troceados, o ? cucharadita de pimiento rojo seco

1 cucharada de jengibre fresco rallado
2 cucharadas de caldo de pescado (optativo)
2-4 cucharadas de jugo de limón
Cilantro picado para el adorno

Hierva a fuego lento todos los ingredientes hasta que la carne esté bien cocida. Adórnelo con el cilantro. **De 6-8 porciones.**

De *Nourishing Traditions*, por Sally Fallon. Usado con autorización.

SOPA DE CHAMPIÑONES

2 cebollas medianas peladas y picadas
3 cucharadas de aceite de coco extravirgen o de mantequilla
1 kilo de champiñones frescos
Mantequilla y aceite de oliva extravirgen
1 litro de caldo de pollo
1/2 taza de vino blanco seco

1 pedazo de pan integral de brotes o amargo, partido en pedazos
Nuez moscada acabada de rallar
Sal marina o caldo de pescado y pimienta a gusto
Crema agria o crème fraîche

Los champiñones deben estar muy frescos. Sofría la cebolla delicadamente en el aceite de coco extravirgen o en la mantequilla, hasta que esté suave. Mientras tanto, lave los champiñones (no les tiene que quitar el talo) y séquelos bien. Córtelos en cuartos y échelos en una sartén de hierro pesado para sofreírlos en cantidades pequeñas con una mezcla de mantequilla y aceite de oliva. Quítelos con un cucharón abierto y séquelos en papel toalla. Añada los champiñones sofritos, el vino, el pan y el caldo de pollo a la cebolla; hiérvalo y después quítele la grasa. Reduzca la llana y hierva a fuego lento durante unos quince minutos.

Mezcle la sopa con una batidora de mano. Añada la nuez moscada y la sazón a su gusto. Sirva con un cucharón en tazones para sopa precalentados y sirva con crema con cultivos. **Seis porciones**.

De *Nourishing Traditions*, por Sally Fallon. Usado con autorización.

CHILE CON CARNE ROJA

Kilo y medio de carne molida de res, búfalo o venado
Aceite de oliva extravirgen
1/4 taza de vino rojo
2 tazas de caldo de res hecho en casa
2 cebollas picadas finas
2-4 chiles verdes pequeños, picantes o sin picante, sin semillas y cortados
2 latas de tomates, picados un poco en el procesador de alimentos
3 dientes de ajo pelados y machacados
1 cucharada de comino molido

2 cucharadas de orégano deshidratado
2 cucharadas de albahaca deshidratada
1/4 a 1/2 cucharadita de copos de chile rojo
4 tazas de frijoles colorados remojados y cocidos
Papas finas de paquete que no estén fritas en aceite, para adornar
Cebollas verdes picadas para adornar
Crème fraîche o crema agria para el adorno
Lascas de aguacate para adornar
Cilantro picado para adornar

Dore la carne hasta que se pueda desmenuzar, usando un poco de aceite de oliva en una olla pesada. (Es posible que el aceite de oliva no sea necesario si la carne de res tiene mucha grasa). Añada los demás ingredientes. Hierva a fuego lento alrededor de una hora. Sirva con el adorno. **De ocho a doce porciones**.

De *Nourishing Traditions*, por Sally Fallon. Usado con autorización.

Ensaladas

ENSALADA FÁCIL DE VEGETALES

1 lechuga romana, de Boston o roja (para la mezcla de vegetales verdes) 1/2 calabacín, picado en cuartos 1/2 pepino, picado en cuartos 2 tomates grandes sin semillas, picados	1/2 cebolla roja en lascas 60-90 gramos de queso chedar crudo, rallado El aderezo que usted prefiera

Ponga suficiente lechuga para cubrir el fondo de su ensaladera, y después añada una capa de cada uno de los demás ingredientes; a continuación, otra capa de lechuga, repitiendo hasta que se le acaben los ingredientes. Sirva aparte el aderezo, o mézclelo con toda la ensalada y sírvalo. **Cuatro porciones.**
De *The Lazy Person's Whole Food Cookbook*, por Stephen Byrnes. Usado con autorización.

ENSALADA "UPTOWN"

Lechuga romana, de Boston o roja, o vegetales verdes mixtos 120 g de pechuga de pavo o carne de res asada 1/2 pimiento rojo 1/2 pepino en cuartos	1 tomate en lascas 1/2 cebolla roja en lascas 1/2 aguacate en lascas 60-90 g de queso Gorgonzola rallado Aderezo a gusto

Una porción
Por Brian Upton. Usado con autorización.

ENSALADA ITALIANA

1 lechuga romana 1 racimo de berro 1 pimiento rojo sin semillas y cortado a la juliana 1 pepino sin cáscaras ni semillas, en cuartos a lo largo, y picado fino 1 corazón de apio con hojas, picado fino	1 cebolla roja pequeña, picada fina 1/2 taza de brotes de semillas pequeñas 2 zanahorias peladas y ralladas 1 taza de col roja, cortada fino 1 taza de garbanzos cocidos 3/4 taza de aderezo básico para ensaladas (p. 267) o aderezo de ajo

Esta ensalada básica es buena. A los niños les encanta. El secreto consiste en cortarlo todo muy pequeño. Quítele las hojas exteriores a la lechuga romana, corte el extremo y ábrala para quitarle la tierra o las impurezas que pueda tener, al mismo tiempo que mantiene intacta la lechuga. Séquela. Córtela a intervalos de un centímetro. Póngala primero en el cuenco para la ensalada, después el berro, después los vegetales cortados en diferentes montones. Por último, esparza los brotes y los garbanzos por encima para que la presentación sea atractiva. Llévelo a la mesa para mostrar su creación antes de mezclarla con el aderezo. Se puede servir con queso parmesano rallado. **Seis porciones.**

Variación: ENSALADA MEXICANA

Use aderezo mexicano en lugar del aderezo básico para ensaladas, o el de ajo. No ponga los garbanzos. Échele por encima pepitas, o tiras finas de tortillas de brotes de trigo, salteadas en aceite de oliva hasta que estén tostadas.

De *Nourishing Traditions*, por Sally Fallon. Usado con autorización.

ENSALADA ORIENTAL DE CARNE ROJA

700 g de falda de res o de un corte similar de carne de cordero o de venado	2 cucharadas de semillas de ajonjolí tostadas
1/2 taza de jugo de limón amarillo	250 g de guisantes de invierno ligeramente cocidos al vapor y cortados en cuartos con un ángulo
6 cucharadas de salsa de soya	
2 cucharadas de aceite de oliva extravirgen o de aceite de cacahuete prensado	
1 cucharada de aceite de ajonjolí tostado	1/2 kilo de brotes de frijoles, ligeramente cocidos
1 cucharadita de jengibre fresco rallado	1 pimiento rojo sin semillas y cortado a la juliana
Una pizca de copos de pimiento rojo	

Con un cuchillo afilado, corte el filete de falda o los pedazos de carne roja siguiendo la vena en ambas partes. Ase durante tres o cuatro minutos por cada lado, o hasta que la carne esté medianamente cocida. Llévela a una tabla de cortar y déjela reposar por diez minutos. Mientras tanto, mezcle el jugo de limón, la salsa de soya, los aceites, el jengibre y los copos de pimiento rojo. Corte la carne en sentido opuesto al grano en un ángulo, haciendo unas rebanadas muy finas. Después corte estas rebanadas a la juliana. Ponga en escabeche con la mezcla de salsa de soya durante varias horas en el refrigerador. Mezcle con las semillas de ajonjolí y los vegetales inmediatamente antes de servir. **Seis porciones.**

De *Nourishing Traditions*, por Sally Fallon. Usado con autorización.

ENSALADA "NIÇOISE"

6 porciones de filete fresco de atún de 120 g cada uno aproximadamente	1 kilo de habichuelas tiernas cocidas al vapor durante ocho minutos y enjuagadas en agua fría
Aceite de oliva extravirgen	
6 tazas de ensalada verde o lechuga tipo frise	2 docenas de aceitunas maduras pequeñas
6 tomates pequeños maduros, cortados en secciones	2 tazas de aderezo de hierbas, hecho con perejil picado fino
6 papas rojas pequeñas, cocinadas en una olla de barro	

Únteles aceite de oliva a los filetes de atún, y sazónelos con sal marina y pimienta. Usando una sartén pesada, cocínelos rápidamente, de dos en dos, unos cuatro minutos por cada lado. Sepárelos. Divida la ensalada verde en seis platos grandes. Adórnela con los tomates, las papas, las habichuelas y las aceitunas. Ponga los filetes encima de la ensalada verde. Añada el aderezo. Este plato es delicioso con plan de masa amarga o con tostadas de pizza. **Seis porciones.**

De *Nourishing Traditions*, por Sally Fallon. Usado con autorización.

ENSALADA DE ATÚN Y TAHINI

2 latas grandes de atún envasado en agua, sin el agua y desmenuzados	Mantequilla derretida y aceite de oliva extravirgen
1/4 cucharadita de pimienta roja	1/3 taza de piñones tostados
2 tazas de salsa de tahini (vea a continuación)	Ramas de cilantro para adornar
4 cebollas medianas, picadas fino	Pan tostado de brotes o de masa agria, o galletas de brotes de cereal

Mezcle el atún con la pimienta roja y una taza de la salsa. Mientras tanto, esparza las cebollas sobre un molde de galletas al que le ha untado aceite; únteles una mezcla de la mantequilla derretida y el aceite de oliva, y cocínelas a 200 grados centígrados hasta que estén tostadas. Haga un montón de atún en una bandeja. Esparza las cebollas y los piñones encima de él. Adorne con cilantro y sírvalo con galletas integrales de brotes de cereal deshidratados, y con la salsa restante. **De 6-8 porciones.**

De *Nourishing Traditions*, por Sally Fallon. Usado con autorización.

ENSALADA DE TAHINI

2 dientes de ajo pelados y cortados gruesos	1 cucharada de aceite de linaza sin refinar
1 cucharadita de sal marina	1 taza de agua
1/2 taza de tahini	1/2 taza de jugo fresco de limón amarillo

Ponga el ajo en el procesador de alimentos con la sal. Mezcle hasta que estén bien cortados. Añada el tahini y el aceite de linaza y mezcle. Usando el aditamento que permite añadir líquidos gota a gota con el motor andando, añada el agua. Cuando todo esté completamente mezclado, añada de un golpe el jugo de limón y mezcle hasta que quede suave. La salsa debe tener la consistencia de la crema espesa. Si está demasiado espesa, añádale más agua y jugo de limón. **Hace dos tazas.**

De *Nourishing Traditions*, por Sally Fallon. Usado con autorización.

Vegetales

Normas generales para la preparación: No hierva en agua los vegetales, a menos que sea imprescindible para poderlos comer. Cocínelos al vapor por unos cuantos minutos, después añádales mantequilla o ghi, sazónelos y sírvalos. También puede saltear sus vegetales en aceite de coco extravirgen. Los vegetales crudos con un aderezo o salsa saludable también son buenos.

VEGETALES SALTEADOS SUAVES

1 litro seco de espinacas u otros vegetales verdes
Aceite de coco extravirgen

Sal marina y pimienta al gusto

Lave las espinacas o vegetales verdes varias veces. Quítele todos los tallos y hojas que estén pasados. Caliente el aceite de coco extravirgen en una sartén. Ponga las hojas en la sartén y cúbralas. Cocínelas hasta que se pongan mustias, agitando de vez en cuando. Sazónelas como lo desee. **De 6 a 8 porciones.**
De *The Lazy Person's Whole Food Cookbook*, por Stephen Byrnes. Usado con autorización.

Vegetales en cultivo

ZANAHORIAS CON JENGIBRE

4 tazas de zanahorias ralladas, no muy apretadas
1 cucharada de jengibre fresco rallado
2 cucharaditas de sal marina

2 cucharadas de suero (si no tiene disponible, añada una cucharadita más de sal)

Ésta es la mejor introducción que conocemos a los vegetales lactofermentados. El sabor es delicioso, y el dulce de las zanahorias neutraliza la acidez que algunas personas encuentran desagradable cuando prueban por vez primera los vegetales lactofermentados. Las zanahorias al jengibre van bien con el pescado y con las carnes muy picantes.

En un cuenco, mezcle todos los ingredientes y macérelo todo con un martillo de madera para sacar los jugos. Póngalo en un recipiente tipo Mason de un litro de tamaño y empújelo hacia abajo con el martillo de madera. Debe haber un par de centímetros de distancia entre la superficie de las zanahorias y la parte superior del frasco. Tape fuertemente. Déjelo a temperatura ambiente unos dos o tres días antes de guardarlo en un lugar frío. Hace un litro.
De *Nourishing Traditions*, por Sally Fallon. Usado con autorización.

CHUCRUT CRUDO

4 tazas de repollo cortado fino, no muy apretado	2 cucharaditas de sal marina Celtic
1/2 cucharadita de semillas de comino	2 cucharadas de suero hecho en casa
1/2 cucharadita de semillas de mostaza	1 taza de agua filtrada

En un cuenco, mezcle el repollo con las semillas de comino y de mostaza. Májelo o golpéelo con un martillo de madera durante varios minutos para sacarle el jugo. Póngalo en un recipiente tipo Mason y empújelo hacia abajo con el martillo de madera. Mezcle el agua con la sal marina y el suero, y eche la mezcla en el frasco. Añada más agua si se necesita, para que el líquido cubra el repollo. Deben quedar un par de centímetros de distancia entre la superficie del repollo y la parte superior del frasco. Tape fuertemente y mantenga a temperatura ambiente por unos tres días. Páselo a un lugar frío. El chucrut se puede comer de inmediato, pero mejora con el tiempo. Hace un litro.
De *Nourishing Traditions*, por Sally Fallon. Usado con autorización.

Salsas y aderezos

ADEREZO BÁSICO PARA ENSALADAS

1/2 taza de aceite de oliva extravirgen	1 cucharadita de mostaza tipo Dijon
1 cucharada de aceite de linaza sin refinar	Sazón Herbamare a su gusto
2 cucharadas de vinagre de cidra de manzana o jugo de limón amarillo	

Combine todos los ingredientes y bátalos lentamente. Hace alrededor de 1/2 de taza.
De *Nourishing Traditions*, por Sally Fallon. Usado con autorización.

ADEREZO BALSÁMICO

1 cucharadita de aderezo tipo Dijon, suave o con granos	1/2 taza de aceite de oliva extravirgen
2 cucharadas y una cucharadita de vinagre balsámico	1 cucharada de aceite de linaza sin refinar

El vinagre balsámico es un vinagre de vino rojo que ha sido añejado en toneles de madera. Tiene un sabor fuerte y delicioso que va bien con los vegetales verdes oscuros, como el berro o la lechuga tipo mache. Prepárelo como en la receta del aderezo básico para ensaladas. Hace alrededor de 3/4 de taza.
De *Nourishing Traditions*, por Sally Fallon. Usado con autorización.

SALSA DE BARBACOA

3/4 taza de salsa teriyaki	3/4 taza de ketchup endulzado de manera natural

Mezcle el ketchup con la salsa teriyaki usando un batidor. Hace taza y media.
De *Nourishing Traditions*, por Sally Fallon. Usado con autorización.

MANTEQUILLA MEJOR

1/2 taza de mantequilla cruda u orgánica (sin sal) 1/2 taza de aceite de coco extravirgen	1/2 taza de aceite de linaza o de semilla de cáñamo 1/4 cucharadita de sal marina Celtic fina

Deje que la mantequilla y el aceite de coco se suavicen a temperatura ambiente. Combínelos con el aceite de linaza o de semilla de cáñamo y añada la sal. Refrigere y utilice para untar. Nota: Nunca use la Mantequilla mejor para cocinar. Los ácidos grasos esenciales que contiene el aceite se dañan con el calor. Hace taza y media.
Por Jordan Rubin.

SALSA CREMOSA DE AGUACATE

1 aguacate maduro pelado y cortado en pedazos 3 filetes de anchoa (optativos) 1/2 taza de crema agria o crème fraîche	El jugo de un limón amarillo 2 cucharaditas de aceite de linaza sin refinar Un diente de ajo machacado

Ponga todos los ingredientes en el procesador de alimentos y mézclelos hasta que hagan una pasta suave. Sírvala con palitos de vegetales o tortillas al horno partidas en pedazos. Hace taza y media.
De *Nourishing Traditions*, por Sally Fallon. Usado con autorización.

ADEREZO CREMOSO

3/4 taza de aderezo básico para ensaladas (p. 259)	1/4 taza de crema agria, yogurt o quéfir

Esta receta es tradicional en la región del Auvergne, en Francia. Prepare el aderezo básico para ensaladas. Mézclelo con la crema usando un tenedor. Hace alrededor de una taza.
De *Nourishing Traditions*, por Sally Fallon. Usado con autorización.

ADEREZO FÁCIL DE AGUACATE

1 aguacate maduro 1 tallo de apio 1 pimiento rojo pequeño, sin semillas	2 cucharadas de aceite de oliva extravirgen Sazón Herbamare a gusto

Mezcle el aguacate con el aceite, el apio y los pedazos de pimiento en una batidora hasta que quede suave.
De *The Lazy Person's Whole Food Cookbook*, por Stephen Byrnes. Usado con autorización.

ADEREZO FRANCÉS FÁCIL

1/2 taza de aceite altamente oleico de cártamo, girasol o nuez 4 cucharadas de vinagre crudo de cidra de manzana o de jugo de limón amarillo	2 cucharaditas de miel cruda sin calentar 1/4 cucharadita de sazon Herbamare 1/4 cucharadita de pimentón Unos pocos granos de pimienta roja

Combine los ingredientes secos y el vinagre de cidra de manzana o el jugo de limón amarillo. Añada lentamente el aceite, batiendo constantemente hasta que se espese.
De *The Lazy Person's Whole Food Cookbook*, por Stephen Byrnes. Usado con autorización.

GUACAMOLE

2 aguacates maduros El jugo de un limón amarillo 2 cucharadas de cilantro picado fino (optativo)	Una pizca de sal marina Celtic, o de Herbamare

Pele los aguacates. Ponga la masa en un cuenco y exprima el limón sobre ella. Use un tenedor para majarla (no use un procesador de alimentos). El guacamole debe quedar ligeramente grumoso. Añádale el cilantro, batiéndolo. El guacamole se debe hacer inmediatamente antes de servirlo, porque se pone negro en una o dos horas. Sírvalos con palitos de vegetales o con tortillas horneadas, rotas en pedazos. Hace taza y media.
Nourishing Traditions, por Sally Fallon. Usado con autorización.

ADEREZO DE HIERBAS

3/4 taza de aderezo básico para ensaladas (p. 259)	1 cucharadita de hierbas frescas picadas muy finas, como perejil, estragón, tomillo, albahaca u orégano

Prepare el aderezo básico para ensaladas y mezcle con él las hierbas. **Hace alrededor de 3/4 de taza.**
De *Nourishing Traditions*, por Sally Fallon. Usado con autorización.

ADEREZO ORIENTAL

2 cucharadas de vinagre de arroz	1 diente de ajo, pelado y machacado
1 cucharada de salsa de soya	(optativo)
1 cucharadita de jengibre rallado	1/2 cucharadita de miel cruda
1 cucharadita de aceite de ajonjolí tostado	1/2 taza de aceite de oliva extravirgen
1 cucharadita de cebolla verde o cebolleta picada fino	1 cucharadita de aceite de linaza sin refinar

Ponga todos los ingredientes en una jarra y agítela fuertemente. **Hace alrededor de media taza.**
De *Nourishing Traditions*, por Sally Fallon. Usado con autorización.

SALSA

4 tomates medianos pelados, sin semillas y troceados	1 cucharadita de orégano deshidratado
2 cebollas pequeñas, picadas finas	El jugo de 2 limones amarillos
1/4 taza de chiles pimientos en trozos, picantes o sin picante	2 cucharaditas de sal marina Celtic
1 mazo de cilantro, picado	2 cucharadas de suero (si no tiene disponible, use una cucharadita más de sal)
	Entre 1/2 taza y 1 taza de agua filtrada

Mezcle todos los ingredientes, menos el agua, y póngalos en un recipiente tipo Mason de boca redonda con 1 litro de capacidad. Apriételo ligeramente con un martillo de madera. Añada suficiente agua para cubrir los vegetales. Tape fuertemente y mantenga a temperatura ambiente por dos días antes de pasar a guardar en refrigeración. **Hace un litro.**
De *Nourishing Traditions*, por Sally Fallon. Usado con autorización.

SALSA TERIYAKI

1 cucharada de jengibre fresco rallado	1 cucharada de aceite de ajonjolí tostado
3 dientes de ajo machacados	1 cucharada de vinagre de arroz
1/2 taza de salsa soya	1 cucharada de miel natural

Use como escabeche para el pollo o pato. Mezcle todos los ingredientes con un batidor. **Hace 3/4 de taza.**
De *Nourishing Traditions*, por Sally Fallon. Usado con autorización.

Yogurt Tahini Inbetweeni

120 g de Probiogurt	El jugo de un limón amarillo fresco
1 cucharada de mostaza estilo Dijon	1 cucharada de Tahini crudo (mantequilla
1 cucharada de mostaza amarilla o	de ajonjolí)
morena	1/2 cucharadita de sal marina Celtic fina

Combine todos los ingredientes y mézclelos bien.
Por Jason Dewberry. Usado con autorización.

Huevos

Huevos revueltos fáciles

6 huevos	3 cucharadas de mantequilla derretida o
Sal marina Celtic, pimienta	aceite de coco extravirgen
1/4 taza de crema espesa	Unos pocos granos de pimienta roja (optativo)

Bata bien los huevos. Añada la crema. Caliente la mantequilla en una sartén. Añada la mezcla de huevos y cocine lento, hasta que tenga una textura cremosa. Si lo desea, añada una taza de cecina de pavo picada, pollo, carne de res o pimiento para variar el gusto. **De 3-4 porciones.**
De *The Lazy Person's Whole Food Cookbook*, por Stephen Byrnes. Usado con autorización.

Huevos fáciles pasados por agua blandos o duros

Lave los huevos y cúbralos con agua hirviendo. Cocine a fuego lento durante cuatro minutos si está haciendo huevos blandos, y doce minutos si está haciendo huevos duros. Puede meter en agua fría los huevos duros si los va a utilizar en otra receta, como una en que se usen picados como añadiduras o adornos. También se pueden hacer unos cuantos huevos duros a la vez, y después refrigerarlos para hacer una comida rápida con facilidad más tarde.
De *The Lazy Person's Whole Food Cookbook*, por Stephen Byrnes. Usado con autorización.

Tortilla básica

4 huevos frescos a temperatura ambiente	Una pizca de sal marina
3 cucharadas de aceite de coco extravirgen o de mantequilla	

Rompa los huevos y échelos en un cuenco. Añada agua y la sal marina, y mezcle con un batidor de alambre. (No bata demasiado, porque la tortilla se le va a poner dura).

Derrita el aceite de coco o la mantequilla en una sartén bien sazonada. Cuando baje la espuma, añada la mezcla con el huevo. Incline la sartén para que el huevo cubra todo el fondo. Cocine varios minutos a fuego mediano hasta que los bordes de la tortilla estén ligeramente tostados por debajo. Levante un lado con una espátula y doble la tortilla por el medio. Reduzca la llama y cocine durante medio minuto más o menos. Esto va a permitir que se cocine el huevo que tenga dentro. Deslice la tortilla hacia un plato precalentado y sírvala. Sirve dos porciones.

Variación: TORTILLA DE CEBOLLAS, PIMIENTOS Y QUESO DE CABRA
Sofría una cebolla pequeña finamente picada y medio pimiento rojo cortado en lascas a la juliana en un poco de aceite de coco extravirgen o mantequilla, hasta que se pongan tiernos. Esparza esto por parejo sobre la mezcla de huevo cuando se comienza a cocinar, junto con 60 g de queso chedar o feta de leche de cabra.

Variación: TORTILLA DE HIERBAS DEL HUERTO
Esparza una cucharadita de perejil picado fino, una cucharadita de cebolleta picada fina y una cucharadita de tomillo u otra hierba del huerto picada fina sobre la tortilla cuando se comienza a cocinar.

Variación: TORTILLA DE CHAMPIÑONES Y QUESO SUIZO
Sofría 250 g de champiñones frescos lavados, bien secados y picados fino en aceite de coco extravirgen o mantequilla y aceite de oliva. Esparza los campiñones y el queso suizo rallado sobre la tortilla cuando se comience a cocinar.

Variación: TORTILLA DE EMBUTIDO Y PIMIENTO
Sofría 1/4 de taza de embutido de pavo o de búfalo y pimientos rojos o amarillos en un poco de aceite de coco extravirgen o en mantequilla hasta que esté desmenuzado. Espárzalo sobre la tortilla cuando se comience a cocinar.

Variación: TORTILLA DE ESPINACAS Y QUESO FETA
Añada cebolla picada a los huevos batidos. Añada más cebolla, espinacas, tomate y queso feta cuando se comience a cocinar.

Variación: TORTILLA DE TOMATE Y ALBAHACA
Esparza 1/4 de taza de tomados picados en cubos y albahaca fresca picada sobre la tortilla cuando se comience a cocinar.

De *Nourishing Traditions*, por Sally Fallon. Usado con autorización.

FRITADA DE VEGETALES

1 taza de brécol al vapor hasta que esté tierno y desmenuzado en pedazos pequeños
1 pimiento rojo sin semillas y cortado a la juliana
1 cebolla mediana pelada y picada fino
Mantequilla y aceite de oliva extravirgen
6 huevos

1/3 taza de crema agria o crème fraîche
1 cucharadita de cáscara de limón amarillo rallada fina
Una pizca de orégano deshidratado
Una pizca de romero deshidratado
Sal marina y pimienta acabada de moler
1 taza de queso Monterrey jack crudo rallado

En una sartén de hierro, sofría el pimiento y la cebolla en mantequilla y aceite de oliva hasta que estén suaves. Quítelos con un cucharón abierto. Bata los huevos con la crema y las sazones. Écheles el brécol, los pimientos y la cebolla. Derrita más mantequilla y aceite de oliva en la sartén y eche la mezcla de huevo. Cocine a llama mediana unos cinco minutos hasta que se ponga dorada por debajo. Esparza el queso encima y póngala en el asador unos pocos minutos hasta que la fritada se hinche y se dore. Corte en cuñas y sirva. **Cuatro porciones.**

De *Nourishing Traditions*, por *Sally Fallon*. Usado con autorización. Para variaciones de esta receta, consiga un ejemplar de Nourishing Traditions (vea el Apéndice B).

Pescado

PESCADO ASADO SENCILLO

700 g de filete de un pescado blanco, como lenguado, merluza o rodaballo
El jugo de un limón amarillo
1 cucharada de salsa de pescado (optativo)

Una pizca de pimienta roja
1 cucharada de hierbas frescas cortadas a mano

Ponga el pescado en un molde de hornear untado de mantequilla. Échele por encima el jugo de limón, la pimienta roja, la salsa de pescado, las hierbas y la sal. Cubra el molde con aluminio (pero no deje que el aluminio toque el pescado). Cocine a 150 grados centígrados unos quince minutos. **Cuatro porciones.**

De *Nourishing Traditions*, por Sally Fallon. Usado con autorización.

HIPOGLOSO A LA PARRILLA

1 hipogloso de 1 kilo
Jugo de limón amarillo
Mantequilla o aceite de coco extravirgen

Sal marina o Herbamare
Pimienta

Limpie los trozos de hipogloso con un paño húmedo y rocíelo con la sal, la pimienta y el jugo de limón. Échele un poco de aceite o mantequilla. Áselo a la parrilla con la llama alta, dándole vuelta con frecuencia hasta que esté dorado. **De 6-8 porciones.**

De *The Lazy Person's Whole Food Cookbook*, por Stephen Byrnes. Usado con autorización.

SALMÓN AHUMADO SENCILLO

2 tazas de salmón enlatado	2 cucharadas de aceite de coco extravirgen o de mantequilla
3/4 de taza de apio cortado en cubos	3/4 de taza de cebolla picada
2 laskas de cecina de pavo cortada en trozos	1 cucharadita de sal marina
1/2 taza de agua hirviendo	2 lascas pequeñas de limón (optativo)

Combine el aceite o la mantequilla, la cecina de pavo, el apio, la cebolla y la sal; fríalos hasta que se empiecen a dorar. Ponga el salmón en el centro de un molde de hornear untado de grasa. Arregle los vegetales y el pavo alrededor del salmón. Añada agua y cubra. Cocine a 200 grados centígrados durante media hora. Quite lo que lo cubre y cocine otros diez minutos. **Seis porciones.**
De *The Lazy Person's Whole Food Cookbook*, por Stephen Byrnes. Usado con autorización. Si desea más recetas con salmón, consiga un ejemplar de este libro de cocina.

SALMÓN DE ALASKA CON PESTO DE PECANA

4 filetes de salmón salvaje de Alaska (alrededor de 600 g)	1 limón amarillo o naranja (pequeños)
150 g de pecanas sin cáscara	Una ramita de 30 cm de romero
85 g de mantequilla fría	Aceite de oliva
2-3 jalapeños frescos	Sal marina Celtic
	Pimienta

Caliente el horno a 150 grados centígrados y tueste las pecanas en un molde hasta que pueda oler el aroma de las pecanas tostadas, entre veinte y treinta minutos. Páselas a otro molde que esté al tiempo. Limpie el salmón y séquelo. Abra los filetes con un cuchillo afilado si lo desea. Frote el salmón con aceite de oliva; échele sal y pimienta por ambos lados. Caliente una sartén pesada de hierro sobre llama mediana. Saltee los filetes hasta que queden firmes al tacto.

Prepare los jalapeños quitándoles la parte superior y cortándolos a lo largo. Quíteles las semillas y las partes blancas con un cuchillo afilado. Córtelos gruesos. Divida la mantequilla fría en pedazos de ? cucharada cada uno. Prepare la cáscara de medio limón pequeño (o naranja) y córtela fina. Corte muy fino el romero. Eche la mantequilla, los jalapeños picados, las pecanas, el romero y la cáscara de limón en un procesador de alimentos. Procese entre cinco y ocho segundos y raspe el cuenco. Repita dos o tres veces, hasta que se haya formado una pasta. No procese demasiado. Esparza el pesto sobre el salmón cocinado. **Cuatro porciones.**
De Keith Tindall, en White Egret Farm. Usado con autorización.

FILETO DE LENGUADO CON UVAS VERDES

1/2 kilo de filetes de lenguado
Sal marina Celtic
1 cucharada de jugo de limón verde
1 cucharadita de perejil picado fino
1/2 cucharadita de estragón picado fino
1/2 diente de ajo picado

3/4 de taza de vino blanco
1/4 kilo de uvas verdes sin semilla
1 1/2 cucharada de mantequilla
1 cucharada de harina integral (remojada)
2 cucharadas de jugo de naranja

Enjuague y seque los filetes. Écheles la sal y el jugo de limón. Póngalos en una sartén ligeramente engrasada. Écheles el perejil, el estragón y el ajo. Añada el vino y hierva a fuego lento durante doce a quince minutos, hasta que el pescado se parta fácil y tenga un color lechoso, aunque no transparente. Añada las uvas los últimos cinco minutos. Saque el pescado de la llama y manténgalo caliente en una bandeja. En la sartén original, derrita la mantequilla con los jugos restantes. Mézclele la harina hasta que se haga una pasta suave. Añada el jugo de naranja y cocínelo, agitando hasta que se espese la mezcla. Añada más vino para ajustar la consistencia. Eche esta salsa sobre los filetes. **De 3-4 porciones**.

Por Keith Tindall, de White Egret Farm. Usado con autorización.

PARGO DEL ALTO A LA MEXICANA

4 filetes de pargo del alto
2 cucharadas de jugo de limón verde
Aceite de oliva extravirgen
1 cebolla mediana, picada fino
2 tomates maduros pelados, sin semillas y cortados

1 mazo de cilantro picado
1 cucharadita de chile pimiento fresco picado en cubitos
2 dientes de ajo pelados y machacados
Una pizca de canela
Sal marina

Frote los filetes con el jugo de limón. Déjelos reposar cubiertos en el refrigerador durante varias horas.

Usando una sartén pesada, saltee los filetes en un poco de aceite de oliva por poco tiempo y por ambos lados. Páselos a un recipiente Pyrex para cocinar previamente engrasado. Añádale más aceite de oliva a la sartén. Sofría la cebolla hasta que se ponga suave. Añada los demás ingredientes y hierva a fuego lento durante una media hora o más, hasta que la mayor parte de líquido haya sido absorbida. Sazone a su gusto con sal marina. Eche la sal sobre el pescado y hornéelo a 180 grados centígrados hasta que esté suave; unos veinticinco minutos. **Cuatro porciones**.

De *Nourishing Traditions*, por Sally Fallon. Usado con autorización.

FILETES DE ATÚN AL ESTILO ORIENTAL

1 kilo de filete de tuna de dos a tres cms de grosor Aceite de oliva extravirgen Sal marina y pimienta acabada de moler 3 dientes de ajo pelados 1/4 de taza de jengibre fresco, pelado y picado grueso 2 cucharadas de mostaza tipo Dijon 1/4 de taza de salsa de soya	1 cucharada de miel cruda sin calentar 1/2 taza de vinagre de arroz 2 cucharadas de salsa de pescado (optativa) 1 cucharada de aceite de ajonjolí tostado 1/3 taza de aceite de coco extravirgen 1 mazo de cebollas verdes picadas 3 cucharadas de semillas de ajonjolí tostadas en el horno

Con una brocha, esparza el aceite de coco sobre los filetes y rocíelos con la sal y la pimienta. Ase a la parrilla unos cinco minutos por cada lado en una barbacoa, o bajo un asador. Páselos a una bandeja caliente y manténgalos calientes hasta que estén listos para servir. Mientras tanto, ponga en ajo, el jengibre, la mostaza, la salsa de pescado y la salsa de soya en un procesador de alimentos y procéselos hasta que estén mezclados. Añada la miel y el vinagre y procéselos de nuevo. Con el motor funcionando, añada gradualmente el aceite, de manera que la salsa se emulsifique y se espese.

Ponga las porciones individuales de filete de atún en platos precalentados. Esparza la salsa por encima y adórnelos con las cebollas verdes y las semillas de ajonjolí. El plato va bien con espinacas, tallos de remolacha suiza, guisantes chinos o col china al vapor. **Seis porciones.**

De *Nourishing Traditions, por Sally Fallon.* Usado con autorización. Si desea tener más recetas de atún, consiga un ejemplar de Nourishing Traditions (vea el Apéndice B).

ENSALADA DE ATÚN O SALMÓN

1 lata de atún o salmón envasado en agua 1 cucharada de mayonesa con omega-3 1 cucharada de aceite de linaza o de aceite de linaza con ajo y chile	Cebollas picadas Pimientos picados Apio picado

Combine todos los ingredientes y sírvalos sobre lechuga o sobre pan de brotes tostado. **Una o dos porciones.**
Por Jordan Rubin

Aves

Ensalada de pollo

180 g de pollo picado	Cebollas picadas
1 cucharada de mayonesa con omega-3	Pimientos picados
1 cucharada de aceite de linaza o de aceite de linaza con ajo y chile	Apio picado

Combine todos los ingredientes y sírvalos sobre lechuga o sobre pan de brotes tostado. **Una o dos porciones.**

Por Jordan Rubin

Pollo con orégano y champiñones

1 pollo para asar, cortado en pedazos (alimentado en libertad)	tado, o ? cucharadita de orégano fresco picado fino
1/4 de taza de aceite de oliva	1 diente de ajo picado
1/2 taza de cebolla picada	2 tomates pelados y picados a cuartos
1 cucharadita de sal	1/2 taza de vino blanco seco
1/8 de cucharadita de pimienta	1/4 kilo de champiñones frescos picados
1/4 de cucharadita de orégano deshidra-	1/4 taza de perejil picado para adorno

Dore las piezas de pollo lentamente en aceite de oliva caliente. Añada la cebolla y cocine hasta que esté suave, y sazone el pollo con sal y pimienta. Añada orégano, ajo, vino y champiñones. Raspe el fondo de la sartén para soltar los pedazos dorados. Cubra y cocine a fuego lento hasta que el pollo esté suave; unos 35 minutos. Añada los tomates. Siga cocinando cinco minutos más. Adorne con el perejil. **Cuatro porciones.**

Por Keith Tindall, de White Egret Farm. Usado con autorización.

Pollo cazador con cilantro y limón verde

1 kilo de pechuga de pollo cortada en cubos de unos 30 g	3 cucharadas de cilantro picado
1 cucharada de ajo picado	2 cucharadas de aceite de oliva extravirgen
1/2 taza de jugo de limón verde acabado de exprimir	5 tomates tipo Roma medianos
	Sal marina Celtic a gusto
	Pimienta roja a gusto

Caliente la sartén de sofreír a fuego mediano. Eche el aceite de oliva, el ajo, el cilantro y 1/4 taza de jugo de limón verde. Hierva a fuego lento entre cuatro y seis minutos. Mientras lo hierve, eche 1/4 de taza del jugo de limón sobre el pollo; déjelo reposar por uno o dos minutos. Sazone el pollo con la sal y la pimienta roja. Después de cuatro a seis minutos, ponga el pollo sazonado en la sartén y cocínelo entre ocho y diez minutos sobre llama mediana o mediana-alta. **Cuatro porciones.**

Por Jason Dewberry. Usado con autorización.

POLLO CURRY FÁCIL

2 tazas de pollo cocinado cortado en cubos	1 cucharada de polvo de curry
2 tazas de leche o crema de coco	1 cucharadita de cebolla picada
4 cucharadas de mantequilla	1/2 taza de jugo de limón amarillo
3 cucharadas de harina integral (remojada)	Sal marina y pimienta a gusto

Derrita la mantequilla; después añada la harina y el polvo de curry; cocine durante cinco minutos. Échele la leche o crema de coco y revuelva bien hasta que hierva. Añada la cebolla, después ponga las sazones del pollo y caliente. Añada el jugo de limón cuando esté listo para servir. Hace muy buena combinación con arroz moreno y vegetales. **Seis porciones.**

De *The Lazy Person's Whole Food Cookbook*, por Stephen Byrnes. Usado con autorización. Si desea más recetas de pollo, consiga un ejemplar de este libro de cocina (www.powerhealth.net).

FAJITAS DE POLLO

1 kilo de pechuga de pollo cortada en tiras de 1/2 cm a 1 cm de ancho	1 pimiento verde, sin semillas y cortado a la juliana
6 cucharadas de aceite de oliva extravirgen	2 cebollas medianas cortadas finas
1/2 taza de jugo de limón verde o amarillo	Aceite de oliva extravirgen
1/4 taza de jugo de piña (optativo)	12 tortillas de trigo integral brotado
4 dientes de ajo pelados y machacados	Mantequilla derretida
1/2 cucharadita de polvo de chile	Crème fraîche o crema agria para el adorno
1 cucharadita de orégano deshidratado	Chismole para el adorno
1/2 cucharadita de tomillo deshidratado	Guacamole para el adorno
1 pimiento rojo sin semillas y cortado a la juliana	

Haga una mezcla con el aceite, el jugo de limón verde o amarillo y ls especias; mézclela bien con la carne. Téngala en escabeche durante varias horas. Quítela con un cucharón abierto y llévela a toallas de papel para secarla. Usando una sartén pesada, saltee la carne por pequeñas cantidades en aceite de oliva, pasándola a una bandeja caliente y manteniéndola caliente en el horno. Mientras tanto, mezcle los vegetales con la mezcla del escabeche. Sofría los vegetales por cantidades menores en el aceite de oliva y espárzalo sobre la carne. Caliente un poco las tortillas en una sartén pesada de hierro y únteles la mantequilla derretida con una brocha. Sirva la mezcla de la carne con las tortillas y los adornos. **De 4-6 porciones.**

De Nourishing Traditions, por Sally Fallon. Usado con autorización. Si desea tener más recetas de pollo, consiga un ejemplar de este libro de cocina (www.powerhealth.net).

PIMIENTOS CON RELLENO PICANTE DE POLLO

2 pechugas de pollo criado libre
2 cucharadas de mantequilla
1 taza de arroz moreno orgánico
1/2 taza de jalapeños cortados en cubos (optativo)
2 tazas o latas de frijoles negros orgánicos
2 cucharadas de salsa de soya

1/2 taza de queso chedar fuerte, desmenuzado
2-4 pimientos morrones amarillos o rojos (enteros o en mitades)
1 lasca de pan integral brotado o de masa amarga

Cocine las pechugas de pollo a 230 grados centígrados durante media hora. Después de un cuarto de hora de estar cocinando, enlárdelas con mantequilla. Lleve al hervor 2 1/2 tazas de agua y 1 taza de arroz moreno (si el arroz moreno ha estado toda la noche en remojo, añádale más agua para hacer unas 2 1/2 tazas. Revuelva una vez y después déjelo hervir a fuego lento durante tres cuartos de hora. Añádales a los frijoles negros los jalapeños cortados en cubos y el queso desmenuzado; cocínelos a fuego lento. Añada la salsa de soya a la mezcla de los frijoles, revolviendo de vez en cuando. Saque el pollo del horno y córtelo en lascas. Añádalo a la mezcla de los frijoles y cocínelo a fuego lento durante un cuarto de hora. Mezcle el arroz moreno con la mezcla de los frijoles y el pollo hasta que queden bien mezclados. Córteles la parte superior a los pimientos, o córtelos en mitades; ponga la cantidad deseada del relleno dentro de ellos. Corte el pan en lascas y póngalo encima de los pimientos rellenos. Cocínelos en el horno a 230 grados centígrados durante un cuarto de hora. Sírvalos calientes. **De 2-4 porciones.**

Por Sherry Dewberry. Usado con autorización.

POLLO DEL PRADO ASADO

1 pollo criado libre, entero (de 1 kilo o algo más)
1 manzana pequeña
1 cebolla pequeña
1 tallo de apio con las hojas

1 tallo de 30 cm de romero
Aceite de oliva
Sal marina Celtic
Pimienta recién molida

Enjuague y seque el pollo. Si comienza con el pollo congelado, asegúrese de que esté totalmente descongelado. Caliente previamente el horno a 180 grados centígrados. Corte la manzana en cuartos y quítele el corazón. Pele la cebolla y divídala en cuartos. Corte el apio en piezas de 5 ó 6 cm. Añádale unas 2 cucharadas de aceite de oliva a la cavidad del pollo. Rellénelo con la manzana, el apio, la cebolla y el romero. Frote el exterior del ave con aceite de oliva. Salpíquelo con sal y pimienta recién molida y frótelos en la piel. Ponga el pollo en un recipiente de asar con un borde de 5 cm. Áselo aproximadamente hora y media, o hasta que un termómetro para carne marque los 80 grados centígrados cuando se introduzca en un muslo. Saque el pollo del horno y déjelo reposar unos veinte minutos antes de cortarlo. El período de reposo permite que los jugos se distribuyan de nuevo y da por resultado una carne más tierna. **Cuatro porciones.**

Por Keith Tindall, deWhite Egret Farm. Usado con autorización.

PATO SALVAJE

4 a 6 patos, preferiblemente salvajes, o puede usar 2 patos domésticos	4 a 6 pedazos de mantequilla de coco extravirgen
1 cebolla pequeña	1-2 tazas de vino seco, como el Chardonnay
1 manzana pequeña o mediana	
4 a 6 ramas de hojas de apio	

Caliente previamente el horno a 160 grados centígrados. Enjuague y seque los patos. Corte en cuartos la manzana y la cebolla y corte en tres partes cada cuarto. Ponga un poco de mantequilla en la cavidad de cada pato. Añada una rama de hojas de apio y después uno o dos pedazos de manzana y cebolla, para llenar la cavidad. Ponga la pechuga rellena de pato en un pedazo grande de papel de aluminio (del tamaño de una placa para galletas si es un pato salvaje pequeño). Doble el papel de aluminio para hacer un paquete bien apretado, dejando un extremo abierto. Añádala de 1/4 a 1/2 taza de vino al paquete, según sea el tamaño del pato. Cierre el paquete. Ponga cada paquete en el horno holandés (con la pechuga hacia abajo). Cubra con la tapa y póngalo en el horno precalentado. Los patos deben estar en el horno entre dos y tres horas, según su tamaño. NO levante la tapa ni abra los paquetes hasta que estén bien asados. Los patos estarán listos cuando los sienta blandos. Deben cocinarse al vapor dentro de los paquetes y en el horno holandés, de manera que no entre el aire, para quedar tiernos. Si abre la tapa del horno holandés, o los paquetes, esto hará que se escape el vapor. Para unos resultados ideales, debe asar los patos por largo tiempo y con lentitud sobre una llama relativamente baja. **Cuatro porciones.**

Por Keith Tindall, de White Egret Farm. Usado con autorización.

Carne roja y de venado

GUISO DE CARNE DE RES DE TODO UN DÍA

1 1/2 kilos de carne de res para cocido, cortada en pedazos de unos 3 cm	Varias ramitas de tomillo fresco, en un mazo
1 taza de vino tinto	2 dientes de ajo pelados y aplastados
3-4 tazas de caldo de res	2-3 pedazos pequeños de cáscara de naranja
4 tomates pelados, sin semillas y picados (o una lata de tomates)	8 papas rojas pequeñas
2 cucharadas de puré de tomate	1/2 kilo de zanahorias peladas y cortadas en palitos
1/2 cucharadita de granos de pimienta negra	Sal marina Celtic y pimienta acabada de moler

Esta receta es ideal para las madres que trabajan. Se pueden reunir los ingredientes por la mañana en un cuarto de hora, o incluso la noche anterior. Deje la carne en escabeche toda la noche en el vino tinto (este paso es optativo). Ponga todos los ingredientes, menos las papas y las zanahorias, en una cacerola a prueba de horno y cocínelos durante doce horas a 120 grados centígrados. Añada las zanahorias y las papas durante la última hora. Sazone a su gusto. **6-8 porciones**.

De Nourishing Traditions, por Sally Fallon. Usado con autorización.

BARRA DE CARNE DE CHIVO

1/2 kilo de carne de chivo molida (preferiblemente, criado libre)	2/3 de taza de migajas de pan (de pan integral de brotes o de masa amarga)
1/2 kilo de carne de res molida (preferiblemente, criada libre)	2 huevos
1/2 cebolla, picada fina	1 cucharadita de tomillo molido
1 pimiento verde pequeño, picado fino	1/4 cucharadita de sal marina Celtic
	1/8 cucharadita de pimienta negra
	1 taza de ketchup de tomate

Caliente antes el horno hasta los 160 grados centígrados. Reúna todos los ingredientes en un cuenco grande. Mézclelos con las manos hasta que todos estén totalmente combinados. La mezcla debe quedar algo pegajosa. Ponga la mezcla en un molde de hornear con bordes de 5 cm y dele la forma de un pan. Haga una apertura en la parte superior de la barra en sentido longitudinal. Llénela con más ketchup de tomate. Cocínelo todo a 160 grados centígrados durante una hora y cuarto, o hasta que la barra se vea ligeramente dorada por encima. Pruébelo a ver si ya está hecho, buscando una temperatura interna de 70 grados centígrados. Deje reposar la barra antes de cortarla en lascas para evitar que se desmorone. **De 4-6 porciones**.

Por Keith Tindall, de White Egret Farm. Usado con autorización.

BISTEC ASADO FÁCIL

1 bistec de solomillo o de filete	Mantequilla

Ase el bistec sobre llama fuerte o en una sartén caliente, dándole vueltas con frecuencia hasta que esté bien dorado. Póngalo en el plato para servirlo y sazónelo a su gusto. Puede añadir un poco de mantequilla encima del bistec antes de servirlo. **Una porción.**

De *The Lazy Person's Whole Food Cookbook*, por Stephen Byrnes. Usado con autorización.

BISTEC ASADO FÁCIL

1 kilo de carne de cordero para estofar	1/4 taza de tomates en lata
1 1/2 tazas de zanahorias picadas en cubos	1 1/2 tazas de papas picadas en cubos
	1/4 taza de cebolla picada
1 taza de apio picado en cubos	1 cucharadita de sal marina Celtic

Dore el cordero en aceite de coco extravirgen. Cúbralo con agua y añada la sal. Hierva a fuego lento hasta que la carne esté tierna. Añada los vegetales y cúbralo de nuevo. Hierva a fuego lento durante media hora o hasta que los vegetales estén cocidos.

Esta receta se puede hacer en una olla eléctrica lenta y se la puede dejar cocinando el día entero. Todo lo que tiene que hacer es poner los ingredientes en la olla lenta, cubrirla y conectarla a la electricidad. **Seis porciones.**

De *The Lazy Person's Whole Food Cookbook*, por Stephen Byrnes. Usado con autorización.

COSTILLAS DE CORDERO

8 costillas de cordero	1/2 taza de vino tinto seco
Pimienta molida fresca	2 a 3 tazas de caldo de res o de cordero

Para esta receta va a necesitar una sartén de hierro que esté muy bien preparada. Sazone las costillas de cordero con pimienta y corte toda la grasa excesiva. Ponga la sartén sobre un fuego moderadamente alto. Cuando esté caliente, ponga cuatro costillas en ella. (No hace falta grasa alguna. Las costillas van a producir su propia grasa, y va a ser suficiente para impedir que se peguen). Cocínelas unos cinco minutos, hasta que estén casi crudas o medio crudas. Manténgalas en un horno caliente mientras cocina la segunda tanda y prepara la salsa.

Saque la grasa de la sartén y quítele el glaceado con el vino rojo y el caldo de res. Hiérvalos rápidamente, sacando cuanta espuma sucia suba a la superficie. Reduzca el líquido hasta que queden unos tres cuartos de taza. La salsa debe tener la consistencia del sirope de arce.

Ponga las costillas de cordero en platos calentados, con los vegetales que las acompañan, y vaya echando la salsa con una cuchara. **Cuatro porciones.**

De *Nourishing Traditions*, por Sally Fallon. Usado con autorización.

MUSLO DE CORDERO O DE CHIVO

1 muslo 3 a 4 kilos de cordero o de chivo, preferiblemente criado libre	1 diente de ajo en lascas a lo largo
1/2 taza de mostaza Dijon	1 pedazo de jengibre de 3 cm, pelado y cortado en lascas
1 cucharada de romero fresco y cortado fino	2 cucharadas de aceite de oliva

Caliente previamente el horno hasta los 180 grados centígrados. Mezcle en un cuenco la mostaza con salsa de soya, las hierbas y el jengibre. Bata la mezcla en el aceite para ponerla cremosa. Haga cuatro cortes poco profundos en la carne con un cuchillo afilado y ponga un pedazo de ajo en cada uno de ellos. Unte generosamente con una brocha el cordero o chivo con la salsa y déjelo reposar durante una o dos horas. Áselo en una parilla durante hora y cuarto a hora y media, o hasta que el termómetro de carne indique los 65 grados centígrados. Entonces la carne va a estar término medio. Déjela reposar antes de cortarla. La temperatura subirá a unos 70 grados mientras la carne reposa. **De 4-6 porciones.**

Por Keith Tindall, de White Egret Farm. Usado con autorización.

BISTEC CON PIMIENTA FÁCIL

4 pedazos de bistec de igual tamaño (filete o palomilla), de unos 3 cm de grueso 1 huevo batido y diluido con un poco de agua	1 pimiento rojo o amarillo sin semillas y cortado en cuatro 1 cebolla roja grande, cortada en cuatro Aceite de oliva Sal marina y pimienta a su gusto Salsa de soya

Ponga el bistec en un cuenco grande y añádale el huevo. Rocíele la sal y la pimienta y déjelo reposar por un cuarto de hora. Haga parejas de pedazos de cebolla y pedazos de pimiento. En un molde de hornear poco profundo, ponga suficiente aceite de oliva para cubrir el fondo. Ponga los cuatro bistecs en el molde y rocíelos por encima con un poco de salsa de soya. Después ponga un pedazo de cebolla y uno de pimiento sobre cada uno. Póngalo todo en el asador durante tres o cuatro minutos. Cuando les dé vuelta a los bistecs, asegúrese de volverles a poner encima los pedazos de pimiento y de cebolla encima. Cocínelos otros tres o cuatro minutos. **Cuatro porciones.**

De *The Lazy Person's Whole Food Cookbook*, por Stephen Byrnes. Usado con autorización.

CARNE DE RES AL BURGUNDY SENCILLA

1 kilo carne de res magra para estofado picada en cubos pequeños (preferiblemente, de reses criadas en libertad) 2 cucharadas de harina integral (remojada durante toda la noche) 2 cucharadas de mantequilla 1 cucharada de aceite de oliva 1 cucharadita de sal marina o de Herbamare 1/4 cucharadita de pimienta	2 tazas de caldo dorado de res (p.259) 1 taza de vino burgundy 1 cebolla mediana, cortada 2 zanahorias cortadas 1/4 kilo de champiñones Crimini cortados 1 diente de ajo cortado 1 hoja de laurel 1/4 cucharadita de tomillo molido 1 cucharada de perejil picado

Eche la carne con la harina, la sal y la pimienta en una bolsa de papel de supermercado. Dórela en la combinación de mantequilla y aceite de oliva. Añada el caldo de res, el vino, los champiñones, la cebolla, las zanahorias, el ajo, la hoja de laurel y el tomillo. Hierva a fuego lento durante dos horas y media o tres, hasta que la carne esté tierna. Apague la candela y añada el perejil a la mezcla caliente. Si se necesita más líquido durante la cocción, añada más caldo y más vino, en la proporción de dos partes de caldo por cada parte de vino. **De 4-6 porciones.**

Por Keith Tindall, De White Egret Farm. Usado con autorización.

ASADO DE RES FAMILIAR

2 a 2 1/2 kilos de carne de res para asar, preferiblemente de reses criadas libres 1/8 kilo de mantequilla	1/2 taza de salsa Worcestershire Sal marina Celtic Pimienta negra recién molida

Caliente previamente el horno hasta los 160 grados centígrados. Frote la carne de asar con sal y pimienta y póngala en un molde de asar con lados de 5 cm de altura. En una sartén derrita la mantequilla y añádale un volumen igual de salsa Worcestershire. Eche la salsa sobre la carne para asar. Cocínela lentamente a 160 grados centígrados hasta que el termómetro para carne indique alrededor de los 65 grados centígrados (si quiere la carne término medio). Saque el asado del horno y déjelo reposar para que se redistribuyan los líquidos antes de cortarlo. La temperatura subirá a unos 70 grados centígrados. Es especialmente importante que la carne de res criada libre se cocine con mayor lentitud y a una temperatura menor que la res comercial. También se le debe permitir a este tipo de carne de res que llegue ella misma al nivel deseado de cocción, sacándola del horno varios minutos antes que usted crea que ya está lista. Esto la mantiene jugosa y produce una carne más tierna. **NOTA**: La salsa Worcerstershire estaba basada originalmente en ketchup verde inglés de nuez lacto-fermentado (además de las pastas de pescado).

Por Keith Tindall, de White Egret Farm. Usado con autorización.

ASADO DE RES ESTILO FRANCÉS

1 o 2 bistecs de falda de res (preferiblemente de reses criadas libres) 1/2 taza de aceite de oliva 1/2 taza de vino burgundy	2 cucharadas de cebolla picada 1 diente de ajo picado 1 1/2 cucharadita de sal 5 gotas de salsa Tabasco

Haga a ambos lados de los bistecs unos cortes en diamante que tengan una profundidad de un cuarto de cm. Combine todos los ingredientes en un molde para hornear grande y poco profundo. Recubra los bistecs con el escabeche y deles vuelta cuatro veces durante un período de dos horas en el refrigerador. (También lo puede hacer dejándolos la noche entera). Saque los bistecs del escabeche y áselos entre tres y cuatro minutos por cada lado. Para servirlos, córtelos diagonalmente en lascas finas. **De 3-4 porciones**.

Por Keith Tindall, de White Egret Farm. Usado con autorización.

RES A LA COREANA

1 bistec de falda de res	6 dientes de ajo pelados y machacados
1/2 taza de salsa de soya	2 cucharadas de semillas de ajonjolí
2 cucharadas de aceite de ajonjolí tostado	1/4 cucharadita de pimienta roja
1 mazo de cebollas verdes, bien picadas	

Con un cuchillo muy afilado y pesado, corte el bistec de falda tan fino como le sea posible contra las hebras y en diagonal. (Esto le va a ser más fácil si la carne está parcialmente congelada). Mezcle los otros ingredientes y escabeche la carne en la mezcla, refrigerada, durante varias horas o toda una oche.

Doble como cintas las lascas y engánchelas en palos de asar, haciendo entre 4 y 6 palos. Cueza la carne en la barbacoa o en una parrilla, entre cinco y siete minutos por cada lado. Deberá estar aún semicruda o entre semicruda y término medio dentro. Este plato es delicioso con cualquier vegetalfermentado, sobre todo con las zanahorias al jengibre. Las bacterias productoras de ácido láctico que hay en los vegetales fermentados son el antídoto perfecto para los carcinógenos que se hayan podido formar en la carne, sobre todo si se ha asado en barbacoa. **Cuatro porciones**.
De *Nourishing Traditions*, por Sally Fallon. Usado con autorización.

BISTEC DE VENADO EN ESCABECHE

4-6 bistecs de venado, de 1 cm de grueso	3 ó 4 bayas de enebro
1 cucharada de mantequilla	1 tallo de perejil
2 cucharadas de aceite de ajonjolí	1 tallo de tomillo
	2 hojas de laurel
ESCABECHE:	1-2 dientes de ajo aplastados
1 taza de vino tinto	1 pizca de nuez moscada
1/4 taza de jugo de limón amarillo	1 cucharadita de sal marina o Herbamare
1/2 taza de aceite de oliva	1 pizca de salsa de pimiento picante

Combine los ingredientes del escabeche. Tenga en escabeche los bistecs durante todo un día en el refrigerador. Para mantenerlos jugosos por dentro, pero dorados por fuera, sofríalos de cinco a seis minutos por cada lado en la combinación de mantequilla y aceite de ajonjolí. **Entre 4 y 6 porciones**.
Por Keith Tindall, de White Egret Farm. Usado con autorización.

Vísceras

Idea para la preparación: Trate de mantener en escabeche las vísceras unas dos horas antes de cocinarlas, puesto que así mejorará su gusto notablemente. Ponga esta carne en un recipiente, cúbrala con agua y añada después una o dos cucharadas de jugo fresco de limón amarillo, yogurt de sabor natural o vinagre crudo de cidra de manzana. Cúbralo y póngalo en el refrigerador. Cuando esté listo para cocinarlo, quítele el agua y enjuague la carne en agua fría.

HÍGADO ENCEBOLLADO CON CECINA DE PAVO

1/2 kilo a 1 kilo de hígado orgánico de res	1 huevo batido
8 pedazos de cecina de pavo	1/2 tazas de harina integral (remojada
1 cebolla picada	toda la noche)

Ponga en escabeche el hígado antes de cocinarlo. Lave y seque los pedazos de híga-do y póngalos aparte en un plato. Fría la cecina hasta que esté crujiente, usando una sartén grande. Quite la cecina de la sartén. Pase los pedazos de hígado primero por el huevo y después por la harina. Póngalos en una sartén y cocínelos con aceite extra-virgen de coco o con mantequilla.

Los pedazos de hígado se van a cocinar pronto, así que asegúrese de que les da vuelta después de dos o tres minutos. (No cocine demasiado el hígado; sabe horrible). Derrita un poco de mantequilla en otra sartén y sofría la cebolla en ella. Ponga las cebollas encima del hígado en una bandeja y ponga encima de todo la cecina de pavo desmenuzada. **De 4-6 porciones**.

Nota: Puede preparar esta receta sin la cecina de pavo, sofriendo el hígado en mantequilla o en aceite de coco extravirgen y sirviéndolo sólo con cebolla.

De *The Lazy Person's Whole Food Cookbook*, por Stephen Byrnes. Usado con autorización.

CACEROLA DE HÍGADO CON ARROZ

1/2 kilo de hígado picado y cocinado	1 taza de agua hirviendo
3 cucharadas de mantequilla derretida	1 cebolla picada y sofrita en mantequilla
2 tazas de arroz moreno cocido	Sazón Herbamare a su gusto
2 tazas de tomates picados (puede usar	
los de lata)	

Engrase su molde para cacerolas. Ponga la cebolla en el fondo, después el hígado y encima el arroz. Añada los tomates, el agua y la sazón. Hornee a 200 grados centígra-dos durante veinte minutos. **Seis porciones.**

De *The Lazy Person's Whole Food Cookbook*, por Stephen Byrnes. Usado con autorización.

Cereales, frutos secos, semillas y legumbres

IDEAS PARA LA PREPARACIÓN

LOS CEREALES INTEGRALES: Para el millo, el arroz moreno, la avena, el amaranto, etc., remoje la cantidad deseada de cereal en una cantidad igual de agua, a la cual le habrá añadido una cucharada de vinagre crudo, jugo fresco de limón amarillo o yogurt de sabor natural. (Use de dos a tres cucharadas si va a cocer una gran cantidad de cere-al). Cubra y deje asentarse a temperatura ambiente durante siete horas por lo menos, preferiblemente más. Cuando están listos para cocinarlos, añada el resto de la cantidad de agua o de caldo requerida y cueza. Nota: Para remojar harinas integrales o mezclas para panqueques, siga el mismo procedimiento anterior, pero asegúrese de que la harina está bien mezclada con el agua en la que se está remojando.

Los frijoles y las lentejas crudos: Remoje la cantidad deseada de frijoles en una cantidad igual de agua, a la cual le habrá añadido una cucharada de vinagre crudo, jugo fresco de limón amarillo o yogurt de sabor natural. (Use de dos a tres cucharadas si va a cocinar una gran cantidad de frijoles o lentejas). Cubra y deje asentarse a la temperatura ambiente por lo menos siete horas, preferiblemente más. Cuando estén listos para cocinar, bote el agua de remojo; añada la cantidad requerida de agua o caldo y cocine.

Los frutos secos y semillas crudos: Ponga los frutos secos o semillas crudos en un cuenco y añada una cucharada de sal marina. Cubra con agua. Déjelos reposar a la temperatura ambiente entre 6 y 8 horas. Saque el agua. Ponga los frutos secos en un molde para galletas y séquelos a fuego lento en el horno. También los puede secar con aire caliente sobre una toalla, pero se lleva mucho más tiempo secarlos de esta forma.

Almendras con brotes

Las almendras con brotes son mucho más fáciles de digerir que las que no han sido tratadas. Enjuague tres veces al día. Estarán listas en tres días. El brote es sólo un pequeño apéndice blanco con un largo de un tercio de cm.

De *Nourishing Traditions*, por Sally Fallon. Usado con autorización.

Gachas de avena para el desayuno

1 taza de avena cortada con acero o aplastada, o molida gruesa en su propio molino	1/2 cucharadita de sal marina Celtic
	1 taza de agua
1 taza de agua con 2 cucharadas de suero fermentado, yogurt o suero	1 cucharada de semillas de linaza (optativo)

Para obtener los mejores beneficios y la mejor asimilación posible, se deben remojar las gachas toda la noche, o más tiempo aún. (Hay recetas antiguas procedentes de Gales y de Bretaña que recomendaban un día entero en remojo). Una vez remojada, la avena se cuece en menos de cinco minutos; es una comida realmente rápida.

Mezcle la avena y la sal con la mezcla del agua; cúbrala y déjela reposar a temperatura ambiente al menos durante siete horas, hasta un día entero. Hierva una taza más de agua. Añada la avena remojada. Reduzca la llama, cubra y deje hervir a fuego lento durante varios minutos. Mientras tanto, muela las semillas de linaza en un molino pequeño. Fuera del calor, échele las semillas de linaza molidas, revolviendo, y déjelo reposar unos pocos minutos. Sirva con mantequilla o con crema un poco aguada, y un edulcorante natural como el Sucanat, la azúcar de dátil, el sirope de arce o la miel cruda. **Cuatro porciones.**

De *Nourishing Traditions*, por Sally Fallon. Usado con autorización.

Pecanas crocantes

4 tazas de pecanas en mitades 1 cucharadita de sal marina o de Herbamare	Agua filtrada

El sabor a mantequilla de las pecanas aumenta cuando se las remoja y se las seca lentamente en el horno. Escúrralas en un colador. Esparza las pecanas en dos moldes de hornear de acero inoxidable y póngalas en un horno caliente (no más de 65 grados centígrados) entre doce y veinticuatro horas, moviéndolas de vez en cuando hasta que estén totalmente secas y crocantes. Guárdelas en un recipiente bien cerrado. Estupendo para almuerzos escolares. **Hace cuatro tazas.**

Variación: Pecanas Tamari
En lugar de sal, póngale al agua donde las remoja 1/4 de taza de salsa tamari.
De *Nourishing Traditions*, por Sally Fallon. Usado con autorización.

Arroz moreno fácil

2 tazas de arroz moreno 4 tazas de agua o 2 de agua mezcladas con 2 de caldo de pollo	1 cucharada de vinagre de cidra de manzana o yogurt

Ponga el arroz en remojo dentro de dos tazas de agua con el vinagre o yogurt por lo menos siete horas. Páselo a su cazuela u olla de arroz. Añada el resto del agua o agua con caldo y cocine hasta que esté tierno. Si lo está cocinando en hornilla, hágalo hervir y después baje el calor para que hierva lentamente y cocínelo tapado, revolviendo de vez en cuando. **De 6-8 porciones.**

Nota: Se puede usar esta receta para CUALQUIER tipo de grano integral que usted quiera servir solo: millo, quínoa, trigo sarraceno, amaranto, etc.
De *The Lazy Person's Whole Food Cookbook*, por Stephen Byrnes. Usado con autorización.

Tostada francesa fácil

1 taza de yogurt natural 1/2 cucharadita de miel 2 huevos algo batidos	1/2 cucharadita de sal marina 8 tajadas de pan integral de brotes o de masa amarga

Combine los huevos, la miel y la sal en un cuenco. Sumerja por un instante cada tajada de pan en la mezcla. Dórelas en aceite de coco extravirgen. Sirva con mantequilla y miel sin calentar, sirope de arce o fruta fresca. **Cuatro porciones.**
De *The Lazy Person's Whole Food Cookbook*, por Stephen Byrnes. Usado con autorización.

GOFRES INTEGRALES FÁCIL

1 1/3 tazas de harina integral (de espelta o kamut)	2 cucharadas de miel sin calentar
3/4 cucharadita de sal marina	1 taza de agua
2 cucharaditas de polvo de hornear sin aluminio	2 cucharadas de yogurt de sabor natural
	4 cucharadas de aceite de coco extravirgen
	2 huevos separados

Remoje la harina en agua con dos cucharadas de yogurt por lo menos durante siete horas. Bata las yemas y añada el yogurt y la mantequilla. Combine la sal, la miel y la harina y añada esto a la primera mezcla. Bata las claras de los huevos hasta que formen picos firmes; intégrelas a la mezcla. Mezcle con rapidez el polvo de hornear. Cocine en su plancha de gofres. **Seis porciones.**
De *The Lazy Person's Whole Food Cookbook*, por Stephen Byrnes. Usado con autorización.

MEZCLA PARA CEREAL DE CINCO GRANOS

2 tazas de trigo o de espelta	2 tazas de cebada o avena
2 tazas de millo	2 tazas de chícharos picados o lentejas
2 tazas de arroz Valencia	

Esta mezcla de granos se ajusta a los cinco granos recomendados en el Yellow Emperor's Classic of Internal Medicine. Mézclelos y muélalos hasta hacer una harina gruesa. Almacénelos en el refrigerador. **Hace diez tazas.**
De *Nourishing Traditions*, por Sally Fallon. Usado con autorización.

GACHAS DE CINCO GRANOS

1 taza de Cereal de cinco granos	1 taza de agua
1 taza de agua con 2 cucharadas de suero fermentado o yogurt	1 cucharada de semillas de linaza (optativo)
1/2 cucharadita de sal marina Celtic	

Mezcle el Cereal de cinco granos y la sal con el agua que tiene el suero o yogurt. Cubra y deje reposar a temperatura ambiente durante un mínimo de siete horas y un máximo de veinticuatro. Hierva otra taza de agua más. Añádale el cereal remojado. Reduzca la llama, cubra y hierva a fuego lento durante varios minutos. Mientras tanto, muela las semillas de linaza en un molinillo. Quite el cereal del fuego y échele las semillas de linaza, revolviendo mientras lo hace. Sirva con mantequilla o crema afinada con algo de agua, y un edulcorante natural como Sucanat, azúcar de dátil, sirope de arce o miel cruda. **Cuatro porciones.**
De *Nourishing Traditions*, por Sally Fallon. Usado con autorización.

MOLLETES DULCES

1 1/4 taza de espelta, kamut o harina integral recién molida y remojada	1/4 cucharadita de sal marina fina Celtic
3/4 taza de agua mezclada con 1 cucharada de yogurt	1/2 taza de aceite de coco extravirgen
	1/3 taza de miel
1 huevo ligeramente batido	2 cucharaditas de polvo de hornear
	1 cucharadita de vainilla

Caliente previamente el horno a 200 grados centígrados. Mezcle la harina con el agua y el yogurt y déjela en reposo toda la noche. Mezcle con ella los demás ingredientes. Ponga la mezcla en un molde de molletes bien engrasado hasta que los moldes individuales estén llenos en sus dos terceras partes. Hornee durante quince o veinte minutos. Estos molletes se van a hinchar y después van a bajar un poco para quedar planos por encima. Nota: Se puede usar una taza de harina de trigo sarraceno o de maíz en lugar de una taza de espelta, kamut o harina de trigo. **Hace unas doce porciones.**

De *Nourishing Traditions*, por Sally Fallon. Usado con autorización.

Variación: MOLLETES DE PASAS
Añada media taza de pasas y media cucharadita de canela a la mezcla.

Variación: MOLLETES DE ARÁNDANO
Ponga la mezcla en los moldes. Ponga de cinco a siete arándanos, frescos o congelados, en cada uno. Los arándanos entran solos al mollete. (Si se los añade a la mezcla, se hunden hasta el fondo del mollete).

Variación: MOLLETES DE CEREZAS DESHIDRATADAS
Añada a la mezcla 120 g de cerezas deshidratadas (que puede conseguir en las tiendas de comidas para la salud y en los mercados de gourmets) y media taza de pecanas picadas crujientes.

Variación: MOLLETES DE FRUTAS Y ESPECIAS
Añada a la mezcla 2 peras o melocotones maduros, pelados y cortados en trozos pequeños, media cucharadita de canela, un octavo de cucharadita de clavos y un octavo de cucharadita de nuez moscada.

Variación: MOLLETES DE LIMÓN
Añada a la mezcla la cáscara rallada de dos limones amarillos y media taza de pecanas picadas crujientes. Omita la vainilla.

Variación: MOLLETES DE JENGIBRE
Añada a la mezcla una cucharada de jengibre acabado de rallar y una cucharadita de jengibre molido. Omita la vainilla.

PANQUEQUES DE ARÁNDANO Y PECANA

1 1/2 taza de espelta, kamut o harina integral acabada de moler o remojada
3/4 de taza de agua mezclada con 1 cucharada de yogurt
1 huevo ligeramente batido
1/2 taza de pecanas crujientes
1/4 taza de sal marina Celtic fina
1/2 taza de aceite de coco extravirgen
2 cucharaditas de polvo de hornear
1 cucharadita de vainilla
1/2 taza de arándanos (frescos o congelados)

Mezcle la harina con el agua y el yogurt y déjela reposar toda la noche. Descongele los arándanos en el refrigerador si son congelados. Mezcle los ingredientes en un cuenco. Caliente el aceite extravirgen de coco en una sartén a fuego lento. Aumente la temperatura hasta que el fuego sea moderado. Use unas 3 cucharadas de mezcla para cada panqueque. Sirva con miel, sirope de arce o mantequilla. **Hace unas doce porciones.**

Variación: Use distintos tipos de fruta.

De *Nourishing Traditions*, por Sally Fallon. Usado con autorización.

PEPITAS

4 tazas de semillas de calabaza crudas, descascaradas
1 cucharada de sal marina o Herbamare
1 cucharadita de pimienta roja (optativo)
Agua filtrada

Esta receta imita las prácticas aztecas de remojar las semillas en agua de sal y después ponerlas a secar en su ardiente sol. Ellos comían las pepitas enteras, o las echaban molidas en la comida.

Disuelva la sal en el agua y añada las semillas de calabaza y si quiere, la pimienta roja. Deje en remojo al menos siete horas, o bien toda la noche. Escurra en un colador y después extiéndalas en dos moldes de hornear de acero inoxidable. Ponga en un horno tibio (no más de 65 grados centígrados) durante unas doce horas, o por toda la noche, moviéndolas de vez en cuando, hasta que estén totalmente secas y crujientes. Guárdelas en un recipiente hermético. **Hace cuatro tazas.**

Variación: PEPITAS DE TAMARI. Use dos cucharadas de salsa de tamari en lugar de la sal marina y la pimienta roja.

De *Nourishing Traditions*, por Sally Fallon. Usado con autorización.

FRIJOLES SENCILLOS

2 tazas de frijoles negros, colorados, pintos, carita o blancos
Agua filtrada
2 cucharadas de suero
1 cucharadita de sal marina
4 dientes de ajo, pelados y machacados (optativos)

Remoje los frijoles en el agua filtrada, la sal y el suero entre doce y veinticuatro horas, según el tamaño de los frijoles. Escurra, enjuague y ponga en una olla grande. Añada agua hasta cubrir los frijoles. Hiérvalos y saque la espuma que se forme. Reduzca la llama y añada el ajo si lo desea. Deje hervir a fuego lento entre cuatro y ocho horas. Revise de vez en cuando y añada más agua si es necesario. **Ocho porciones.** De *Nourishing Traditions*, por Sally Fallon. Usado con autorización.

LENTEJAS SENCILLAS

2 tazas de lentejas, preferiblemente verdes	Varias ramitas de tomillo fresco, en un manojo
Agua filtrada	1 cucharadita de granos de pimiento aplastados
2 cucharadas de suero o yogurt hecho en casa	Una pizca de escamas de chile deshidratado (optativas)
1 cucharadita de sal marina Celtic	El jugo de uno o dos limones amarillos
2 tazas de caldo de res o de pollo	
2 dientes de ajo, pelados y machacados	

Remoje las lentejas en agua filtrada, sal y suero durante varias horas. Escurra y enjuague. Ponga en una olla y añada el caldo hasta cubrirlas. Hierva y saque la espuma. Añada los demás ingredientes, menos el limón, y deje hervir a fuego lento sin tapa durante cerca de una hora, o hasta que el líquido se haya reducido por completo. Añada jugo de limón y sazón a su gusto. Sirva con un cucharón abierto. Excelente con chucrut y con carnes de sabor fuerte, como el pavo, el venado o el cordero. **De 6-8 porciones.** De *Nourishing Traditions*, por Sally Fallon. Usado con autorización.

BROTES DE SEMILLAS DE GIRASOL

Estas semillas se encuentran entre las más satisfactorias en cuanto a hacerlas brotar. Los brotes de girasol son deliciosos en las ensaladas, pero se deben comer muy poco después que se hayan recogido, porque se ponen negros muy rápido. Trate de hallar semillas de girasol sin pepita empacadas en paquetes nitrogenados. Enjuague dos veces al día. Listas entre doce y dieciocho horas, cuando el brote apenas se ve. De *Nourishing Traditions*, por Sally Fallon. Usado con autorización.

Bebidas

"CIDRA" DE MANZANA

4 litros de jugo de manzana sin filtrar ni pasteurizar	1 cucharada de sal marina
	1/2 taza de suero hecho en casa

Ponga todos los ingredientes en un cuenco grande. Cubra y deje a temperatura ambiente por dos días. Vaya quitando la espuma que suba a la superficie. Cubra por dentro un colador con varias capas de estopilla; cuele el jugo y váyalo echando en jarras o cántaros. Cubra firmemente y ponga en refrigeración. Los sabores se van a desarrollar lentamente en el transcurso de varias semanas. La "cidra" terminará adquiriendo un rico sabor parecido al de la mantequilla.

Si quiere aclarar más la cidra, añádales claras de huevo ligeramente batidas a las jarras (1 clara por cada litro). Déjelas reposar durante unas cuantas horas, y después vuelva a filtrar el líquido a través de varias capas de estopilla. **Hace cuatro litros.** De *Nourishing Traditions*, por Sally Fallon. Usado con autorización.

JUGOS DE VEGETALES EQUILIBRADO

Los jugos de vegetales pueden ser una gran fuente de nutrientes esenciales. He aquí una mezcla de jugos de vegetales muy usada:

50 por ciento de jugo de zanahoria	1 cucharadita de crema, yogurt deleche
10 por ciento de jugo de remolacha	de cabra o leche de coco
30 por ciento de jugo de apio	1-2 cucharadas de Green Superfood
10 por ciento de jugo de perejil u otra	Powder con HSOs (optativo)
hierba verde	

Por Jordan Rubin

JUGO DE CULTIVO DE VEGETALES

3 remolachas rojas	3 g de jengibre rallado
1 zanahoria	1 cucharadita de sal marina Celtic fina
2-4 cucharadas de suero fermentado o	Agua purificada
un paquete de iniciador de vegetales	
en cultivo	

Pele y corte las remolachas y la zanahoria; mézclelas con el jengibre pelado y rallado. Ponga en un recipiente de vidrio de uno a dos litros de capacidad que tenga sello. Cubra con agua y añada el suero y la sal. Agite bien y cubra. Déjelo a temperatura ambiente durante dos o tres días, y después páselo al refrigerador.
Por Jordan Rubin

ALE DE JENGIBRE

3/4 taza de jengibre, pelado y picado fino o rallado	2 cucharaditas de sal marina Celtic
1/2 taza de jugo fresco de limón verde	1/4 taza de suero hecho en casa
1/4 - 1/2 taza de rapadura o guarapo deshidratado	2 litros de agua filtrada

Ponga todos los ingredientes con el agua en un recipiente de dos litros. Agite y cubra bien. Mantenga a temperatura ambiente durante dos días antes de pasarlo al refrigerador. Se mantendrá varios meses si está bien frío. Para servir, cuele y mezcle la mitad de ale de jengibre con la mitad de agua purificada o agua de manantial pura. Es mejor consumirlo a temperatura ambiente, y no frío. **Hace dos litros.**
De Nourishing Traditions, por Sally Fallon. Usado con autorización.

QUÉFIR HECHO EN CASA

1 litro de leche cruda de cabra o de vaca	1 paquete de iniciador de quéfir

Échelo en un frasco Mason con capacidad para un litro. Añada el iniciador de quéfir. Deje reposar a temperatura ambiente entre doce y cuarenta y ocho horas, y después páselo al refrigerador. El lugar ideal para la fermentación es una alacena. La temperatura debe estar entre 20 y 25 grados centígrados. El quéfir puede durar varios meses en el refrigerador y se va a poner más ácido con el tiempo.
Por Jordan Rubin

VINO NUEVO

1 caja de uva orgánica concord, negra o roja, con unos 7 kilos de uva	1/2 taza de Probiogurt o acidófilo continental 1 cucharada de sal marina Celtic

Donde mejor se hace esta bebida es en un extractor de jugos vegetales, aunque también sirve una batidora de alta velocidad o un procesador de alimentos. Lleva mucho tiempo, pero los resultados bien valen la pena. Esta bebida deliciosa y refrescante es un excelente sustituto del vino, y contiene todos los nutrientes de la uva que se hallan en el vino, incluyendo muchas enzimas, pero no tiene alcohol. De hecho, es posible que la Biblia se haya referido a una bebida similar a esta cuando habló del "vino nuevo".

Quite las uvas de sus tallos, lávelas bien y páselas por el extractor de jugos. Ponga el líquido en un cuenco grande con sal y Probiogurt y agítelo todo bien. Cubra y deje a temperatura ambiente durante dos días. Si no usa un extractor de jugos, le recomiendo que saque la piel de las uvas y cuele el jugo a través de un colador forrado por dentro con varias capas de estopilla. Lo mejor es guardar el vino nuevo en recipientes herméticos en el refrigerador. Con el tiempo, se van a desarrollar unos sabores deliciosos. Se puede servir diluido mitad vino nuevo y mitad agua. **Hace entre 5-6 litros.**
Por Jordan Rubin

BEBIDA DE FRAMBUESA

2 paquetes de 350 g de frambuesas congeladas, o 700 g de frambuesas frescas El jugo de doce naranjas 2 litros de agua filtrada	1/4 - 1/2 de taza de rapadura o guarapo deshidratado 1/4 taza de suero hecho en casa 2 cucharaditas de sal marina Celtic

Ponga las frambuesas en el procesador de alimentos y bátalas hasta que hagan una pasta suave. Mézclelas en un cuenco grande con los demás ingredientes. Cubra y deje reposar a temperatura ambiente durante dos días. Quite la espuma que suba a la superficie. Cuele con un colador forrado por dentro con estopilla. Eche en jarras o cántaros. Cubra bien y guarde en el refrigerador. Si quiere aclarar más la bebida de frambuesa, añada unas claras de huevo ligeramente batidas a las jarras (1 clara de huevo por cada litro). Deje reposar unas cuantas horas, y después filtre de nuevo a través de varias capas de estopilla. Para servir, diluya con agua mineral burbujeante. **Hace dos litros.**
De *Nourishing Traditions*, por Sally Fallon. Usado con autorización.

Batidos

Nota del autor: Mientras estaba en proceso de curación, consumía este batido una o dos veces al día con huevos crudos. Al contrario de lo que se cree popularmente, los huevos procedentes de gallinas saludables y criadas libres están libres casi siempre de gérmenes dañinos. Obviamente, si el huevo tiene mal olor, no lo coma. Pueso t la mayoría de las infecciones de salmonela son causados por gérmenes que se hallan en la cáscara, para más protección lo mejor es lavar los huevos en su cáscara con una solución suave de alcohol o agua oxigenada, o un líquido para lavar frutas y vegetales.

BATIDO DE BAYAS

300 g de yogurt de sabor natural hecho con leche entera, o bien leche o crema de coco	1 cucharada de semilla de linaza o de cáñamo
1-2 huevos enteros crudos con alto contenido de omega-3 (optativos)	1-2 cucharadas de miel sin calentar
1 cucharada de aceite de coco extravirgen	1 cucharada de polvo de proteínas de leche de cabra
	1-2 tazas de bayas frescas o congeladas

Combine los ingredientes en una batidora de alta velocidad.

Este batido, debidamente preparado, es una fuente extraordinaria de nutrición fácil de absorber. Contiene grandes cantidades de enzimas "vivas", probióticos, proteínas "vivas" de vital importancia y toda una gama de ácidos grasos esenciales. Los batidos se deben consumir enseguida, o se pueden refrigerar durante veinticuatro horas. Si se congelan en bandejas de cubitos de hielo con un palillo insertado en cada cubito, se pueden convertir en un excelente postre helado. Hace dos porciones de 250 g cada una.

Por Jordan Rubin

VARIACIONES PARA LOS BATIDOS

Si desea disfrutar de los mismos nutrientes vitales con sabores distintos, añada los ingredientes siguientes al batido explicado anteriormente:

BATIDO DE CREMA DE BANANA Y COCO: 300 g de leche o crema de coco (en lugar del yogurt de leche entera o quéfir); 1-2 bananas frescas o congeladas (en lugar de las bayas); 1/2 cucharadita de extracto de vainilla.

BATIDO DE MORA Y BANANA: Entre 1/2 y 1 taza de moras frescas o congeladas (en lugar de las bayas); 1 banana fresca o congelada.

BATIDO DE CEREZA Y VAINILLA: Entre 1/2 y 1 taza de cerezas frescas o congeladas (en lugar de las bayas); 1 banana fresca o congelada.

BATIDO DE MOUSSE DE CHOCOLATE: 1 cucharadas de polvo de cocoa o de carob, o de Healthy Chocolate Spread (en lugar de las bayas).

BATIDO DE MOCA SUIZA Y ALMENDRA: 2 cucharadas de polvo de cocoa o de carob (en lugar de las bayas); 2 cucharadas de mantequilla de almendra cruda (o 4 cucharadas de Chocolate Almond Spread).

BATIDO DE MOCACHINO: 2 cucharadas de polvo de cocoa o de carob; 1 cucharada de granos de café orgánicos tostados; 1-2 bananas frescas o congeladas (en lugar de las bayas).

BATIDO DE MELOCOTÓN CON CREMA: Entre 1/2 y 1 taza de melocotón fresco o congelado (en lugar de las bayas); 1 banana fresca o congelada.

BATIDO DE PIÑA COLADA: 300 g de leche o crema de coco (no de yogurt de leche entera o quéfir); 1 taza de piña fresca o congelada (en lugar de las bayas); 1 banana fresca o congelada.

Por Jordan Rubin

Tentempiés y postres

PAN DE BANANA

3 tazas de espelta o harina de trigo acabada de moler	1 cucharadita de sal marina
2 tazas de suero de leche con cultivo, agua mezclada con 2 cucharadas de suero o de yogurt	1/4 a 1/2 taza de sirope de arce
	2 cucharaditas de bicarbonato de sosa
	1/4 taza de mantequilla derretida
3 huevos ligeramente batidos	2 bananas maduras, aplastadas
	1/2 taza de pecanas crujientes partidas

Mezcle la harina con el suero de leche o la mezcla de agua y déjela reposar toda la noche. Añada los demás ingredientes, batiendo al mismo tiempo. Échelo en un molde de pan bien engrasado y enharinado. Hornee a 180 grados centígrados durante una hora o más, hasta que salga limpio un palillo. **Hace una hogaza de 23 cm por 33 cm.** Si desea variaciones de esta receta, consiga un ejemplar de Nourishing Traditions, por Sally Fallon. (Vea el Apéndice B).

FUDGE DE COCO Y ALMENDRA

1 taza de aceite de coco extravirgen	1 cucharada de vainilla
3/4 taza de polvo de carob	1/4 taza de mantequilla de almendra cruda
1/4 taza de miel no calentada	

Ponga todos los ingredientes en un recipiente de vidrio y déjelos reposar en agua caliente hasta que se derritan, si es necesario. Mézclelos bien. Esparza esta pasta espesa sobre un papel de pergamino engrasado; deje que se enfríe en el refrigerador o el congelador. Sáquelo y sírvalo enseguida. **Hace 1 1/4 taza.**

Por Jordan Rubin

CREMA DE PIÑA

1 taza de queso ricotta orgánico	1/2 cucharadita de extracto de vainilla
1 cucharada de miel sin calentar	1 taza de piña o la fruta de su preferencia

Mezcle el ricotta, la miel y el extracto de vainilla. Ponga encima la fruta que haya escogido. **De 2-3 porciones.**

Por Jordan Rubin

Postre cremoso rico de enzimas

120 g de Probiogurt, yogurt de sabor natural o crema con cultivo 1 cucharada de miel cruda sin calentar	1 cucharadita de aceite de semilla de linaza 1/2 taza de bayas orgánicas frescas o congeladas

Mezcle el yogurt, la miel y el aceite de linaza. Ponga encima las bayas.

Por Jordan Rubin

Superbarra de semillas

3/4 taza y 3 cucharadas de SuperSeed Whole Food Fiber Powder (vea el Apéndice B). 1/2 taza de tahini (mantequilla de ajonjolí) 1/2 taza de mantequilla de almendras 1/4 taza y 1 cucharada del polvo de proteínas de la leche de cabra Goatein (vea el Apéndice B).	6 cucharadas de polvo de cocoa o de carob 1/3 cucharadita miel 2 1/2 cucharadas de aceite de coco extravirgen 1 cucharadita de extracto de vainilla 1 cucharadita de extracto de naranja o de almendra 1/4 cucharadita sal

Combine los ingredientes húmedos y los secos y deles forma de barra. Congele o refrigere. **Hace entre cuatro y seis barras de 10 g.**

Por Phyllis Rubin. Usado con autorización.

Variaciones: Añada lascas de chocolate o carob orgánico, coco rallado, frutas deshidratadas o almendras picadas.

Trail Mix (Mezcla para el camino)

1 taza de pecanas crujientes 1 taza de semillas de marañón crujientes 1 taza de albaricoques, manzanas, peras o piña deshidratadas sin sulfuro y cortadas en pedazos	1 taza de pasas 1 taza de masa de coco endulzada y deshidratada 1 taza de lascas de carob (optativa)

Mezcle todos los ingredientes. Guárdelo en un recipiente hermético. **Hace entre cinco y seis tazas.**

De Nourishing Traditions, por Sally Fallon. Usado con autorización.

Palomitas de maíz picantes

1/3 taza de palomitas de maíz 3 cucharadas de aceite de coco extravirgen 2 cucharadas de linaza con ajo y chile	2 cucharadas de mantequilla derretida Herbamare a su gusto

Derrita el aceite de coco en una sartén a fuego mediano. Eche las palomitas de maíz en la sartén. Mientras se van abriendo, derrita la mantequilla. Cocine hasta que se hayan abierto. Échelas en un cuenco grande. Eche la mantequilla derretida, la linaza con ajo y chile y la sazón, y mézclelo todo bien.

Por Nicki Rubin. Usado con autorización.

Apéndice B

La guía acompañante "Huerto de la Vida" para una vida sana

•••

Organizaciones de salud

GARDEN OF LIFE, INC.
770 Northpoint Parkway, Suite 100/MD, West Palm Beach 33407
Llamada sin cargo: (866) 465-0094.
Teléfono: (561) 472-9277. Fax: (561) 492-9296
Portal en la Internet: www.gardenoflifeusa.com

Garden of Life es el principal proveedor de suplementos nutritivos para comidas sanas, y de comidas funcionales. Fabrica muchos de los productos usados en los Cuarenta Días de Experiencia de Salud en la Dieta del Creador, entre ellos Perfect Food, la única mezcla verde de superalimento con HSOs; Living Multi, el suplemento vivo de multivitaminas y minerales más potente; Olde World Icelandic Cod Liver Oil, una excelente fuente de vitaminas A y D, y también de ácidos grasos omega-3; SuperSeed, mezcla de fibras como alimento integral; Extra Virgin Coconut Oil, hecho de cocos orgánicos certificados; Goatein, polvo de proteína pura procedente de leche de cabra; el equipo de Clenzología; AlphaTherapy y OmegaTherapy, los productos de aromaterapia bíblica para la mañana y la noche; los productos AlphaCleanse y OmegaCleanse, para purificarse por la mañana y por la noche, y muchos otros productos excelentes y nutritivos que son alimentos sanos.

Garden of Life se lanzó a crear una nueva norma en nutrición y salud, produciendo una nueva conciencia en el concepto de la nutrición con comidas sanas a base de reeducar al público acerca de la capacidad fundamental de las comidas sanas en su estado natural para funcionar en una relación simbiótica y equilibrada con su propia sabiduría dentro del cuerpo. Los alimentos, en su estado sano original, contienen dentro de su matriz un equilibrio exacto de componentes nutritivos que pueden nutrir y sanar a un tiempo en una composición que es reconocible y compatible con el cuerpo.

Garden of Life cree en ofrecer sólo los ingredientes de mayor calidad, más viables y ricos en nutrientes de los alimentos sanos; por consiguiente, cada vez que es posible, muchos de sus materiales originales están certificados como orgánicos o libres de pesticidas y herbicidas, y nunca son genéticamente modificados ni artificialmente conservados.

Garden of Life ha decidido patrocinar los estudios de laboratorio, con animales y con seres humanos, acerca de sus fórmulas. Ha tenido el privilegio de colaborar con algunos de los científicos e investigadores más notables del mundo entero, expertos en inmunología y microbiología, para recopilar la publicación de estas investigaciones.

Los productos Garden of Life han sido usados con éxito por centenares de miles de personas, incluyendo personas que sufren de problemas digestivos y desórdenes del sistema inmune. Miles de médicos y profesionales de la salud les han dispensado suplementos de Garden of Life a sus pacientes y clientes.

GARDEN OF LIFE COMMUNICATIONS
770 Northpoint Parkway, Suite 100/MD, West Palm Beach 33407
Llamada sin cargo: (866) 465-0094. Teléfono: (561) 472-9277.
Fax: (561) 492-9296. Portal en la Internet: <u>www.gardenoflifeusa.com</u>

Garden of Life Communications es una organización dedicada a la educación de las personas sobre la importancia de la salud y el bienestar físico. Ofrece programas de seis semanas para pequeños grupos en iglesias, corporaciones, clubes, tiendas de comidas para la salud y otras organizaciones. Garden of Life Communications se ha deidicado a tratar de cambiar la salud de nuestra nación a través de los medios de comunicación, las conferencias y los pequeños grupos de responsabilidad mutua. Ofrece los videos Functional Fitness que se recomiendan en la Experiencia de Salud de Cuarenta Días de la Dieta del Creador. Garden of Life Communications ofrece también un video del Dr. Jordan Rubin titulado *How to Shop for Foods and Read Labels* ["Cómo buscar alimentos y leer etiquetas"], que viene acompañado por una guía. Este video le da las claves prácticas para llevar la Dieta del Creador a su vida y a la vida de su familia. Garden of Life Communications publica además la circular *Heal Thyself* ["Cúrate a ti mismo"], escrita por el Dr. Jordan Rubin. Esta circular mensual le puede llegar hasta su misma casa y le proporciona la información más al día sobre salud y bienestar, centrándose en las cuatro columnas de la salud: física, espiritual, mental y emocional.

MAKERSDIET.COM

MakersDiet.com es el recurso principal para el que se haya comprometido a hacer la dieta del Creador. Le proporciona una nutrición hecha a la medida y un programa de ejercicios, y es su entrenador electrónico en línea para la salud y el bienestar.

REJUVENATIVE FOODS
(Deer Garden Foods)
P.O. Box 8464, Santa Cruz, CA 95061
Llamadas sin cargo: (800) 805-7957
Portal de la Internet: www.rejuvenative.com

Rejuvenative Foods ofrece los vegetales crudos fermentados y en cultivo de la más alta calidad, incluyendo chucrut y kim-chí, así como mantequillas de nueces y semillas crudas para fomentar y sostener una salud óptima. Estos alimentos se pueden conseguir en algunas tiendas de víveres y de alimentos para la salud, y también a través de la Internet o del correo.

Estos deliciosos vegetales en cultivo crudos y orgánicos se encuentran entre las fuentes más ricas de enzimas y lactobacilos (incluso acidófilos) disponibles. Hay otros chucruts que han sido calentados, eliminando las enzimas productoras de vida a partir de las cuales funcionan nuestro cuerpo, nuestra salud y nuestro sistema inmune. Además de esto, su portal de la Internet incluye una valiosa información acerca de los alimentos crudos y la fermentación.

Sus mantequillas de nueces y de semillas, frescas, crudas y refrigeradas, son especiales, porque no han sido calentadas (no han sido tostadas) y aún contienen su energía vital, vitaminas y minerales, que se retienen más aún como resultado de una refrigeración inmediata. Un importante aspecto de la retención de energía vital consiste en revisar la temperatura durante el proceso de molido, para que el calor de la fricción no cocine las nueces y las semillas.

WHITE EGRET FARM
15704 Webberville Road, FM 969, Austin, TX 78724
Teléfonos: (512) 276-7408 ó (512) 276-7505
Fax: (512) 27607489
Portal de la Internet: www.whiteegretfarm.com

White Egret Farm ofrece carne natural sin procesar de res, cabra y pavo criado libre, así como productos lácteos de leche de cabra, entre ellos el Probiogurt, un yogurt de leche cruda de treinta horas, el único de su clase en el mundo, porque no contiene *Streptococcus thermophilus*.

Se especializa en proporcionarle directamente al consumidor consciente de su salud unos productos lácteos derivados de leche de cabra cruda, grado A y sin sustancias químicas, así como otros productos animales saludables. Son abastecedores de leche de cabra sin pasteurizar, quesos de cabra, yogurt de leche de cabra y carnes naturales de animales criados en libertad, como carne de res, de cabra, de pavo, de pollo y de gallina de guinea. Todos sus productos son hechos o criados en su granja sin el uso de hormonas, antibióticos o fomentadores del crecimiento, y tienen acceso a tierras de pasto.

White Egret Farm vende directamente al consumidor, porque los productos frescos, o los que son manejados sólo una vez, son más saludables. También les dan a los clientes acceso directo a la granja. White Egret Farm ofrece una alternativa a los alimentos que usted compra en el supermercado, los cuales han viajado un promedio de dos mil cuatrocientos kilómetros y han pasado por agentes, intermediarios y distribuidores antes de ser comprados.

Producen leche de cabra sin procesar, y de una forma que conserva todos los componentes bioactivos promotores de la salud que quiere darnos la naturaleza. Este sano producto es el ingrediente básico de sus quesos y yogures probióticos. La leche de White Egret nunca es calentada a altas temperaturas, con lo que se conserva su alto contenido de enzimas. La leche fresca cruda mantiene un bajo contenido de bacterias que es igual o inferior al de la leche pasteurizada que está en los estantes de las tiendas de víveres. En su estado natural, la leche cruda fresca de cabra, como la leche materna, contiene unos poderosos componentes antibacterianos. Ésa es una de las razones por las que ha sido famosa durante miles de años como "lo mejor después de la leche materna" para los niños pequeños.

Esta leche de alta calidad es la que les da a todos los quesos y yogures de White Egret su sabor limpio exclusivo. Todos los productos de su granja son cuidadosamente hechos a mano en pequeñas cantidades para conservar sus cualidades funcionales como alimentos probióticos. Eso significa que contienen las "bacterias buenas" que necesitan los seres humanos para tener un sistema digestivo sano. La granja produce diversas variedades de yogures y de quesos de cabra suaves, así como quesos duros añejados y sazonados.

ORGANIC PASTURES DAIRY CO.
7221 S. Jameson Avenue, Fresno, CA 93706
Teléfono: (559) 846-9732
Portal de la Internet: www.organicpastures.com

Organic Pastures Dairy Co. Es la primera lechería certificada de leche cruda orgánica de animales criados en libertad. Esta lechería es propiedad de una familia, que la opera ella misma, y fue fundada en el año 2000 como extensión de una operación de cultivos orgánicos situada cerca de Fresno, California, en el corazón del fértil valle de San Joaquín.

La lechería produce leche cruda de grado A, usando una innovadora sala de ordeño que va donde las vacas están pastando. Este sistema descentralizado de ordeño fue inventado por Marc McAfee, el fundador de Organic Pastures. Este diseño exclusivo elimina la necesidad de que las vacas caminen grandes distancias sobre hormigón y a través de corrales llenos de estiércol para ordeñarlas. La compañía ha sido reconocida repetidas veces en pruebas independientes de la NFO (National Farmers

Organization – Organización Nacional de Agricultores) como poseedora del mejor sabor de leche entre todas las lecherías orgánicas examinadas.

Organic Pastures produce una leche orgánica certificada de animales alimentados con pasto en armonía con la naturaleza. Sus vacas de razas Jersey, Ayreshire y Holstein producen una deliciosa leche fresca viva y llena de sabor. Esta leche tiene un alto contenido de antioxidantes (CLA), vitaminas (entre ellas la B_{12}), los veintidos aminoácidos, enzimas vidas (entre ellas la lactasa), probióticos de presencia natural y ácidos grasos esenciales. La mantequilla cruda orgánica producida por Organic Pastures es rica en Activador X, el activador soluble en grasas que fue descubierto por el Dr. Weston Price, y al que se considera una increíble sustancia promotora de la salud, virtualmente ausente hoy de la dieta moderna. Todos sus productos de leche son como los quería nuestro Creador, sin cambios ni daños producidos por medio de la pasteurización, la homogeneización u otros procesos. Ninguna de sus vacas, cada una de las cuales tiene su propio nombre, ha recibido jamás antibióticos, hormonas u OGM/GMOs (organismos genéticamente modificados). Para alimentar a estas vacas y cuidar de ellas sólo se usa pasto, salvado orgánico de arroz moreno y métodos homeopáticos aprobados.

Organic Pastures produce una mantequilla cruda y una crema de la más alta calidad. Se encuentra a su disposición en muchas tiendas de alimentos para la salud de California, y por correo.

EAT WILD
Portal de la Internet: www.eatwild.com

Eat Wild explica los beneficios que tiene comer carne y productos lácteos procedentes de animales alimentados con hierba y no con granos. En su página de proveedores podrá averiguar cómo comprar en su zona carne y productos lácteos procedentes de animales alimentados con hierba.

EatWild.com es un portal de la Internet que proporciona una lista muy completa, estado por estado, de las granjas que suplen de carne, aves y productos lácteos certificados como orgánicos y de animales alimentados con hierba. Los animales a los que se alimenta sólo con pasto llevan una vida sana y libre de tensiones. Es raro que se enfermen, así que nunca necesitan que se use con ellos de productos farmacéuticos. Como en la naturaleza, su paso de crecimiento está determinado por su salud y por la calidad de su forraje, no por los implantes hormonales ni los aditivos que fomentan el crecimiento. Por todas estas razones y más, su carne y sus productos lácteos son saludables, sanos y naturales en todo el sentido de la palabra.

La terminación de la crianza de animales de carne y de leche con pasto solamente exige muchos más conocimientos y habilidades que enviarlos a un corral o a una lechería encerrada. Por ejemplo, para alimentar con hierba a las reses a fin de que su carne sea tierna y suculenta, los animales necesitan comer un forraje de alta calidad, sobre todo en los meses anteriores a que se los sacrifique. Esto exige un suelo sano y un manejo cuidadoso, de manera que los pastos se mantengan lozanos y el crecimiento se extienda tan parejo como sea posible durante la estación en que se produce. Además, se deben manejar cuidadosamente a diario los esquemas de alimentación con pasto de los animales a fin de impedir que el pasto sea comido muy poco o demasiado, lo cual pondría en peligro su calidad y disponibilidad.

WESTON A. PRICE FOUNDATION
PMB 106-380, Washington, DC 20016
Teléfono: (202) 333-4325
Portal de la Internet: www.westonaprice.org

La Fundación Weston A. Price es una de las organizaciones de salud y bienestar más sobresalientes del mundo. Las enseñanzas de esta organización se basan en los principios de uno de mis héroes en el campo de la nutrición, el Dr. Weston Price. Animo a todo el que esté interesado en la salud y en la nutrición del ser humano a hacerse miembro de esta gran organización. Por una pequeña cuota de miembro, usted puede recibir la mejor información sobre salud que hay en este ramo.

La Fundación Weston A. Price es una caridad sin fines lucrativos y exenta de impuestos, fundada en 1999 para diseminar las investigaciones del Dr. Weston Price, pionero en nutrición, cuyos estudios de las culturas aisladas establecieron los parámetros para la salud humana y determinaron las características óptimas que debe tener la dieta humana. La investigación del Dr. Price demostró que los humanos sólo alcanzan una forma física perfecta y una salud excelente, generación tras generación, cuando consumen alimentos saludables densos en nutrientes, y vitales activadores solubles en grasas que se encuentran de manera exclusiva en la grasa animal.

La Fundación está dedicada a restaurarle a la dieta humana estos alimentos densos en nutrientes por medio de la educación, la investigación y el activismo. Apoya una instrucción correcta sobre la nutrición, una labor orgánica y biodinámica en las granjas, la alimentación de las reses con pasto, las granjas sostenidas por las comunidades, un uso honrado e informativo de las etiquetas, unos padres preparados en cuanto a nutrición y terapias a base de nutrición. Entre sus metas específicas se incluyen el establecimiento de un acceso universal a una leche cruda limpia certificada y una prohibición del uso de fórmulas a base de soya para los bebés.

Esta Fundación trata de establecer un laboratorio para probar el contenido de nutrientes que tienen los alimentos, en especial, la mantequilla producida bajo diversas condiciones; hacer investigaciones sobre el Factor "X", descubierto por el Dr. Price, y determinar los efectos que tienen los métodos tradicionales de preparación sobre el contenido de nutrientes y su disponibilidad en los alimentos sanos.

Su publicación trimestral, *Wise Traditions in Food, Farming, and the Healing Arts*, está dedicada a explorar la validación científica de las tradiciones dietéticas, agrícolas y médicas del mundo entero. En ella se presentan unos artículos iluminadores y profundos sobre las investigaciones científicas de actualidad, las dietas humanas, la agricultura sin tóxicos y las terapias holísticas. Esta publicación también sirve como lugar de consulta para hallar fuentes de alimentación que se hayan cultivado y procesado de manera consciente.

DR. MERCOLA'S OPTIMAL WELLNESS NEWSLETTER
Portal de la Internet: www.mercola.com

El Dr. Mercola proporciona información de avanzada en los aspectos de la salud y el bienestar físico. Su circular electrónica bisemanal gratuita es recibida por más de ciento cincuenta mil personas. El portal del Dr. Mercola en la Internet, www.mercola.com, es uno de los portales de la Internet sobre salud alternativa en el mundo entero.

Notas

Introducción

1. Estadísticas relacionadas con el sobrepeso y la obesidad, NIDDK Weight-Control Information Network, http://www.niddk.nih.gov/health/nutrit/pubs /statobes.htm#other (consultado el 5 de noviembre de 2003).

Capítulo 1: De la tragedia al triunfo: Mi recorrido personal de la enfermedad a la salud

1. La premisa de la Dieta específica de carbohidratos es que el crecimiento excesivo de bacterias y hongos causa daño en las paredes intestinales en un círculo vicioso que destruye nuestra salud y sistema inmune. La meta de esta dieta consiste en eliminar ciertos carbohidratos que contienen azúcares conocidos como disacáridos (como los granos, el azúcar, los productos lácteos, el maíz y las papas) que tienden a nutrir a ciertas bacterias y especies de hongos que son dañinos.

2. Estadísticas sobre las enfermedades digestivas, National Digestive Diseases Information Clearinghouse (NDDIC), un servicio del Instituto Nacional de Diabetes y Enfermedades Digestivas y Renales, http://digestive.niddk.nih.gov/ statistics/statistics.htm (consultado el 12 de noviembre de 2003)

3. Morton Walker, DPM, "Homeostatic Soil Organisms for One's Primal Defense", Informe del periodistamédico sobre biología innovadora, *Townsend Letter for Doctors & Patients* (febrero – marzo de 2001).

Capítulo 2: La gente más saludable del mundo

1. Elmer A. Josephson, *God's Key to Health and Happiness* (Old Tappan, NJ: Fleming H. Revell Company, 1976), p. 160.

2. Rex Russell, M.D., *What the Bible Says About Healthy Living* (Ventura, CA: Regal Books, 1996), p. 68.

3. Peter Rothschild, M.D., Ph.D., obra sin publicar titulada *The Art of Health*.

4. "Strong's Electronic Concordance [KJV]", programa de software *PC Study Bible*, bajo el vocablo *"tame"*. Derechos de autor © 1989, TriStar Publishing, Derechos reservados.

5. Josephson, *God's Key to Health and Happiness*, p. 47.

6. Ibíd., p. 46.

7. Ibíd., p. 49.

8. Rothschild, *The Art of Health*.

9. Dr. Michael D. Jacobson, *The Word on Health: A Biblical and Medical Overview of How to Care For Your Body and Mind* (Chicago: Moody Press, 2000), p. 11.

10. S. Lindeberg y B. Lundh, "Apparent Absence of STroke and Inschaemic Heart Disease in a Traditional Melanesian Island: A Clinical Study of Kitava", *J Intern Med* 233 (1993), pp. 269-275.

11. S. Lindeberg y otros, "Cardiovascular Risk Factors in a Melanesian Population Apparently Free From Stroke and Ischaemic Disease — the Kitava study", *J Intern Med* 236 (1994), pp. 331-340.

12. M. Murray y J. Pizzorno, *Encyclopedia of Natural Medicine* (Rocklin, CA: Prima Publishing, 1998).

13. Albert Schweitzer en su Prefacio a la obra de A. Berglas llamada *Cancer: Cause and Cure*, citado por James South, MA en "Laetrile the Answer to Cancer", IAS Bulletin, http://www.antiaging-systems.com/extract/laetrile.htm (consultado el 17 de noviembre de 2003).

14. Vilhjalmur Stefanson, *Cancer: Disease of Civilization* (Nueva York: Hill and Wang, 1960).

15. E. Dewaily y otros, "High Organochlorine Body Burden in Women With Estrogen Receptor-Positive Breast Cancer", *Journal of the National Cancer Institute* 86 (2 de febrero de 1994), pp. 232-234.

16. K. O'Dea, "Marked Improvement in Carbohydrate and Lipid Metabolism in Diabetic Australian Aborigines After Temporary Reversion to Traditional Lifestyle", *Lipids* 33 (1984): pp. 596-603.

17. K. O'Dea, "Traditional Diet and Food Preferences of Australian Aboriginal Hunter- Gatherers", *Philosophical Transactions of the Royal Society of London, Series B* 334 (1991): pp. 233-241.

18. Weston Price, *Nutrition and Physical Degeneration*, sexta edición (Los Ángeles: Price-Pottenger Foundation, 1939, 1997).

19. Ibíd.

20. Ibíd.

21. J. E. Buikstra, "The Lower Illinois River Region: A Prehistoric Context for the Study of Ancient Diet and Health", en la obra editada por M. N. Cohen y G. J. Armelagos llamada *Paleopathology at the Origins of Agriculture* (Orlando, FL: Academic Press), pp. 217-230.

22. A. H. Goodman y otros: "Health Changes at Dickson Mounds, Illinois", en Cohen y Armelagos, *Paleopathology at the Origins of Agriculture*, pp. 271-305.

23. Michael Browning, "China's Taste for Critters May Have Aided SARS", *Palm Beach Post*, 25 de mayo de 2003.

24. Ibíd.

Capítulo 3: La vida y la muerte en un largo tubo hueco: La importancia del canal gastrointestinal

1. *The Surgeon General's Report on Nutrition and Health, U.S. Dept. of Health and Human Services* (Public Health Service), 1988.

2. Sandra Blakeslee, "Complex and Hidden Brain in Gut Makes Stomachaches and Butterflies", *New York Times*, 23 de enero de 1996, cursiva del autor.

3. D. Michael Gershon, *The Second Brain* (Nueva York: HarperCollins, 1998), cursiva del autor.

4. Ibíd.

5. Michael Loes, M.D., M.D.(H.), *The Healing Response* (Lugar desconocido: Freedom Press, 2002).

6. *The Surgeon General's Report on Nutrition and Health*.

7. Ibíd.

8. H. H. Boeker, "Autointoxication", *Medical Journal and Record* 128 (19 de septiembre de 1928): p. 293.

9. Ibíd.

Capítulo 4: La higiene: Una espada de dos filos

1. S. I. McMillen, M.D., y David E. Stern, M.D., *None of These Diseases* (Grand Rapids, MI: Fleming H. Revell, 2000), pp. 9-11, 13-14; citan detalles de *The Edwin Smith Surgical Papyrus*, trad. al inglés de James H. Breasted (Chicago: University of Chicago Press, 1930), pp. 473-475.

2. Ibíd., p. 25.

3. Escritos sin publicar de Kenneth Seaton, Ph.D., "Why the Need for Better Hygiene", www.advandedhygieneproducts.com/why_the_need_for_better_hygiene.shtml (consultado el 17 de noviembre de 2003).

4. Ibíd.

5. Ibíd.

6. P.Raeburn. "Down in the Dirt, Wonders Beckon: Soil and Sea Yield Unknown Lodes of Useful Microbes", *Business Week*, 3 de diciembre de 2001.

7. Ibíd.

8. Ibíd.

9. Ibíd.

10. M. Downey, "Let Them Eat Dirt", *Toronto Star*, 10 de enero de 1999, F1.

11. Ibíd.

12. William Campbell Douglass, M.D., *The Milk Book*, edición revisada (Sin lugar: Second Opinion Publishing, 1997).

13. C. Pignata y otros, "Jejunal Bacterial Overgrowth and Intestinal Permeability in Children With Immunodeficiency Syndromes", *Gut* 31 (1990): pp. 879-882.

14. A. Csordas, *Toxicology of Butyrate and Short-Chain Fatty Acids in Role of Gut Bacteria in Human Toxicology and Pharmacology*, M. Hill, ed. (Bristol: Taylor & Francis Inc., 1995), p. 286.

15. A. Hunnisett y otros, "Gut Fermentation (or the "Autobrewery") Syndrome: A New Clinical Test With Initial Observations and Discussions of Clinical and Biochemical Implications", *J Nut Med* 1 (1990): pp. 33-38.

16. V. M.Melfikova y otros, "Problems in Drug Prevention and Treatment of Endogenous Infection and Dysbacteriosis", *Vestn Ross Akad Med Nauk* 3 (1997): pp. 26-29.

17. Joseph Mercola con la ayuda de Rachael Droege, "100 Trillion Bacteria in Your Gut: Learn How to Keep the Good Kind There", http://www.mercola.com/2003/oct/18/bacteria_gut/htm.

18. M. Walker, "Medical Innovative Biologics: Homoestatic Soil Organisms Support Immune System Functions From the Ground Up", *The Townsend Letter for Doctors and Patients* (febrero – marzo de 2001).

Capítulo 5: Cómo enfermarse:
Una receta moderna para estar enfermo

1. Russell, *What the Bible Says About Healthy Living*, p. 241.

2. Joseph Mercola, "Don't Let Sleep Pass You By", http://www.mercola.com/nograindiet/bottomline/sleep.htm (consultado el 18 de noviembre de 2003).

300 || LA DIETA DEL CREADOR

3. *Lancet* 354 (23 de octubre de 1999), pp. 1435-1439, citado por Joseph Mercola en "Too Little Sleep May Accelerate Aging", http://www.mercola.com/ 1999/archive/sleep_and_aging.htm (consultado el 18 de noviembre de 2003).

4. Josephson, *God's Key to Health and Happiness*, p. 197.

5. David Steinman y Samuel S. Epstein, M.D., *The Safe Shopper's Bible: A Consumer's Guide to Nontoxic Household Products, Cosmetics, and Food* (Nueva York: Hungry Minds, Inc., 1995), pp. 265-266, 355, 427, 434, donde cita a C. N. Martyn y otros, "Geographical Relation Between Alzheimer's Disease and Aluminum in Drinking Water", *Lancet* (14 de enero de 1989): pp. 59-62; H. D. Foster, "Aluminum and Health", *Journal of Orthomolecular Medicine* (1992): pp. 206-208; A. B. Graves y otros, "The Association Between Aluminum-Containing Products and Alzheimer's Disease", *Journal of Clinical Epidemiology* 43 (1990): pp. 35-44; "OTC Topical Antimicrobial Products", *Federal Register* (6 de enero de 1978): pp. 1231-1232.

6. David Steinman, *Diet for a Poisoned Planet: How to Choose Safe Foods for You and Your Family* (Nueva York: Harmony Books, división de Crown Publishers, 1990), pp. 225-226.

7. Vea DR. H. J. Roberts, *Aspartame (NutraSweet): Is It Safe?* (Filadelfia: The Charles Press, Publishers, septiembre de 1992).

8. Brian Bretsch, "Winter Brings Cold & Dry Itchy Skin", *Barnes Jewish Hospital*, http://www.barnesjewish.org/group/default.asp?NavID+1014 (consultado el 5 de enero de 2004).

9. Steinman, *Diet for a Poisoned Planet*, pp. 208-209.

10. Russell, *What the Bible Says About Healthy Living*, pp. 215-216.

11. Dr. Vijendra Singh, Ph.D., reimpreso de AAPN, *The Autism Autoimmunity Project Newsletter*, vol. 1, número 2, diciembre de 1999.

12. A. J. Wakefield y otros, "Ileal-Lymphoid-Nodular Hyperplasia, Non-Specific Colitis, and Pervasive Developmental Disorder in Children", *Lancet* 351 (28 de febrero de 1998): http://www.thelancet.com/search/search.isa (consultado el 18 de noviembre de 2003).

13. "New Changes for Airline Medical Safety", http://www.mercola.com/ 2002/apr/20/airline_safety.htm.

14. Steinman y Epstein, *The Safe Shopper's Bible*, p. 159.

15. Ibíd. Información resumida de la información más detallada que aparece en las páginas 181-192, 230.

16. "More Drug Company Conflict of Interest", http://www.mercola.com/ 2003/apr/2/drug_companies.htm.

17. BioProbe Frequently Asked Questions, http://www.bioprobe.com/ faq.asp#top (consultado el 4 de junio de 2003).

18. Vivian Bradshaw Black, "Diet and Nutrition Principles", *The Townsend Letter for Doctors and Patients*, diciembre de 2002, p. 106.

19. "Wearing Contacts Overnight Boosts Infection Risk", http://www.mercola.com/1999/archive/contacts_overnight_increase_infection.htm.

20. Steinman y Epstein, *The Safe Shopper's Bible*, pp.157-159, 384.

21. Ibíd., pp. 373-374.

22. Don Colbert, M.D.,*Toxic Relief* (Lake Mary, FL: Siloam, 2001), p. 16.

23. Bárbara Starfield,. "Is US Health Really the Best in the World", *Journal of the American Medical Association* 284 (26 de julio de 2000): pp. 483-485.

24. Ibíd.

Capítulo 6: La búsqueda desesperada de la salud

1. D. M. Eisenburg y otros, "Unconventional Medicine in the United States", *N Engl J Med* 328 (1993): pp. 246-252, citado en "Report 12 of the Council on Scientific Affairs (A-97) Full Text", American Medical Association, junio de 1997, http://www.ama-assn.org/ama/pub/article/2036-2523.html (consultado el 5 de junio de 2003).

2. *"Fiscal Year 2001 President's Budget Request for the NCCAM"*, Stephen E. Straus, M.D., Director, National Center for Complementary and Alternative Medicine, ante el Subcomité de Asignaciones de la Cámara para Trabajo, HHS, Educación y Agencias Relacionadas, jueves 2 de marzo de 2000, http://www.nccam.nih.gov (consultado el 5 de junio de 2003).

3. Ibíd.

4. Stephen Byrnes, Ph. D., RNCP, "The Myths of Vegetarianism", *The Townsend Letter for Doctors & Patients*, julio de 2000, revisado en enero de 2002.

5. Russell L. Smith, Diet, *Blood Cholesterol and Coronary Heart Disease: A Critical Review of the Literature*, vol. 2 (lugar desconocido: Vector Enterprises, 1991).

6. Byrnes, "The Myths of Vegetarianism".

7. Robert Atkins, *Dr. Atkins' New Diet Revolution* (Nueva York: Avon Books, 1992), p. 280-281.

Capítulo 7: Siete víctimas encuentran la victoria

1. Si desea mayor información acerca de este tema, visite el portal de la Internet para PBS Healthcare Crisis: Who's at Risk? Managed Care, http://www.pbs.org/healthcarecrisis/managedcare.html (consultado el 20 de noviembre de 2003).

2. S. Konno, "Maitake D-fraction: Apoptosis Inducer and Immune Inhancer", *Alternative and Complementary Therapies* (abril de 2001): pp. 102-107.

3. R.Chang, "Funcional Properties of Edible Mushrooms", *Nutr Rev* 54 (1996): pp. 591-593.

Capítulo 8: De vuelta a la dieta del Creador

1. Protein and Amino Acids, Origin of the Word "Protein", National Academy Press, http://books.nap.edu/books/0309063469/html/109.html (consultado el 19 de agosto de 2003).

2. Sally Fallon con la ayuda de Mary G. Enig, Ph.D., *Nourishing Traditions: The Cookbook That Challenges Politically Correct Nutrition and the Diet Dictocrats*, segunda edición (Washington, D.C.: New Trends Publishing, Inc., 1999), p. 26.

3. Ibíd., p. 27, citando a J. G. Webb y otros, *Canadian Medical Association Journal* 135 (1° de octubre de 1986): pp. 753-758.

4. Ibíd., 29, citando a J. J. Rackis y otros, *Qual Plant Foods Hum Nutri* 35 (1985): p. 232' Sally Fallon y Mary Enig, Ph.D., "Soy Products for Dairy Products — Not So Fast", *Health Freedom News*, septiembre de 1955; Sally Fallon y Mary Enig, Ph.D., *The Ploy of Soy* (San Diego, CA: Price Pottenger Nutrition Foundation).

5. Ibíd., citando a M. DeBakey y otros, *JAMA* 189 (1964): pp. 655-659; *Nutr Week* 21 (22 de marzo de 1991): pp. 2-3; A. Cohen, *Am Heart J* 65 (1963): p. 291.

6. Ibíd., p. 11.

7. Ibíd., citando a U. Ravnskov, *J Clin Epidemiol* 51 (junio de 1998): pp. 443-460; C. V. Felton y otros, *Lancet* 344 (1994): p. 1195.

8. Uffe Ravnskov, M.D., Ph.D., *The Cholesterol Myths* (Washington, D.C.: New Trends Publishing, Inc., 2000), de un extracto donde se cita a A. G. Shaper, "Cardiovascular Studies in the Samburu Tribe of Northern Kenya", *American Heart Journal* 63 (1962): pp. 437-442, http://www.ravnskov.nu/myth3.htm (consultado el 19 de junio de 2003).

9. Sally Fallon y Mary G. Enig, Ph.D., "Diet and Heart Disease — Not What You Think", *Consumer's Research*, julio de 1996, pp. 15-19.

10. Russell, *What the Bible Says About Healthy Living*, p. 148., citando a Udo Erasmus, *Fats That Heal, Fats That Kill* (Burnaby, B.C., Canada: Alive Books, 1994), pp. 232-233.

11. Alfred J. Merrill y otros, *Ann Rev Nutr* 13 (1993): pp. 539-559; citado por Fallon y Enig, p. 29.

12. Mary G. Enig, Ph.D., *Trans Fatty Acids in the Food Supply: A Comprehensive Report Covering 60 Years of Research*, segunda edición (Silver Spring, MD: Enig Associates, Inc., 1995); B. A. Watkins y otros, *Br Pouli Sci* 32 (diciembre de 1991): pp. 1109-1119.

13. Fallon, *Nourishing Traditions*, p. 23, donde cita a Joseph D. Beasly, M.D. y Jerry J. Swift, M.A., *The Kellogg Report* (Annandale-on-Hudson, NY: The Institute of Health Policy and Practice, 1989), pp. 144-145.

14. CNN.com: "Global Health Group: Slash Sugar Intake Experts Want No More Than 10 Percent of Calories from Sugar", 3 de marzo de 2003, http://edition.cnn.com/2003/HEALTH/diet.fitness?03/03/fat.world.ap (consultado el 19 de junio de 2003).

15. "Sugar Association Continues Disapproval of Release of Misguided Who Diet and Nutrition Report", Washington, D.C. — 21 de abril de 2003, por *The Sugar Association*, http://www.sugar.org/ (consultado el 19 de junio de 2003).

16. "Choose a Diet Moderate in Sugars", National Agricultural Library, USDA, http://www.nalusda.gov/fnic/dge/dge95/sugars.html (consultado el 19 de junio de 2003).

17. Charlene Laino, WebMD Medical News, y Michael Smith, M.D., revisor, "One in Three Kids Will Develop Diabetes", citando "American Diabetes Association 63rd Scientific Sessions", Nueva Orléans, 13-17 de junio de 2003; K. M. Venkat Narayan, M.D., jefe de la sección de epidemiología de diabetes, CDS; Judith Fradkin, M.D., directora de diabetes, endocrinología y enfermedades metabólicas, NIDDK, http://mywebmd.com/content/Article/66/79851.htm (consultado el 19 de junio de 2003).

18. Vea la nota 14.

19. Fallon, *Nourishing Traditions*, p. 25, citando a David A. Jenkins y otros, Am J Clin Nutr 34 (marzo de 1981): pp. 362-366.

20. Para mayor información, vea la obra del Dr. Edward Howell titulada *Enzyme Nutrition* (Wayne, NJ: Avery Publishing Group, 1985).

21. D. Burkitt, "Varicose Veins Among the Masai?" *Lancet* 1 (abril de 1973): p. 890.

22. Annelies Schoneck, en *Des Crudités Toute L'Année*, citado por Fallon en Nourishing Traditions, p. 93.

23. Howell, *Enzyme Nutrition*.

24. "Consumer Research on Dietary Suupplements", U.S. Food and Drug Administration, Center for Food Safety and Applied Nutrition, Consumer Studies Branch, http:/vm.cfsan.fda.gov/´Ird/ab-suppl.html (consultado el 24 de noviembre de 2003).

25. A publicarse próximamente. Investigación que se está llevando a cabo en estos momentos en el Southwest College of Naturopathic Medicine y la Arizona State University en Tempe, Arizona.

26. Weston A. Price, "Ancient Dietary Wisdom for Tomorrow's Children", The Weston A. Price Foundation, http://www.westonaprice.org/traditional_diets/ancient_dietary_wisdom.html (consultado el 24 de noviembre de 2003).

27. G. V. Skuladottir y otros, "Influence of Dietary Cod Liver Oil on Fatty Acid Composition of Plasma Lipids in Human Male Subjects After Myocardial Infarction", *J Intern. Med* 228 (1990): pp. 563-568.

28. Mary N. Megson, M.D., "Is Autism a G-Alpha Protein Defect Reversible With Natural Vitamin A?", http://www.whale.to/vaccines/autism35.html (consultado el 10 de septiembre de 2003).

29. Attaie y otros, *Journal of Dairy Science* 83 (2000): pp. 940-944; Jensen, *Goat Milk Magic: One of Life's Greatest Healing Foods* (Escondido, CA; sin casa editora, 1994).

30. Park, *Journal of Dairy Science* 74 (1991): pp. 3326-3333; J. A. Gamble y otros, "Composition and Properties of Goat's Milk as Compared with Cow's Milk", *Technical Bulletin* No. 671, United States Department of Agriculture, 209280 (1939): pp. 40-41.

31. M. A. Mehaia, "Studies on Camel and Goat Milk Proteins: Nitrogen Distribution and Amino Acid Composition", *Nutrition Reports International* 39 (1989): pp. 351-357.

32. G. F.W. Haenlein, "Goat Management: Lipids and Proteins in Milk, Particularly Goat Milk", Delaware Cooperative Extension, http://bluehen.ags.udel.edu/deces/goatmgt/gm-08.htm; L. S. Hinckley, "Quality Standards for Goat Milk", *Dairy, Food and Environmental Sanitation* 11 (1991): pp. 511-512.

33. Baum y otros, *Journal of Infectious Diseases* (2000); Patrick y otros, *Alternative Medicine Review* (1999).

34. Weston A. Price, "Nasty Brutish, and Short?", Weston A. Price Foundation, http://www.westonaprice.org/tratidional_diets/nasty_brutish_short.html (consultado el 24 de noviembre de 2003).

Capítulo 9: Usted es lo que piensa

1. Kevin Lehman, *Keeping Your Family Together When the World Is Falling Apart* (Nueva York: Delacorte Press, Bantam Doubleday Dell Publishing Group, Inc., 1992), p. 273, citando a David Elkind, *The Hurried Child*, edición revisada (Reading, MA: Addison-Wesley, 1988), p. 42.

2. Ibíd., p. 274.

3. Jacobson, *The Word on Health*, p. 166.

4. Ibíd., 190, citando Research Update, Institute of HeartMath (Boulder Creek, CO: Institute of HeartMath, 1995).

5. J. Muller-Nordhorn y S. N. Willich, "Triggering of Acute Coronary Syndromes", *J Clin Cardiol* 3 (2000): p. 73, citando a J. Leor y otros, "Sudden Cardiac Deaths Triggered by an Earthquake", *N Engl J Med* 334 (1996): pp. 413-419; S. R. Meisel y otros, "Effect on Iraqi Missile War on incidence of Acute Myocardial Infarction and Sudden Death in Israeli Civilians", *Lancet* 338 (1991): pp. 660-661; J. D. Kark y otros, "Iraqi Missile Attacks on Israel: The association of Mortality with a Life-Threatening Stressor", *Journal of the American Medical Association* 273 (19 de abril de 1995): pp. 1208-1210.

6. Jacobson, *The Word on Health*, p. 161, citando a Rollin McCraty, "Stress and Emotional Health" (ensayo leído en Steroid Hormones Clinical Correlates: Therapeutic and Nutritional Considerations, Chicago: 25 de febrero de 1996).

7. *The Merck Manual of Diagnosis and Therapy*, sección 16: Cardiovascular disorders, Capítulo 201 — Arteriosclerosis, http://www.merck.com/pubs/mmanual/section16/chapter20?01a.htm (consultado el 13 de junio de 2003).

8. "Laughter 'Protects the Heart'", BBC News Online: Health, miércoles 15 de noviembre de 2000, 16:23 GMT, http://news.bbc.co.uk/1/low/health/1024713.stm (consultado el 13 de junio de 2003).

9. McMillen y Stern, *None of These Diseases*, pp. 175-177.

10. Ibíd., p. 196.

11. Don Colbert, M.D., *What You Don't Know May Be Killing You!* (Lake Mary, FL: Siloam, 2000), pp. 94-95, citando a George Ritchey y Elizabeth Sherrill, *Return From Tomorrow* (Grand Rapids, MI: Baker Book House, 1979).

12. Ibíd., p. 95.

13.Ibíd., cursiva del autor.

14. Dan Baker, *What Happy People Know* (Rodale Press, 2003).

15. Artículo de fondo en WebMD: "Make Room for Happiness", por Richard Trubo, revisado por Brunilda Nazario, M.D., http://my.webmd.com/content/article/61/71452.htm (consultado el 24 de noviembre de 2003).

16. Jacobson, *The Word on Health*.

17. Andrea Braslavsky, WebMD Medical News Archive, revisado por la Dra. Jacqueline Brooks, 23 de mayo de 2001.

18. Ibíd.

19. McMillen y Stern, *None of These Diseases*, p. 200.

20. Colbert, *What You Don't Know May Be Killing You!*, p. 92.

21. Vea la nota 8.

Capítulo 10: Deténgase, tírese al suelo y ruede

1. Mark y Patti Virkler, *Eden's Health Plan — Go Natural!* (Shippensburg, PA: Destiny Image Publishers, 1994), p. 64, citando a Max Gerson, *A Cancer Therapy* (Bonita, CA: The Gerson Institite, 1990), pp. 176-181.

2. Josephson, *God's Key to Health and Happiness*, p. 163.

3. Virkler, *Eden's Health Plan Go Natural!*, p. 186, citando a Lee Bueno, *Fast Your Way to Health* (Springdale, PA: Whitaker House, 1991), p. 94.

4. Arthur Wallis, *God's Chosen Fast: A Spiritual and Practical Guide to Fasting* (Fort Washington, PA: Christian Literature Crusade, 1968), pp. 103-104.

5. Ibíd., p. 104.

6. Fallon, *Nourishing Traditions*, p. 13, citando a J. B. Ubbink, *Nutr Rev* 52 (noviembre de 1994): pp. 383-393.

7. Paul Chek, "The Power of Walking", C.H.E.K.Institute, http://www.chekinstitute.com/articles.cfm?select=38 (consultado el 14 de junio de 2003).

8. Juan Carlos Santana, M.Ed., CSCS, "The 4 Pillars of Human Movement: A Movement Approach to Exercise Design and Implementation", http://www.canfitpro.com/html/documents/Santana-The4PillarsofHumanMovement.doc (consultado el 30 de noviembre de 2003).

9. Para una información detallada sobre los beneficios de los patrones de respiración profunda y los métodos para lograrlos, vea Davis, Eshelman y McKay, *The Relaxation and Stress Reduction Notebook*, segunda edición (New Harbringer Publications, 1982).

10. Morton Walker, D.P.M., "Jumping for Health", *Townsend Letter for Doctors* (sin fecha).

11.Virkler, *Eden's Health Plan — Go Natural!*, p. 132, citando "Exercise: A Little Helps a Lot", *Consumer Reports on Health*, volumen 6, número 8 (agosto de 1994), p. 89.

Capítulo 11: La medicina bíblica: Hierbas, aceites esenciales, hidroterapia y musicoterapia

1. Merriam-Webster's Collegiate Dictionary, décima edición (Springfield, MA: Merriam-Webster, Incorporated, 1994), bajo el aparte "xx".

2. Russell, What the Bible Says About Healthy Living, p. 198, citando a David Darom, Ph.D., Beautiful Plants of the Bible (Herzlfia, Israel: Palphot, Ltd., sin fecha).

3. Ibíd., pp. 201-202.

4. Ibíd., p. 202, citando a James R. Balch, M.D. y A. Phyllis Balch, C.N.C., Prescription for Nutritional Healing (Garden City, NY: Avery Publishing, 1990), p. 46.

5. James A. Duke, Ph.D., Herbs of the Bible: 2000 Years of Plant Medicine (Loveland, CO: Interweave Press, 1999), p. 8.

6. Ibíd., pp. 33-36.

7. Ibíd., pp. 47-49.

8. Ibíd., pp. 54-55.

9. Ibíd., pp. 77-80.

10. Ibíd., pp. 85-87.

11. Ibíd., pp. 93-95.

12. Ibíd., pp. 97-99.

13. Ibíd., pp. 109-111.

14. Ibíd., pp. 144-146.

15. Ibíd., pp. 119-121.

16. Ibíd., p. 132.

17. Russell, What the Bible Says About Healthy Living, p. 198, citando a Darom, Beautiful Plants of the Bible, p. 196.

18. Ibíd., p. 152.

19. Ibíd., pp. 154-155.

20. Ibíd., pp. 163-165.

21. Ibíd., pp. 149-151.

22. Ibíd., pp. 170-172.

23. Gannet News Service, "Discovery Finds Myrrh Kills Cancer", The Des Moines Register DM, 17 de diciembre de 2001.

24. Duke, Herbs of the Bible: 2000 Years of Plant Medicine, p. 179.

25. Ibíd., p. 203.

26. Ruth F. Rosevear, Nutrition in Biblical Times (Cincinnati, OH: Clifton Hills Press, Inc., 2000), p. 49, citando a Diane Ward, Smithsonian, agosto de 1988, pp. 106-107.

27. Duke, Herbs of the Bible: 2000 Years of Plant Medicine, jpp. 203-205.

28. Ibíd., pp. 210-212.

29. Ibíd., pp. 218-220.

30. David Stewart, Ph.D., Healing Oils of the Bible (Marble Hill, MO: Center for Aromatherapy Research & Education, 2000), pp. xvi-xix, 96-113.

31. Ibíd., p. 18.

32. Ibíd., p. 287.

33. Ibíd., p. 297.

34. Ibíd., p. 291.

35. Joseph I. Garlington, Worship: The Pattern of Things in Heaven (Shippensburg, PA: Destiny Image Publishers, 1997), p. 9.